WALLY LAMB
und die Frauen des
Hochsicherheitsgefängnisses York

Von der Seele geschrieben

WALLY LAMB
und die Frauen des Hochsicherheitsgefängnisses York

Von der Seele geschrieben

Aus dem Englischen von
Bettina Münch

List

Die Originalausgabe erschien 2003 unter dem Titel
Couldn't keep it to myself. Testimonies from our imprisoned sisters
bei Regan Books, einem Imprint von HarperCollins, New York.

List Verlag
Der List Verlag ist ein Verlag
des Verlagshauses Ullstein Heyne List GmbH & Co. KG

ISBN 3-471-78096-3

Gesetzt aus der Stone Serif und der Stone Sans bei
Franzis print & media GmbH, München
Herstellung: Helga Schörnig
Druck und Bindung: Clausen & Bosse, Leck
Printed in Germany

Für Diane Bartholomew,
die uns ein Vermächtnis aus Worten hinterließ

Inhalt

„Couldn't keep
it to ourselves"

Wally Lamb

In der Spielzeugabteilung des Kaufhauses gab es zwei verschiedene Schultafeln. Das einfache, dreißig mal sechzig Zentimeter große Modell besaß eine Aufhängung und als Beigabe eine Schachtel mit drei Stück Kreide. Die Luxusversion hatte einen Holzrahmen, Standfüße und war mit jeder Menge Extras ausgestattet: zwei Schwämmen, einem Zeigestock, einem zwölfteiligen Kreideset und einer Extraschachtel mit bunter Kreide. Ich war in der dritten Klasse, als ich diese Tafel entdeckte. Ich nahm Abschied von den *Lincoln Logs*-Holzklötzen und der Baseballmannschaft *Louisville Sluggers*. Seit meinem achten Lebensjahr wollte ich nur noch unterrichten.

Meine ersten Schüler waren meine Schwestern. Als vorpubertäre Mädchen interessierten sich Gail und Vita mehr dafür, die Schritte der Tänzer aus der *American Bandstand*-Show einzustudieren, als Schule zu spielen, doch ein unmissverständlicher Befehl meiner Mutter beorderte sie die Treppe zu meinem Klassenzimmer hinauf. Ich war auf ihr Eintreffen vorbereitet: Arbeitsblätter, weißes Hemd und Ansteckschlips, der Wecker für die überraschende Feueralarmübung unter meinem Bett versteckt. Wenn meine Schwestern schon spielen mussten, dann wollten sie wenigstens ein *Schauspiel* daraus machen. Vita gab die hüftschwingende Cookie Crane, die heißeste Drittklässlerin, die es je gab. Gail war Rippy Van Snoot, der Klassenschreck. Ich begann gerade mit den ersten Aufgaben, als Rippy an mir vorbeilangte, sich einen Tafelschwamm schnappte und ihn mir an die Stirn warf. Cookie quietschte vor Vergnügen und tat, als zünde sie sich eine Zigarette an. Ich habe vergessen, welches der beiden Früchtchen meine Rechenkarten in die Luft warf, sodass es im Zimmer Arithmetik regnete.

Vierzehn Jahre später war ich Englischlehrer an einer Highschool und hatte meine ersten *echten* Schüler. Paula Plunkett und Seth Jinks sind mir aus meinem Einstandsjahr am lebhaftesten in Erinnerung geblieben. Paula hatte schöne Augen und eine elegante Handschrift, aber sie war von einem Wall aus Fett umgeben. Traurig und einsam saß sie hinten an einem Extratisch, weil sie nicht hinter die Pulte passte. Sie sagte nie ein Wort und niemand sprach mit ihr. In meiner Anfängernaivität versuchte ich Paula ins Geschehen mit einzubeziehen, weil ich glaubte, Gruppenarbeit und Diskussionen könnten sie retten. Doch mein Plan schlug jämmerlich fehl.

Seth Jinks war in der zwölften Klasse, die man mir zugewiesen hatte, weil ich Berufsanfänger war. »Die Schwartenkracher« nannten sich die Schüler selbst. Ich war einundzwanzig, genau wie drei oder vier meiner Schwartenkracher. Unsere Flitterwochen dauerten etwa vierzehn Tage, dann ging ich eines Morgens durch die Klasse und tippte Seth Jinks auf die Schulter. Ich musste ihn wecken, um das Taschenbuch, das er nicht gelesen hatte, gegen ein neues auszutauschen, das er ebenfalls nicht lesen würde. »Nimm den Kopf vom Tisch, Seth«, sagte ich. »Hier ist das neue Buch.« Keine Antwort. Ich stieß ihn an. Mit dem Blick eines vewrirrten kleinen Jungen sah er zu mir auf. »Fick dich selbst«, sagte er. Im Zimmer wurde es totenstill. Die Schwartenkracher, Seth und ich hielten kollektiv die Luft an und warteten auf meine Reaktion. In diesem unangenehmen Schweigen und in den Tagen, Monaten und Jahrzehnten, die darauf folgten, wurde das Unterrichten für mich nicht nur zum Beruf, sondern zur Berufung. Für mich hatte die Arbeit mit »harten Nüssen«, rauen Gesellen und angeschlagenen Halbstarken – jenen Kin-

11

dern, die mit offenen Wunden durch die Gegend laufen – eine besondere Bedeutung.

Trotz dieser Vorrede hatte ich *keine* Lust, mich an jenem warmen Augustnachmittag im Jahr 1999 zum Hochsicherheitsgefängnis York zu begeben, Connecticuts Hochsicherheitsgefängnis für Frauen. Ich löste lediglich ein Versprechen ein, das ich Marge Cohen, der Bibliothekarin des Gefängnisses, gegeben hatte. Marge hatte drei Monate zuvor angerufen, als ich mich gerade auf eine Lesereise vorbereitete, um in zwölf Städten für meinen zweiten Roman *Früh am Morgen beginnt die Nacht* zu werben. Mehrere Selbstmorde und Selbstmordversuche hätten im Gefängnis eine Welle der Verzweiflung ausgelöst, erklärte mir Marge. Die Belegschaft der Gefängnisschule klappere nun auf der Suche nach Hilfe die Kommune ab. Man glaube, dass sich das Schreiben für die Frauen als nützliches Mittel der Traumabewältigung erweisen könne. Ob ich kommen und eine Rede halten könnte? Da ich ständig gebeten werde, guten Zwecken zu dienen, und schlecht Nein sagen kann, klebt an meinem Telefon ein Karteikärtchen – eine vorformulierte Absage, die es mir erlaubt, Zeit für die Familie und fürs Schreiben zu wahren. An jenem Tag jedoch konnte ich das Kärtchen nicht finden. Ich sagte Marge zu, nach Beendigung der Lesereise vorbeizukommen.

Ich hatte nie geglaubt, dass ich einmal Schriftsteller werden würde, doch mit dreißig hatte ich mich in der Sommerpause einmal hingesetzt und aus Lust und Laune eine Kurzgeschichte geschrieben. Es machte mir Spaß und so schrieb ich eine weitere. In der dritten Geschichte gab ich der bildlichen Erinnerung an die stumme, einsame Paula Plunkett eine sarkastische Stimme. Jahrelang hatte ich mir über meine frühere Schülerin Gedanken, ja Sorgen gemacht. Was war aus ihr geworden? Was hatte all dieses

Fett zu bedeuten gehabt? Wer war sie als Kind gewesen? In Ermangelung echten Wissens wurde das Leben, das ich um meine Erinnerung an sie ersann, zu meinem ersten Roman *Die Musik der Wale*. Ich brauchte neun Jahre für die Geschichte dieser verletzten Seele, die ich erdacht und geschaffen hatte und für die ich schließlich Liebe und Sorge empfand. Liebe und Last zugleich waren für mich auch die unvollkommenen eineiigen Zwillinge in meinem zweiten Roman – von denen einer eine gehörige Portion von Seth Jinks Wut abbekommen hat. Was ich *nicht* vorausgesehen hatte, war, dass auch der Rest der Welt diese Gestalten ins Herz schließen würde. »Hallo, Wally? Rate mal, wer hier ist!« Die Anruferin am anderen Ende der Leitung war Oprah Winfrey. Sie rief mich zwei Mal an, ein Mal für jeden Roman. Das Resultat waren Bestsellerlisten, Limousinenfahrten, Filmgeschäfte und Übersetzungen in fremde Sprachen. Oprahs Büchersendung hatte mein Leben sozusagen am Schlafittchen gepackt und mich auf Reisen geschickt.

Rockstars auf Tournee verwüsten ihre Hotelzimmer. Sie kiffen oder betrinken sich, demolieren mit ihren Bandmitgliedern das Mobiliar oder feiern mit ihren Groupies. Autoren auf Tournee sind ruhigere, eher einsame Gestalten. Wir hocken zwischen den Terminen allein auf unserem Zimmer, knabbern wie die Eichhörnchen an den vom Zimmerservice servierten belegten Broten, bügeln unsere Kleider für die nächste Lesung oder sehen uns im Fernsehen Gerichtssendungen an. Der vielleicht unwirklichste Augenblick während meiner Lesereise in jenem Sommer ereignete sich in einem Hotelzimmer in Dayton, Ohio. Beim hin und her Zappen landete ich genau in dem Augenblick bei der Quizsendung *Jeopardy!*, als dort mein Name aufleuchtete. »Er schrieb den Roman *Die Musik der Wale*«, gab der Moderator Alex Trebek die Antwort vor. In der quälend langen Pause, die darauf folgte, standen die drei Kandidaten stumm und starr da, angespannt, aber unfähig, den Daumen auf den Antwortknopf zu drücken. Und ich saß im Zimmer 417 des Westin Hotels auf der Bettkante und murmelte einfältig die geforderte Frage vor mich hin: »Wer ist Wally Lamb?«

Ich bin ein Familienmensch, ein Romanschreiber, ein Lehrer und ich bin jemand, der ohne Karteikärtchen nicht Nein sagen kann.

Während jener angespannten ersten Fahrt zum Hochsicherheitsgefängnis York versuchte ich mich mit Musik abzulenken. Ich hantierte mit CD-Hüllen und Radioknöpfen herum, als über den Äther plötzlich ein Klavier loshämmerte und das Auto unter der Stimmgewalt des Abyssinian Baptist Choir von Newark erzitterte. Ich war von dem unbekannten Lied so überwältigt, dass ich auf dem Seitenstreifen anhielt, um zuzuhören. Als es zu Ende war, sah ich zu dem Straßenschild auf, vor dem ich zum Stehen gekommen war. GEFÄNGNISAREAL, stand darauf. ABSOLUTES HALTEVERBOT. Die unerklärliche emotionale Wucht dieses Augenblicks erfüllt mich bis heute mit Staunen.

Um zu den Insassinnen des Hochsicherheitsgefängnis York zu gelangen, muss man sich beim Wächter am Haupttor melden, eine eingeschweißte Kennkarte an die Brusttasche klemmen, durch einen Metalldetektor gehen und dann nacheinander zehn Türen passieren, von denen einige wie von Geisterhand geöffnet werden, wenn man stehen bleibt und wartet. Da man nicht sieht, wer die Schalter bedient, ist der Eintritt ein Orwell'sches Szenario. In der Schule des Gefängnisses traf ich meine Verbindungsfrau, Dale Griffith, eine lebhafte, warmherzige Englischlehrerin. Dale und ich stellten die Stühle im Kreis auf, eine uniformierte Wärterin brüllte im Korridor Befehle und dreißig Strafgefangene betraten den Raum.

In brombeerfarbenen T-Shirts und taschenlosen Jeans

erschienen Frauen, die trotz ihrer Einheitskleidung in ihrer Erscheinung unterschiedlicher nicht sein konnten. Ihr Auftreten reichte von der armen Sünderin bis zur Königin von Saba. Die meisten war nicht gekommen, um zu schreiben, sondern um sich den Typ anzusehen, »der bei *Oprah* gewesen war«. Ich redete. Wir machten ein paar Übungen. Ich fragte, ob jemand Fragen zum Schreiben habe. Mehrere Hände schossen in die Luft. »Sie war'n bei Oprah?« »Wie ist sie denn so?« »Oprah ist klasse, wissen Sie, was ich meine?« Ob das als Frage gemeint war?

Als ich fertig war, stand eine der Frauen auf, bedankte sich für mein Kommen und lockte mich in die Falle. »Werden Sie wiederkommen?«, fragte sie. Dreißig wachsame Augenpaare waren auf mich gerichtet und mein Karteikärtchen war wieder einmal nicht zur Hand. »Äh, tja … in Ordnung«, sagte ich. »Schreiben Sie etwas, dann sehen wir uns in zwei Wochen wieder. Egal, welches Thema, aber mindestens zwei Seiten. Die Entwürfe sind Ihre Eintrittskarten in den Workshop.«

Beim zweiten Treffen blieben fünfzehn der dreißig Stühle leer. Stacie wollte Lob, kein Feedback. Manhattan behauptete, sich *absichtlich* vage und ungenau ausgedrückt zu haben – schließlich ginge das, was *sie* angehe, nicht unbedingt die *Leser* etwas an. Ruth muss geglaubt haben, sie sei bei *Oprah* zu Gast; sie hatte zwar nur einen Absatz geschrieben, aber dafür war ihr Drang zu *reden* umso übermächtiger. Diane war mit ihren fünfundfünfzig Jahren die Älteste in der Gruppe. Neunzig Minuten lang saß sie mit geballten Fäusten über ihren Computer gekauert. Ihr misstrauischer Blick folgte jeder meiner Bewegungen. Sie hatte unter dem Pseudonym Natasha geschrieben und mir vor dem Treffen das Versprechen abgenommen, ihre Texte niemals laut vorzulesen. Ich nahm an, dass sie bis zum dritten Treffen aus dem Rennen sein würde.

Doch es geschah *während* des dritten Treffens, dass Diane Bartholomew (*Schnappschüsse aus meinem früheren Leben*) ihre Aufzeichnungen nicht mehr für sich behalten konnte. Ihre zitternde Hand ging nach oben und sie fragte, ob sie uns vorlesen dürfe, was sie geschrieben habe. Mit kaum hörbarer Stimme verlas sie eine unzusammenhängende, zwei Seiten lange Zusammenfassung ihrer grauenhaften Lebensgeschichte: Inzest, brutaler Missbrauch, Ermordung des Ehemanns, anwaltliches Desinteresse und im Gefängnis dann der gleichzeitige Kampf gegen Brustkrebs und tiefe, finstere Depressionen. Als sie zu Ende gelesen hatte, herrschte Totenstille, ein kollektives Luftanhalten. Dann gab es Applaus – zuerst von einem einzelnen Händepaar, dann von einem weiteren und schließlich von allen. Bartholomew hatte den Damm des Misstrauens durchbrochen und das Schreiben der Frauen kam in Fluss.

Das war vor drei Jahren. Ich habe um das fünfzigste Treffen herum mit dem Zählen aufgehört. Die Autorinnen kamen und gingen: die betäubungsmittelsüchtige Krankenschwester, die eine bewegende Apologie an eine verstorbene Tante verfasste, die sie nie im Stich gelassen hatte; die Highschool-Athletin, die einen Monat nach der Abschlussfeier ihren Softball-Schläger bei einem Überfall auf einen Supermarkt schwang und nun darüber schrieb, um den Grund dafür herauszufinden; die alkoholsüchtige junge Mutter, die sich auf Zeitreise begab und einen Brief an eine Gefängnisinsassin aus dem Jahr 1917 verfasste, die ebenfalls Alkoholikerin gewesen war. Die Workshop-Treffen wurden zu einer Reise des Lachens, des Weinens, der herzzerreißenden Bekenntnisse und wunderbarer persönlicher Triumphe. Doch es gab auch Schlaglöcher auf diesem Weg. Süchtige sind unberechenbar; sie fangen gerne mit viel versprechenden Entwürfen an und verfolgen sie bis zu einem interessanten Punkt in der Mitte, um sich dann selbst aufzugeben und einfach wegzubleiben. Mitunter ging es um Vertrauen. Ein Gefängnis ist kein Ort, an dem man Vertrauen leichtfertig verschenkt, und eine Autorin, die anderen Einblick in ein unfertiges Werk gewährt, riskiert damit, sich bloßzustellen. Diese Bereitschaft zum Risiko muss respektiert werden. Nur die Schreibende selbst sollte entscheiden, ob und wann ihr Werk reif ist für die Augen und Ohren von Nicht-Gruppenmitgliedern – mit anderen Worten, reif für die Öffentlichkeit. Bricht ein anderes Mitglied der Gruppe dieses Vertrauen, muss es gehen. Auch einige vermeintliche Diven und Schwindlerinnen mussten ihren Abschied nehmen. In einer funktionierenden Schreibgemeinschaft ist kein Platz für die Bedürfnisse von Möchtegern-Superstars oder Vertreterinnen der »Stell-dir-vor-was-sie-über-dich-gesagt-hat«-Zunft. Doch diese waren die Ausnahme. Die mutigen Verfasserinnen der hier vorgestellten Geschichten gingen mit den besten Absichten ans Werk; sie haben sich ihren Dämonen gestellt, Kurs gehalten und ihre Texte immer wieder unbarmherzig überarbeitet. Indem sie sich selbst zum Thema und damit vor ihren unsichtbaren Lesern angreifbar machten, haben sie ihre Machtlosigkeit gegen die Macht eingetauscht, die mit Selbstbewusstheit einhergeht.

»Ich habe aus einem schrecklichen Gefühl der Machtlosigkeit heraus angefangen zu schreiben«, bekannte die Schriftstellerin Anita Brookner. Und die mit dem National Book Award ausgezeichnete Alice McDermott meinte, das Schwierigste daran, eine Schriftstellerin zu werden, sei gewesen, sich selbst zu überzeugen, dass sie den Menschen etwas zu erzählen hatte, was diese auch wirklich lesen wollten. »Es gehört nicht viel zum Schreiben«, bemerkte der Kolumnist Red Smith einmal. »Man setzt sich einfach an eine Schreibmaschine und öffnet eine Vene.«

Als Brenda Medina (*Die Hölle und wie ich dort hinkam*) in die Gruppe kam, tüftelte sie monatelang an einem kurzen Text über den Tod ihres Onkels Carlos – ein Entwurf folgte dem anderen. Eines Tages gab ich Medina zu verstehen, dass ich mich nicht im Stande sah, mich noch ein einziges Mal mit dem Tod des seligen Onkels zu beschäftigen. »Es gibt noch etwas, worüber ich gerne schreiben möchte. Aber ich kann es nicht«, sagte sie mir da. Dieses »Etwas« war es, was sie vor zehn Jahren, im Alter von siebzehn, ins Gefängnis gebracht hatte: ihre Mitgliedschaft in einer gewalttätigen Straßengang.

Im Hochsicherheitsgefängnis York ist man sorgsam darauf bedacht, den Einfluss von Banden innerhalb der Anstalt zu unterbinden. Inhaftierte Bandenmitglieder, die beschließen, an ihrer »Familie« festzuhalten, zahlen dafür einen hohen Preis in Form von Isolation, dem Verlust von Privilegien und »gut gemachter Zeit«, mit der sie ihren Gefängnisaufenthalt verkürzen könnten. Bei ihrer Ankunft im Hochsicherheitsgefängnis York hatte die selbst ernannte Punkerin Brenda Medina bereits einen langen und schwierigen Weg als Strafgefangene hinter sich. Sie hatte sich aus der psychologischen Umklammerung ihrer »Familie« gelöst und den rigorosen, durch kleine Schritte markierten Prozess durchlaufen, in dem eine Gefangene ihre Bandenmitgliedschaft aufkündigt und sich ernsthaft zu rehabilitieren beginnt. Die bloße Erwähnung eines Gangnamens könnte den Verdacht erwecken, sie habe den Prozess der Loslösung abgebrochen. Medina hatte die durchaus berechtigte Befürchtung, wenn sie über ihre Vergangenheit schriebe, könne man ihr Werk konfiszieren, es aus dem Zusammenhang reißen und als bandenfreundlich auslegen. Wenn das passierte, riskierte sie, vieles von dem zu verlieren, wofür sie so hart gearbeitet hatte. Meine Mitstreiterin Dale Griffith nahm sich des Problems unverzüglich an. Sie holte von den Gefängnisbehörden die Erlaubnis ein, dass Medina ihre Bandenerfahrung zum Thema machen durfte. Als diese Hürde genommen war, hatte Medina grünes Licht für einen persönlichen Erfahrungsbericht, der – frei von jeder Glorifizierung – beschreibt, wie heimtückisch Banden das Leben junger Menschen beherrschen und wie ein Krebsgeschwür ihre Zukunft zerstört.

In ihrem populären Buch *Bird by Bird. Some Instructions on Writing and Life* kommt Anne Lamott zu der Feststellung, dass wir schreiben, um das Verdeckte aufzudecken. Und wenn es in einem Schloss nur eine einzige Tür gebe, die wir nicht öffnen dürften, dann sei es diese, die wir aufmachen müssten. Die Aufgabe von Schriftstellern, erklärt Lamott weiter, sei es, das Unaussprechliche in Worte zu fassen – und zwar nicht in irgendwelche Worte, sondern, wenn wir es können, »in Rhythm and Blues«. Bonnie Foreshaw (*Glaube, Macht und Bluejeans*) ist eine Frau von stattlicher Erscheinung, starkem Glauben und melodischer Sprache, wobei Letzteres auf ihre jamaikanische Herkunft und eine Kindheit im Süden Floridas zurückzuführen ist. In Foreshaws Sprache ist ihre Cousine »meine alte Cousine« und ihre Probleme sind »Zores«. Sie unterhält sich nicht mit Freunden, sie »plauschert«. Vor einer Weile kam Foreshaw zum Workshop und machte ein besorgtes Gesicht. »Wie geht es Ihnen, Miss Bonnie?«, erkundigte ich mich. »Ich spüre hier Zores und Kummerleid«, lautete ihre Antwort. Ein andermal eilte ich von einem Vortrag direkt zum Gefängnis. Normalerweise trage ich Jeans, aber an diesem Nachmittag kam ich mit Schlips und Anzug, der mir in fülligeren Tagen besser gepasst hatte. »Was macht die Schreiberei, Bonnie?«, fragte ich sie. Statt zu antworten, musterte sie mich stirnrunzelnd von oben bis unten. »Sind das *Ihre* Hosen?«, fragte sie dann.

Das Problem war folgendes: Foreshaws Sprache war lebhaft unverblümt, ihre »Erzählstimme« dagegen schwerfällig und sterbenslangweilig – vermutlich das Ergebnis ihrer übereifrigen Bemühungen, Grundschullehrer zufrieden zu stellen, die mehr Wert auf grammatikalische Korrektheit als auf eine »Stimme« legten. In einem ihrer ersten Versuche hatte Bonnie über eine verhängte Strafe geschrieben: »Da stand ich nun und war schon im Gefängnis. Dennoch wurde ich tiefer ins Innere der Hölle getrieben. Doch durch die Gnade und Kraft des Herrn, seinem Bestand und Geleit, war ich willig und bereit, alle mir auferlegten Strafen zu erdulden. Ich würde diese Prüfung überstehen.«

»Bonnie!«, hatten wir ihr in den Gesprächen im Workshop geraten, »hör auf zu predigen und fang an zu *plauschern!*« Als sie das tat, wurden ihre Texte lebendig.

Der Schriftsteller und Lehrer Donald Murray behauptet, die Stimme eines Autors werde geprägt von seinem familiären Hintergrund, der ethnischen Zugehörigkeit, dem Umfeld seiner Kindheit, den derzeitigen Lebensumständen und den Rollen, die er im Leben ausfülle. Und das Ironische daran sei, meint Murray, je persönlicher und individueller man schreibe, desto universeller werde das eigene Werk gelesen. So erzählt die Romanautorin Sandra Cisneros, dass sie beim Schreiben stets versuche, einen Ton zu finden, in dem sie sich mit einer Freundin im Schlafanzug am Küchentisch unterhalten würde. Ihre Geschichten werden auf der ganzen Welt gelesen.

Einigen fällt es leichter als anderen, die eigenen Gedanken auf Papier zu bannen. Robin Cullen (*Weihnachten im Gefängnis*) hat im Leben *und* auf dem Papier einen beißenden Humor. Nancy Whiteley (*Im Orbit von Izzy*) zeigt eine Mischung aus gelangweilter Härte und der Verletzbarkeit eines kleinen Mädchens. Ihre Erzählstimme spiegelt diese Qualitäten exakt wieder. Hingegen musste Brenda Medina, die aus einer großen Latino-Familie stammt und zweisprachig aufwuchs, regelrecht dazu überredet werden, ihrer Prosa einige spanische Klänge beizumischen. Und Bonnie Foreshaw musste uns erst beweisen, dass sie wirklich aus dem Süden Floridas kommt und nicht geradewegs dem Alten Testament entsprungen ist. Nancy Birkla (*Dreimal den Affen gehabt*) ist überzeugt, dass sie der *Therapie der zwölf Schritte* ihr Leben verdankt, doch ihre Texte wurden erst dann leicht und locker, als sie aufhörte, wie das Handbuch zu klingen.

Der Trick, meint Donald Murray, bestehe darin, nicht irgendeine »literarische« Stimme zu kopieren, die man vielleicht bewundert, sondern die eigene Stimme zu akzeptieren – egal, welche Fehler und menschlichen Schwächen man auch haben mag. Viele der Gefangenen, mit denen ich arbeite, sind begeisterte Leserinnen von romantischen Romanen. Ihre ersten autobiografischen Versuche neigen daher zu blumigen Beschreibungen, in denen sie als tragische viktorianische Heldinnen auftreten. Wir versuchen unsere schreibenden Kolleginnen behutsam von Sentimentalitäten und bombastischer Prosa abzubringen.

Eine Frau zu inhaftieren bedeutet, ihr die Stimme wegzunehmen, doch viele weibliche Gefangene wurde schon lange, bevor der Polizeitransporter sie vom Gerichtsgebäude zum Gefängnis fährt, zum Schweigen gebracht. »Wenn du nicht den Mund hältst, dann passiert etwas ganz Schlimmes«, droht ihr der Pädophile als verängstigtem kleinen Mädchen. (Und weil der Peiniger ihr Vater, Großvater, Cousin oder Stiefvater ist, wäre es ihm ein Leichtes, seine Drohung wahr zu machen.) »Was sich in diesem Haus abspielt, geht niemanden sonst etwas an!«, schreit ihr die gewalttätige Mutter oder der Vater ins Gesicht, nachdem sie gerade einen Schlag eingesteckt oder zugesehen hat, wie die Schwester oder der Bruder geschlagen wurde. »Halt dein verdammtes Maul oder ich stopfe es dir!«, droht ihr der prügelnde Ehemann. Und sie weiß, dass er es ernst meint; er hat ihr beim letzten Mal den Kiefer gebrochen. Da Inzest und häusliche Gewalt keine gesellschaftlichen Schranken kennen, sind Frauen jedes Standes im Schweigen geübt. Von den acht Autorinnen dieses Buches wurden sechs geschlagen und fünf sexuell missbraucht, eine Statistik, die bei strafgefangenen Frauen durchaus der Norm entspricht. Daher sind ihre Texte immer auch Siege über das Schweigen – gedruckte Wunder sozusagen.

Barbara Lane (*Puzzleteile*) reichte als Aufnahmetext eine idyllische Traumszene ein: aus dem Gefängnis entlassen, lebt sie wiedervereint mit ihren Kindern und Kindeskindern in einem Landhaus mit prachtvollen Gärten. Die Familie lebt glücklich und zufrieden »bis ans Ende ihrer Tage«. In einer beigefügten Notiz schrieb Lane, sie wolle über ihr Leben schreiben, um es besser zu verstehen. Die hart arbeitende Mutter aus der Mittelklasse, ohne kriminelle Vergangenheit, gibt zu, in einem Wutanfall ihren seelisch grausamen Mann erschossen zu haben, der sie mit der Nachricht vom sexuellen Missbrauch der Enkelin verhöhnt hatte. Verwirrt und geschwächt durch eine posttraumatische Stresserkrankung wurde Lane auf die Überwachungsstation für Selbstmordgefährdete verlegt, als sie ins Hochsicherheitsgefängnis York kam. Wegen Mordes zu einer fünfundzwanzigjährigen Haftstrafe verurteilt, hatte sie gerade zwei Jahre verbüßt, als man ihr mitteilte, dass ihr einundzwanzigjähriger Sohn, ein Vater von zwei Kindern, bei einem Autounfall ums Leben gekommen war. Begleitet von zwei Gefängnisbeamten hielt sie allein und in Ketten die Totenwache, nachdem ihre Familie auf Anweisung der Gefängnisbehörden aus dem Beerdigungsinstitut entfernt worden war.

Kurze Zeit nachdem sie in unsere Gruppe gekommen war, schob Lane ihre idyllischen Phantasien beiseite und wandte sich härterem Stoff zu. Sie war überaus produktiv und begierig auf Rückmeldungen von der Gruppe, aber sie schaffte es nicht, ihre Erinnerungen laut vorzulesen, ohne zusammenzubrechen. Gewöhnlich lasen eine der anderen Frauen oder ich die Texte für sie vor, während sie dasaß und still vor sich hin weinte und dabei ein Taschentuch nach dem anderen aus der Schachtel auf ihrem Schoß zog. Doch so qualvoll ihre Geschichte auch war, ihr Erzählstimme war trocken und leidenschaftslos. Eines Tages bemerkte ich ihr gegenüber, dass sie beim Schreiben vermutlich viel weinen müsse. Nein, erwiderte sie. Sie durchlebe ihre Erinnerungen mit trockenen Augen und bringe Einzelheiten und Dialogfetzen in einem Zustand emotionaler Stumpfheit zu Papier. »Das liegt an meinem posttraumatischen Stress«, erklärte sie. »Bis zu dem Punkt, an dem mir die Nerven durchgingen, habe ich genau auf diese Art überlebt – ich habe mich von allem losgelöst. Ich dachte, so schaffe ich es. Ich dachte, dann hätte ich es im Griff und würde alle beschützen.«

In den zwei Jahren, in denen Barbara Lane am Schreib-Workshop teilgenommen hat, haben sich sowohl ihr Schreibstil als auch ihr Verhalten verändert. Mit einer positiveren Einstellung und weniger geschwächt durch ihren Kummer kann sie ihre Entwürfe inzwischen ohne Zusammenbruch selbst vorlesen. Außerdem wirkt ihre Erzählstimme weniger emotionslos und ist viel anrührender geworden. Lane hat ihren Kummer, ihre Ängste, Verzweiflung und Wut in lebhaft erinnerte Einzelheiten verwoben und ihre Gefühle auf dem Papier festgehalten. Sie hat sich an die schwierige Aufgabe gemacht, sich ihrer chaotischen Geschichte selbst zu stellen, statt sich immer wieder von ihr einholen zu lassen, und dieser Prozess hat sie in die Lage versetzt, Gefühle auszudrücken, die ihr lange verschlossen waren. Das maßgebliche Gefühl, das ihre späteren Stücke antreibt, ist gerechter Zorn. »Meine Augen sind weit offen«, bekennt sie in einem neueren Text über ihr Alltagsleben im Gefängnis. »Und mir gefällt nicht viel von dem, was ich sehe.«

Kurz nachdem Diane Bartholomew das Pseudonym Natasha aufgegeben hatte, entdeckte sie eine Erzählstimme, die ebenso direkt und unverstellt ist wie sie selbst. Bartholomew widmete sich der Schilderung ihres Lebens mit einer Besessenheit, wie ich sie noch nie erlebt hatte. Sie schrieb so viel, dass sie einen Begriff dafür zu entwickeln begann, wie Schreiben funktioniert, und wurde dadurch zu einer scharfsinnigen und wohlwollenden Kritikerin für die anderen. Sie war begierig auf kritische Rückmeldungen von ihren Kolleginnen, reagierte auf Lob jedoch nur mit einem Achselzucken und niedergeschlagenen Augen. »Ich weiß nicht, ob es gut ist oder nicht«, pflegte sie zu murmeln. »Aber zumindest ist es ehrlich.«

Das Schreiben veränderte Bartholomew. »Ich habe den Leuten immer gesagt, dass ich meine Geschichte eines Tages aufschreiben werde. Aber ich hätte nie gedacht, dass es wirklich einmal passiert«, erzählte sie mir einmal. Als es dann tatsächlich dazu kam, konnte sie nicht mehr damit aufhören. Jeden zweiten Donnerstag, wenn ich ins Gefängnis kam, lauerte mir die bescheidene Diane auf dem Weg zum Klassenzimmer auf, begierig, ihre jüngste Fortsetzung gegen den Text auszutauschen, den ich mit nach Hause genommen und für sie redigiert hatte. Sie fing an, ihre Überarbeitungen farbig zu markieren, damit ich mich ganz auf das konzentrieren konnte, was im Text neu war – was sie hinzugefügt, gestrichen, umgestellt oder verdeutlicht hatte. Eifrig nahm sie alles auf, was ich ihr beibringen konnte. »Ich will Ihnen wirklich nicht die Zeit stehlen, Wally«, pflegte sie mir vor dem Treffen zuzuraunen, »aber vielleicht haben Sie hinterher ein paar Minuten für mich übrig?« Sobald der Unterricht vorbei war, sprang Diane von ihrem Stuhl auf, verteilte ihre Werke auf den großen Tischen und löcherte mich mit Fragen über Form und narrativen Fluss. »Meinen Sie, mein Jagdstück sollte besser vor oder hinter der Geschichte über unseren Ausflug ans Meer stehen?«, fragte sie. »Ach, und Wally, ich habe darüber nachgedacht, was Sie beim letzten Mal gesagt haben – dass das Auto mein Hauptsymbol zu sein scheint. Aber ich glaube nicht, dass es das Auto ist. Ich denke, es ist die offene Weite einer Landstraße.« Dann deutete sie mit einem Kopfnicken auf die vierzehn oder fünfzehn Texte, die sie auf den Tischen verteilt hatte, Blatt an Blatt, wie eine aufgereihte Tanztruppe. »Doch, es ist die Straße, Wally, nicht das Auto.«

Sie konnte ungeduldig sein. Dagegen kam sie nicht an. Je wichtiger ihr das Schreiben wurde, desto unerträglicher wurde ihr der vierzehntägige Rhythmus. Mit Erlaubnis der Aufsichtsbeamtin ging Dale Griffith dazu über, mir Dianes Arbeiten ins Büro zu faxen. Während ich im einen Zimmer saß und an meinem neuesten Roman schrieb, mich Satz für Satz voranarbeitete, klingelte im Nebenraum das Telefon und die Faxmaschine begann zu rattern. Fünfzehn Minuten später war ich ein einziges lumpiges Sätzchen weiter, aber von Bartholomew erwartete mich ein neuer zehnseitiger Entwurf.

»Liebe Güte, Diane, nicht einmal Joyce Carol Oates schreibt *so* schnell wie Sie«, neckte ich sie gern. »Was haben Sie vor? Wollen Sie einen ganzen Roman daraus machen?«

»Vielleicht«, antwortete sie einmal. »Und wenn, dann widme ich ihn meiner toten Mutter. Ihr Leben lang haben ihr alle eingetrichtert, wie dumm sie ist. Genau wie sie es mit mir gemacht haben. Ich werde das Buch hochhalten und zu ihr sagen, wo immer sie auch sein mag: ›Schau her, Mama. Schau dir an, was deine Tochter geschafft hat. Sieht aus, als wären wir doch nicht so dumm.‹« Bartholomews Produktivität war erschreckend; ihr Drang, ihr Leben auf Papier zu bannen, grenzte an eine fixe Idee. Ich verstand den Zeitplan nicht, dem sie folgte.

Da das Hochsicherheitsgefängnis York eben ein Hochsicherheitsgefängnis ist, dürfen ehrenamtliche Helfer den Insassinnen keine Geschenke machen. In die Einrichtung hineingeschmuggelte Güter können ein ernsthaftes Sicherheitsrisiko darstellen. Daher erschien ich bei meinem Vorweihnachtsbesuch im Jahr 2000 mit leeren Händen.

Aber Diane Bartholomew hatte ein Geschenk für mich – eine schlichte Karte. Geschrieben hatte sie: »Ich wollte wer weiß wie oft das Handtuch schmeißen und aufgeben, aber Sie kennen mich inzwischen besser als irgendjemand sonst. Ich war nicht ohne Grund zeitlebens eine Landplage. Wally, wir alle hier freuen uns auf den Donnerstagnachmittag wie kleine Kinder auf eine Belohnung. *Unsere* Belohnung ist die Chance, unsere Geschichten mitzuteilen und ein Feedback zu bekommen, das die Mühe wettmacht. Dafür einfach nur danke zu sagen, klingt wie eine hohle Phrase, und Sie sagen ja selbst immer: ›Redet nicht, sondern zeigt es mir.‹ Lassen Sie es mich daher so ausdrücken: Sie sind für mich zur Nabelschnur geworden, die neue Hoffnung in mir wachsen ließ. Bitte sagen Sie Ihrer Frau und Ihren Jungen Dank dafür, dass sie bereit sind, Sie mit uns Frauen im Gefängnis zu teilen.«

An diesem Dezembertag herrschte *im* Gefängnis deutlich mehr Friede und Freundlichkeit als draußen. Nachdem ich das Gelände verlassen hatte, fuhr ich zum Einkaufszentrum, um einige Weihnachtsgeschenke zu besorgen, und lief dort einer Bekannten über den Weg. »Lange nicht gesehen«, sagte sie. »Was haben Sie so gemacht?« Als ich von den Schreibworkshops erzählte, überzog ein unangenehmes Grinsen das Gesicht der Frau. »Tja, vielleicht sollte ich auch einmal eine Bank überfallen oder jemanden umbringen«, meinte sie. »Dann könnte ich auch ins Gefängnis und mich dort nach Herzenslust vergnügen.«

Wenn ich in den vergangenen drei Jahren etwas gelernt habe, dann ist es die Tatsache, dass ein Gefängnis kein Vergnügen ist – und alles andere als ein behaglicher Club Med, wie manche meinen. Im Hochsicherheitsgefängnis York wird einer Frau vorgeschrieben, wann sie aufstehen muss und was sie anzuziehen hat, wann sie duschen, essen oder telefonieren darf und wann sie ins Bett gehen muss. Vielleicht teilt sie ihre siebeneinhalb Quadratmeter mit einer Zellengenossin, die gewalttätig, rachsüchtig oder psychisch labil ist. Ihre Zelle kann jederzeit, ohne Angabe von Gründen, vom Wachpersonal durchsucht und ihre persönliche Habe auf den Boden geworfen oder konfisziert werden. Ihre Post kann gelesen, zensiert oder einbehalten werden. Bei einem Generalarrest kann es einer Frau verboten werden, am Unterricht teilzunehmen, zu arbeiten oder ihre Kinder zu sehen. Bekommt sie wie geplant Besuch, wird jede Interaktion mit ihren Kindern vom Wachpersonal und von Überwachungskameras beobachtet. Wenn ihre Besucher gegangen sind, ist sie verpflichtet, sich einer Leibesvisitation zu unterziehen, bei der Vagina und After auf geschmuggelte Gegenstände hin untersucht werden. Es gibt für jede dieser Maßnahmen gute Gründe. Ein Hochsicherheitsgefängnis muss abgesichert werden, zum Schutz der Insassinnen, der Wächterinnen und der Bevölkerung. Aber es ist kein *Vergnügen*, dort einzusitzen, und wer es mit einem Ferienclub vergleicht, ist entweder ignorant oder zynisch.

»Sehen Sie mal, was wir gemacht haben, Mr. Wally«, sagte Tabatha Rowley eines Nachmittags, als der Workshop zusammentrat. Sie hielt ein außergewöhnlich schönes Werk in die Höhe, eine aus Fragmenten zusammengestückelte Collage der *Mona Lisa*. Vor einigen Wochen, erklärten mir meine Schülerinnen, hatte ihr Kunstlehrer, Pedro Valentin, eine Kopie von da Vincis Meisterwerk in vierundzwanzig Teile zerschnitten. Jede der vierundzwanzig Frauen erhielt ein Teilstück und wurde aufgefordert, ihre eigene *Mona Lisa* anzufertigen. Diese Aufgabe verlangte viel Phantasie, denn der Kunstkurs verfügte über so gut wie keine Mittel, es gab weder Farben noch andere Materialien. Daher hatten die Frauen improvisiert, Farbe aus Kaffee und Sahne angerührt und aus Tannennadeln, ausgeschnittenen Zeitschriftenschnipseln und Eierschalen weitere Teilstücke angefertigt. »Schon komisch, dass ausgerechnet ich Mona Lisas Busen abbekommen habe«, spottete Bartholomew, »wo sie mir meinen wegoperiert haben.« Auf mich wirkte die Collage – zerrissen und zusammengefügt, chaotisch und geordnet – augenblicklich wie eine Metapher für unsere Gruppe. »Wenn wir aus Ihren Geschichten jemals ein Buch machen sollten«, sagte ich, »wäre das der perfekte Umschlag.«

»Warum machen wir dann kein Buch daraus?«, fragte Dale Griffith. Die Frauen sahen sich an und nickten. Und da war sie: die Geburtsstunde des Buches, das Sie nun in den Händen halten.

Ich hatte vor, eine kleine Sammlung von Arbeiten zu redigieren und ihren Druck zu finanzieren. Jede Teilnehmerin sollte vier oder fünf Exemplare erhalten und der Gefängnisbücherei wollte ich ebenfalls einen Stapel überlassen. In meinem Büro gab ich meiner Assistentin Lynn Castelli den Auftrag, sich mit einem Desktop-Publishing-Programm vertraut zu machen. Wir handelten mit einem örtlichen Drucker den Preis aus und legten Papierqualität und Bindungsart fest. Ich entschloss mich, dass Geld für den vierfarbigen Umschlag mit der zusammengestückelten *Mona Lisa* springen zu lassen.

»Wie wollen wir unser Buch nennen?«, fragte eine der Frauen beim nächsten Treffen. Keiner der Vorschläge, die wir in die Runde warfen, schien der richtige zu sein. »Wie soll denn der neue Roman heißen, an dem *Sie* gerade arbeiten, Wally?«, fragte jemand. Ich erzählte, dass ich als Arbeitstitel eine Zeile aus einem Gospelstück übernommen hatte, das auf meiner ersten Fahrt zum Gefängnis im Radio gelaufen war.

»Couldn't keep it to myself?«, rief Tabatha. »Ich kenne das Lied!«

»Dann sing es«, forderte Carolyn sie auf. Tabbi gehorchte und animierte uns zu einer spontanen A-cappella-Darbietung von »Said I wasn't gonna tell nobody«, die der fröhlichen Stimmgewalt des Abyssinian Baptist Choir in nichts nachstand.

Said I wasn't gonna tell nobody
But I couldn't keep it to myself
What the Lord has done for me

Also überließ ich den Frauen meinen Titel. Wie hätte ich es ihnen verweigern sollen? »Ich wusste, wenn wir Sie erst einmal hier haben, würden Sie immer wiederkommen«, sagte Dale Griffith mit schelmischem Blick. »Es ist Ihre Berufung.«

Wenige Monate später befand ich mich in Buchangelegenheiten in New York und saß mit meiner Verlegerin Judith Regan am Konferenztisch. Ich beschrieb ihr meine Arbeit im Gefängnis – und wie diese späten Schülerinnen mein

Leben verändert hatten. »Ich würde ihre Arbeiten gern einmal lesen«, sagte Judith. Ich wusste, dass sie das aus reiner Höflichkeit sagte, dass ihr Kalender voll gepackt und ihre Zeit beschränkt war. Trotzdem ergriff ich die Gelegenheit beim Schopfe. Zwei oder drei der Texte befanden sich in der Aktentasche neben meinen Füßen; ich hatte sie während der Zugfahrt in die Stadt redigiert. Ich zog Nancy Whiteleys Geschichte *Im Orbit von Izzy* heraus und begann sie vorzulesen. Immer wieder hob ich den Kopf, um Judith anzusehen. Irgendwo zwischen der ersten und zweiten Seite wechselte ihr Ausdruck von höflich zu ehrlich interessiert. Zehn Seiten später war ich fertig. Judith wischte sich die Augen. »Wollen wir daraus ein Buch machen?«, fragte sie mich.

Im Januar 2001 war Diane Bartholomews Krebserkrankung wieder ausgebrochen und hatte sich auf ihre Lymphknoten ausgedehnt. Fehldiagnosen verzögerten ihre Behandlung um mehrere Monate. Jedes Mal, wenn ich ins Gefängnis kam, schien sie schwächer, ihre Kraft weiter geschwunden und ihre Stimme leiser und dünner geworden zu sein. Zu manchen Treffen kam sie zu spät, bei anderen musste sie früher gehen. Als ihre Chemotherapie begann, wurde sie zu krank, um weiter teilzunehmen.

Mit einer Sondererlaubnis besuchte ich sie auf der Krankenstation. Ich fragte sie, ob ich irgendetwas für sie tun könne. Zwei Dinge, antwortete sie. Als Erstes habe sie den dringenden Wunsch, in dieser Notsituation mit ihrer Schwester Katie zu sprechen, die in Pennsylvania lebte. Katie hatte jedoch nur ein bescheidenes Einkommen und konnte sich den »Inhaftierungskosten-Zuschlag« von dreiunddreißig Prozent, den der Staat Connecticut auf die Telefongebühren von Verwandten von Inhaftierten erhob, kaum leisten. Demnächst stehe ein Gesetz zur Abstim-

30

mung, das diese Gebühr abschaffen wolle. Ob ich bitte an meinen Abgeordneten schreiben könne?»Wird erledigt«, sagte ich.»Und der andere Wunsch?«

Dianes zweite Bitte war komplizierter.»Ich habe fest vor, diesen Krebs zu besiegen, weil es noch so vieles gibt, was ich festhalten will«, sagte sie.»Aber wenn ich es nicht schaffe, Wally, würden Sie dann meine Geschichte für mich beenden?« Ich sagte, dass ich ihr das nicht versprechen könne – ein Grund mehr für sie, gesund zu werden und ihre Geschichte selbst fertig zu schreiben.

An einem Nachmittag im Mai schob Mary Greaney, die stellvertretende Leiterin des Gefängnisses, Bartholomew ganz unerwartet in unseren Workshop. Als Folge ihrer Behandlung war Diane zu diesem Zeitpunkt kahlköpfig und trug ein Kopftuch. Auch hatte sie die Verschlossenheit ihrer Natasha-Phase teilweise wieder angenommen. Während die anderen Frauen an ihren Computern arbeiteten, steckte sie mir einen Zettel zu. Darauf stand:»Ich komme vielleicht hier raus. Die Begnadigungskommission tritt zusammen, um über meinen Fall zu beraten.«

»Das ist ja wunderbar, Diane«, erwiderte ich leise.»Vielleicht werden sie Ihnen endlich ein wenig Gnade erweisen.« Darauf musste sie kichern.»Das hat mit Gnade nichts zu tun«, flüsterte sie zurück,»eher mit den Kosten einer Krebsbehandlung.«

Im darauf folgenden Monat wurde Bartholomew nach der Hälfte ihrer fünfundzwanzigjährigen Haftstrafe entlassen. Ohne viel Aufhebens kehrte sie in das Haus zurück, in dem sie vor dreizehn Jahren ihren Ehemann getötet hatte.

Ich habe Diane ein halbes Dutzend Mal in ihrem Haus besucht; die ersten Male zusammen mit Dale Griffith, später dann allein. Ich brachte ihr Blumen, Essen und gute Wünsche von den anderen Mitgliedern des Workshops. Ich besorgte und installierte ihr einen gebrauchten Computer, damit sie ihre Geschichte weiterschreiben konnte. Stattdessen nutzte sie ihn, um Dankesbriefe an die Menschen zu formulieren, die sie im Gefängnis unterstützt hatten. Es sei schon seltsam, erzählte sie; so sehr sie den Ort gehasst habe, vermisse sie ihn jetzt. Ihr fehlten die Menschen. Sie fragte sich, wie es dieser ergehen mochte oder jener. Sie hatte nicht geahnt, dass sich die Freiheit so einsam anfühlen würde.

Im Oktober 2001 sprach ich auf einer Wohltätigkeitsveranstaltung zugunsten eines Frauenhauses, die im Haus des Gouverneurs in Hartford stattfand. Die Sicherheitsmaßnahmen infolge der Ereignisse vom 11. September und der Anthrax-Drohungen waren scharf, doch das Haus war für Halloween geschmückt und die Veranstaltung gepackt voll. In meiner Rede beschrieb ich die Schreibworkshops im Hochsicherheitsgefängnis für Frauen und las einen Abschnitt aus Diane Bartholomews Autobiografie. Der Applaus am Ende war lang anhaltend und ehrlich. Viele Menschen, auch die First Lady von Connecticut, Patty Rowland, kamen zu mir, um mir zu sagen, dass Bartholomews Worte sie bewegt hätten. Mehrere baten mich, ihre besten Grüße und Wünsche auszurichten.

Später in dieser Woche, an einem wunderschönen Spätherbsttag, fuhr ich zu Diane. Wir saßen auf dem winzigen Balkon ihres Schlafzimmers im ersten Stock in der Sonne und ich erstattete ihr Bericht von der Wohltätigkeitsveranstaltung. »Na, was sagen Sie zu Ihrem Starruhm?«, neckte ich sie. »Im Haus des Gouverneurs hatten sich alle von ihren vier Buchstaben erhoben, um Ihr Manuskript zu beklatschen und zu bejubeln.«

Diane zuckte mit den Achseln. »Ich weiß nicht, ob es gut ist oder nicht, aber zumindest ist es ehrlich.« Dann reichte sie mir ihre geöffneten Hände, und ich nahm sie und umschloss ihre Finger. Für den Rest des Besuches sprachen wir kaum noch ein Wort. Diane döste, das Gesicht im lauen Wind. Sie hatte keine Worte mehr. Doch mit den 30 000, die sie in den vergangenen beiden Jahren niedergeschrieben hat – etwa ein Drittel ihrer Lebensgeschichte –, hatte sie ihr Vermächtnis hinterlegt. Ihre Schwester Katie rief mich am Abend von Thanksgiving an. »Diane ist tot«, teilte sie mir kurz und bündig mit.

Dale Griffith und ich fuhren zusammen zum Beerdigungsinstitut. Mehr als einmal hatte Diane es während der Workshops für nötig befunden, uns darauf hinzuweisen, dass sie in ihrer Jugend eine »ziemliche Schönheit« gewesen sei. Die gerahmten Fotografien, die man um ihren Sarg aufgestellt hatten, gaben ihr Recht. Ich schüttelte die Hände ihrer Familie – Töchter, Geschwister und Schwäger, denen ich nie begegnet war, aber die ich durch Dianes Texte kannte. Nachdem wir unser Beileid ausgesprochen hatten, zogen Dale und ich uns in den hinteren Teil des Raums zurück, wo sich Robin Cullen zu uns gesellte, eine Workshop-Teilnehmerin, die im vergangenen Jahr entlassen worden war. Zwischen der Familie ganz vorn und uns dreien ganz hinten befanden sich Dutzende leerer Stühle. »Seht euch das an«, flüsterte Robin. Diane hat für alle Frauen Plätze reservieren lassen, die gekommen wären, wenn sie frei wären.«

Vor vielen, vielen Jahren warf mir meine Schwester, in der Rolle des Klassenschrecks Rippy Van Snoot, einen Tafelschwamm an den Kopf. »Fick dich selbst«, sagte Seth Jinks. Und Paula Plunkett sagte überhaupt nichts. Jeder dieser Schläge und andere, die danach kamen, machte mich zuerst zu einem Lehrer und später zu einem Schriftsteller. Ich habe meine jetzigen Schülerinnen nicht nur als die Drogenkonsumentinnen, Bandenmitglieder, Diebinnen und Mörderinnen kennen gelernt, die sie einmal *waren*, sondern auch als die komplexen und kreativen Schaffenden, die sie jetzt *sind*. Sie sind »harte Nüsse« – nicht wegen ihrer Verbrechen, sondern weil sie sich weder geschlagen geben noch zum Schweigen bringen lassen. Jede Mitwirkende an diesem Buch hat für sich die Macht des geschriebenen Wortes entdeckt und die damit verbundene Macht in sich selbst. Das Gute daran ist, dass sie es nicht für sich behalten konnte.

In den Monaten nach Diane Bartholomews Tod habe ich meine Donnerstagsbesuche im Hochsicherheitsgefängnis York fortgesetzt, während ich gleichzeitig damit beschäftigt war, dieses Manuskript für die Veröffentlichung vorzubereiten. Ich hatte dabei nur eine einzige Leserin im Kopf: die Frau, der ich bei meinen Weihnachtseinkäufen im *Crystal*-Einkaufszentrum begegnet bin. Ich habe vor, ihr persönlich ein Exemplar auszuhändigen und sie zu bitten, es zu lesen. Es gibt, einiges, was sie über Gefängnisse und Gefangene erfahren sollte. Es gilt, Missverständnisse auszuräumen und Vorurteile fallen zu lassen. Es gilt, Herzen und Köpfe zu öffnen. Und es gilt für viele.

Wir sind eine paradoxe Nation, von außerordentlicher Wohltätigkeit und hartnäckiger Unversöhnlichkeit. Wir haben die Gefängnisse geschaffen, die wir wollten. Ich bin immer weniger überzeugt, dass es die sind, die wir brauchen.

Die Hölle
und wie ich dort hinkam

Brenda Medina

Geboren: 1975

Straftat: Mord

Strafmaß: 25 Jahre, Strafaussetzung zur Bewährung nicht möglich

Beginn der Strafe: 1993

Status: Inhaftiert

1. Das Geheimnis meiner Mutter

Ich war sechs, als mein älterer Bruder David beschloss, zwei meiner Schwestern und mir einen Streich zu spielen. Mimi war damals fünfzehn und Jeanette zwölf, wir drei teilten uns ein Zimmer. Mitten in der Nacht platzte David herein und riss uns aus dem Schlaf. Er schrie und schwenkte ein Schlachtermesser. Sein Gesicht war blutverschmiert. Als unser Geschrei abebbte und wir begriffen, dass Davids Blut aus der Ketchupflasche stammte, fingen Jeanette und ich an zu lachen. Mimi dagegen fand es gar nicht komisch. Sie sprach monatelang kein Wort mehr mit David und schreckte nachts schreiend und schweißgebadet aus dem Schlaf hoch.

Unser Haus war voll: zwei Eltern und neun Kinder. Da sie neun Jahre älter war als ich, hatte Mimi sich selbst zum Kindermädchen von Jeanette und mir ernannt. Sie passte auf uns auf, schimpfte mit uns, wenn sie es für nötig hielt, und leitete unsere freitagabendlichen Monopolyspiele. Ich spielte für mein Leben gern Monopoly mit meinen Schwestern. Wir spielten lange über die Schlafenszeit hinaus, schoben, sobald wir Schritte hörten, das Brett einfach unter das Bett und stellten uns schlafend. Wenn die Luft rein war, spielten wir weiter. Die Gefahr, erwischt zu werden, war Teil des Vergnügens.

Mimi, Jeanette und ich spielten auch an jenem Abend Monopoly, an dem ich das schreckliche Geheimnis meiner Mutter entdeckte. Ich würfelte und zog, verzählte mich und landete auf der Parkstraße statt auf dem Ereignisfeld. An einem normalen Abend hätten sich meine Schwestern sofort auf mich gestürzt, doch an diesem Abend bemerkten sie den Fehler nicht einmal. Es war schwer, sich zu konzentrieren, wegen der Schreie.

Mimi stand auf, verschloss die Tür und drehte die Stereoanlage lauter. Doch selbst bei voller Lautstärke wurde Michael Jacksons *Wanna be starting something, wanna be starting something* ... von dem Krach im Wohnzimmer übertönt. Ich wollte zur Tür rennen, um den Grund für das Geschrei meiner Eltern herauszufinden, aber meine Schwestern packten mich und hielten mich fest.

Die Stimmen überschlugen sich. Schlaggeräusche waren zu hören. Dann hörten wir eine dritte Stimme im Wohnzimmer – unsere ältere Schwester Madeline. Sie schrie Mom an. Glas zerschellte. Es gab einen langen gequälten Schrei. Dann war es still.

Wortlos erhoben Mimi, Jeanette und ich uns vom Bett und gingen zur Tür. Im Gang sahen wir David, der in zerknitterten Schlafanzughosen verschlafen und ängstlich im Flur stand. Ich ergriff die Hände meiner Schwestern und ging zwischen ihnen, David folgte uns.

An der Tür zum Wohnzimmer ließ Jeanette mich los, Mimi dagegen packte meine Hand noch fester. Ich brauchte einen Moment, um zu begreifen, was ich sah. Madeline stand über unseren Eltern und hatte die Hände auf den Mund gelegt. Daddy beugte sich über Mom, die auf dem Boden lag und zappelte wie ein Fisch auf dem Trockenen.

Ich machte mich von Mimi los und wollte zu ihnen. Kurz bevor ich sie erreichte, spürte ich einen stechenden Schmerz. Ich starrte auf die Glasscherben um meine nackten Füße. Als ich meinen linken Fuß hob, sah ich einen gezackten Splitter aus meinem großen Zeh ragen und zog ihn heraus. Während ich mit der Hand das Blut wegwischte, sah ich mich nach meiner Mutter um.

»Steck ihr den Löffel in den Mund, damit sie ihre Zunge nicht verschluckt!«, schrie Daddy. Ihre Zunge verschlucken? Warum sollte Mom ihre Zunge verschlucken? Ging das überhaupt? »Se va mori?«, schrie Jeanette immer wieder. »Se va mori?« Ihre Frage wurde zu einem schrecklichen Singsang.

»Sie stirbt nicht, du Idiot!«, schrie ich. »Sei still, sei still!« Mimi, die bisher dagestanden hatte wie Moms Skulptur von der Jungfrau Maria, näherte sich jetzt Daddy. Mit zitternder Stimme fragte sie: »Warum ist der Krankenwagen noch nicht da? Du hast doch einen Krankenwagen bestellt, oder?«

Daddy schüttelte den Kopf.

»Por que?«, schrie Mimi. »Wenn niemand einen Krankenwagen ruft, dann tu ich es!«

»Mom braucht keinen Krankenwagen«, sagte Madeline, die ihre Augen nicht von unserer sich windenden Mutter abwandte. »Wenn du ihr helfen willst, dann ruf einen Priester.«

»Dios mio!«, hub Jeanette wieder an. »Mom stirbt!«

»Nein, tut sie nicht!«, kreischte ich und traktierte sie mit den Fäusten. Jeanette schlug weder zurück noch schob sie mich von sich. Sie stand einfach da und steckte die Schläge ein, die ich ihr versetzte. Als ich zu müde wurde, um weiter auf sie einzuschlagen, fiel ich gegen sie und schluchzte.

Ich weiß nicht genau, wie viel Zeit vergangen war, als Jeanette plötzlich flüsterte: »Sieh mal!« Mom setzte sich auf, während Daddy hinter ihr kniete, um sicherzustellen, dass sie nicht wieder umfiel und sich wehtat. Mimi kniete sich neben sie und streichelte ihr die Wange.

Mom war kaum wiederzuerkennen. Sie keuchte und starrte ununterbrochen auf etwas an der Wand: Es war das Samtgemälde, das sie ebenso sehr liebte, wie ich es hasste.

Der alte Indianerkrieger auf dem Bild trug den federge-
schmückten Hut und hatte den furchtlosen Gesichtsausdruck eines Häuptlings. Mom sagte oft, der Indianer auf
dem Bild würde unsere Familie vor bösen Geistern beschützen. Aber jedes Mal, wenn ich den kalten, erbarmungslo-
sen Blick sah, fragte ich mich, wer uns eigentlich vor *ihm*
beschützte. An jenem merkwürdigen Abend schien Mom
von ihrem Indianer wie gebannt zu sein.

»Komm«, sagte Madeline und hob mich hoch. »*Vamo-
nos.*« Ich schlang die Arme um ihren Hals und legte die
Beine um ihre Hüften. Jeanette und Mimi folgten uns
zurück ins Schlafzimmer. »Wollte sie wirklich ihre Zunge
essen?«, flüsterte ich Madeline zu, als sie mich zudeckte.
Sie küsste mich auf die Stirn und antwortete, ich solle jetzt
schlafen. Als sie sich zum Gehen wandte, wartete Mimi an
der Tür auf sie.

Leise begann Mimi Madeline über das, was vorgefallen
war, auszufragen. Madeline zögerte zunächst, aber dann
seufzte sie plötzlich. »Na gut. Ich denke, du bist alt genug,
um es zu erfahren.«

Sie gingen hinaus und zogen die Tür halb hinter sich zu.
Jeanette und ich stahlen uns aus den Betten und schlichen
ihnen auf Händen und Knien nach. Ich war der Tür am
nächsten. Jeanette zupfte hinter mir ständig an meinem
Nachthemd und wollte wissen, was sie sagten. Ich drehte
mich um, legte den Finger an die Lippen und flüsterte:
»Pssst!«

Was Madeline Mimi erzählte, war einfach unglaublich.
Irgendetwas habe Mom in seiner Gewalt – bringe sie dazu,
mit seltsamer Stimme zu sprechen, zwang sie, zu schreien
und mit Dingen um sich zu werfen. Es weckte sogar den
Wunsch in ihr, sich umzubringen.

Ich traute meinen Ohren nicht. Mein ganzes Leben lang
hatte man mir erzählt, dass mir nichts geschehen könne –

dass es so etwas wie Monster nicht gebe. Und jetzt hörte ich plötzlich, dass ein Monster, eine böse Macht oder ein unbestimmtes »Etwas« in den Körper meiner Mutter gefahren war und die Herrschaft über sie erlangt hatte. Es schien unmöglich wahr sein zu können und doch, wenn es das nicht war, was hatte ich dann gerade miterlebt?

Dieser Abend war der erste von vielen, an denen ich mit ansah, wie meine Mutter von einem mysteriösen »Etwas« überfallen wurde. Und jedes Mal wirkte ein wenig seltsamer und beängstigender als zuvor. Doch auch wenn Mom von Zeit zu Zeit von bösen Geistern besessen zu sein schien, glaubte sie ebenso inbrünstig an den Vater, den Sohn und den Heiligen Geist – und an die Fähigkeit der Heiligen Dreieinigkeit, ihrer Familie Erlösung zu gewähren. Häufig bat sie ihre grauhaarigen Onkel und Tanten für Gebetsstunden zu uns nach Hause, bei denen sich die Frauen durch einen gemeinsamen Rosenkranz arbeiteten. Als Schutz vor dem Bösen zündete Mom Kerzen zu Füßen der Heiligen an, deren Statuen unser Haus bevölkerten. Und für den Fall, dass Flammen und Kerzenwachs versagten, konsultierte sie Tante Rita, die sich mit den Gesängen der Santeria auskannte.

Als Folge unserer familiären Probleme wandte sich meine Schwester Marizol vom Katholizismus ab und trat der Pfingstgemeinde bei. Marizols neue Kirchenfreunde begannen Mom zu besuchen. Jedes Mal, wenn Mari ihre Kirchenleute mit nach Hause brachte, versammelten sie sich mit der Bibel in der Hand im Wohnzimmer und bildeten einen Kreis um meine geplagte Mutter. Für mich war dies der Moment, meinen Hund Toby zu schnappen und in mein Zimmer zu flüchten. Ich wollte mit diesem frommen Voodoo nichts zu tun haben. Stundenlang saß ich in meinem Zimmer, hielt Toby im Arm und versuchte mich taub zu stellen. Manchmal lachte Mom lauter als sie ohnehin schon betete. Zu anderen Gelegenheiten schrie sie. »Komm, Toby«, sagte ich, sobald das Schreien begann. Und wir beide versteckten uns unter dem Bett.

Als ich alt genug war, um in die Schule zu gehen, bestand meine Mutter darauf, mit der Familientradition zu brechen und mich auf die katholische Saint-Margaret-Schule in unserer Straße zu schicken. Dad war dagegen, denn die konfessionelle Schule kostete Schuldgeld, während der Besuch der staatlichen Schule kostenlos war. Die staatliche Schule habe aus meinen Geschwistern Unruhestifter gemacht, behauptete Mom; ständig würden sie wegen diesem oder jenem ins Büro des Direktors zitiert. Für sie sei es vielleicht zu spät, aber ich könne vielleicht noch gerettet werden. Wie üblich war es Mom, die ihren Kopf schließlich durchsetzte.

Jeden Morgen kniete sie sich vor mich, band mir die schwarzen Riemchenpumps und strich die Falten meiner blaugrau karierten Schuluniform glatt. Sobald ich die Inspektion überstanden hatte, machte ich mich auf den Weg zu Ms. Fosters erster Klasse.

Da die Saint-Margaret-Schule am Ende unserer Straße lag, ging ich normalerweise allein dorthin, wobei ich bei jedem Schritt die Füße schleifen ließ. Mom stand auf der Veranda und sah mir nach. Bevor ich das weiße zweistöckige Gebäude betrat, drehte ich mich noch einmal um und winkte, und Mom winkte zurück. Nach Schulschluss stand sie wieder auf ihrem Posten auf der Veranda. Ich sah zu ihr hinüber und wartete darauf, dass sie mir zunickte. Es war ihr Zeichen für mich, dass ich nach Hause kommen konnte.

Ich hasste die Saint-Margaret-Schule. Die meisten meiner Mitschüler waren Weiße aus wohlhabenden Familien, ich dagegen war die dünne kleine Puerto Ricanerin aus ärmlichen Verhältnissen. Wenn die anderen morgens vor der Schule abgeladen wurden, trugen sie teure neue Schuhe und blütenweiße Blusen zu ihrer karierten Schuluniform. Ich dagegen erschien in K-Mart-Hemden mit ausgefransten Bündchen und den Riemchenpumps, die ich von meinen Schwestern geerbt hatte.

»Schicke Schuhe, Brenda«, bemerkte die hochnäsige Monica Bradley einmal, als sie mit ihren kichernden Freundinnen in der Pause an mir vorbeirannte. Die anderen in meiner Klasse wussten ebenso gut wie ich, dass ich nicht in diese Schule passte – dass ich eine Außenseiterin war.

Eines Morgens im Winter ging Mom nicht hinaus auf die Veranda, um mir nachzusehen. Stattdessen begleitete sie mich hinunter in den Hauseingang, zog ihren eigenen Mantel an und zupfte ein paar Flusen von meinem. Ohne mein Gemecker zu beachten, schlang sie mir meinen schwarzen Schal wie einen Knebel um den Hals und schob mir die Fäustlinge über die Hände. Als ich zu ihrer Zufriedenheit verpackt war, rief sie zu Marizol hinauf: *Beeil dich, beeil dich!* Und als Mari herunterkam, trotteten wir zu dritt zur Schule. »Ich bin in der ersten Klasse«, protestierte ich. »Ich kann alleine zur Schule gehen.«

»Mom hat eine Verabredung mit Pater Robert«, erklärte Marizol. »Und ich muss übersetzen.« Sie ließ ihr hübsches, strahlendes Lächeln aufblitzen. »Also, wenn du etwas ausgefressen hast, sag es mir lieber gleich. Dann versuche ich dir zu helfen.«

Pater Robert war der oberste Priester an unserer Schule – ein großer, dunkelhäutiger Mann mit Haaren wie Scheuerwolle. Bis zu diesem Tag war er mein Verbündeter gewesen, hatte meinen Eltern an Besuchstagen und bei Theatervorstellungen versichert, dass ich ein nettes, ruhiges Mädchen sei. Warum wollte er denn plötzlich mit Mom sprechen? Wusste er über meine letzte Beichte Bescheid? Ich hatte im Beichtstuhl gekniet und die Sünden aufgezählt, die ich in der vergangenen Woche begangen hatte: Ich hatte geschwindelt, freche Antworten gegeben, den Kopf von Jeanettes Barbie Doll abgedreht und ganz unten in ihrer Spielzeugkiste versteckt. »Vier Vaterunser und vier Ave Maria«, hatte er gesagt. Da mir die Strafe zu hart erschienen war, hatte ich sie auf die Hälfte reduziert. Konnte Pater Robert das irgendwie herausgefunden haben?

Das Einzige, was ich mir vorstellen konnte, war die Geschichte mit Monica Bradley. Am vergangenen Freitag hatte Monica meine Freundin Lynnette »Miss Piggy« genannt und sie zum Weinen gebracht. Wenig später hatte ich, als Monica mit einem Becher gelber Farbe auf dem Weg zur Staffelei war, den Fuß in den Gang gestreckt und ihr ein Bein gestellt. Sie landete mit dem Gesicht nach unten auf dem Fußboden, und ihre Schuluniform war voller Farbe. Mit meinem unschuldigsten Gesichtsausdruck hatte ich Ms. Foster davon überzeugt, dass es ein Unfall war. Hatte Monica sie vom Gegenteil überzeugt? War das der Grund, warum wir uns auf dem Weg zu Pater Roberts Büro befanden?

Wir betraten die Schule und gingen die Treppe hinauf in den ersten Stock. Oben grüßte Ms. Foster meine Mutter und Schwester mit einem freundlichen Lächeln und schob mich ins Klassenzimmer wie gewöhnlich. Ich blickte über meine Schulter zurück und sah Mom und Marizol im Gang verschwinden. Ich schlurfte zur Garderobe, entfernte meine Winterausrüstung, verstaute meine Brotbox und setzte mich auf meinen Platz. Wir schworen den Treueeid, sprachen unsere Morgengebete und absolvierten die täglichen Übungen. Ich konnte mich nicht konzentrieren. Was ging in Pater Roberts Büro vor sich? Was hatte ich angestellt?

Mitten am Vormittag kam mir ein schrecklicher Gedanke. Wenn dieses Treffen am Ende gar nicht wegen mir stattfand? Wenn man in der Schule von meiner Mutter gehört hatte? Vielleicht hatte ihnen jemand einen Tipp gegeben, dass Mom nicht ganz normal sei – dass ein gewisses »Etwas« manchmal die Kontrolle über sie erlangte und sie in etwas anderes verwandelte? Vielleicht wussten sie sogar über La Negra Bescheid. Hatte Pater Robert meine gläubige Mutter einbestellt, um sie mit ihrer Teufelspuppe zu konfrontieren?

Mom besaß eine Sammlung hübscher Porzellanpuppen, aber La Negra, eine hässliche alte Stoffpuppe, war ihr erklärter Liebling. La Negra gehörte schon seit Urzeiten zu Moms Sammlung. Ihre Haut war aschgrau. Ihre Augen bestanden aus weißen X-Stichen und ihr Mund aus einem einzelnen roten Garnfaden. Sie trug ein grün geblümtes Kleid mit passendem Stirnband. Ich hasste die Puppe, nicht nur weil sie hässlich und Furcht einflößend aussah, sondern auch, weil ich eifersüchtig auf sie war. Meine Mutter schien La Negra manchmal mehr zu lieben als mich.

Mom wusste, dass ich mich vor La Negra schrecklich fürchtete, daher setzte sie sie mitunter zur Bestrafung ein, wenn ich mich schlecht benommen hatte. Einmal brachte ich sie mit etwas auf die Palme, woran ich mich heute nicht mehr erinnern kann. Woran ich mich allerdings noch gut erinnere, ist, dass ihre runden Wangen feuerrot anliefen, während sie mich anschrie: »Du rührst dich nicht von der Stelle! Dir werde ich es zeigen!« Kurz darauf kam sie mit ihrer geliebten La Negra zurück. Sie stopfte die Puppe in eine Ecke des Haushaltsschrankes, packte mich am Handgelenk und schob mich hinterher. »Nein, Mommy, nein!« Ich flehte, schrie und trat. Es half nichts. Die Tür wurde zugeworfen und abgeschlossen. Ich saß in der tiefsten Dunkelheit, zusammen mit meinem schlimmsten Albtraum, der Teufelspuppe meiner Mutter. Ich weiß nicht, wie viel Zeit ich dort drinnen verbracht hatte, als ich hörte, wie sich der Türgriff sachte bewegte und ich am verschwommenen Umriss meiner Mutter vorbei wieder ins Tageslicht blinzeln konnte.

»Ist alles in Ordnung mit dir, Brenda?«, fragte Ms. Foster. Ich nickte und zwang mich zu lächeln, in der Hoffnung, sie und die Klasse ablenken zu können. Den ganzen Tag musste ich bei dem Gedanken daran, dass sie möglicherweise die Wahrheit über meine Familie, Moms Anfälle und meine kindliche Angst vor *La Negra* herausgefunden hatten, gegen Tränen und Übelkeit ankämpfen. Das Letzte, was ich gebrauchen konnte, war, dass sie wussten, wer ich wirklich war. Ich hatte es auch so schwer genug, in Saint Margaret dazuzugehören.

Als um drei Uhr die Glocke zum Schulschluss läutete, glaubte ich, mir müsse der Kopf platzen. An jedem anderen Tag wäre ich die Treppe hinabgerannt und hinausgestürzt, um diesem Ort so schnell wie möglich zu entkommen. Aber nicht an diesem Tag. Da ich nicht wusste, was man Mom erzählt hatte, wusste ich auch nicht, was mich erwartete, und ich fürchtete mich davor, nach Hause zu gehen.

Mom stand wie immer auf der Veranda. Sie gab mir das Zeichen zu kommen. Langsam ging ich auf sie zu. Als ich nach Hause kam, befahl sie mir, die Schuluniform auszuziehen und mich an meine Hausaufgaben zu setzen, so wie jeden Tag. Sie ging ihren täglichen Arbeiten nach und erwähnte Pater Robert mit keinem Wort. Marizol war nicht da, um sie zu fragen. Das große Treffen blieb mir ein Rätsel, bis Daddy von der Arbeit kam.

Mom hatte mich früh ins Bett geschickt, sodass ich bereits mit Flicker unter der Decke lag, meinem elfenbeinfarbenen Glühwurm, dessen Gesicht grün aufleuchtete, wenn man das Nachtlicht in seinem Kopf anknipste. War

La Negra für mich der meistgehasste Gegenstand im Haus, so war Flicker das, was ich am meisten liebte – mein Licht gegen die Dunkelheit. Ich hörte Daddys Schritte, seine Stimme, das Knarren der elterlichen Schlafzimmertür. Zuerst konnte ich ihre unterdrückten Stimmen nicht verstehen. Doch Minuten später machte das Geschrei die Unterhaltung laut und deutlich.

»Wir haben dafür einfach kein Geld, Delia!«, schrie Daddy wütend.

»Hector, *por favor, calma te.*«

Aber Daddy schien sich nicht beruhigen zu wollen. »Ich wollte von Anfang an nicht, dass sie auf diese Schule geht! Wenn die öffentliche Schule für die anderen gut genug ist, warum muss sie dann auf eine verdammte katholische Schule gehen?«

Schlagartig war mir klar, was der Grund für Moms Treffen mit Pater Robert gewesen war. Es war nicht das erste Mal, dass meine Eltern diesen Streit führten. Sie waren wieder einmal mit der Zahlung des Schulgeldes im Rückstand.

»Warum sie dort hingehen muss, Hector? Weil wir sie retten müssen. Den Teufel von ihr fern halten müssen.« Meine Mutter – die manchmal schrie und lachte wie der Teufel persönlich, die die schreckliche *La Negra* an ihre Brust drückte und an die Kraft der Santeria und an einen auf schwarzen Samt gemalten Indianerkrieger glaubte – war felsenfest davon überzeugt, dass Jesus Christus die Seele ihrer jüngsten Tochter retten würde.

»Es ist mir egal, ob er uns mehr Zeit lässt!«, schrie Daddy. »Ich will sie dort *raus*haben!«

»Und ich will, dass sie *hin*geht!«

Welche Einwände Daddy auch vorbrachte, Mom übertrumpfte sie, wobei sich ihr Spanisch auf tausend Wörter die Minute steigerte. Ich presste Flicker noch fester an mich und drückte mein Gesicht ins Kissen. Das Letzte, was ich

Daddy sagen hörte, war: »*Esta bien*, Delia. Okay, okay. Wir finden einen Weg, um das Geld aufzutreiben.«

Als im Haus Ruhe eingekehrt war, schob ich die Bettdecke zurück und stand auf. Flicker und ich gingen zum Fenster. Ich schaute in Richtung der Saint-Margaret-Schule und starrte die Spitze des eisigen Kirchturms an, der einzige Teil der Schule, der über den Dächern zu sehen war. Während ich dort stand, verfluchte ich meine katholische Schule, und auch meine Mutter, die es zu ihrer Aufgabe gemacht hatte, mich jeden Tag in diesem heiligen, höllischen Ort einzuschließen.

Eines Nachmittags war ich mit Mom draußen auf der Veranda. Sie saß auf einem Stuhl und sah auf das Wäldchen, das unserem Haus gegenüberlag. Mom behauptete, es beruhige ihre Nerven, wenn sie zusehe, wie sich die Bäume bewegen. »Bürstest du mir die Haare?«, fragte ich sie.

Sie sah mich überrascht an, dann nickte sie lächelnd. Sie war an diesem Tag ganz sie selbst, alles war gut. Ich kniete mich zwischen ihre Beine und genoss das rhythmische Streichen ihrer Hände und der Bürste. Ich begann das neue Lied zu singen, das Mimi mir beigebracht hatte. »*Ich liebe einen großen, blauen Frosch –*«

Vom Himmel kam ein krachender Donner.

Ich hörte auf zu singen. *Konnte* nicht mehr singen. Konnte nicht atmen …

Als ich die Augen wieder aufschlug, tat mir die Kehle weh. Moms Gesicht war über mir und starrte mich mit einem Ausdruck an, der mir gleichzeitig fremd und vertraut war. Daddy stand hinter ihr und kämpfte darum, ihre Finger von meinem Hals zu lösen.

Als er Mom von mir losgeeist hatte, hob Madeline mich eilig auf und trug mich von der Veranda. Es war alles so schnell gegangen, dass ich gar nicht verstand, was geschehen war. Später umarmte mich Daddy und versprach mir, immer auf mich aufzupassen.

Nach dem Vorfall auf der Veranda tat mein Vater, als sei alles wie immer, doch sobald Mom in der Nähe war, ließ er mich nicht mehr aus den Augen. Er verlor weder viele Worte über jenen seltsamen Tag noch über Moms Zustand. Ich weiß noch, dass ich ihn einmal fragte, ob sie verrückt sei. Er schüttelte den Kopf und sah weg. In manchen Nächten, wenn mein Vater sich allein glaubte, konnte ich hören, wie er betete und Gott anflehte, uns vor dem Bösen zu beschützen. Diese aufgeschnappten Gebete verrieten mir, was Dad wirklich dachte: dass eine dunkle Macht manchmal von seiner Frau Besitz ergriff, der Mutter seiner Kinder.

Jahrelang rang ich mit der Frage, was *wirklich* mit Mom los war. War sie von einem bösen Geist besessen? War sie verrückt? Ich hätte gern geglaubt, dass gar *nichts* mit ihr los war – dass sie ebenso normal war wie andere Mütter. Aber leider stand mir diese Option nicht offen.

Je älter ich wurde, desto klarer wurde mir, dass es ihr Kopf war, mit dem etwas nicht stimmte, und nicht mit ihrer Seele, aber mit dieser Ansicht war ich in der Minderheit. Ich habe nie verstanden, warum Marizol ihren Priester mit nach Hause brachte, statt einen Psychiater – warum außer mir jeder in der Familie auf die »Böse-Geister«-Geschichte ansprang. Diese Mär wollte ich einfach nicht schlucken. Ich weiß nicht, warum. Vielleicht hatte ich Angst davor, mich mit der Möglichkeit auseinander zu setzen, dass es tatsächlich Monster gab – dass irgendein unkontrollierbares »Etwas« in einen Menschen einfahren und die Herrschaft über ihn gewinnen kann.

2. Familienwerte

Sucht hat viele Gesichter: Drogen, Würfel, Alkohol, Einkaufszentren. Meine zeigt sich in Gestalt eines gefährlichen Jungen namens Manny. Von meinem vierzehnten Lebensjahr an, bis ich, drei Jahre später, im Gefängnis landete, hatte ich nichts anderes als Manny im Kopf.

Ich traf ihn an einem Sommertag, als ich eine Schule für Erwachsenenbildung besuchte. Ich hatte die Kennedy Highschool gehasst – nicht, weil ich nicht clever genug gewesen wäre, um das Pensum zu schaffen, sondern weil die Cheerleader, die Punkrocker und selbst die Strebertypen in mir das Gefühl verstärkten, das mich Zeit meines Lebens verfolgte: dass ich ein Mädchen war, das nirgends dazugehörte. Die Erwachsenenbildung war der Kompromiss, auf den meine Eltern und ich uns verständigt hatten. Und zu meiner eigenen Überraschung fand ich dort meinen Platz.

»Okay, komm, du siehst gut genug aus. Gehen wir essen.« Ich lehnte am schwarzen Brett, zog mir die Lippen nach, hob den Kopf und sah »meine Jungs« auf mich zukommen – Bobby, Stitch und Green Eyes. Ich war die einzige Frau in dieser kleinen Gruppe, was genau nach meinem Geschmack war. Von meinen älteren Schwestern hörte ich ständig Schmalzgeschichten über Freundinnen, die ihnen in den Rücken fielen, ihnen einen netten Jungen »ausspannten« oder ein Outfit kauften, für das sie selbst gerade sparten. Mädchen konkurrierten gegeneinander, Jungs dagegen waren Kumpel – und genau aus diesem Grund zog ich lieber mit Green Eyes, Bobby und Stitch durch die Gegend.

Allerdings basierte unsere Gruppe auf Freundschaft, nicht auf Romantik. Natürlich flirtete Bobby mit mir und ich mit ihm. Ich konnte einfach nicht anders. Mit seiner karamellfarbenen Haut und den dunklen Haaren war er einfach eine Augenweide. Aber ich *kannte* Bobby – wusste, dass er gern von einer Eroberung zur nächsten überging, sobald er ein Mädchen im Bett gehabt hatte. Jungen waren verlässlicher als Mädchen, aber nur wenn kein Sex im Spiel war. Ich flirtete mit Bobby und den anderen – nahm ihre Neckereien hin und neckte zurück –, aber ich ging mit keinem von ihnen.

Wir vier standen an der Essensausgabe, warteten auf unsere Bestellungen und lachten über die Schlagzeile auf der Titelseite der *Weekly World News:* »Frau isst während der Schwangerschaft Karotten und bringt Hasenjunges zur Welt.« Als Green Eyes jemandem etwas zurief, sah ich von der Zeitung auf. Das war das erste Mal, dass ich ihn sah.

Er trug weiße Jeans und ein Tommy-Hilfiger-Hemd, das wunderbar zu seiner kraftvollen Erscheinung passte. Auf einen geschnitzten Spazierstock gelehnt, kam er mit einem mondänen Hinken auf uns zu – umgeben von einer Aura des Geheimnisvollen.

»Wie geht's?«, sagte Stitch. »Ich wusste gar nicht, dass du heute herkommst.« Der geheimnisvolle Typ und Stitch begrüßten sich mit einem seltsamen Handschlag. Mit Green Eyes machte er es ebenso. Bobby bekam einen ganz normalen Händedruck.

Ich stand einige Schritte entfernt bei den Telefonen, nippte an meiner Pepsi und schielte immer wieder zu ihnen hinüber. Olivfarbene Haut, süße Haselnussaugen: es war schwer, *nicht* hinzusehen. Die Jungen standen dicht beieinander, redeten leise miteinander und betrachteten etwas, das zwischen ihnen herumwanderte. »Du spinnst doch, Bobby«, sagte der Neue. »Wenn ich so ein Mädchen hätte, würde ich schon dafür sorgen, dass etwas passiert.« Er drehte sich zu mir um und lächelte. »Du siehst echt gut darauf aus.«

Ich wurde rot, als mir klar wurde, was zwischen ihnen herumwanderte: die Bilder von mir, die Bobby an diesem Morgen zum Spaß aus einer Tasche gefischt hatte. »He, Bren«, sagte Stitch. »Komm her, ich will dich meinem Bruder Manny vorstellen.«

»Seit wann hast *du* denn einen Bruder?«, erwiderte ich. Stitch grinste nur.

Mannys Augen wanderten über meinen Körper und hoch zu meinem Gesicht. »Ich hoffe, es stört dich nicht, wenn ich mir deine Bilder ansehe«, sagte er. Ich starrte zurück und verzog keine Miene. Lachend drehte er sich wieder zu Bobby um. »Mann, da hast du ja alle Hände voll zu tun. Ganz schön frech, die Kleine.«

»›Die Kleine‹ hat einen Namen«, setzte ich ihn ins Bild. »Und ›die Kleine‹ geht jetzt.«

Ich verschwendete keinen Gedanken mehr an Manny, bis er mir einige Wochen später in Louies Pizzeria über den Weg lief. Sobald er mich sah, kam er auf mich zu. »Hallo«, sagte er. »Hör mal, es tut mir Leid, wenn ich dich neulich in der Schule vergrätzt habe.«

Ich zuckte mit dem Achseln und deutete auf seinen Stock. »Was ist mit deinem Bein passiert?«, fragte ich.

»Jemand hat auf mich geschossen.«

»So? Wer denn?«

Er sah zu Boden und scharrte mit den Füßen. »Ach, irgendein Typ. Und du bist also mit meinen Brüdern befreundet?«

»Bin ich das? Wer sind denn deine Brüder?«

»Green Eyes und Stitch.«

Ich sagte ihm, dass von Green Eyes Brüdern keiner in Connecticut lebte, und dass Stitch überhaupt keine Brüder hatte.

»Na, sagen wir mal, wir sind in der gleichen Verbindung«, lachte er. »Nur dass wir nicht aufs College gehen.«

»Begrüßt ihr euch deshalb mit diesem blöden Handschlag?«

Das Lächeln verschwand aus seinem Gesicht. »Dieser Handschlag ist heilig«, sagte er.

Wir unterhielten uns ein paar Minuten, dann erklärte ich ihm, dass ich gehen müsse. Auf halbem Weg zur Tür rief er mir nach. »Wie sieht es aus, Brenda? Gibst du mir deine Telefonnummer?«

»Klar«, rief ich. »Meine Nummer ist 0-180-TRÄUM WEITER.«

He, ich bin schließlich in dieser Gegend aufgewachsen und nicht in der Sesamstraße. Ich kenne mich aus mit Gangs: mit ihren geheimen Begrüßungsritualen und den speziellen Farben. Man hatte mir beigebracht, mich von Schlägertypen fern zu halten, und das tat ich. Doch das Zusammentreffen mit Manny und sein Gerede über die geheimnisvolle »Bruderschaft« meiner Freunde weckte meine Neugierde. Ich fing an, Stitch und Green Eyes in der Schule auszufragen, doch die Antworten, die ich erhielt, waren merkwürdig nichtssagend. Über ihren »Verbindungsbruder« Manny gaben sie so gut wie nichts preis.

Eines Tages nahm mich Bobby bei Seite. »Warum fragst du die Jungs dauernd über Manny aus?«, wollte er wissen. »Lass die Finger davon, Brenda. Der Kerl ist nichts für dich.«

Ich versetzte ihm einen freundschaftlichen Knuff. »Und wer wäre etwas für mich? Du vielleicht?«

»So meine ich das nicht. Manny bedeutet Ärger. Er gehört zu einer Gang.« Es war das erste Mal, dass irgendeiner meiner Freunde das Wort in den Mund nahm.

Bobbys Warnung war für mich ebenso spannend wie beängstigend, und das nicht zuletzt wegen meiner Mutter. Gangs waren einer ihrer Hauptgründe dafür gewesen, mich meine ganze Kindheit hindurch unter »Hausarrest« zu stellen.»Für diese Gangster da draußen ist so ein unschuldiges Mädchen wie du ein gefundenes Fressen. Du bleibst schön im Haus.« Als ich ins Highschool-Alter kam, hob ich den Arrest selbst auf. Ich fing an wegzugehen, wann und wohin es mir passte. Wenn Mom Einwände hatte, umso besser. Das Ringen um die Kontrolle über mein Leben war ein Kampf, den ich um jeden Preis zu gewinnen beabsichtigte. Zunächst betrachtete ich Manny gar nicht als Kriegsschauplatz. Ich war viel zu fasziniert von seinem süßen Lachen und seiner Gangster-Aura. Manny war wie ein guter Schmöker: Nach ein paar Seiten hatte man angebissen und musste einfach wissen, wie es weitergeht. Mutter hin oder her.

Mein fünfzehnter Geburtstag wurde zum Härtetest, sabotiert von meinem rüpelhaften Bruder David. Madeline war an diesem Tag mit einer Überraschung für mich vorbeigekommen, zwei *Boston Cream*-Krapfen, meinen Lieblingskrapfen. Doch ehe ich sie essen konnte, entdeckte David sie auf der Kommode in meinem Zimmer.»Los, gib mir einen ab, du verwöhntes Blag«, befahl er mir. Es gefiel mir nicht, dass er mir Vorschriften machen wollte, statt mich zu bitten, und ich lehnte ab. Aus Rache zerquetschte er in jeder Hand einen Krapfen und schmierte die Pampe quer über meine Kommode.»Herzlichen Glückwunsch, *Brendita*«, sagte er.

Gewalt war in unserem Haus nichts Ungewöhnliches, aber David war im Vergleich zu Mom, der Prügelkönigin, nur ein kleiner Fisch. Um ihrer mit harter Hand ausgeübten Kontrolle zu entkommen, waren meine Schwestern, eine nach der anderen, ausgezogen. Mich wunderte daran nur, dass sich die meisten von ihnen geradewegs in die Arme eines besitzergreifenden und prügelnden Mannes geflüchtet hatten. Das würde *mir* nicht passieren.

Ich war immer noch sauer über die zerquetschten Krapfen, als meine Freundin Maritza anrief, um mir zum Geburtstag zu gratulieren. Maritza und ich hatten uns auseinander gelebt, deshalb war ich gerührt, dass sie an mich gedacht hatte. Wir verabredeten, an diesem Abend zusammen auszugehen. »Ich möchte, dass du um Mitternacht zu Hause bist«, warnte mich meine Mutter. Ich teilte ihr mit, dass ihre Wünsche und meine Wünsche möglicherweise gänzlich verschiedene Dinge waren.

Maritza und ich vergnügten uns an den Spielautomaten im Crazy Eight und gingen dann in die Spätvorstellung ins Kino. Als wir die Willow Straße hinaufliefen, rief jemand Maritzas Namen. Auf der anderen Straßenseite standen einige Jungen und musterten uns. »O Mist!«, sagte Maritza. »Da drüben steht mein Freund. Er wird sauer sein, dass ich so spät noch unterwegs bin.«

Sobald wir auf der anderen Seite ankamen, packte Jose Maritza am Arm und zog sie für ein Gespräch unter vier Augen zur Seite. »Ich wusste, dass du zu mir kommen würdest«, sagte jemand. Es war Manny.

Nervös und ein bisschen ängstlich bemühte ich mich um eine gleichgültige Miene. »Ach, so denkst du dir das?«

»Ich *weiß*, dass es so ist. Ich bin mir nur nicht sicher, ob *du* es weißt. Komm, wir setzen uns hier oben hin.« Er deutete auf die Treppen des Gebäudes hinter uns. »Keine Bange. Es wird schon keiner auf dich schießen. Ich und mein Onkel wohnen hier.«

Manny zog das Bier, das er gerade trank, aus der Tüte und legte das Papier auf die Stufe, damit ich mich setzen konnte. Dann setzte er sich neben mich. »Magst du?«, fragte er. Ich schüttelte den Kopf. Ich sah zu Maritza und Jose hinüber, deren Streit inzwischen in eine Knutscherei übergegangen war. »Maritza ist ein gutes Mädchen«, sagte Manny. »Ich bin froh, dass mein Bruder sie gefunden hat.«

Diese »Bruder«-Geschichte: Ich hatte es inzwischen aufgegeben, Stitch und Green Eyes irgendwelche Informationen zu entlocken, aber wenn Manny mir schon das Stichwort lieferte, würde ich die Gelegenheit nutzen. »Also, was hat es *damit* auf sich?«, fragte ich und deutete auf seine Halskette.

Er spielte mit den Perlen. »Das tragen wir. Sie symbolisieren unsere Familie.« Sie sahen aus wie die Spielzeugperlen, aus denen ich als kleines Mädchen Ketten angefertigt hatte. »Stitch und Green Eyes tragen dieselben Farben, weiß und senfgelb.«

Er machte ein Pause und trank einen Schluck Bier. »Das tun wir alle«, sagte er.

»Wer ist ›wir‹?«

»Die Unidad. Frag bitte nicht weiter. Mehr darf ich dir nicht sagen, weil du keine von uns bist.«

Da war es wieder: das altbekannte Gefühl, nicht »dazuzugehören«. »Okay«, sagte ich schnippisch. »Und worüber *können* wir reden?«

Er stammte aus New York, erzählte er mir, und war mit zehn nach Connecticut gezogen. »Meine Eltern sind bei einem Autounfall ums Leben gekommen, also kamen mein Onkel und meine Großmutter und nahmen mich mit. Es war halb so wild. Sie waren keine besonders guten Eltern. Mein kleiner Bruder lebt ein paar Häuser weiter bei meiner Großmutter. Weil sie uns nicht beide aufnehmen konnte, bin ich hier gelandet. Aber das ist okay. Mein Onkel lässt mich tun und lassen, was ich will.«

Manny schilderte mir einen schmerzhaften Schlag nach dem anderen, vertraute mir Dinge an, wie es noch niemand sonst getan hatte. Ich fühlte mich gleichzeitig überwältigt und geschmeichelt. »Du kennst mich doch gar nicht«, sagt ich. »Warum hast du mir das alles erzählt?«

»Weil ich mich bei dir geborgen fühle. Ich sehe es in deinen Augen.« Er nahm meine Hand und legte sie auf seine Brust. »Und du bist hier geborgen«, flüsterte er. Unter meiner Handfläche spürte ich seinen starken, gleichmäßigen Herzschlag.

Manny war völlig anders als Gabriel, der einzige andere Junge, mit dem ich bisher im Bett gewesen war. Manny blieb, nachdem wir miteinander geschlafen hatten. Jede Begegnung brachte uns einander näher. Ich war überzeugt, dass er genau das war, was ich gesucht hatte.

Meine Mutter misstraute Manny von Anfang an, verbot mir aber nicht, ihn zu sehen, bis zu jenem Nachmittag, an dem ihre neugierige alte Tante Maria vorbeikam und Krach schlug. Manny war an diesem Tag ebenfalls zu Besuch. Wir beide saßen auf der Veranda und unterhielten uns, als Tante Marias düsteres Pferdegesicht an der Moskitotür erschien. Sie inspizierte Manny von Kopf bis Fuß und verschwand wieder im Inneren.

»Geh nach Hause, Manny«, befahl meine Mutter kurz darauf. »Und ich möchte nicht, dass du wieder herkommst.« Ihre Tante, die alte Schreckschraube, setzte ein Siegeslächeln auf.

Sobald Manny gegangen war, fing Mom an zu schreien. »Von jetzt an hältst du dich von diesem Ganoven fern! Maria hat gesagt, dass er zu einer Gang gehört.«

»Das tut er nicht!«, schrie ich zurück.

»Ich habe ihn selbst gesehen«, mischte sich Tante Maria ein. »Zusammen mit all den anderen Halbstarken an der Ecke der Baldwin Street, alle mit denselben Farben. Ihr jungen Leute glaubt wohl, eine alte Frau wie ich weiß nicht, was das zu bedeuten hat. Aber ich weiß Bescheid!«

»Du weißt gar nichts«, fauchte ich und rückte näher an ihr Gesicht. »Außer wie man Leute unglücklich macht!«

Es ging so schnell, dass ich ihn nicht kommen sah: den

brennenden Schlag in mein Gesicht. Ich legte die Hand auf die Wange, starrte Mom wütend an und wünschte mir, mein Bruder zu sein. Jedes Mal, wenn sie David schlug, schlug er zurück. Aber egal, wie fest oder wie oft meine Mom mich schlug, ich brachte es einfach nicht fertig, die Hand gegen sie zu erheben. Stattdessen starrte ich sie trotzig und herausfordernd an. Auf meinem Zimmer ließ ich meine Wut an der Wand aus, die meiner Faust im Wege stand. Mom mochte die erste Runde gewonnen haben, aber ich würde den Kampf gewinnen. Und Manny würde mein Schlag sein, der sie zu Boden gehen ließ.

Ich traf ihn jeden Tag heimlich im Washington Park und stellte mich dem täglichen Verhör, sobald ich nach Hause kam.»Du kommst spät. Wo bist du gewesen?« Bei Lily, erzählte ich ihr. Mit Lily in der Pizzeria. Lily und ich haben ihn der Bibliothek gelernt.»Früher hast du die Bibliothek gehasst«, sagte Mom dazu.»Und jetzt bist du aus dem verdammten Gebäude kaum noch rauszukriegen.«

»Soll ich nun gute Noten bekommen oder nicht? Du musst dich schon entscheiden.«

Da Mom mich nicht in flagranti erwischen konnte, verlegte sie sich auf Drohungen.»Wenn ich dich mit diesem Jungen erwische, verfrachte ich dich zu deiner Tante nach Florida«, drohte sie mir eines Nachmittags.»Und nicht nur für einen netten kleinen Besuch. Du bleibst dort, bist du achtzehn bist.« Es war nicht leicht, mich einzuschüchtern, aber dieses Mal hatte Mom Erfolg. Drei Jahre im Exil bei meiner einsamen alten Tante Luz kämen einem Todesurteil gleich. Ich konnte die heimlichen Treffen mit Manny nicht länger riskieren.

In meiner üblichen Verkleidung – weitgeschnittenen schwarzen Jeans, weitem Ledermantel und Schlapphut – machte ich mich am nächsten Nachmittag auf den Weg, um Manny zu treffen. Ich betrat den Washington Park durch das Tor am anderen Ende des Spielplatzes, ging zu den Bänken und setzte mich auf unseren üblichen Platz. Eine Minute später war er da.

»Tu mir das nicht an, Bren«, flüsterte er. Er nahm meine Hand und legte sie auf sein Herz.

»Ich habe keine Wahl, Manny. Wenn ich es nicht tue, verfrachtet sie mich nach ...«

Er legte mir den Finger auf den Mund. »Geh nach Hause«, sagte er. »Mach dir keine Sorgen. Ich kümmere mich um alles.« Er stand auf, küsste mich auf die Stirn und rannte über den Pfad davon.

Ich kümmere mich um alles: Was hatte er damit gemeint? Ich stellte mir vor, wie er die Treppe in unserem Haus hinaufstürmt, in die Wohnung platzt und meiner Mutter eine Pistole an den Kopf hält. Dann verscheuchte ich den Gedanken. Gang hin oder her, das war nicht Mannys Art. Für einen Moment hatte ich gedacht wie Tante Maria.

Aber ich wusste natürlich, mit wem Manny Umgang hatte. Ich hatte an ihrem Treffpunkt in der Baldwin Street inzwischen viele seiner »Brüder« kennen gelernt. Die Unidad hatte ein verlassenes Gebäude besetzt und es zu ihrem Treffpunkt und ihrer Geschäftsadresse gemacht. Es war ziemlich heruntergekommen: abblätternde Farbe, verrammelte Fenster, kein Strom. Innen war es sogar noch schlimmer, voller Modergeruch und Möbeln, die aussahen, als gehörten sie auf den Müll. Manny und seine Brüder verkauften Drogen durch ein mit einem Stück Plastik verdecktes Fenster im Erdgeschoss. Ihre »Patienten«, wie sie die Süchtigen, die bei ihnen kauften, gern nannten, kamen zum Fenster und tauschten Geld gegen »Arznei«.

Als ich das Gebäude zum ersten Mal betrat, wimmelte es von Menschen aller Altersstufen, manche von ihnen waren so alt wie mein Vater. Ich war noch nie in einer solchen – oder ähnlichen – Bruchbude gewesen. Und ich fühlte mich ein wenig verrucht an diesem Ort und mit diesen Typen, von denen ich wusste, dass meine Mutter sie verabscheuen würde.

Es waren auch Mädchen im Gebäude – etwas, womit ich nicht gerechnet hatte. Drei von ihnen standen ein wenig abseits, tuschelten und starrten mich an, bis ich die Augen abwandte. Dann kamen sie näher, lächelten und begrüßten Manny, als sei ich nicht da, wobei sie den üblichen Handschlag ausführten. »Ihr habt auch Schwestern?«, flüsterte ich ihm zu, nachdem sie gegangen waren.

»Ja. Und das ist auch alles, was sie sind, Bren. Meine *Schwestern*.«

Den ganzen Nachmittag kamen und gingen Leute, umarmten sich und erzählten sich Geschichten, lachten und tranken. Ich fühlte mich von diesem schmuddeligen, freundlichen Ort gleichzeitig abgestoßen und angezogen.

Kurz bevor wir gingen kam eine Gruppe Jungen die Treppe herab und ging zur Tür. Jeder Einzelne von ihnen blieb stehen, um Manny mit Handschlag und dem Gruß *Siembre Unidos!* zu begrüßen. Als der Letzte herankam, stellte ich erschrocken fest, dass es mein Bruder David war, der die weißen und senfgelben Perlen um den Hals trug. Er streckte Manny die Hand hin und murmelte den Gruß. Dann drehte er sich zu mir um. »Weiß Mom, dass du hier bist?«

»Weiß sie, dass *du* hier bist?«, erwiderte ich.

Plötzlich sah er ängstlich aus. »Du verrätst mich doch nicht, oder?«

Es war die perfekte Gelegenheit, David die tausend Ungerechtigkeiten heimzuzahlen. Aber es gefiel mir nicht, zu sehen, wie Leute sich derart wanden. »Nein, ich halte den Mund«, sagte ich. Er nickte und ging ohne ein Wort davon.

»Warum hast du mir nicht gesagt, dass David zur Unidad gehört?«, fragte ich Manny.

»Weil es meine Pflicht ist, die Geheimnisse eines Bruders für mich zu behalten.« Ich verdrehte die Augen. »Ich erwarte nicht, dass du das verstehst«, sagte er. »Du bist keine von uns.«

Nachdem ich im Washington Park mit Manny Schluss gemacht hatte, hörte ich tagelang kein Wort von ihm. Stitch und Green Eyes behaupteten, ebenfalls nichts von ihm gehört zu haben, aber ich wusste nicht, ob ich ihnen glauben sollte oder nicht. Geheimhaltung war eine Spezialität der Unidad. Eines Morgens beklagte ich mich in der Schule bei Green Eyes und Lily: »Meine Eltern behaupten, sie hätten uns gezwungen, Schluss zu machen, weil sie mich lieben. Was wissen *die beiden* schon von Liebe? Ich hasse sie!«

Lily wurde ernst, ihre dunklen Augen leuchteten und ihr hübsches, strahlendes Lächeln wurde zu einem Seufzen. »Ich weiß, dass du Manny liebst, Brenda, aber so Unrecht haben deine Eltern gar nicht. Sie haben Angst um dich. Und das habe ich auch, Bren. Ich weiß, was bei Gangs abgeht.«

»Wir sind keine Gang!«, widersprach Green Eyes. Ich brachte ihn mit einem wütenden Blick zum Schweigen. Lilys älterer Bruder Kevin hatte zu einer Gang namens Latin Dreamers gehört. Dann veränderte er sein Leben. Er fand eine Arbeit, die ihm gefiel, und machte Pläne, wieder zur Schule zu gehen. Als er die Gang verlassen wollte, brachten ihn seine Dreamer-Kumpel in ein kleine Gasse und schossen ihm eine Kugel in den Kopf.

»Du musst dir über mich keine Sorgen machen«, versicherte ich Lily. »Und meine Eltern auch nicht. Ich weiß, worauf Manny sich eingelassen hat, aber ich kenne ihn. Er ist ein guter Mensch.«

»Ich kann nur hoffen, dass er dir nicht wehtut«, sagte

Lily und ihr Lächeln kehrte zurück.»Denn wenn er es tut, bekommt er es mit mir zu tun.«

An diesem Tag ging in nach Schulschluss direkt nach Hause, warf meine Bücher auf die Couch und ging auf mein Zimmer. Ich wollte nur noch die Musik aufdrehen und allein sein.»Brenda, bist du das?«, rief meine Mutter.»Kannst du bitte ins Wohnzimmer kommen?« Ich kannte ihre Besucherstimme. Besuch war das Letzte, was ich gebrauchen konnte.

»Später«, erwiderte ich.

»Brenda, du kommst *auf der Stelle* her und das sage ich nicht noch einmal!«

An der Tür zum Wohnzimmer blieb ich wie angewurzelt stehen. Dort, auf der Couch beim Fenster, saß Manny.

Langsam und ungezwungen stand er auf und streckte mir grüßend die Hand entgegen. Ich sah Mom an. Ihre Augen wanderten von mir zu Manny. Sie lächelte ihm zu und ging wortlos aus dem Zimmer.

Manny hatte meiner Mutter in einem Gespräch unter vier Augen erzählt, dass ich ihm mehr bedeutete als seine Freundesclique. Deshalb habe er sie aufgegeben. Und wie durch ein Wunder hatte meine misstrauische Mutter ihm geglaubt. Er und ich dürften uns wieder treffen, hatte sie erklärt. Manny solle sich über meinen Dad keine Gedanken machen – sie würde mit ihm reden und die Sache ins Reine bringen. Manny hatte Wort gehalten, sich um alles gekümmert und meiner Mutter tatsächlich weißgemacht, er hätte ihre Bedingungen akzeptiert. Ohne zu ahnen, dass sie gerade den ersten Kampf verloren hatte, nahm Mom fälschlicherweise an, sie habe den Krieg gewonnen.

Wie ich richtig vermutet hatte, hatte Manny die Unidad keineswegs verlassen. Ganz im Gegenteil. Jedes Mal, wenn wir wieder bei meinem Elternhaus eintrafen, nahm er seine Kette ab, küsste sie und steckte sie in die Tasche, bevor er in die Rolle schlüpfte, die er meiner Mutter vorspielte. Es kümmerte mich nicht weiter, dass er gelogen hatte. Mich interessierte nur, dass wir jetzt in aller Öffentlichkeit zusammen sein konnten. Dank Manny hatte ich meinen Platz in der Welt gefunden.

Natürlich machte ich mir selbst etwas vor. Obwohl ich geschworen hatte, mich nie von einem Mann herumkommandieren zu lassen, wie meine Schwestern es taten, sah ich einfach darüber hinweg, dass ich in ihre Fußstapfen trat. Ich übersah auch, dass Manny und meine Mom sich gar nicht so sehr unterschieden. Beide strebten nach Kontrolle – ganz besonders über mich. Und beide glaubten, mich nach ihren Vorstellungen formen zu können.

»Du solltest öfter mit Mädchen ausgehen«, ließ Manny mich wissen. »Wenn du die ganze Zeit nur mit Jungen zusammen bist, glauben die Leute, du wärst leicht zu haben.« Ich widersprach, ließ jedoch ein paar meiner männlichen Freunde fallen.

Außerdem machte sich Manny zu meinem Modeberater. »Was ist das?«, fragte er eines Abends. Wir waren in der Wohnung meiner Schwester und hüteten meine Nichte und meinen Neffen und ich legte mir, weil ich dort übernachten wollte, die Kleider für den nächsten Schultag zurecht.

»Das will ich morgen anziehen. Warum?«

Er nahm meinen schwarzen Minirock und gab ihn mir.

»Zieh ihn an.«

»Warum?«

»Weil ich sehen will, wie er an dir aussieht.«

»Das siehst du doch morgen.«

»Verarsch mich nicht, Brenda. Zieh ihn an!«

»Na gut!« Normalerweise zog ich mich vor Manny um, aber dieses Mal riss ich ihm den Rock aus der Hand und stürmte ins Badezimmer. Als ich im Rock zurückkam, saß er mit verschränkten Armen auf dem Bett. »Dreh dich um«, befahl er. Ich tat es. Er winkte mich zu sich heran. Er nahm mein Gesicht in die Hand und drückte zu. Mit der anderen Hand packte er den Bund des Rocks und zerrte daran. Als er ihn schließlich heruntergerissen hatte, zerfetzte er ihn. Dann warf er mich mit einem Stoß gegen die Wand. »Meine Freundin läuft nicht herum wie ein kleine Nutte!«, brüllte er. Seine Faust fuhr an meinem Gesicht vorbei gegen die Wand.

Später zog er sich aus und legte sich neben mich ins Bett. Ich lag mit dem Gesicht zur Wand. »Tut mir Leid, Brenda«, flüsterte er. Er liebkoste meine Schulter und den Nacken. »Manchmal drehe ich durch, weil ich dich so liebe. Du bist so schön, Brenda. So sexy. Es macht mich verrückt, wenn andere Männer so von dir denken.«

Ich verzieh ihm auf der Stelle. Ich liebte es, zu hören, wie sehr Manny mich liebte. Genoss es, dass er mich ganz für sich allein haben wollte.

Wie viele Männer vertrat auch Manny eine Doppelmoral. Ich gehörte nur ihm allein, während er einen Freifahrtschein besaß. Eines Nachts, nachdem er zu einer Verabredung nicht aufgetaucht war, hörte ich Kieselsteine gegen mein Fenster klicken. Als ich die Vorhänge zurückzog, sah ich ihn unten stehen, grinsend und total besoffen.

»Wo zum Teufel hast du gesteckt?«, zischte ich.

»Komm runter«, bettelte er.

Die Uhr auf meinem Nachttisch zeigte ein Uhr morgens an. Wenn ich durch den Vordereingang hinausging, würde Dad, der einen leichten Schlaf hatte, aufwachen und Ärger machen. Also machte ich, was ich in solchen Situationen häufig tat: Ich hockte mich auf das Fensterbrett, sprang zu der Reklametafel hinüber, die fünf Fuß entfernt war, hielt mich fest und kletterte an ihr hinab. Unten angekommen ließ ich mich fallen und landete wie eine Katze auf allen vieren.

»Also, wo zum Teufel warst du?« fragte ich.

»Jetzt bin ich doch hier, oder nicht? Du bist aber auch mit gar nichts zufrieden.« Seine Worte kamen schleppend, die Pupillen seiner blutunterlaufenen Augen hatten die Größe von Stecknadeln. »Halte deine Versprechen. Dann bin ich zufrieden. Und was ist *das hier?*« Im Licht der Reklametafel entdeckte ich einen Lippenstiftabdruck am Kragen seiner Jacke. Manny versuchte es mit einem Kuss statt mit einer ehrlichen Antwort, aber ich machte mich los und ging zum Reklameschild. »Geh zurück zu deiner Hure«, sagte ich. Als er davonging, hob ich einen Stein auf und zielte. Er flog an seinem Kopf vorbei. Manny streckte den Mittelfinger in die Luft und ging weiter.

Am nächsten Morgen kam er wieder und hatte eine seiner Cousinen im Schlepptau, eine pausbäckige Zwölfjährige namens Bubbles. »Es war meine Schuld«, sagte sie. »Ich habe ihn mit Lippenstift beschmiert, als ich ihn zum Abschied umarmt habe.« Bubbles konnte mir nicht in die Augen sehen. Sie klang, als würde sie den Text eines Theaterstückes ablesen. Trotzdem entschied ich mich, ihr zu glauben.

Es war nicht alles schlecht – ganz und gar nicht. Er schenkte mir Rosen aus dem Blumeneimer an der Tankstelle, Stofftiere vom Jahrmarkt und leidenschaftliche Küsse. Alle Paare haben Probleme, sagte ich mir. So war das Leben nun einmal.

Manchmal verschwand er tagelang von der Bildfläche, ohne mir zu sagen, wo er hinging. Stitch und Green Eyes über seinen Aufenthaltsort auszufragen war zwecklos. »Du lügst mich an!«, sagte ich Green Eyes eines Tages in der Schule auf den Kopf zu und stieß ihm den Finger in die Brust. »Ich dachte, du wärst mein Freund.«

»Ich bin dein Freund, Brenda. Aber ich bin auch sein Bruder.«

Als Manny wieder auftauchte, stöberte er mich bei meiner Schwester Marizol auf, wo ich mich für einige Tage aufhielt. Mari und ihre Kinder waren an diesem heißen, stickigen Tag ausgegangen und ich stand unter der Dusche. Ich hörte ein Geräusch und streckte den Kopf heraus. Manny packte mich im Nacken und drückte mich auf den Badezimmerboden. »Du glaubst wohl, ich bin blöd?«, schrie er. »Ich weiß genau, was du machst.«

»Was denn?«, flüsterte ich.

»Dir den Sexgeruch abwaschen«, sagte er.

Waren es Drogen? Oder war er verrückt? Nachdem er hinausgestürmt war, rappelte ich mich hoch und schloss die Badezimmertür ab. Seine falschen Beschuldigungen gaben mir das Gefühl, schmutzig und billig zu sein, also schleppte ich mich wieder unter die Dusche, um mir Mannys schmutzige Gedanken abzuwaschen.

Manny hatte die Gabe, mir Schuldgefühle einzureden, obwohl ich nichts getan hatte. Seine Verdächtigungen brachten mich völlig aus dem Gleichgewicht. Aber jedes Mal, wenn ich ihm sagte, dass ich genug hatte – dass ich mit ihm Schluss machen wollte –, begann er zu weinen, zu betteln und mir vor Augen zu halten, wie wenig Chancen er in seinem Leben gehabt hatte, ehe er mir begegnet war. »Ich werde nie mehr Hand an dich legen«, beteuerte er dann. Vielleicht stimmt es ja, redete ich mir ein. Vielleicht hatte er wirklich seine Lektion gelernt. Und was erwartete mich schon, wenn ich ihn wirklich verließ? Die gleiche Welt, die mich nie akzeptiert hatte – die mir nie das Gefühl gegeben hatte, etwas Besonderes zu sein, so wie Manny es manchmal tat. Und so setzte sich der Kreislauf fort: Ausbrüche, Beteuerungen, Liebesbezeugungen, neue Ausbrüche.

Eines Abends klingelte das Telefon.»Komm zum Treffpunkt« war alles, was Manny sagte. Er war am Tag zuvor
nach einwöchigem Verschwinden wieder aufgetaucht.
Auf dem Weg zum Gebäude ließ ich mir Zeit. Sollte *er*
zur Abwechslung einmal warten, sagte ich mir. Doch als
ich den Hügel der Baldwin Street erklomm, raste ein
Polizeiauto mit heulenden Sirenen an mir vorbei. David war
da und lief vor dem Gebäude auf und ab.»Krieg keinen
Anfall, Brenda«, sagte er.»Die Bullen haben Manny festgenommen. Sie haben ihn beobachtet. Sie wissen, dass er
dealt.«
Ich traf Green Eyes in seiner üblichen Ecke. Seine Freundin Erika war bei ihm. Erika und ich waren früher in der
katholischen Schule befreundet gewesen, doch seitdem
hatte ich sie nicht mehr gesehen. Nach der weißen und
senfgelben Perlenschnur um ihren Hals zu urteilen, hatte
sie sich seit unseren Tagen bei den Nonnen verändert.
»Manny hat mir immer gesagt, wenn einer aus der Familie
stürzt, ist der Rest da, um ihn wieder aufzuheben«, sagte
ich zu Green Eyes.»Alles, was ich für seine Kaution aufbringen kann, sind vierzig Dollar. Was ist mir dir?«
Die Geschäfte liefen schlecht an diesem Abend, meinte
er, aber er würde die Runde machen. Erika und ich sollten
in der Polizeistation auf ihn warten.
Von den Bullen erfuhren wir kein Wort. Während wir
auf Green Eyes warteten, fragte ich Erika, wie es ihr bei der
Unidad gefalle.»Es ist fantastisch«, sagte sie.»Zum ersten
Mal in meinem Leben habe ich eine Familie.« Green Eyes
kam mit leeren Händen zurück. Die Hartford-Gruppe der
Unidad feierte eine Party, erzählte er, und die meisten Brüder aus Waterbury seien dort hingefahren. Manny würde
bis zu seinem Gerichtstermin am Montag hinter Gittern
bleiben müssen.
Zu dritt kehrten wir in die Baldwin Street zurück. Als wir

das verlassene Gebäude betraten, wandte sich Erika an mich. »He, Brenda«, sagte sie. »Warum wirst du nicht eine von uns? Du hast das Zeug dazu. Ich könnte dich einführen.«

Bis dahin hatte ich den Gedanken, der Unidad beizutreten, immer von mir geschoben, aber mit einem Mal kam er mir gar nicht mehr so verrückt vor. Wenn ich meinen »Außenseiter«-Status verlöre, würde ich in einige von Mannys Geheimnissen eingeweiht werden. Vielleicht brachte uns das einander näher. »Denk darüber nach«, schlug Erika vor. »Komm am Wochenende vorbei. Ich stelle dich den Schwestern vor.«

Das ganze Wochenende über nahm ich das Gebaren der Mitglieder in Augenschein. Sie lachten, redeten, scherzten herum. Sie wirkten wirklich wie eine Familie – und längst nicht so gewalttätig wie meine eigene. Eine der Schwestern, denen Erika mich vorstellte, hatte zu der Gruppe Mädchen gehört, die mich niedergestarrt hatte, als ich mit Manny das erste Mal zum Treffpunkt gekommen war. Jetzt hatte sie einen Namen – Liz – und war freundlich. »Die Unidad ist die beste Familie«, versicherte sie mir. »Du solltest dich uns anschließen.«

Am Sonntagabend waren David und seine Freundin Sandy im Gebäude. Ich hatte David nicht erzählt, dass ich überlegte, mich der Familie anzuschließen, weil ich wusste, dass er dagegen sein würde. Doch mitten in einem Gespräch mit Erika und Sandy wurde es mir plötzlich klar. Ich wollte ihr Gefühl von Dazugehörigkeit – diese Familie aus Freunden. Obwohl ich keine große Trinkerin war, schnappte ich mir Erikas Bierflasche und nahm einen Schluck. »Weißt du was«, sagte ich, »ich möchte deine Schwester werden!«

Erika sprang auf, schrie und umarmte mich. »Los, komm«, rief sie und nahm meine Hand. »Ich bringe dich nach oben zu Carmen.« Sandy bat uns zu warten – sie wollte sich der Unidad ebenfalls anschließen.

Carmen, eine untersetzte, schlampig wirkende Frau Anfang dreißig, war die Anführerin der Undidad-Mädchen. Mit einem zwischen Verachtung und Gleichgültigkeit schwankenden Ausdruck musterte sie uns von Kopf bis Fuß. »Ihr glaubt, ihr habt das Zeug dazu? Dann stelle ich euch vor die Wahl. Ihr könnt entweder eine Tracht Prügel kassieren oder etwas für die Familie tun.«

Sandy sah mich an und wartete auf unsere Antwort. Ich hatte keine Angst vor Prügel, aber ich vermutete, dass Carmen eine andere Antwort erwartete. »Ich tue etwas für die Familie«, sagte ich. Carmen lächelte und wandte sich an Sandy.

»Ich will auch etwas für die Familie tun.«

Carmen nickte. Sie sah auf die Uhr. »Kommt mit«, sagte sie.

Während sie uns die Treppe hinab- und nach draußen führte, erzählte sie uns von der Frau, die in dem grauen Haus nebenan wohnte. Das Miststück hatte etwas gegen die Familie, erzählte sie. Manchmal hockte sie auf ihrer Veranda, äffte das Zeichen nach und lachte. Es sei höchste Zeit, ihr zu zeigen, dass die Unidad kein Spaß ist. »Und ihr beiden werdet ihr diese Lektion erteilen«, sagte sie dann.

Carmen kannte den Tagesablauf der Frau. Sie musste jeden Moment vorbeikommen. »Nehmt die hier«, sagte sie und deutete auf einen Stapel Holzscheite. »Das Miststück ist groß. Ihr werdet sie brauchen.«

Sandy schnappte sich zwei Scheite und gab mir einen. Geduckt gingen wir auf beiden Seiten des Tors zum Bürgersteig in Stellung. Carmen zog sich zurück und versteckte sich. Wenige Minuten später rief sie uns zu: »Okay, sie kommt.«

Mich an dieser Stelle zu verdrücken, war unmöglich. Ich

sah zu Sandy hinüber, die geduckt und sprungbereit dasaß. Ich sah unser Opfer näher kommen und konzentrierte mich auf ihre dicken, in ein Paar schwarze Sandalen gequetschten Füße. »Jetzt!«, rief Carmen.

»He!«, schrie ich und sprang auf. Die Frau drehte sich zu mir um. Ihr Haar war zu einem Pferdeschwanz zusammengebunden. Ihre Augen weit vor Schreck. Sandy holte als Erste aus und versetzte der Frau einen lauten Schlag auf den Hinterkopf.

Einen Moment lang stand ich wie festgewachsen da. Doch als die Frau sich gegen Sandy zur Wehr zu setzen begann, ging ich dazwischen. Ich hob meinen Holzscheit hoch und ließ ihn auf sie niederknallen. Sie schrie. Ich schlug immer wieder auf sie ein. Selbst als sie zu Boden ging, schlug ich weiter.

Dann wurde alles dunkel um mich. Meine Beine funktionierten nicht mehr. Alles war wie in einem merkwürdigen Traum. »Hau ab von hier, Brenda, *sofort!*«, rief jemand. Ich blinzelte, sah mich um. Ich saß zusammengesackt am Zaun vor dem Gebäude und hielt einen Holzscheit in der Hand. Ich ließ ihn fallen und rannte um mein Leben.

Wenige Minuten später war ich in irgendeiner Gasse, am Fuß einer Treppe. Ich stand vornübergebeugt, hielt mir den Bauch und rang nach Luft. »Alles in Ordnung, Bren?« Ich sah zu Erika auf. »Du hast es geschafft! Jetzt sind wir Schwestern.«

Sie drängte sich neben mich auf die Treppe. »Carmen war echt beeindruckt von dem, was sie heute Abend gesehen hat«, sagte sie. »Die Probezeit wird nicht lange dauern. Hier.« Sie nahm ihre Perlenkette ab, küsste sie wie eine Katholikin das Kreuz eines Rosenkranzes und gab sie mir. Ich streifte mir die Kette über den Kopf und ließ die Perlen um meinen Hals gleiten. Dabei spürte ich ein Stück meiner Seele davongleiten.

Am nächsten Tag ging ins zum Gericht, um Mannys Anhörung beizuwohnen. Auch wenn ich nicht mit ihm reden durfte, warfen wir uns liebevolle Blicke zu und gaben uns stumme Versprechen. Als der Richter Manny zu zwei Jahren in Little Cheshire verurteilte, brach ich in Tränen aus. Ich berührte die Perlen an meinem Hals und Manny nickte verstehend. Er gab mir das Unidad-Zeichen, als sie ihn abführten.

3. Tanz in Fußketten

Schauspielerin sein, davon hab' ich geträumt,
preisgekrönt und auserkoren,
Erfolge hätten meinen Weg gesäumt,
hätte ich mich nicht selbst verloren.

Tief in mir drin, lebt mein wahres Ich,
zeigt sich erst, wenn niemand mehr hetzt.
Solange es darauf warten muss,
wird sein Platz von mir besetzt.

»*Brendita, que paso?* Mercedes? Mein Gott, was ist los?«

Meine Verhaftung vor neun Jahren ist ein Gemisch aus schaurigen Geräuschen, Gerüchen und Anblicken – der Gestank von Erbrochenem in unserer Arrestzelle; Handschellen, die sich in Knochen beißen; das unaufhörliche Weinen einer meiner Mitgefangenen. Die mit Abstand schlimmste Erinnerung ist der Schmerz im Gesicht meiner Mutter, als die Polizisten an jenem Morgen um halb sechs auftauchten, um Mercedes und mich mitzunehmen. Moms Gesicht und Daddys ungläubige Verzweiflung. Ich sehe ihn noch hinter uns die Eingangstreppe hinunterstürmen und uns Versprechungen hinterherrufen, während er gleichzeitig versuchte, in seine Kleider zu schlüpfen. »Keine Angst, Brenda! Ich folge euch auf die Wache! Ich fahre direkt hinter euch her!« Während der Fahrt zur Polizeistation starrte ich unentwegt durch die Heckscheibe des Polizeiwagens, um sicherzugehen, dass mein Vater noch da war.

»Abschaum!«

»Mörderpack!«

»Jetzt seid ihr nur noch halb so stark, was?«

Diese und andere Kommentare kassierten Mercedes und ich auf dem Weg in die winzige Arrestzelle im Inneren des Hartforder Gerichtsgebäudes. Ein birnenförmiger Sheriff öffnete die Zellentür und schob uns eilig hinein. Providencia und Brandy, unsere Freundinnen und Mitverdächtigen, waren bereits dort. »An *die* Töne könnt ihr euch schon mal gewöhnen, Mädchen«, meinte Humpty Dumpty, während er die Tür hinter uns zuwarf. »Die werdet ihr wahrscheinlich noch lange zu hören kriegen.« Ein zweiter Sheriff, ein Weißer in den Dreißigern, wandte sich an Brandy, die einzige Weiße unter uns. »Du bist eine Schande für unsere Rasse«, zischte er. Brandy hörte über eine Stunde lang nicht auf zu schluchzen.

Auch wenn mich der Teufel holen sollte, ehe ich diesem rassistischen Bullen meine Tränen zeigte, hatte mich die Bemerkung ebenfalls verletzt. Die Annahme war typisch. Von den drei kleinen Bohnenfressern war zu erwarten gewesen, dass sie auf die schiefe Bahn geraten würden, es war das »normale« weiße Mädchen, das gegen den Kodex verstoßen hatte. Ein weiterer Polizist kam vorbei, sah zu uns herein und schnaubte. »Du fühlst dich jetzt wohl richtig erwachsen, was?« Nein, wollte ich ihm entgegenhalten. Ich fühle mich wie ein verängstigtes kleines Mädchen. Stattdessen starrte ich mit versteinertem Gesicht zurück und sagte kein Wort. Schwäche war etwas, was sie gegen mich verwenden konnten. Ich musste ihnen zeigen, dass ich nicht so leicht zu knacken war.

Während wir auf Gott-weiß-was warteten, lief Providencia auf und ab, Brandy weinte und Mercedes saß da und schaukelte mit angezogenen Knien vor und zurück. Ich versuchte mich von dem Kommenden abzulenken, indem ich mich auf die Graffiti konzentrierte, mit denen die schmutzige Zelle von oben bis unten beschmiert war: TINA UND DAVE FÜR IMMER. HOLT MICH HIER RAUS! JOSE WAR HIER '88, '90 & '91. Aber die Ablenkung funktionierte nicht. Also hockte ich mich neben Mercedes auf die Pritsche, legte das Gesicht in meine Hände und schaukelte ebenfalls.

Ich hörte das Kettengerassel, noch ehe die Wachleute, die den Gefängnistransport durchführten, überhaupt zu sehen waren. »Wir holen zuerst die anderen«, teilte einer von ihnen dem Sheriff mit. Eine Polizistin begann uns eine Reihe von Routinefragen zu stellen und rückte schließlich mit der Frage heraus, auf die das ganze Manöver abzielte. »Seid ihr Mitglieder einer Gang?« Provi, Brandy, Mercedes und ich schüttelten gleichzeitig den Kopf. »Das Getue könnt ihr euch sparen, Ladys«, sagte die Polizistin. »Die Polizei in Waterbury hat uns bestens über eure Gangaktivitäten informiert. Ihr Mädchen seid in allen Nachrichten.«

Unzählige Frauen in Handschellen und Fußketten glotzten uns an, während sie an uns vorbeitrotteten. »He, das sind die, die den Mord unten in Waterbury auf dem Kerbholz haben«, sagte jemand. »Seht sie euch an. Das sind ja die reinsten *Babys*.« Eine Frau blieb wie angewurzelt stehen. »Na, das wird ja eine lustige Fahrt«, sagte sie. Getrocknete Kotze schmückte die Vorderseite ihres T-Shirts.

Als die »Mädchen« das Gebäude verlassen hatten, waren wir an der Reihe. Die Zellentür wurde aufgerissen, ein Aufseher kam herein und warf einen Arm voll »Metall« auf den

Boden. »Setzt euch nebeneinander auf die Pritsche«, befahl er. Er legte uns einer nach der anderen Fußketten und Handschellen an und verband uns durch eine Bauchkette. Meine Augen brannten. Mein Gesicht fühlte sich heiß an. *Nicht weinen*, befahl ich mir. *Er darf nicht sehen, dass du weinst.*

Draußen führte man uns an dem blauen Bus vorbei, in dem die anderen Frauen saßen, und half uns nacheinander in einen kleineren Transporter. »Och, kommt schon, lasst sie mit uns fahren!«, schrie jemand aus dem Bus. Ich war froh, aber auch verwundert darüber, nicht mit diesen Kriminellen fahren zu müssen. Hielten die Polizisten die anderen für zu gefährlich für uns – oder war es eher umgekehrt?

Auf dem Weg ins Gefängnis sah ich immer wieder aus dem Rückfenster, in der vagen Hoffnung, das Auto meines Vaters zu erblicken. Auf halber Strecke gab ich auf und schloss die Augen. Auch wenn ich nicht wusste, ob Gott mir überhaupt zuhörte, bat ich ihn, sich in diesem Schlamassel um meine Eltern zu kümmern.

In Niantic gaben sie mir einen neuen Namen – 221437 – und ließen mich für ein Verbrecherfoto antreten. In einem Hinterzimmer befahlen mir drei Aufseherinnen, mich auszuziehen. Ihre Anweisungen waren beschämend: Nimm die Haare hoch, streck die Zunge raus, heb die Brüste an, beug dich vornüber und huste. Sie drückten mir Waschutensilien in die Hand und befahlen mir zu duschen. Mit dem Kopf unter Wasser konnte ich endlich weinen.

»Ich bin dein Fahrer«, sagte der Aufseher. Er hatte eine dröhnende Stimme und freundliche Augen.

»Wo fahre ich denn hin?«, flüsterte ich.

»Zu deinem Unterkunftstrakt. Du bist zum ersten Mal hier, stimmt's? Wie alt bist du denn?«

»Siebzehn.«

»Na, mach dir keine Gedanken. Das wird schon werden.«

Ich kletterte hinten in den leeren Gefängniswagen. Wo waren Mercedes und die anderen? Wann würde ich sie wiedersehen? Der Wagen hielt vor einem alten Holzgebäude. Der Polizist schloss die stählerne Eingangstür auf und führte mich hinein. »Sieht aus, als hätte man dich erwartet«, sagte er und nahm das Bettzeug und ein Kissen von einem Metallstuhl am Eingang. Dann führte er mich durch einen Gang, der mich an eine der Psychiatriestationen in schlecht gemachten Horrorfilmen erinnerte.

Das Zimmer, in das ich eingeschlossen wurde, roch nach Mottenkugeln. Schmuddelige Matratze, dreckige Toilette, weißer Heizkörper, Fenster an der Rückwand. Ich musste an mein Zimmer zu Hause denken: an die sauberen Laken auf dem breiten Bett, die Bilder meiner Freunde. Ich bezog das Bett, zog das Nachthemd an, das sie mir gegeben hatten, und starrte aus dem Fenster. Stunden später döste ich ein, das Gesicht immer noch heiß und feucht vom vielen Weinen.

»Frühstück!« Ich machte die Augen auf. Eine korpulente Frau stand in der Tür und hielt ein Tablett in der Hand. Ich starrte sie sekundenlang verständnislos an. »Ich will nichts«, krächzte ich.

Sie stellte es trotzdem auf den Fußboden. »Falls du es dir anders überlegst.«

Nachdem sie gegangen war, stand ich auf und ging zu dem Tablett hinüber. Saft, Kaffee und ein Apfel, ein Stück Kuchen. Die braune Paste in der Schüssel sollte wahrscheinlich Haferschleim sein. Ich bückte mich und drückte auf den Kuchen. Er war alt und hart. Ich trank den Saft und biss in den Apfel. Beim Kauen entdeckte ich einen Zettel auf dem Boden. *Insassin Medina, Brendalis Nr. 221437,*

Anweisung zur Arretierung während d. lfd. Ermittlungen. Ich hatte keine Ahnung, was das bedeutete.

Später an diesem Morgen wurde ich über den Gefängnishof zum Büro des stellvertretenden Anstaltsleiters Sackett eskortiert. Die Frauen, an denen ich vorbeiging, starrten mich an und machten Bemerkungen. »Welche denn?« »Die da?« »Wenn sie wirklich so knallhart ist, warum musste sie dann über das Mädchen herfallen?« »Sieht gar nicht aus wie eine Mörderin.« *Weil ich KEINE Mörderin bin, du Dummkopf!*, hätte ich am liebsten zurückgeschrieen. Aber ich hielt den Mund und setzte mein Ihr-könnt-mich-mal-Gesicht auf. Wenn ich sie meine Betroffenheit merken ließ, würde es im Knast noch härter werden, als es ohnehin schon war.

»Ich habe dich holen lassen, weil ich ein paar Fragen an dich habe«, begrüßte mich Anstaltsvize Sackett. Er hatte eine sanfte Stimme. Sein mit Pflanzen und Postern ausgestattetes Büro war der erste angenehme Ort, den ich in Niantic zu sehen bekam. »Ich hätte gerne gewusst, ob euer Opfer Mitglied einer rivalisierenden Gang war.«

»Ich glaube nicht, dass sie in einer Gang war«, sagte ich. »Aber ich habe sie nicht gekannt.«

»Wenn ich dich unter die Bewohnerschaft lasse, machst du dann Ärger?«

Ich zuckte mit den Achseln. »Was bedeutet ›Bewohnerschaft‹?«

»Ein normaler Unterkunftstrakt«, erwiderte er.

»Gehört denn die Station, auf der ich jetzt bin, nicht zum Gefängnis?

Er musste über meine Verwirrung lächeln. »Du bist zur Zeit in Einzelhaft. Im Bau. Ich musste dich dort hinstecken für den Fall, dass du dich mit anderen Gangmitgliedern anlegen willst. Aber ich mache dir einen Vorschlag. Solange du keinen Ärger machst, verlege ich dich nach

Fenwick North. Zusammen mit deinen Mitgefangenen, okay?«

Ich nickte erleichtert. Trotzdem tat ich natürlich mein Bestes, um dem Vize zu zeigen, dass es mir so oder so einerlei war.

Am gleichen Abend wurden Mercedes, Provi, Brandy und ich nach Fenwick North gebracht. Am Eingang erwarteten uns drei Aufseher. »Die Mädchen in diesem Trakt haben euren Fall in den Nachrichten verfolgt«, sagte einer von ihnen. »Sie erwarten euch.« Was erklärte, warum sie sich drinnen zusammenscharrten und uns anglotzten.

»Ihr vier seid im Moment in aller Munde«, warnte uns ein anderer Wärter. »Aber wir wollen hier keine Scherereien mit euch.« Provi machte sich selbst zu unserer Sprecherin und versprach, dass wir »liebe kleine Mädchen« sein würden. Klugscheißer hätten in Fenwick North keinen leichten Stand, erklärte ihr der Aufseher daraufhin.

Mein Zimmer lag im Erdgeschoss. Ich stellte erleichtert fest, dass meine Mitbewohnerin, eine junge Weiße namens Sarah, genauso sauber und ordentlich war wie ich. Als sie mir ihre Familienfotos an der Wand zeigte, bemühte ich mich, interessiert zu wirken. »Wo sind die Telefone?«, fragte ich sie.

Meine Schwester Nancy übernahm die Gesprächskosten. Meine Eltern hatten ihr Telefon im vergangenen Monat für Ferngespräche sperren lassen, weil ich die Rechnung zu sehr in die Höhe getrieben hatte. In gewisser Weise war es erleichternd, sie nicht anrufen zu können; ich hätte mich zu sehr geschämt, sie von diesem Ort aus zu kontaktieren. »Was ist passiert?«, fragte Nancy. Ich wollte ihr alles erklären, brachte aber nur heraus: »Meine Verhandlung ist am Montag. Sag Mom und Dad, dass ich sie lieb habe.« Meine Schwester fing an zu weinen.

Später gingen Mercedes und ich hinunter in den Fernsehraum. Provi war bereits dort und unterhielt ihren neuen Fanclub mit Geschichten aus unserem glorreichen Gangleben. »Und dann haben wir einmal zwei Mädchen an den Haaren durch die Straßen geschleift, weil sie uns ständig verarscht haben«, erzählte Provi.

»Mensch, euch komme ich lieber nicht in die Quere«, meinte jemand. »Ihr seid ja total verrückt!«

Ich verdrehte die Augen und beugte mich zu Mercedes hinüber. »Zwei Mädchen an den Haaren geschleift?«, flüsterte ich. »Wann war das denn?« Mercedes zuckte nur mit den Achseln.

Als ich später wach im Bett lag, hörte ich, wie meine Zimmergenossin sich im Bett unter mir bewegte. »Bist du wach?«, fragte sie. »Ja«, antwortete ich. »Ich muss dir ein Geständnis machen. Als ich das erste Mal gehört habe, dass man euch hierher bringt, hatte ich wirklich Angst.«

»Warum?«

»Wegen der Nachrichten. Ich dachte, ihr wärt richtig fies. Jetzt bin ich froh, dass es nicht so ist.«

»Oh«, sagte ich. »Vielen Dank.« Ich sagte ihr nicht, dass auch ich mich vor der Begegnung mit ihr gefürchtet hatte.

Am nächsten Tag aß ich mit Mercedes zu Mittag, als ein Aufseher zu uns kam und meiner Freundin erzählte, sie habe Besuch. Mercedes lächelte, sprang auf und ging mit. Kurz darauf kam ein anderer Wärter zu mir. »Du hast Besuch«, sagte er. Waren meine Eltern gekommen? Meine Brüder oder Schwestern?

Man brachte mich in ein Büro, in dem ein Aufseher auf mich wartete. »Du kommst wieder in den Bau«, sagte er. »Wir halten das für sicherer.« Sicherer für wen, wollte ich wissen. Aber er gab keine Antwort.

Ich wurde in Ketten in das Zimmer zurückgebracht, das

ich in der Nacht meiner Ankunft belegt hatte. Zu meiner Überraschung war Brandy im angrenzenden Zimmer eingeschlossen. »Warum sind wir hier, Bren?«, rief sie mir unter ihrer Tür hindurch zu.

»Ich weiß es nicht. Sie haben mir nichts gesagt.« »Provi und Mercedes sind im Stockwerk unter uns. Wir haben uns gerade durchs Fenster zugerufen.« Du kommt nur zurück in den Bau, wenn du gegen die Regeln verstößt, hatten sie mir gesagt. Komm mit. Du hast Besuch. Aber ich hatte weder Regeln missachtet noch Besuch bekommen. Warum belog man mich? Warum war ich hier?

Als ich vierzehn Tage später aus dem Arrest entlassen wurde, erfuhr ich den Grund. Provi hatte ein Mädchen bedroht und »uns« als ihre Waffe eingesetzt. Dafür hatten wir alle eine Disziplinarstrafe erhalten. Provi war die Einzige von uns, die früher aus dem Bau entlassen worden war. Je besser ich verstand, wie der Knast funktionierte, desto mehr brodelte es in mir.

Zwei Monate später entlud sich meine aufgestaute Wut in einem vehementen Ausbruch. Ich war gerade von einer quälenden Begegnung mit meinem älteren Bruder Ricky, der in Waterbury Polizist war, in meine Unterkunft zurückgekehrt. Ricky war das erste Mal in der York Correctional Institution gewesen. Wir hatten über seine Kinder, unsere Eltern und das Essen im Gefängnis gesprochen – über alles, nur nicht über die Ereignisse, die zu meiner Verhaftung und Inhaftierung geführt hatten. Zwanzig Minuten vor dem Ende der Besuchszeit war er aufgestanden und hatte sich entschuldigt, dass er viel zu tun habe. Aber ich kannte den wahren Grund dafür, dass er gehen musste: Mein Bruder, der Bulle, wurde nicht damit fertig, seine kleine Schwester hier zu sehen. Ich hatte ihn vor seinen Kollegen gedemütigt.

Daher war ich alles andere als gut aufgelegt, als ich in meinen Block zurückkam und eine Frau namens Roz sich mit mir anzulegen begann. Wir stritten eine ganze Weile und beschimpften uns gegenseitig. »Hör zu«, sagte ich. »Wenn du dich unbedingt mit mir anlegen willst, bitte. Aber wenn nicht, dann halte die Klappe.«

»Glaubst du, ich habe Angst vor dir, nur weil du eine Mörderin bist?«, fragte Roz.

Das war das Schlüsselwort. Roz wurde für mich zu Provi, den Sheriffs oben in Hartford und allen anderen, die das Wort *Mörderin* in den Mund genommen hatten. Ich ging auf sie los, schmetterte sie gegen die Wand und schlug mit allem auf sie ein, was ich hatte. Als ich wieder zu mir kam, trug ich Handschellen und Fußketten und wurde auf dem Boden festgehalten. Man stellte mich auf die Füße und schickte mich zurück in den Bau – dieses Mal nicht grundlos.

In Niantic haben »normale« Häftlinge und Hochsicherheitsgefangene Umgang miteinander. Das Personal erkennt unseren jeweiligen Sicherheitsstatus am Farbcode der Kennkarten, die wir tragen. Insassinnen mit niedrigem Sicherheitsstatus – die Stufen eins und zwei – tragen grüne Kennkarten und dürfen sich auf dem Gefängnishof frei bewegen. Gelbe Karten sind für Gefangene der Stufe drei. Da sie keine Bewegungsfreiheit haben, muss sich eine Gefangene der Stufe drei mit einem Polizeiwagen über das Areal transportieren lassen, wobei sie jedoch keine Fesseln tragen muss. Als ich in das Gefängnis kam, wurde ich auf Sicherheitsstufe vier gesetzt. Die rosa Kennkarte, die man mir gab, beinhaltete den Transport im Polizeiwagen *und* Ketten, sobald ich meine Unterkunft verließ und das Außengelände betrat. Ich hatte angenommen, Stufe vier sei die höchste Sicherheitsstufe, doch als man mich zwei Wochen nach meinem Kampf mit Roz aus dem Arrest entließ, wurde ich eines Besseren belehrt. »Glückwunsch«, sagte der Aufseher, als er mir die orangefarbene Kennkarte der Stufe fünf überreichte. »Du bist erst die Vierte hier, die sich eine von diesen verdient hat.«

»Es ist mir eine Ehre«, sagte ich und griente zurück. Wenn sie mich unbedingt zur Unruhestifterin erklären wollten, würde ich das Spiel gern mitspielen.

Gefangene mit Sicherheitsstatus fünf müssen selbst im Garten vor ihrer Unterkunft Fesseln tragen, doch sie haben die Wahl zwischen Handschellen oder Fußketten. Um allen zu zeigen, was für eine knallharte Type ich war, entschied ich mich immer für die härtere Variante. Zuerst übte ich, in Fußketten zu gehen, dann zu rennen und schließlich zu tanzen. Einmal wollte ich mich an einer Aufseherin rächen, die mir eins ausgewischt hatte, und schob mich ganz langsam auf den Picknicktisch; dann stellte ich mich auf und begann einen höllisch lauten Tanz aufzuführen. Ich war gerade beim »Cabbage«-Tanz, als die Aufseherin auf mich losging. »Runter da, bevor du fällst!«, schrie sie.

»Ich falle nicht!«, sagte ich. »Das Leben ist ein Tanz!«

»Runter jetzt, Medina, oder ich melde dich!«

»Warum? Weil du sauer bist, dass ich in Ketten tanzen kann?«

Mit der orangefarbenen Karte an der Brusttasche zog ich alle Register. Wenn ich wütend war, hielt ich nicht hinter dem Berg damit. Wenn ich etwas sah, was mir nicht passte, machte ich keinen Hehl daraus. Ich wurde mit solcher Regelmäßigkeit ins Hotel Einzelhaft zurückverfrachtet, dass sie dort ein Zimmer nach mir hätten benennen können. Und natürlich wuchs mein Ruf als Unruhestifterin entsprechend – bei der Belegschaft ebenso wie bei den Insassinnen. »Hallo, Ms. Respekt«, rief mich ein Aufseher namens Shulman eines Nachmittags. Ich mochte Shulman mehr als die meisten; zumindest hatte er Sinn für Humor.

»Warum nennen Sie mich so?«, fragte ich.

»Wegen deiner orangefarbenen Karte und deiner respektlosen Art. Mit dir würde sich nicht mal der Pate persönlich einlassen, Ms. Respekt.« Ich verdrehte die Augen, unsicher, ob das ein Kompliment war oder er sich über mich lustig machte.

Nach fünf Jahren im Knast war ich immer noch damit beschäftigt, meinen Ruf als »Ms. Respekt« zu wahren und bemühte mich nach Kräften, die mit meiner orangefarbenen Kennkarte verknüpften Erwartungen zu erfüllen. Gefangene kamen und gingen. Alte Gefängnisaufseher gingen in den Ruhestand und wurden durch neue ersetzt. Immer weniger Menschen begriffen, dass sich hinter der Maske des knallharten Mädchens ein verängstigtes Kind versteckte.

Meine Eltern wussten jedoch noch, wer ich war. Während eines Besuchs, den ich nie vergessen werde, las mein Vater mir die Leviten. Er und Mom waren am Sonntag zuvor gekommen und am Tor abgewiesen worden, weil ich Besuchssperre hatte. »Jeden Sonntag kutschiere ich zwei Stunden lang hierher, nur um zu hören, dass du schon wieder in Schwierigkeiten steckst«, wetterte Dad laut und wütend. »Das passiert ständig. Weißt du denn nicht, was es für deine Mutter bedeutet, wenn sie dich nicht sehen kann und nicht weiß, ob es dir gut geht? Sieh sie dir an, Brenda. Warum kannst du dich nicht anständig benehmen?«

Mom hatte dagesessen, über dem Tisch meine Hand gehalten und geweint. Sie weinte bei jedem Besuch. »*Brendita, por favor, porta te bien*«, sagte sie. Von der Frau, gegen die ich mich mein ganzes Leben lang aufgelehnt hatte, war so gut wie nichts mehr zu sehen.

Ich wandte den Blick ab. »Ihr versteht mich einfach nicht«, sagte ich. Seit Jahren warf ich ihnen vor, mich nicht zu verstehen. Dabei war *ich* es, die nichts begriff. Was ich auch angestellt und wie sehr ich sie auch verletzt und beschämt hatte, sie liebten mich trotzdem weiter. Die stundenlangen Autofahrten Sonntag für Sonntag bewiesen es – sie zeigten, dass ihre Liebe bedingungslos war. Das wurde mir mitten in dieser Besuchsstunde plötzlich klar. Und am Ende der Besuchszeit war es schwerer als je zuvor, sie davongehen zu sehen.

Doch zu *verstehen*, welchen Preis meine Eltern für mein wildes Gebaren bezahlten, und dieses Gebaren *abzustellen*, waren zwei völlig verschiedene Dinge. Erst Wochen später traf ich in einem Beratungsgespräch die Entscheidung, den Sprung vom einen zum anderen zu wagen.

Ken und ich hatten zweieinhalb Jahre meist stürmischer Sitzungen hinter uns. Woche für Woche bot er mir an, meinen Panzer abzulegen und meine Gefühle zu erforschen – und Woche für Woche verweigerte ich mich. Trotzdem hörte ich ihm immer zu. Nachts auf meiner Pritsche konnte ich mir dann eingestehen, dass vieles von dem, was Ken an mir beobachtete, den Tatsachen entsprach. Doch in seiner Praxis gab ich mir redlich Mühe, ihm zu zeigen, dass alles nur Mist war.

An jenem Nachmittag, an dem er mir eine entscheidende Frage an den Kopf warf, ignorierte Ken meine bösen Blicke und schleuderte einen Gummiball gegen die Wand. »Warum gerätst du eigentlich ständig in Schwierigkeiten, Brenda?« *Pong, pong, pong* machte der Ball. Eigentlich dachte ich, es sei *mein* Part, den Flegel zu spielen.

»Warum? Weil das nun mal meine Art ist.«

Er schüttelte den Kopf. »Weil du so *tust*, als wäre es deine Art. Das ist ein großer Unterschied.« Ich verdrehte die Augen und versuchte ihn auszublenden. »Hör mal, Mädchen, ich rede mit vielen Leuten, die hier einsitzen. Und so, wie ich die Sache sehe, bietet dir dieser Ort zwei Möglichkeiten. Entweder du gibst dich auf und stirbst oder du entscheidest dich zu leben.« *Pong, pong, pong.*

»Ich werde für niemanden sterben«, sagte ich. »Egal, wie oft sie mich in den Bau stecken.«

Er hörte mit dem Werfen auf und beugte sich vor. Sah mir direkt in die Augen. »Es ist genau anders herum. Denn genau das machst du. Jedes Mal, wenn du jemand anderem beweist, was für eine harte Nuss du bist, jedes Mal, wenn du dir eine »Diszi« einhandelst oder einen Arrest, stirbt dein Geist ein kleines bisschen mehr. Sie können es dir hier verdammt schwer machen, Brenda, aber deinen Geist töten können sie nicht. Das kannst nur du selbst.«

Ich hatte noch nie vor seinen Augen geweint.

Von diesem Tag an habe ich alles versucht, um mir keinen Ärger mehr einzuhandeln. Der Erfolg stellte sich eher in Zickzacklinien ein, denn es war kein geradliniger Verlauf, doch immer wenn ich Mist gebaut hatte, weigerte ich mich, mich von meinen Misserfolgen aus der Bahn werfen zu lassen. In den letzten drei Jahren habe ich keinen einzigen disziplinarischen Verweis mehr bekommen. Vor kurzem bin ich Officer Shulman begegnet, den ich schon lange nicht mehr gesehen hatte. »Na, wenn das nicht Ms. Respekt ist«, begrüßte er mich.

»Das ist schon lange vorbei, Mr. S.«, entgegnete ich ihm.

»Das mag sein, trotzdem würde ich mich immer noch nicht mit dir anlegen.« Er konnte nur das wilde Mädchen von früher sehen und nicht die Frau, die aus mir geworden war.

Ohne Aussicht auf Begnadigung habe ich die ersten neun Jahre meiner fünfundzwanzigjährigen Haftstrafe hinter mich gebracht. Ich bin jetzt siebenundzwanzig. Über Wasser gehalten werde ich durch das Schreiben, die Freundschaften, die ich geschlossen habe, und vor allen

Dingen durch die unaufhörliche Unterstützung meiner Eltern. »Warum soll ich mich denn nicht mit ihm treffen?«, habe ich meine Eltern früher angeschrieen, wenn sie gegen meine Beziehung zu Manny Einwände hatten. »Was wisst *ihr* schon von Liebe?« Mehr als ich ahnte, glaube ich heute. Sie haben vor kurzem ihren fünfundvierzigsten Hochzeitstag gefeiert. Dad ist jetzt pensioniert. Er und Mom nehmen die zweistündigen Fahrten am Sonntag immer noch auf sich. Sie warten auf meine Freilassung. Hoffnung und Verzweiflung leben hier im York-Gefängnis Seite an Seite. Auch Gut und Böse leben hier. Was Gott angeht, habe ich immer noch meine Zweifel an seiner Existenz, aber ich suche jeden Tag nach Zeichen für seine Liebe und Gnade.

Hinter stählernen Türen ist Leid,
Trauer um verschenktes Leben

Hinter der Trauer ist Dunkelheit,
voller Ängste, die keinen Sinn ergeben

Hinter der Dunkelheit ist strahlendes Licht,
das den halben Weg erhellt

Hinter dem Licht ist ein heißes Sehnen,
ein Sehnen so stark, wie nichts auf der Welt

Jenseits der Sehnsucht ist Schweigen,
Stille, die meine Seele zu retten vermag

Jenseits der Stille ist die Erlösung,
die Gnade Gottes macht mich gesund und stark.

Seit 1993 in Haft, verbüßt Brenda Medina eine fünfundzwanzigjährige Haftstrafe ohne Bewährung wegen Beteiligung an einem Mord im Bandenmilieu. Zusammen mit drei weiteren Gangmitgliedern hatte Medina den Auftrag erhalten, eine Frau zusammenzuschlagen, wobei sie geltend macht, selbst davon überrascht worden zu sein, dass eine ihrer »Schwestern« im Verlauf des Kampfes auf das Opfer einstach und es tötete. Jeder der vier Teenager wurde wegen heimtückischen Mordes angeklagt und verurteilt. Medina beharrt weiter darauf, dass sie zwar an der Schlägerei beteiligt war, sich aber nicht des Mordes schuldig gemacht habe.

Brenda Medina hat im Hochsicherheitsgefängnis York ihren Highschool-Abschluss nachgeholt und darüber hinaus sechsunddreißig Scheine für den Erwerb eines Associate-Abschlusses erlangt. Als zweisprachige Tutorin und Mitglied der Literacy Volunteers of America, einer ehrenamtlichen Alphabetisierungskampagne, bringt sie ihren hispanischen Mitgefangenen bei, Englisch zu lesen, zu sprechen und zu schreiben. Außerdem ist Medina Reporterin, Fotografin und Redakteurin für die *York Voice*, eine Gefängniszeitung. Im Jahr 2002 hatte sie wesentlichen Anteil an der Konzeption, Organisation und Durchführung der ersten Latino-Anerkennungswoche im Gefängnis.

»Ich habe angefangen, über mein Leben zu schreiben, weil ich darin die einzige Möglichkeit sah, an diesem chaotischen Ort nicht den Verstand zu verlieren«, sagt sie. »Das Schreiben ist meine tägliche Zuflucht.«

Im Orbit von Izzy

Nancy Whiteley

> *Geboren:* 1968
> *Straftat:* Beteiligung an Kreditkartenbetrug
> *Strafmaß:* 27 Monate
> *Beginn der Strafe:* 2000
> *Status:* Entlassen

Unsicher, welche Frisur ich wählen sollte, entschied ich mich für einen eleganten Knoten. Dazu zog ich ein geklautes Liz-Claiborne-Kostüm, Strümpfe und passende braune Pumps an. »Nur Mut«, flüsterte ich mir zu und musterte mich im Spiegel. Gebleichtes blondes Haar, grüne Augen, lange Beine, große Brüste: Ich bin eine von jenen Frauen, die in allem, was sie tragen, nuttig aussehen. Meine Schwester Janet hatte mir zum Geburtstag einmal einen Sportdress gekauft. Sie ist etwa so groß wie ich, nur schmaler um die Brust. Als ich ihn ihr vorführte, sagte sie: »Mensch! Ich habe die Sachen vor dem Kauf selbst anprobiert. Ich sah schlank aus und ziemlich sportlich. Aber du siehst aus wie eine Nutte.« Ich entschied, dass mein Luder-Look an diesem besonderen Tag dennoch ausreichen musste; es war mein erster Arbeitstag als Sekretärin einer Teilzeitagentur, und tugendhafte Menschen wie ich kommen nur ungern zu spät. Ich war neunundzwanzig und seit etwa einem Monat aus dem Gefängnis entlassen, wo ich knappe drei Jahre für Delikte wie das Stehlen von Liz-Claiborne-Kostümen abgesessen hatte. Ich strich meinen Rock glatt und ging zur Tür.

Während ich über die schlammigen Wege zu dem Ein-Mann-Steuerbüro fuhr, dem man mich zugewiesen hatte, dachte ich an meine letzte legale Arbeitsstelle vor acht Jahren. Ich arbeitete damals in einer Bar und schüttelte gerade Wodka-Martini für einen Gast, als das Schicksal durch die Tür hereinschlenderte. Aldo: groß, dunkel, Italiener und atemberaubend. Ich war so abgelenkt, dass ich den Deckel des Shakers abnahm, einschenkte und feststellte, dass ich das Glas nicht getroffen hatte.

Während ich damit beschäftigt war, den verschütteten Wodka-Martini aufzuwischen, setzte sich Aldo auf einen Barhocker. »Wie Dr. Carl Sagan bewiesen hat, ist das Universum noch ein Baby«, sagte er. »Es wächst noch. Und das Zentrum des Kosmos ist genau hier.«

»Wo hier?«, fragte ich.

Er deutete auf meine Lippen, beugte sich vor und hinterließ einen Kuss. Eine astrologische Anmache war mir bislang noch nie untergekommen. Vor meinen Augen tanzten die Sterne.

Jeder, der Aldo kannte, warnte mich, dass er verkommen und gefühllos sei, der schäbigste Typ, mit dem ich mich jemals zusammengetan hatte – und dabei tummelten sich in Nancy Whiteleys Raritätensammlung bereits eine ganze Menge Mega-Arschlöcher. Doch mir wurde bald klar, dass Aldo seinen Ruf als Krimineller und Frauenheld mehr als verdient hatte. Also heiratete ich ihn unverzüglich.

Fünf Jahre lang lebten wir wie Rockstars. Wir tranken, schnupften Kokain, kauften, was uns in die Finger kam, und flogen mit den Kreditkarten anderer Leute durch die Welt. Die Zugabe bestand aus drei Jahren Gefängnis. Nach unserer Freilassung wollte Aldo unser altes Leben wieder aufnehmen, doch ich lehnte ab. Kurzfristig gesehen wäre es die leichtere Entscheidung gewesen, gleichzeitig aber war es ein garantierter Freifahrtschein zurück ins Gefängnis – den letzten Ort auf der Welt, wo ich hinwollte. Der Job als Teilzeitsekretärin war mein erster wackliger Versuch des Wiedereintritts in die Arbeitswelt und in ein selbstbestimmtes Leben.

Als ich in Isadore Weintraubs Wirtschaftsprüfungsbüro eintraf, rief er mich in sein Büro. Da saß nun mein neuer Arbeitgeber: ein nervöser, unruhig dreinblickender Mann mit mausgrauen Haaren und Hornbrille.

»Woher kommen Sie?«, fragte er und musterte mich misstrauisch.

»Hartford«, sagte ich und überging den Gefängnisteil.

»Wie gut sind Sie in Rechtschreibung?« Und in Aktenablage, Sie wissen schon?«

»Ziemlich gut, glaube ich«, gab ich zur Antwort. Isadore wirkte erleichtert.

»Sehr gut. Das letzte Mädchen, das ihre Agentur mir geschickt hat, meinte, sie ›verstehe sich nicht allzu gut auf das Alphabet!‹ Jessas! Können Sie sich das vorstellen?«

Jessas! Das konnte ich wirklich nicht, und sagte es ihm.

»Haben Sie Ihr Mittagessen mitgebracht?«

Ich hielt meine Brotdose hoch. Er führte mich zu einem winzigen Kühlschrank in einem Büro, das auf der anderen Seite des Ganges lag. Obwohl der Schreibtisch fix und fertig ausgestattet war, witterte ich den muffig-dumpfen Geruch von Verlassenheit und Leere. »Das hier war das Büro meines Vaters«, erklärte Isadore. »Er ist vor fünf Jahren gestorben.«

Ich nickte, lächelte respektvoll und suchte verstohlen nach dem Notausgang. Welcher Mann hielt sich schon das Büro seines verstorbenen Vaters als Gedächtnisstätte?

Mr. Weintraub entließ mich an meinen Empfangstisch am Eingang, wo ich beschäftigungslos etwa drei Stunden lang Bleistifte kaute. Im Laufe der vierten Stunde rief er mich in sein Büro. Nervös saß er inmitten von Gebrauchsanleitungen, Zetteln und Computerteilen. Er sah mir über die Ränder seiner Brille entgegen. »Was wissen Sie über die Installation von Modems?«, fragte er.

»Gerade genug, um die Finger davon zu lassen«, antwortete ich höflich.

»Ich habe mich genau an die Anleitung gehalten«, jammerte er. »Aber nichts funktioniert. Hoffentlich ist es nicht kaputt. Das System hat mich dreitausend Dollar gekostet.«

»Ich möchte nicht unhöflich sein, Sir«, sagte ich,»aber wenn Sie von Computern keine Ahnung haben, warum versuchen Sie dann eine Dreitausend-Dollar-Anlage selbst einzurichten?«

Das verschaffte mir den Abgang aus dem Büro, zurück an meine Bleistiftkaustation. Ich war ziemlich sicher, dass ich am Ende des Tages in die Fußstapfen meiner Vorgängerin treten würde, der Sekretärin mit den Buchstabierschwierigkeiten. Doch um fünf Uhr wünschte mir Isadore einen schönen Abend und meinte, wir sähen uns am nächsten Morgen. Irgendwie und wider Erwarten hatte meine Offenheit den Start einer wunderbaren Beziehung eingeleitet.

Isadore Weintraub, amtlich zugelassener Wirtschaftsprüfer und Buchhalter, litt unter einer Krankheit, die bewirkte, dass sich die Haut rund um seine Nase schuppte und schälte. Er war orthodoxer Jude mit grauenhaften Magenproblemen. Sein Essen durfte weder heiß noch süß, fett oder milchig, dafür musste es aber koscher sein. Folgerichtig gab es fast nichts in dieser Galaxie, was Isadore essen konnte, außer Dosenmais und Matze. Trotzdem war er ein wenig füllig um die Leibesmitte, was mich immer wieder verwunderte. Wie konnte jemand mit einer derart beschränkten Nahrungspalette übergewichtig sein?

Vermutlich könnte man mich mit einem Meteor vergleichen, der geradewegs auf den Planeten Isadore gekracht war. An jedem Achtstundentag wies er mir ein etwa einstündiges Arbeitspensum zu. Gelangweilt und ruhelos begann ich, in regelmäßigen Abständen in sein Büro zu marschieren und nach Arbeit zu fragen. Mit der Zeit begannen wir uns über unser Leben zu unterhalten. Izzy gestand, schon immer ein verklemmter, nervöser und unzufriedener Mensch gewesen zu sein, auch wenn er in materieller Hinsicht alles besaß, was ein Mann sich wünschen konnte. Jedes Mal, wenn er über dem dicken Packen mit den monatlichen Kreditkartenabrechnungen der Einkäufe seiner Frau saß, stöhnte er:»Männer sind vom Mars und Frauen von Bloomingdale's.« Seine Ehe sei ein einziges langes und beschauliches Einerlei, meinte er – die exakte Wiederholung der Ehe seiner Eltern.

Ehe ich mich versah, erzählte ich ihm von meiner Ehe. »Er liebt mich immer noch, Izzy, und ich weiß, dass er mich braucht, aber gleichzeitig macht er mir Angst. Aldos Lebensweise wieder aufzunehmen ist das *Letzte*, was ich gebrauchen kann. Aber es ist so schwer, allein zu sein.«

»Mir ist noch nie etwas Schlimmes passiert.« Er seufzte. »Aber etwas richtig Schönes auch nicht.« Ich hatte von beidem, Schlimmem wie Schönem, mehr als genug gehabt, ließ ich ihn wissen.

»Ich bin unglücklich«, gab er zu. Und ich gestand, das Gleiche zu empfinden.

Eines Nachmittags, kurz nachdem ich angefangen hatte, kam Mrs. Isadore Weintraub ins Büro gestürmt, um mich in Augenschein zu nehmen. Sie war breit, birnenförmig und politisch korrekt und trug ihr graubraunes Haar wie einen Footballhelm. Ich hätte schwören können, dass Carol Weintraub nicht ein Paar *un*vernünftige Schuhe besaß. Wahrscheinlich hätte ich netter sein können. Doch nachdem sie eines Tages in einem unvorteilhaften lila Trainingsanzug aufgetaucht war, fing ich an, sie Barney zu nennen. Izzy lachte schuldbewusst über diesen Spitznamen. Gelegentlich bat er mich, den richtigen Namen seiner Frau zu benutzen.

Jedes Mal, wenn Carol vorbeikam, suchten wir krampfhaft nach einem Gesprächsthema. Wir hatten nichts gemein, außer unserer Vorliebe für das Einkaufen, und ich war ziemlich sicher, dass sie *ihre* Einkäufe mit Kreditkarten tätigte, die auch tatsächlich ihren Namen trugen. Obwohl ich von Anfang an spürte, dass Izzys Frau mich nicht ausstehen konnte, fing sie an, mir Geschenke zu machen – hauptsächlich essbare. Vielleicht betrachtete sie mich als Sozialfall. »Oh, vielen Dank«, sagte ich jedes Mal, wenn sie mir etwa eine Tüte Tortilla-Pasta-Chips mit Käsegeschmack überreichte. In meinem früheren Leben mit Aldo hatte ich Austern und Kaviar mit Champagner heruntergespült, der hundert Dollar die Flasche kostete. Aber offensichtlich stand einer Teilzeitsekretärin mit Mindestlohn Geschmack nicht zu.

Eines Freitagmorgens kam ich zur Arbeit und fand auf meinem Schreibtisch einen Strauß langstieliger roter Rosen vor. »Zur Erinnerung an die schönen Zeiten«, stand auf der Karte. Sogar Aldos Handschrift wirkte sexy. Ich legte die Karte in die Schublade. Holte sie wieder heraus. Legte sie wieder hinein. Holte sie wieder heraus. Das Bouquet wirkte irgendwie deplatziert neben dem Mortadella-Sandwich, das ich mir zum Mittagessen mitgebracht hatte – zum fünften Mal in dieser Woche. Ich unterdrückte den Wunsch, ihn anzurufen und mich zu bedanken.

Gerade als die Rosen anfingen zu welken, begannen andere erlesene Geschenke einzutreffen: Kerzen, Parfüm, ein graviertes Namensschild für meinen Schreibtisch. Aldo kann nicht klar gewesen sein, wie schmal mein Budget als berufstätige Frau war, sonst hätte er mir *nützliche* Dinge geschenkt wie Zahnpasta oder Spülmittel. Trotzdem wusste Aldo genau, was er tat. Hin und wieder schickte er mir Geld, das in eine sentimentale Grußkarte eingelegt war. Ich wusste, dass ich mich vom Teufel selbst bestechen ließ, wenn ich das Geld annahm, aber ich war zu arm und zu schwach, um zu widerstehen. Begierig auf einen Friseurbesuch, ein edles Restaurant oder einen Einkauf in einem schicken Laden nahm ich den glatten, neuen Fünfzig-Dollar-Schein aus der Karte und stopfte ihn in meinen Geldbeutel. Ich werde mich immer fragen, ob die Dinge anders verlaufen wären, hätte ich Aldos Geschenke und Karten ungeöffnet zurückgeschickt.

Als es wärmer wurde und die Vögel von unbekannten Orten zurückkehrten, begannen Izzy und ich uns darum zu streiten, wer von uns zur Bank gehen und die täglichen Geldeinzahlungen vornehmen durfte. Ich wollte es tun, um eine Zigarette rauchen zu können; Izzy hatte das Gefühl, er brauche die Bewegung. Meist setzte ich mich durch – schließlich war es die Aufgabe einer Sekretärin und es gab ohnehin nicht genug für mich zu tun. Aber Izzy machte es sich zur Gewohnheit, seine Turnschuhe anzuziehen und mich zu begleiten.

Die Bank, die zwei Blocks entfernt lag, war nur eine kleine Filiale. Die Kassiererinnen waren allesamt dicke, geschiedene Frauen in mittlerem Alter, die Izzy abwechselnd zuzwinkerten und sich kichernd hinter ihren Schoko- oder Zuckerkrapfen versteckten. Das heißt, bis *ich* auftauchte. Mir gegenüber waren sie unverhohlen feindselig, ruppig und außer Stande, mir die kurzen Röcke und hohen Absätze nachzusehen. Es ist der Fluch der billigen Mädchen, dass sie für »anständige« Frauen eine leichte Zielscheibe abgeben.

Schon bald begann das Gerede über Isadores neue Sekretärin in der Stadt die Runde zu machen. »Wen kümmert das schon, Izzy«, zuckte ich mit den Achseln. »Wir wissen doch beide, dass das Geschwätz in der ›Bank der Frustrierten Frauen‹ seinen Ausgang genommen hat. Sie sind einfach eifersüchtig.« Zur Antwort warf Izzy mir einen seltsamen Blick zu und ein unheimliches Lächeln, das mir tagelang nicht aus dem Kopf ging. Ich hatte angenommen, das Gerede würde ihn belasten, stattdessen schien er stolz darauf zu sein. Es war das erste Anzeichen von drohendem Ärger.

In diesem Frühling blieb ich jeden Tag ein wenig länger im Büro, schließlich hatte ich nichts, was mich nach Hause trieb. Meine Wohnung war ein billiges, langweiliges Apartment mitten in Hartford. Ich besaß kaum Freunde und nach Abzug von Miete, Heizung, Strom und Telefonrechnung blieb mir kaum genug, um mich und die Kakerlaken davon zu ernähren. Ich hatte noch nie von meinem eigenen Verdienst leben müssen und ich verabscheute jede Sekunde dieses Zustands.

Manchmal sehnte ich mich in die Zeiten zurück, in denen ich im Zentrum des Einkaufsuniversums gestanden hatte – in denen ich mit dem Kaufen erst aufhörte, wenn ich im Auto vor lauter Tüten und Päckchen nicht mehr aus dem Rückfenster sehen konnte. Auch das Reisen fehlte mir: mit hochgestellten Füßen durch die Lüfte zu jetten, in geräumigen, lederbezogenen First-Class-Sesseln, mit einer wässrigen Bloody Mary auf den Knien und »bitte eine Zitronenscheibe statt Sellerie, danke, und könnten Sie uns noch Erdnüsse bringen?« Ich vermisste die Fünf-Sterne-Hotels, die Nobelrestaurants und den Nerzmantel, den die Bullen konfisziert hatten. Ich saß in meinem armseligen Apartment und dachte an die verführerische Warnung, die Aldo mir eines Nachts unter unserer dreihundert Dollar teuren Laura-Ashley-Decke ins Ohr geraunt hatte: »Du weißt, dass du von jetzt an verdorben bist, nicht wahr? Du kannst nie mehr Susie Stechuhr sein oder Penny Pausenbrot. Von jetzt an wirst du immer nur das Beste wollen, Baby. Und wenn du schön bei mir bleibst, kriegst du es auch.«

Mein Pausenbrot war ohne Aldo tatsächlich ziemlich armselig. Als Izzy bemerkte, dass ich manchmal nicht einmal ein Mortadellabrot dabeihatte, fing er an, sein freudloses Essen mit mir zu teilen. Es war mir peinlich, diese Almosen anzunehmen, aber mein knurrender Magen übertönte alle Einwände, die mein Stolz äußern mochte. Wir hockten nebeneinander und kauten um die Wette, wobei Izzy fassungslos die Schweinerei betrachtete, die ich beim Essen veranstaltete – die Krümel, die ich überall hinterließ. Nicht einmal ein Detektiv hätten feststellen können, wo *er* gegessen hatte.

Nach dem Essen fingen wir an, einen Fußball herumzukicken. Wir gingen nicht nach draußen wie normale Menschen, sondern spielten im Gang vor den Büros. Die Tür des hinteren Büros war mein Tor, die Tür des vorderen war seins. Wenn ich einmal keine Lust hatte, bettelte Izzy um ein Spiel. Er war wie ein Schulkind. Wie sollte ich es ihm abschlagen?

Eine unserer Klientinnen gab mir Rätsel auf. Sie war die hübsche junge Witwe eines älteren Mannes, eines Arztes asiatischer Abstammung namens Dr. Yup, der im vergangenen Frühjahr gestorben war. Elaines Trauer wirkte nicht überzeugend; ich tippte auf ein Verbrechen. Nachdem ich Izzy meine Theorie mitgeteilt hatte, fingen wir an, uns Szenarien auszumalen, in denen Elaine Dr. Yup um die Ecke gebracht hatte, um die Versicherungssumme zu kassieren. Wir wurden ganz besessen davon. Izzy kaufte Pizza und Limonade und wir fuhren zum Friedhof und erklommen den Hügel zu Dr. Yups Grab. Dort setzten wir uns hin und veranstalteten ein Picknick. Ich verschlang die mit Zwiebeln, Pepperoni und Paprika beladene Pizza, während Izzy die Kruste knabberte. Manchmal sprachen wir mit Dr. Yup in seinem Grab und baten ihn um Hinweise. Doch er antwortete uns nie.

Eine Zeit lang war Izzy mein bester Freund. Monatelang waren wir ständig zusammen. Er ging auf Zehenspitzen durch die Welt; ich polterte durch die Gegend. Er schlich gern um den heißen Brei herum, ich patschte mitten hinein. Unsere Welten waren so weit voneinander entfernt, dass wir gar nicht genug davon bekommen konnten, unsere Unterschiede zu erforschen. Wie ein Erdenmensch und ein außerirdisches Wesen, die sich plötzlich gegenüberstehen, waren wir einfach fasziniert voneinander.

Wider Willen wurde ich zu einer Schülerin in Izzy Weintraubs Schule der Verantwortung. Er brachte mir Dinge bei, die ich nie im Leben mit mir in Verbindung gebracht hätte. Bei meinem Auto alle dreitausend Meilen das Öl wechseln zu lassen? Wie banal!»Warum bist du so versessen auf jedes kleine Detail, Izzy? Ich hasse diesen Autokram. Genau aus dem Grund suchen sich Mädchen einen Mann zum Heiraten.« Ich konnte Aldo förmlich vor mir sehen, wie er mit prallem Bizeps unter meinem Wagen die dicke schwarze Brühe abließ.

Aber Izzy war ein geduldiger Lehrer und nach und nach begann ich zu verstehen, was Verantwortung bedeutete. Er nahm mich in die Krankenversicherung seiner Familie auf und bestand darauf, dass ich mich einer gründlichen Untersuchung unterzog. Er gab mir sogar eine Firmenkreditkarte mit einer Obergrenze von zweihundertfünfzig Dollar und seinem Namen darauf, damit ich mir in Notfällen aus der Patsche helfen konnte.

»Ms. Whiteley, würden Sie mir bitte erklären, was diese vierzig Dollar zu bedeuten haben, mit denen ich hier belastet werde?«, fragte er mich eines Tages und schwenkte eine Rechnung der Bar des Hartforder Sheraton Hotels vor meinem Gesicht.

»Weißt du, Izzy, jeder Mensch definiert den Begriff ›Notfall‹ ein bisschen anders«, erklärte ich ihm. Er schüttelte seufzend den Kopf; ich zahlte es ihm zurück, er kam darüber hinweg, und wir machten weiter.

Izzy brachte mir bei, einfache Steuererklärungen auszufüllen. Ich lehrte ihn das Trinken.

»Hast du Lust auf einen Drink?«, fragte ich ihn eines Nachmittags kurz vor Feierabend. Er machte ein verwirrtes Gesicht.»Mein Gott, Izzy, trinkst du etwa nichts?« Ich war fassungslos.

»Hin und wieder trinke ich ein bisschen Wein«, sagte er.»Aber mir wird übel davon. Und einmal habe ich einen Mudslide getrunken.«

»Komm, wir fahren zum Getränkeladen«, sagte ich und kramte nach meinen Schlüsseln.»Wir nehmen mein Auto. Ich habe gerade das Öl wechseln lassen.«

Zwanzig Minuten später waren wir zurück im Büro mit fertigen Mudslides für Izzy, einer Flasche Absolut Wodka und einem Glas grüne Oliven für mich. Ich schüttete unsere Drinks in eisgefüllte Gläser und warf in meines noch ein paar Oliven. Wir tranken, unterhielten uns und wurden beschwipst. Es fühlte sich fast ein bisschen verrucht an,»nach Dienstschluss« im Büro Cocktails zu schlürfen.

Auch wenn die Drinks nach Dienstschluss etwas Neues waren, wurden die Arbeitstage selbst immer langweiliger. Da ich nicht genug zu tun hatte, blieb mir viel Zeit zum Nachdenken – und ich dachte nur allzu oft an Aldo. Ich hatte gehört, dass er sich ein neues Saturn Sportcoupé zugelegt und ein Apartment im nahe gelegenen Bristol bezogen hatte. Ich dachte an das vergnügliche Leben, das er zweifellos führte, während ich, Susie Stechuhr, vierzig Stunden die Woche in einem Büro gefangen saß. An den schlimmsten Tagen wanderten meine Gedanken zu der Reihe mit Aktenschränken im Zimmer neben Izzys Büro. Jede einzelne dieser Akten enthielt das Geburtsdatum und die Sozialversicherungsnummer einer wohlhabenden Person, genau die Informationen, mit denen Aldo und ich eine Identität fälschen und ein Guthaben anzapfen konnten. Aldo würde diese Akten lieben. Dann dachte ich an seine Briefe, in denen er mir immer und immer wieder schwor, dass er sich geändert habe – dass er anständig bleiben wolle und es schaffen könne, wenn ich ihm nur zur Seite stünde.

Jedes Mal, wenn mich der Drang, Aldos Nummer zu wählen, übermannte, griff ich zum Telefonhörer und rief meine große Schwester Janet an. Janet hatte all den gesunden Menschenverstand, der mir fehlte. Ihr klagte ich mein Leid. »Ich weiß nicht einmal, wie ich diesen Monat meine Versicherungen bezahlen soll. Ich habe es so satt. Armut ist ein Scheißzustand.«

»Du musst diesen Kerl vergessen und das weißt du«, war Janets Antwort. Selbst aus der Ferne merkte ich, dass sie gerade die Hände in die Hüften stützte. »Aldo ist ein Hochgeschwindigkeitszug und du bist die blöde Kuh auf den Gleisen. Wir können noch so laut ›lauf weg, lauf weg‹ brüllen, *du* bleibst einfach stehen. Wenn du ihn anrufst, bist du erledigt.«

»Ich weiß, ich weiß«, stimmte ich ihr zu. Dennoch fragte ich mich insgeheim, ob es dieses Mal nicht doch vielleicht anders werden würde.

Inzwischen hatte Izzy eine Idee. Seine Mutter, eine reiche Witwe, lebte nur einen Katzensprung vom Büro entfernt. Als er das erste Mal vorschlug, in ihrer Abwesenheit zum Mittagessen in ihre Wohnung zu gehen, wurden mir fast die Knie weich. Unsere Beziehung war strikt platonisch, und ich stellte mir vor, wie er mich zu küssen versuchte und damit alles verderben würde. Schließlich gab es *Schlafzimmer* in dieser Wohnung. Aber Izzy, die treue Seele, zeigte sich durch und durch als Gentleman, der mir einfach das Haus seiner Kindheit zeigen wollte.

Das Haus war sauber, ordentlich und perfekt eingerichtet. Die Zimmer waren so belassen, als beherbergten sie immer noch die Kinder, die vor Jahrzehnten dort gewohnt hatten, inzwischen aber selbst in den besten Jahren waren.

Eines davon, rosa und voller Rüschen, mit Babypuppen und Himmelbett, hatte seiner Schwester Brenda gehört. In einem anderen waren die Siegeswimpel und polierten Trophäen von Izzys Bruder Mort ausgestellt, dem Sportler der Familie. Mathematikgenies bekamen keine Trophäen. Ausersehen, in die Fußstapfen seines Vaters zu treten, hatte Izzy in einem Zimmer geschlafen, das ebenso kalt und spartanisch eingerichtet war wie später sein Leben als Erwachsener. In der Garage entdeckte ich das Herzstück des Weintraub'schen Heims. Laut Izzy hatte seine Mutter den feuerroten Porsche 944 Cabriolet gekauft, um sich über den Tod ihres Mannes hinwegzutrösten. Doch die Sportwagentherapie schien bei ihr nicht funktioniert zu haben. Die Reifen wiesen keinerlei Gebrauchsspuren auf, auf dem Tacho standen lächerliche vierhundert Meilen. Ob dieses grandiose Gefährt Mrs. Weintraubs Trübsinn nun geheilt hatte oder nicht, *mir* würde es mit Sicherheit gut tun. Im Grunde genommen war es eine humanitäre Geste, denn dieser arme Porsche sah aus, als verzehre er sich förmlich danach, gefahren zu werden. Also schwor ich mir insgeheim, mich hinter das Lenkrad zu klemmen und Gas zu geben.

Je besser ich Izzy und mich verstehen lernte, desto klarer wurde mir, dass wir zwei völlig verschiedenen Lebensphilosophien folgten: »Iss, trink und sei glücklich« versus »Wappne dich für schlechte Zeiten«. Nehmen wir unsere Ehegatten zum Beispiel. Ich hatte das personifizierte Risiko geheiratet, er die Sicherheit. Oder unsere Einstellung zu Geld. Mir rann das Geld durch die Finger, sobald ich es hatte; er sparte jeden Dollar, um zukünftige Katastrophen abwehren zu können.

»Wofür sparst du eigentlich, Izzy?«, stöhnte ich eines Tages.

»Na, äh, für schlechte –«

»Izzy, du bist fünfundvierzig! Deine Gesundheit ist im A…, deine Arbeit ist sterbenslangweilig und deine Frau ist eine Landplage. Die schlechten Zeiten sind schon da! Du bist *mittendrin!*«

»Ja, aber …«

»Wünscht du dir nie einfach zu sagen: ›Ihr könnt mich mal!‹ Und dich ins pralle Leben zu stürzen?«

Ehe er sich versah, wurde Izzy mein Beifahrer und jubelte wie ein Highschoolschüler, während ich den Porsche seiner Mutter auf Touren brachte. Mit heruntergeklapptem Stoffverdeck brausten wir mit achtzig, neunzig, hundert Meilen in der Stunde dahin. Ich mag das A und O der Altersvorsorge nie verstanden haben, aber in Sachen Risiko war ich sozusagen eine Expertin.

Doch das war noch nicht alles. Wir luden uns »Donkey Kong« und »Space Invadors« auf den Firmencomputer, wobei Izzy schwor, dass es die Festplatte ruinieren würde. Wir unternahmen lange Spaziergänge, hörten dröhnend laute Rapmusik, mieteten Gokarts und schlossen das Büro nach Lust und Laune. Manchmal schlich ich mich nach draußen, schnellte vor Izzys Bürofenster in die Höhe und tat, als sei es ein »Drive-Thru-Schalter«.

»Ich nehme eine große Pommes, einen Schoko-Shake und einen doppelten Cheeseburger.«

»Möchten Sie das mit Brötchen oder Matze?«

In diesem Sommer genoss Izzy erstmals seine Kindheit und ich wurde fast erwachsen. Und dann, ebenso plötzlich, wie es angefangen hatte, war alles aus.

Eines Tages fand ich ein Kärtchen auf meinem Tisch, ein Dankeschön für eine wunderbare Zeit. Am nächsten Tag wieder eines. Die Karten kamen weiter, klangen immer verliebter, wurden allmählich zu Liebesbriefen. Izzy fragte mich jedes Mal, ob ich seine Briefe gelesen – und ob ich eine Antwort für ihn hätte. »Ähm, ich glaube, den letzten muss ich verloren habe«, log ich ihn an. Und zu meiner Verzweiflung rannte er an seinen Computer und druckte mir den Brief noch einmal aus. Ich *musste* gehen. Was vorher unbeschwert und leicht gewesen war, wurde jetzt unangenehm, ja qualvoll. Er hatte die Zuneigung, die ich ihm geschenkt hatte, mit Liebe verwechselt. Dabei hatte er weiß Gott etwas Besseres verdient als mich, die billige Sekretärin, die ihn nur so lange liebte, wie sie ihn schockieren konnte. »Du weißt, dass du von jetzt an verdorben bist«, hatte Aldo mir in jener Nacht unter der sündhaft teuren gestohlenen Designerdecke ins Ohr geflüstert. Ich hatte weder das Herz noch den Mut, Izzy zu verderben.

Aber vielleicht war es gar nicht mein gutes Herz. Vielleicht war mein abrupter Abgang aus dem Weintraub'- schen Steuerbüro nur eine willkommene Ausrede, um zu meinem Exmann und all den leiblichen Genüssen zurück- zukehren. Vielleicht werde ich es nie genau wissen.

Zu beschämt, um Izzy gegenüberzutreten, kündigte ich an einem stürmischen Julimorgen per Telefon. Ich kehrte zu Aldo zurück und nahm mein gefährliches altes Leben wieder auf. Ich hoffte ständig darauf, vielleicht von Izzy zu hören – durch eine Karte, in der er mir von irgendeiner neuen Verrücktheit berichtete, die er ausprobiert hatte, oder einen Anruf, bei dem er mich wissen ließ, dass er mir verzieh, ihn mit dem Risiko bekannt gemacht zu haben. Doch Izzy gab nicht den kleinsten Hinweis darauf, wie es in seinem Leben voranging, nachdem ich die Firma verlassen hatte. In dieser Hinsicht war er ebenso stumm, wie der arme verstorbene Dr. Yup.

Kurz nachdem ich meinen Job aufgegeben hatte, war ich wieder im Gefängnis: Beteiligung an Kreditkartenbetrug.

Meine Zellengenossin im Knast litt unter Schwermütigkeit, etwas, was mir nur allzu vertraut war. Eines Nachts fragte ihre geisterhafte Stimme: »Nancy? Glaubst du, dass jemand nur für einen Augenblick in dein Leben treten und dich lieben kann, und du liebst ihn zurück, so dass sich dein ganzes Leben verändert, und dann verschwindet er einfach wieder?«

Ich suchte nach einem Witz, irgendeinem sarkastischen Spruch, der die Situation auflockern würde, aber mir wollte nichts einfallen. »So ist es doch immer«, sagte ich, drehte mich um und suchte in meinen zerschlissenen Gefängnisdecken nach ein wenig Wärme. Einige Stunden später fiel ich in einen traumlosen Schlaf.

Mit einer gestohlenen Kreditkarte begaben sich Nancy Whiteley und ihr Mann auf eine ausgedehnte Luxusreise und Einkaufstour, die sie nach Jamaika, zu Disney World und in die Mall of America führte. Das Paar wurde in Florida gefasst. Whiteley wurde nach Connecticut zurückgebracht, wo man sie in das Hochsicherheitsgefängnis York überstellte. Da sie ein staatenübergreifendes Vergehen begangen hatte, wurde sie im darauf folgenden Jahr in ein Bundesgefängnis überführt. Später entließ man sie in den offenen Vollzug. Nachdem sie im Haus ihrer Schwester eine gewisse Zeit unter »Hausarrest« gestanden hatte, erlangte sie im Sommer 2002 die Freiheit wieder. Whiteley geht seit ihrer Entlassung einer Vollzeitbeschäftigung nach und hat sich mit Leib und Seele einem Zwölf-Punkte-Programm verschrieben, das ihre Alkohol- und Drogenabhängigkeit bekämpft. Sie steht heute kurz vor einem Bachelor-Abschluss und hofft, 2003 an der Western Connecticut State University aufgenommen zu werden.

Über ihre Teilnahme am Schreibworkshop sagt Whiteley: »Aus irgendeinem Grund kann ich Dinge aufschreiben, die ich niemals laut aussprechen würde. Das Schreiben fällt mir nicht leicht, aber ich verspüre einen starken Drang, es zu tun. Ich wünschte, es ginge mir mit dem Sport genauso.«

Frisurenchronik

Tabatha Rowley

Geboren: 1973

Straftat: Schwere Körperverletzung

Strafmaß: 7 Jahre

Beginn der Strafe: 1996

Status: Entlassen

Ich hätte schönes Haar für ein schwarzes Mädchen, sagte meine Mutter immer – auch wenn meine Haut sehr dunkel sei. »Du bist so schwarz, dass du Blackie heißt«, ärgerten mich meine großen Brüder. »Wenn Blackie nachts unterwegs ist, sieht man nur ihre *Leuchtzähne*.« Pete und Choo ärgerten mich, weil sie mich mochten, erklärte mir meine Mutter. Wenn sie mich schlug, dann tat sie das aus Liebe. Großmutter trank, um ihr Blut in Bewegung zu halten, und Tantchen rauchte Gras, damit sie schlafen konnte. Onkel steckte sich Nadeln in den Arm, damit er starke Muskeln bekam. »Onkel K, warum verbrennst du Mommys Löffel?«

»Manchmal fällt mir der Löffel ins Feuer, wenn ich koche.«

»Warum kochst du im Badezimmer?«

Onkel Wesley war nicht unser richtiger Onkel; er war der Bruder des Freundes unserer Nachbarin. Er passte auf uns auf, wenn Ma arbeitete und das kakerlakenverseuchte Haus von Mrs. Lewis putzte. Ich habe Mrs. Lewis nie gesehen, aber Ma beschrieb sie als eine ekelhafte alte Weiße, die sich den ganzen Tag zwischen den Beinen kratzte, als suche sie dort nach Gold.

Wussten meine Brüder, was Onkel Wesley tat, wenn er sich die große Felldecke über den Rücken legte und mich zu sich herunterzog? Haben sie je von ihren Zeichentrickfilmen aufgesehen und ihre verwirrte vierjährige Schwester dort liegen sehen und es geschehen lassen? Das Beängstigendste daran habe ich bisher noch nie erzählt: Was Onkel Wesley damals tat, gab mir das Gefühl, geliebt zu werden.

Der Dachbodenverschlag stinkt nach Joints und der Gestank von verschüttetem Bier wabert im Hintergrund. Der abgerissene Linoleumboden ist bedeckt mit Zigarettenstummeln, Kaugummipapier und Limoflecken, an denen die Turnschuhe kleben bleiben. Pete öffnet eine Riesendose Bier, setzt sie an und trinkt. Seine Halsmuskeln spielen wie bei einer Schlange, die eine Ratte verschlingt. Mit seinen vierzehn Jahren ist mein Bruder ein Profi im Wegputzen von Alkohol. Ich dagegen bin mit meinen zwölf Jahren noch eine blutige Anfängerin. Petes markerschütterndes Rülpsen bringt uns zum Lachen. »Okay, passt auf«, sagt er und zündet den Joint an, der an der rosafarbenen Innenseite seiner Unterlippe klebt. Der monströse Zug, den er nimmt, brennt das Gras zur Hälfte ab. »Hier, Schwesterchen«, sagt er und gibt weiter. »Zieh, was das Zeug hält.«

Um es ihm nachzutun, inhaliere ich tief und versuche, den Rauch zurückzuhalten. Keine Chance. Ich huste so fest und lange, dass es sich anfühlt, als seien meine Innereien auf dem Weg nach oben. Pete klopft mir so auf den Rücken, dass ich in die Knie gehe. Er lacht sich kaputt, hat einen Heidenspaß. Ich lache auch, aber mir tun vor lauter Husten die Rippen weh.

Ein paar Minuten später weiß ich kaum noch, wer ich bin. Petes Augen sehen hinter den dicken Brillengläsern immer riesig aus, aber jetzt sind sie größer als Scheinwerfer. Seine üppigen Lippen wirken GIGANTONISCH. »Voll unter Strom, was, Schwesterchen?«

»Weiß nicht. Ja?« Die Ecken des Dachbodens bewegen sich.

»Na klar. Ein höllisches Kraut, was wir gerade geraucht haben. Du bist total im Arsch.«

Ich starre aus dem Fenster, sehe, wie sich die Äste im Wind bewegen. Ich bin an Land, aber seekrank. Mit dem

Kopf voran stürze ich zum offenen Fenster und befördere Bier, pürierte Fleischsoße und Cornflakes auf das Dach. Pete kann vor Lachen nicht mehr reden. Ich sinke auf den dreckigen Boden und stöhne ...

Der Bass eines Songs von Run DMC rüttelt mich wach. Samen platzen und fallen wie Sternschnuppen aus dem Kraut, das Pete gerade raucht. »Steh auf und hilf mir, den Rest von diesem Zeug zu rauchen«, sagt er und zieht mich hoch. Ich kann nur verschwommen sehen und mein Kopf wiegt hundert Pfund. Ich schwöre, ich werde nie wieder rauchen oder trinken.

Ach ja.

Wir standen uns nahe, Pete und ich. Auf gewisse Art und Weise war er mein Beschützer, der jeden Jungen verdrosch, der mich mehr als ein Mal ansah. Er wollte nicht, dass jemand mit mir umging, wie er mit *seinen* Mädchen umging. Er machte es sich zur Aufgabe, mich abzuhärten und straßentauglich zu machen. »Damit du überlebst«, sagte er. Für Pete hieß Überleben, niemandem zu vertrauen. Schlag zu, bevor andere zuschlagen. Nimm, bevor andere dich ausnehmen. Er brachte mir bei, mich zu schlagen, zu klauen und mit Kokain und Gras zu handeln. Abgesägte Knarren zu laden und abzufeuern, Achtunddreißiger und Neun-Millimeter-Dinger. Überfälle zu begehen. »Dir das Spiel beibringen«, nannte er es, wenn er mich zu bewaffneten Raubüberfällen mitnahm. Einmal schoss er auf einen Lieferwagen mit chinesischen Lebensmitteln und erschreckte den armen Fahrer fast zu Tode. »Lauf!«, schrie er und umklammerte mit der einen Hand den Geldsack und mit der anderen mein Handgelenk. Zu Hause tobte er über die lausigen fünfunddreißig Dollar Beute. »Hier«, sagte er und warf mir das Geld hin. »Nimm und kauf dir etwas. Ich besorge mir richtigen Zaster.« Ich habe nie selbst einen Überfall begangen, aber ich habe meinen Brüdern und ihren Freunden einmal geholfen, einen Süßwarenladen zu überfallen, und ein andermal einen Güterwaggon voller Granola-Riegel. Ob ich wusste, dass es mit Pete nicht gut gehen konnte? Natürlich. Aber andererseits sagte ich mir, dass ich sein Geheimnis kannte: dass er unter seiner rauen Schale ein gutes Herz verbarg. Ob ich den Unterschied zwischen Gut und Böse kannte? Ja. Aber ich war damals mehr darauf aus, Süßigkeiten zu erbeuten, als mich mit den moralischen Konsequenzen meines Verhaltens auseinander zu setzen. Wenn man ein paar von diesen Stängeln geraucht hatte, schmeckten die Schokoriegel einfach fantastisch. *Wer sich in Gefahr begibt, kommt darin um*, heißt es. Pete starb durch eine Schussverletzung am Kopf, als er zwanzig war. Eine andere Schusswaffe brachte mich mit dreiundzwanzig ins Gefängnis. Mein Exfreund hatte mich einmal zu oft niedergeschlagen und ich hatte Todesangst. In meinem von Alkohol, Angel Dust und Gras benebelten Kopf war nur Platz für einen einzigen Gedanken: *Schlag zu, bevor andere zuschlagen.* Ich konnte von Glück sagen, dass mein Opfer an der Verletzung, die ich ihm zufügte, nicht starb. Aber mit meiner Berufung auf Notwehr hatte ich beim Richter schlechte Karten. Man verurteilte mich wegen schwerer Körperverletzung zu sieben Jahren.

Ein Gefängnis ist kein schöner Ort. Hier lauern Schwermut, Gefahr und Krankheit. Man findet sich damit ab, betrogen und herumgestoßen zu werden. Gibt sich zufrieden mit schlechter medizinischer Versorgung. Lächelt dem Personal freundlich zu und ist auf der Hut. Aber es ist besser, eingeschlossen zu sein als tot. Ich danke meinem Herrgott und meinem Schutzengel, dass die Duracell-Batterie in meinem Hintern den Geist noch nicht aufgegeben hat.

Im Gefängnis beendete ich eine zehnjährige Sauf- und

Drogentour, erholte mich und lernte Schritt für Schritt, was für ein Mensch hinter all meinen schlechten Angewohnheiten und Entscheidungen wirklich steckt. Die Kunst half mir dabei – durch das Schreiben von Erinnerungen und Liedern, das Malen und Schauspielern lernte ich mich selbst neu kennen. »Du hast schöne Haare für ein schwarzes Mädchen«, hatte meine Mutter immer zu mir gesagt. Eines Tages, vor nicht allzu langer Zeit, nahm ich Papier und Bleistift, setzte ich mich hin und skizzierte meine Lebensgeschichte: Tabbi mit Rattenschwänzen, mit Zöpfen, mit blondiertem Meckieschnitt, mit einer Naturkrause. Das Bild ließ mich darüber nachdenken, was meine Frisuren mit meinem Selbstbewusstsein, meine Locken mit meinem Leben zu tun hatten. Nennen Sie das, was Sie hier lesen, ruhig »Die Frisurenchronik der Tabatha Rowley«.

Zum Zeitpunkt meiner Inhaftierung trug ich das Haar in langen bronzefarbenen Dreadlocks mit honigblonden Strähnchen. Manche Leute tragen Rastalocken als politisches Statement gegen Unterdrückung, mir ging es um Mode, nicht um politische Inhalte. Sie vervollständigten lediglich mein wildes, aggressives Auftreten: Baggy-Jeans, Kapuzensweatshirt und Kampfstiefel. Fast alle in meinem Viertel hatten Dreadlocks.

Neuzugänge in der York C. I. müssen sich den Kopf mit Läuseshampoo behandeln. Ich fand das demütigend. *Sehe ich aus, als würde ich hier Läuse einschleppen?*, hätte ich die Wärterin am liebsten gefragt. Aber wie sah jemand mit Läusen aus? In meiner Vorstellung war es eine räudig und müde aussehende Gestalt – also ein stinkender, dreckiger Weißer.

Das hatte Mommy mir beigebracht. »Nur Weiße bekommen Läuse«, versicherte sie mir an jenem Tag, als ein Mädchen aus meiner vierten Klasse – Mary, mit den orangefarbenen Sommersprossen und den rosaroten Lippen – nach

Die Frisurenchronik der Tabatha Rowley

Hause geschickt wurde, um sich entlausen zu lassen. Sobald Marys Geheimnis ans Licht kam, begann sich die ganze Klasse zu kratzen. Ich wurde so »läuseverrückt«, dass es mich am ganzen Körper kribbelte. »Nur die Ruhe. Schwarze kriegen keine Läuse«, sagte meine Mutter. »Wenn eine auf dir landet, bringt sie das Haaröl sofort um.« Ich bin nicht sicher, ob meine Mutter das wirklich glaubte oder ob sie mich nur beruhigen wollte. Wer immer die Entlausung in die Aufnahmeprozedur der York C. I. aufgenommen hatte, glaubte offensichtlich nicht an die Sage von der Immunität der Schwarzen. Ob weiß, schwarz, gelb oder rot – alle wurden geduscht und entlaust.

Durch die Entlausung wurde mein Haar trocken und spröde. Manche Strähnen standen ab wie die Stacheln eines Stachelschweins und im Gefängnisladen gab es nicht die richtigen Produkte, um sie wieder zu glätten. Ich war wütend, verbittert und durcheinander. Und einem typischen Verhalten folgend, das ich inzwischen erkannt und verstanden habe, machte ich meine Haare zum willkommenen Sündenbock. Ich beschloss, meine Dreadlocks abzuschneiden.

Ich brauchte Ewigkeiten, um die dicken Zöpfe mit einem Nagelzwicker abzuschneiden. Als ich endlich fertig war, waren meine Finger verkrampft und meine Arme schwer wie Blei. Religiöse Führer verurteilen abergläubische Rituale häufig als Verzerrung des wahren Glaubens. Doch wie viele andere Kinder war auch ich mit Überzeugungen aufgewachsen, die wahrscheinlich weit in die Vergangenheit zurückreichen: Wenn deine Hände jucken, kommst du bald zu Geld; wenn deine Ohren klingeln, spricht gerade jemand über dich; wenn dir jemand über die Füße fegt, kommst du ins Gefängnis. Ich hatte mir angewöhnt, meine Haare nach jedem Kämmen oder Abschneiden zu verbrennen, um mich vor dem Bösen zu schützen – und es dorthin zurückzuschicken, wo es hergekommen ist. Der Rauch steigt auf und die Asche fällt hinunter auf den Boden. Ich hatte daher vor, meine abgeschnittenen Zöpfe nach Hause zu schicken, wo sie verbrannt werden sollten. Gegen *mich* sollte hier niemand einen Voodoo-Zauber aussprechen können!

Bevor ich ins Gefängnis kam, hätte ich mir niemals träumen lassen, dass es einmal eine Zeit geben würde, in der ich die Kontrolle darüber verlor, was mit meinen Haaren geschah oder wer sie in die Finger bekam. Ich steckte meine Zöpfe in eine braune Papiertüte und stopfte sie in meine Bettlade, bis ich eine Möglichkeit gefunden hatte, sie nach Hause zu schicken. Am nächsten Abend befahl man mir und meiner Zellengenossin, aus der Zelle zu treten. Vom kalten, engen Korridor aus sah ich zu, wie zwei Gefängniswärter meine persönliche Habe durchsuchten. Beunruhigt sagte ich mir, dass ich nichts zu befürchten hatte, weil ich nichts getan hatte.

»Und was ist *das?*«, fragte einer der Wärter. Er hielt meine Zöpfe in die Höhe.

Warum starrte der Wärter mich so hasserfüllt an? Und warum, um alles in der Welt, konfiszierte er meine Haare? Was immer der Grund sein mochte, jetzt hatte ich *wirklich* Angst. Wenn er meine Haare wegwarf, würde ich dort enden, wo auch mein Haar landete.

Langsam beschlich mich das Gefühl, einen schrecklichen Fehler gemacht zu haben. Aber welchen? War mein Haar mit irgendeiner unbekannten Chemikalie infiziert? Lag es daran, dass ich schwarz war? Einige meiner Freundinnen hatten mich gewarnt, dass ein Großteil des Personals voller Vorurteile sei und Schwarze gern zur Zielscheibe von Spott und Schikanen machte. Meine Zellengenossin war weiß. Warum hatte man *ihr* Eigentum nicht durchsucht? War der Wärter von irgendetwas *beses-*

sen, das ihn antrieb, mein Haar an sich zu bringen, damit er von mir eine Puppe anfertigen und Nadeln hineinstechen konnte? Die starken Schmerzen, die ich am Tag nach der Konfiszierung verspürte, schienen auf letztere Theorie hinzudeuten. Ich hatte das Gefühl, jemand steche mir einen spitzen Metallstab in den Bauch und in die Seiten. Ich ging zur Krankenschwester, die alles daran setzte, mich wieder aus ihrem Behandlungszimmer zu vertreiben.

»Wahrscheinlich sind es nur Blähungen«, sagte sie. »Entweder das oder Sie beanspruchen Muskeln, die Sie normalerweise nicht benutzen.« Sie schüttelte den Kopf und ließ ihre krausen blonden Haare fliegen.

»Was meinen Sie damit?«, fragte ich.

»Sie wissen schon. Wenn Leute wie Sie hierher kommen, vernachlässigen sie meistens ihren Körper. Sitzen nur herum und bedröhnen sich den ganzen Tag.«

Ich vermute, dass sie damit andeuten wollte, ich sei einer dieser Junkies, die täglich durch diese Tür kommen, heruntergekommen, zugekifft und jedesmal dieselbe alte Geschichte erzählend: *Ich war das nicht; meine Urinprobe wurde vertauscht und deswegen bin ich wieder hier; ich sollte gar nicht hier sein.* In gewisser Hinsicht wusste diese Schwester wirklich etwas über mich, denn Alkohol und Stoff sind tatsächlich nicht gerade gesund. Eine Droge ist eine Droge und Abhängigkeit ist Abhängigkeit. Aber ich hatte weder jemals Crack geraucht noch Kokain geschnupft, Heroin gedrückt noch mich prostituiert – was sie offensichtlich annahm. Und abgesehen davon, niemand verdient es, dass auf ihn herabgeschaut und er als wertlos angesehen wird – welches Gift auch immer er genommen hat.

Kurz nachdem mein Raum durchsucht worden war, kam ein offizielles Papier, das nach einer Disziplinarmaßnahme aussah, unter meiner Tür hindurchgesegelt. Ich sprang auf und sah hinaus, um festzustellen, wer ihn mir gebracht hatte, *aber es* war niemand zu sehen. War es ein Geist gewesen? Disziplinarmaßnahmen sind kein Pappenstiel. Konnte dies meine eventuelle Begnadigungeis unter meiner Tür hindurchgesegelt. Ich sprang auf und sah hinaus, um festzustellen, wer ihn mir gebracht hatte, aber es war niemand zu sehen. War es ein Geist gewesen? Disziplinarmaßnahmen sind kein Pappenstiel. Konnte dies meine eventuelle Begnadigung beeinträchtigen? Er lautete: *Geschmuggelte Zöpfe, aufgefunden in der Bettlade der Insassin Rowley (Nr. 245187), verborgen in einer Plastiktüte. Potenzielles Fluchtmittel. Versuch, die Erscheinung zu verändern.* Fluchtmittel? Sollte ich meine Zöpfe vielleicht zusammenbinden, um mich damit von meiner Fensterbank dreißig Zentimeter tief auf den Boden abzuseilen und anschließend wie Wonder Woman über den elektrischen Zaun zu springen? Und mit was sollte ich meine Erscheinung verändern? Mit den Zöpfen, die ich mir gerade abgeschnitten hatte? Glaubten sie wirklich, ich hätte sie ins Gefängnis geschmuggelt, wie manche Frauen es mit Schmuggelware taten – fest (oder in manchen Fällen weniger fest) verstaut in ihrer Vagina?

Drei Tage später war ich auf dem Weg zum Strafrapport, um zu dem Verweis gehört zu werden. Ich hatte schreckliche Angst, dass sie mich »ins Loch« stecken würden. Alles, was mir über das Loch bekannt war, wusste ich aus dem Fernsehen: ein enger, dunkler, feuchter Raum, in dem man tagelang ohne Wasser und Nahrung ausharren musste, und aus dem man Tage oder Wochen später halb verdurstet, verdreckt und emotional gebrochen entlassen wurde. Auf dem Weg zur Anhörung sahen mich die Aufseher mitleidig an. Seit meiner Ankunft in der York C. I. war mir oft nach Weinen zumute gewesen, aber ich hatte immer widerstanden. Jetzt liefen mir die Tränen nur so über das Gesicht.

Während ich darauf wartete, hineingerufen zu werden,

kam einer der Wärter aus meiner Unterkunft vorbei und sagte so laut, dass auch der Ausschussbeamte es hören konnte:»Rowley? Warum um alles in der Welt hast du einen Verweis bekommen?«

»Wegen meiner Haare«, sagte ich. »Ich habe meine Dreadlocks abgeschnitten.«

»Das ist doch Blödsinn«, sagte er. »Du machst uns hier doch keine Schwierigkeiten.«

Während ich dem Ausschussbeamten erklärte, was geschehen war, schienen seine Augen zu sagen: Ich arbeite hier schon zu lange, Koksnase. Mir machst du nichts vor. Als ich fertig war, bot er an, mich gehen zu lassen, wenn ich mich schuldig bekannte. Ich wusste zu dieser Zeit noch nicht, dass Gefangene das Recht haben, Disziplinarmaßnahmen anzufechten, dass sie versuchen können, ihre Unschuld zu beweisen und den Regelverstoß aus den eigenen Akten entfernen zu lassen. Also erklärte ich mich schuldig. Da es mein erster Verweis war, wurde er zu einem geringfügigen Delikt herabgestuft und meine einzige Strafe bestand darin, dass ich für dreißig Tage meine Einkaufsprivilegien einbüßte. Der Beamte ahnte nicht, welchen Gefallen er mir mit dieser Strafe tat. Während meiner Verbannung aus dem Gefängnisladen hörte ich auf, die überteuerten Honigbrötchen, Beef Jerkys und Plätzchen zu essen, die ich dort regelmäßig kaufte. Ich wurde gesundheitsbewusster – so weit man an einem Ort, wo einem gesundes Essen vorenthalten wird, gesundheitsbewusst sein kann – und schaffte es, viereinviertel Dollar die Woche zu sparen; genug, um mir einen Walkman zu kaufen.

Dreadlocks gehen auf eine Zeit zurück, in der es weder Kämme noch Haarspülungen gab – als man nur die Wahl hatte zwischen Abschneiden oder nicht. Heute können Rastalocken zum Ausdruck bringen, dass man nicht bereit ist, sich dem Verhalten und Aussehen der Weißen anzupassen, die die Schwarzen schon immer unterdrückt haben. Bonnie Foreshaw, eine Mitgefangene hier in der York C. I., ist eine kluge, energische und willensstarke Rastafari. Sie ist fast einen Meter achtzig groß und ihre Dreadlocks reichen ihr bis zu den Oberschenkeln.»Dreadlocks demonstrieren, dass es keine höhere Macht gibt als Jah Rastafari, mein Mädchen«, erklärte sie mir.»Die Haare auf unserem Kopf beeinflussen andere Menschen und zeigen der Welt, wer du bist.«

Während Bonnie mir das erzählte, fiel mir ein, wie mein weißer Anwalt reagiert hatte, als er bei einem Besuch im Gefängnis sah, dass ich meine Rastalocken abgeschnitten hatte.»Wow, was für ein Unterschied«, meinte er und lächelte anerkennend.»Ihre Haare sehen toll aus!«

»Rastalocken können dir viele Probleme und Sorgen eintragen und bewirken, dass du vom System schikaniert und verfolgt wirst«, warnte mich Bonnie.»Rastalocken können dir vor Augen führen, was schwarzer Zorn wirklich bedeutet.«

»Seht euch diese Altweiberschuhe an!«, schrie Solomon, unser Klassentyrann. Wir waren auf dem Spielplatz vor der Schule, wo Solomon grölend auf mich zeigte.»Tabatha, die Hexe, trägt die Perücke ihrer Mama und die Schuhe ihrer Oma!«

In der Grundschule wurde ich oft damit gehänselt, eine Hexe zu sein, weil ich den gleichen Namen hatte wie Samanthas Tochter in der Fernsehserie *Verliebt in eine Hexe*. Es gab Zeiten, in denen ich mich sogar selbst als Hexe ausgab und den Leuten drohte, sie zu verhexen, wenn sie mich nicht in Ruhe ließen. Ich verdrehte meine Nase oder malte mit den Fingern Kreise in die Luft und drohte meinen Peinigern, sie in Popel zu verwandeln, wenn sie nicht aufhörten. Doch an einem der schrecklichsten Tage meiner

Kindheit – dem Fototag in der zweiten Klasse – ließen mich meine echten oder eingebildeten Zauberkräfte im Stich.

Blau karierter Pullover, passender Schlips und ein schlichtes weißes Hemd eigener Wahl: an normalen Schultagen machte unsere katholische Schuluniform die Kleiderfrage relativ einfach. An Sporttagen durften wir eigene Kleidung tragen – was für mich und einige andere hieß, jede Woche in denselben Sachen zu erscheinen. Auch meine Frisur war vorhersehbar: die üblichen drei Zöpfe, die meine Mutter mir mit Gummiringen zusammenband, und die ich zu zwei seitlichen Zöpfen drehte, sobald ich im Bus war. Bevor ich wieder nach Hause fuhr, band ich mir in der Schultoilette die Haare wieder so, wie Ma sie frisiert hatte, nur dass ich sie nie ganz akkurat hinbekam. »Tabbi?«, sagte meine Ma immer wieder und sah mich dabei misstrauisch an, »hast du wieder an deinen Haaren herumgemacht?« Und natürlich stritt ich das ab.

Wenn sich der Fotograf in der Schule angesagt hatte, wurde die Kleiderordnung außer Kraft gesetzt und unsere Mütter durften auch in Bezug auf unsere Frisuren ihrer Kreativität freien Lauf lassen. Am Abend vor dem Fototermin der zweiten Klasse drehte Ma meine Haare auf Schaumstoffwickler, die mir den gleichen Afrolook bescherten wie Diana Ross im *Zauberer von Oz*, nur dass meiner noch größer und lockiger war: Dorothy aus Kansas trifft Angela Davis aus Berkeley. Ma teilte meinen Wuschelkopf in der Mitte und steckte die Haare auf jeder Seite mit weißen Schmetterlingsspangen fest. »Spangen sind was für Kindergartenkinder«, stöhnte ich. Die Kleider, die sie für mich ausgesucht hatte, machten die Sache nicht besser: ein veilchenblauer Rock mit passender Jacke und falschem lila Pelzbesatz an den Bündchen, eine braunweiß karierte Bluse, deren Kragen spitz genug war, um eine Orange damit zu schälen. Und dazu Lederschuhe mit einem Bändchen um das Fußgelenk und fünf Zentimeter hohen Korkabsätzen.

Auf dem Schulhof schlossen sich an diesem Morgen noch andere Solomon an und begannen, mich zu hänseln. Natürlich stellten sie sich hinter ihn. Ohne Solomon waren sie bedeutungslos. Ich kniff die Augen zusammen und ballte die Fäuste, die Welt wurde still. Ich starrte auf ihre sich bewegenden Münder, als die Schulglocke mich aus meiner Wut aufweckte. Es war Zeit, in die Klasse zu gehen.

Ich war zu wütend, um für das Foto ein falsches Lächeln aufzusetzen – mit vorgeschobener Unterlippe sah ich dem Feind ins Auge, der Auslöser klickte und bannte die Erinnerung an diesen schrecklichen Tag. (Auf dem daraus entstandenen Foto füllt mein Haar den gesamten Hintergrund aus, bis auf zwei winzige hervorstechende weiße Punkte, die den blöden Spangen zu verdanken sind. Ein Wunder, dass mein Haar nicht über den Bildrand hinausquoll.)

Als ich nach Schulschluss zum Bus rannte, wurde mein Haar im strömenden Regen klatschnass. Ich war froh, den Wuschelkopf wieder los zu sein, aber jetzt hing mir das tropfnasse, fettige Haar bis auf die Schultern und bedeckte den Großteil meines Gesichts. Ich mag den gleichen Namen gehabt haben wie Samanthas Tochter im Fernsehen, aber an diesem Nachmittag sah ich eher aus wie Cousin Itt von der Addams Family!

Auf der Heimfahrt setzte sich Solomon auf den Sitz mir gegenüber. Als er den Mund aufmachte, um herauszulassen, was immer er über mein Haar sagen wollte, wandte ich mich ihm zu. Noch bevor er mit der ersten Silbe fertig war, landete mein rechter Haken auf seiner Nase. Sein Kopf knallte gegen die Rückenlehne und seine großen weizenfarbenen Augen weiteten sich vor Staunen, als er seine triefende Nase in die Hände nahm.

119

Man könnte meinen, dass ich nach der Erfahrung mit dem Fototag lieber die Finger von meinem Haar gelassen hätte, aber weit gefehlt. Allmählich begeisterte ich mich für Experimente aller Art, und mein Kopf war das perfekte Versuchslabor dafür. Einmal überredete mich mein Bruder Choo, ihm zu erlauben, mich zu frisieren. Ich wollte eine Seite kurz, eine Seite lang, wie die Frisur von Salt-n-Peppa. Stattdessen verpasste er mir Elvis-Presley-Koteletten und eine Stirnglatze – mit grauenhafter Schnittkante! Ein anderes Mal machte mich eine Freundin mit Selbstglättungsmethoden und Wasserstoffperoxyd bekannt. Haben Sie schon mal eine Schwarze mit platinblondem Haar gesehen? Auch wenn ich ausgesehen haben mag wie ein Stargast bei *Star Trek*, dem Besitzer von Caribe's Minilebensmittelmarkt, Oswaldo, gefiel es. Wenn ich sonst im Caribe's die Gänge entlangwanderte, saß er für gewöhnlich in seinem kugelsicheren Glaskasten und konzentrierte sich auf mein Hinterteil. Doch als ich zur Wasserstoff-Blondine wurde, war es mein Kopf, den er nicht mehr aus den Augen ließ.

»Was glotzt du so?«, fuhr ich ihn an.

»Ich sehe dich an, Blondie.«

»Ach ja? Lass dir lieber erst das schwarze Gestrüpp da oben scheren und die gruseligen Augenbrauen zurechtstutzen, ehe du anfängst, andere Leute anzuglotzen!«

Auf der Suche nach mir selbst habe ich einige ziemlich verrückte Stilrichtungen und wilde Frisuren ausprobiert. Mit dreizehn nahm die Wildheit überhand, verheddert in meinen Haaren, meiner Kleidung und dem Drang, mich gegen das strenge Regiment meiner Mutter aufzulehnen. All das verband sich mit meiner wachsenden Begeisterung für die Bühne und das Rampenlicht …

Es war zwei Uhr morgens und ich saß oben auf dem

Dach fest. Ich hatte das Schloss des Fensters zum Dachboden aufgebrochen, um leicht raus- und wieder reinklettern zu können, aber meine kleine Schwester Sonia hatte einen Stock, einen Metallkleiderbügel und einen Lautsprecher davorgeklemmt, um mich an der Rückkehr zu hindern.

Sonia war sauer auf mich, weil ich am Abend abgehauen war, obwohl ich ihr vorher versprochen hatte, sie nicht mehr allein zu lassen, während Ma in der Bar arbeitete. Aber ich war dreizehn und brannte darauf, loszuziehen und die Welt zu entdecken. Auf meine achtjährige Schwester aufzupassen war einfach nicht mein Ding.

An diesem Abend hatte ich mich davongestohlen, um Tara und Abby zu treffen, meine Mitstreiterinnen in einer Rapband, die wir TAT genannt hatten. Wir waren die Eröffnungsgruppe für ein Rapkonzert im Rafola Taylor Center, einem Nachbarschaftszentrum, das Treffpunkt war für Basketballspiele, Talentshows und Konzerte. Wir trafen uns wie geplant um neun Uhr vor dem Zentrum und wir sahen super aus. Tara und ich trugen schwarze Sweatshirts mit den gelben aufgebügelten Buchstaben unserer Vornamen. Abbys Sweatshirt hatte dieselben Farben, nur umgekehrt, weil sie zwischen uns auftrat. Wir trugen enge schwarze Jeans und schwarz-gelbe Puma-Turnschuhe. Ursprünglich waren sie schwarz-weiß gewesen, aber wir hatten sie mit Leuchtstift gelb angemalt, damit sie zu unserem Outfit passten.

Die Haare waren der Schlüssel von TAT. Abby trug ihren üblichen Pferdeschwanz, während Tara und ich eine Bobfrisur hatten, eine Seite kurz, eine Seite lang. Ich hatte meine Haare hellbraun gebleicht und mir Streifen in die Koteletten rasiert. Tara durfte ihre Haare nicht bleichen. Das durfte ich auch nicht, aber ich tat es trotzdem. Als Ma mich das erste Mal mit gebleichten Haaren sah, schlug sie mich mit einer Verlängerungsschnur. Das wurde zu einer Art

Ritual zwischen uns. Ich bleichte mir die Haare, kassierte die Schläge und bleichte sie wieder. Irgendwann begriff Ma, dass sie mich weniger unter Kontrolle hatte, als sie glaubte.

Als es Zeit wurde für unseren Auftritt, war meine Kehle trocken und meine Muskeln verspannt. Ich hatte zwei Bier getrunken, bevor ich aus dem Haus ging, und auf dem Parkplatz vor dem Zentrum einen Joint geraucht. Das würde mir Mut geben für den Auftritt, hatte ich mir gesagt. Also war ich ziemlich high, als wir die Bühne betraten. Mein Herz klopfte wie wild, als ich auf die Hunderte von Menschen hinunterstarrte, die sich im Saal drängten.

Wir sind TAT von B-P-T,
und wolln euch tanzen sehn. Ist das okay?

Tara rappte, ich sang und Abby machte die Beat Box; sie erzeugte Musik mit dem Mund, indem sie durch ihre hohlen Fäuste ins Mikrofon blies.

Ich bin Tabbi T. und richtig gut drauf,
bin ich einmal in Schwung, hör ich nicht wieder auf.

Das Publikum liebte uns und ich liebte es zurück!

Ich bin Tara T., yeah, und bin 'ne echte Schau,
wenn die Jungs mich sehn, dann rufen sie »Wow!«

Wenn Tara ihre Sprüche rappte, jubelten die Männer. Dann sang ich den Schluss: *Wir sind TAT und IHR seid okay!* Der Beifall der tobenden Menge gab mir einen schöneren Kick als Gras oder Alkohol. Diese riesige, bunte, wippende Masse war in meiner Hand.

Aber wie immer folgte die Ernüchterung auf den Fuß.

Sobald wir die Bühne verlassen hatten, stellten sich meine alten Versagensgefühle wieder ein. Tara sprach mich an und sagte:»Reg dich ab, Tab. Du warst cool und locker wie immer.« Egal, was die anderen sagten, ich war untröstlich. Um halb zwei Uhr nachts war die Show vorbei. Tara hing irgendwo rum und Abby war mit einem fantastisch aussehenden Typen in schwarzweißem MGM-Anzug und einer glänzenden Adidas-Brille abgezogen. Ich wäre für mein Leben gern bei den anderen auf dem Parkplatz geblieben, um weiter zu trinken und zu rauchen, während aus den Autoradios Hip-Hop wummerte, aber die Bar, in der Ma arbeitete, machte um zwei Uhr zu, und ich musste nach Hause, und zwar schnell. Ich rannte durch Gassen und Hinterhöfe, nahm jede Abkürzung, die ich kannte, sowie einige, die ich an Ort und Stelle erfand.

Die Aufgabe sah folgendermaßen aus: am Haus hinaufklettern bis zum Fenster des Dachbodens, einsteigen, den verbotenen Lidstrich und Lippenstift entfernen, ausziehen und ins Bett legen, als sei nichts gewesen. Wenn meine kleine Schwester in solchen Ausreißernächten wach war, musste ich sie bestechen, damit sie den Mund hielt. Normalerweise war Sonia wach und erwartete mich mit weit aufgerissenen grünen Augen, verschränkten Armen und herabgezogenen Mundwinkeln, die kakaobraune Haut rot vor Wut. Dabei klopfte sie genauso ungeduldig mit dem Fuß auf den Boden wie Ma, wenn sie darauf wartete, dass ich eine ihrer Jetzt-bist-du-in-Schwierigkeiten-Fragen beantwortete. Bisher hatte ich Sonia immer herumgekriegt. Aber da ich ihr Vertrauen unzählige Male enttäuscht hatte, hatte meine kleine Schwester die Nase voll. Ihr einen Dollar anzubieten funktionierte nicht mehr. Drohungen ebenso wenig. Sie wollte einfach nicht mehr allein zu Hause bleiben.

Heute kann ich mich daran erinnern, wie sehr ich mich

vor den umherhuschenden Schatten und seltsamen Geräusche gefürchtet habe, als ich in Sonias Alter war. Ich hatte Angst im Dunkeln und es gab Leute, die bei mir zu Hause blieben. Heute ist mir klar, dass meine kleine Schwester fürchterliche Angst gehabt haben muss. Aber während meiner »Rapdiva«-Phase war ich hauptsächlich mit mir selbst beschäftigt.

Mit der rechten Hand am Türrahmen und dem linken Fuß auf dem Türgriff umklammerte ich mit der linken Hand die große Außenlampe. So kletterte ich am Haus hoch und auf das Dach. Doch als ich zum Dachbodenfenster kam, war es von innen verbarrikadiert!

Verzweifelt hämmerte ich dagegen und rief. Sonia erschien und funkelte mich wütend an. »Ich lass dich nicht rein!«, schrie sie.

»Komm schon, Sonia. Ma kann jeden Moment auftauchen!«

Es war kalt draußen und ich musste dringend auf Toilette. Ich stellte mir vor, wie ich in Klopfposition mit Pippitropfen im Schritt draußen festfror. »Sonia, du machst jetzt sofort das Fenster auf oder ich ...«

»Oder was? Willst du es Mommy erzählen? Warum hast du mich angelogen, Tabbi?«

Ich zitterte und warf ihr einen meiner Hab-doch-Mitleid-es-ist-so-kalt-hier-draußen-und-Ma-kommt-gleich–Blicke zu. »Es tut mir Leid, Sonia. Ich tu's nie wieder.«

»Du lügst mich jedes Mal an und denkst, du kannst mich verschaukeln. Ich lass' dich nicht rein.«

Und sie hatte Recht. Ich versprach ständig Dinge, die ich nicht zu halten gedachte. Ich tat es immer wieder, ohne Schuldgefühle oder Rücksicht auf Sonias Gefühle oder ihre Angst vor der Dunkelheit. (Und Dunkelheit war Mas oberstes Gebot: Um jeden Preis Strom sparen, damit die Stromrechnung nicht zu teuer wurde!)

Sonia ging vom Fenster weg und überließ mich draußen der Kälte und meiner zum Zerbersten gefüllten Blase. Ich beschloss, dass ich wieder hinunterklettern, durch die Vordertür ins Haus gehen und gegebenenfalls Prügel von Ma riskieren musste, falls ich ihr in die Arme lief. Aber zuerst das Wichtigste. Während ich da hockte und auf das Dach pinkelte, kam Sonia zurück und räumte ihre Barrikade fort. »Dein Glück, dass ich dich so lieb habe«, sagte sie. »Eigentlich hätte ich dich da draußen lassen sollen. Iiih, du hast dich voll gepinkelt.«

»Nein, hab ich nicht.«

»Doch, hast du. Ich sag Mommy, dass du aufs Dach gepinkelt hast.«

Unten fiel eine Tür ins Schloss. Ma war zu Hause!

Wir wussten, dass sie betrunken war, und hofften, sie würde gleich zu Bett gehen. Wenn nicht, würde es wieder eine dieser Nächte werden, mit Fäusten, Besen, Kabelstrang, Bügeleisen oder was immer sie einsetzte, um ihre Wut an ihrer aufsässigen Tochter auszulassen. Auch Sonia wusste, wie es ablaufen würde, und verwandelte sich augenblicklich von einer Gegnerin in eine Mitverschwörerin. Eine halbe Stunde lang saßen wir am Fuß der Bodentreppe, flüsterten und verfolgten Mutters Bewegungen durch das Haus. Wir hörten ein Krachen. Besteck flog zu Boden. Sie hatte auf dem Weg ins Badezimmer das Abtropfgestell umgeworfen. Immerhin hat sie es auf die Toilette geschafft, im Gegensatz zu einem gewissen Möchtegern-Rapstar, dachte ich.

Wir wollten uns gerade in unser Zimmer verdrücken, als die Toilettenspülung einsetzte. Ich hatte das Gefühl, mein Herz würde stehen bleiben. Dann war es still. Arme Sonia. Eigentlich musste sie nur wahrheitsgetreu erzählen, warum sie oben auf dem Dachboden gewesen war. Ich war es, die eine Erklärung dafür aufbieten musste, warum ich

125

das Bodenfenster als Nachteingang benutzt hatte und vollständig angezogen und zurechtgemacht war wie eine Diva. Mas Tür fiel zu. Wir hielten die Luft an und schlichen vom Dachboden. Auf dem Weg in unser Zimmer sahen wir an Mas Tür durch das Schlüsselloch. Sie lag quer auf dem Bett, vollständig bekleidet mit Mantel und allem Drum und Dran. Nur einen Schuh hatte sie abstreifen können, ehe sie eingeschlafen war. »Komm, wir ziehen sie aus und legen sie ins Bett«, sagte ich zu Sonia. Die Gefahr war vorüber. Wenn Ma einmal eingeschlafen war, dann schlief sie.

Auf ihrem Nachttisch stapelten sich Papier, Verpackungen von Süßigkeiten, alte Hühnchenknochen, ein Teller mit eingetrocknetem Kartoffelbrei. Weiter rechts stand eine Kommode voller Bierflaschen, in denen Zigarettenstummel schwammen. Kleider, Schuhe, Müll und Lottoscheine bedeckten den Boden. Mittendrin lag Ma, alle viere von sich gestreckt. Sie schnarchte mit offenem Mund, die Augen nur halb geschlossen.

Wenn ich heute darüber nachdenke, was ich mir damals geleistet habe, steigt mir das Wasser in die Augen und es schnürt mir die Brust ab. In jener Nacht hatte ich Glück gehabt. Die Barrikade war gefallen und meine lästige kleine Schwester – die ich ständig bekämpfte und hinterging – hatte mich wieder hereingelassen und mir eine Tracht Prügel erspart.

Im Badezimmer entfernte ich mein Make-up und zog das Rapstar-Outfit aus. Im Bett ließ ich den soeben zu Ende gegangenen Abend noch einmal Revue passieren: den Adrenalinstoß beim Betreten der Bühne, unseren Auftritt, das Johlen und den Jubel des voll gepackten Hauses. Doch der Beifall der Menge wurde übertönt von vertrauteren Stimmen: *Du taugst nichts. Du kannst nicht singen. Du bist so schwarz und hässlich, dass dich niemand lieb haben wird.*

Von diesem Tag an rannte ich jedes Mal von zu Hause fort, wenn ich wütend genug war. Und wenn ich irgendwo ankam – bei einer Tante oder einer Freundin –, schnitt ich mir die Haare ab und legte mir eine neue Haarfarbe zu. Mein Haar würde verhindern, dass die Bullen mich erkannten, redete ich mir ein, falls Ma eine Vermisstenanzeige aufgeben sollte.

Sie tat es nie.

Als ich fünfzehn wurde, gab meine Mutter die Verfolgung auf – sie kümmerte sich nicht mehr darum, ob ich nach Hause kam oder nicht. Also blieb ich immer länger weg. Ich tauschte meinen ersten gewalttätigen Freund gegen den zweiten aus und Nummer zwei gegen Nummer drei. Meine Mutter hatte mir beigebracht, wie man Prügel einsteckt, also nahm ich die Männerfäuste hin, bis zu jener Nacht, in der es unerträglich wurde.

Ein Jahr nach meinem Haftantritt beschloss ich, mein Haar so zu lassen, wie es von Natur aus ist. Ich verzichtete auf das übliche Glättungsverfahren und das Ergebnis war ein Afro – eine Frisur, die ich früher als kitschigen Siebziger-Jahre-Stil abgelehnt hatte.

Angela Davis' Afro war nichts im Vergleich zu meinem. Der frühe Michael Jackson konnte sich vielleicht noch mit mir messen. Wenn ich mit meiner neuen Frisur an den Wachposten vorbeikam, machten sie sich manchmal über mich lustig und begannen die alten Jackson-Five-Hits zu singen: *A B C, it's easy, Simple as 1, 2, 3 …* und *Buh buh buh buh buh buh buh.* Ja, ich erntete immer noch Spott wegen meines »Wuschelkopfs«, auch wenn mir, anders als zu meiner Grundschulzeit, ein rechter Haken heute Handfesseln eintragen, mich ins »Loch« befördern und mir eine sechsmonatige Verlängerung meiner Haftstrafe einbringen würde. Also spielte ich mit, blieb, statt die Fäuste fliegen zu lassen, im Gang stehen und bot meinen Peinigern ein Michael-Jackson-Tänzchen – rechtes Bein hinter das linke und umgekehrt, volle Drehung und Hüpfer zurück. Als Zugabe gab ich noch eine kurze Charleston-Einlage. Spott hatte einiges von seiner Macht über mich verloren. Mir gefiel mein Afro und ich fing an, auch mich zu mögen. Da meine Naturkrause sich stark von den geglätteten Frisuren der anderen abhob, tauften mich einige der Insassinnen »Die letzte Sklavenkönigin«. »Du hast wirklich wunderschönes pechschwarzes Haar«, sagte Ately, als sie mir im Gang begegnete. »Komm ja nicht auf die Idee, es zu glätten.« Sie meinte, sie wünsche, dass sie die Geduld für eine Naturkrause hätte. Geduld brauchte man wirklich, um aus fünfzehn Zentimeter langem Haar einen gleichmäßigen Kreis zu formen – es musste mit Glanzspray eingesprüht werden, lose Strähnen mussten entfernt und zu einem annähernd perfekten Rund angeordnet werden. Im Gefängnisladen gab es kein Haarspray, aber wenn ich hier und da ein wenig zog und drückte, hielt mein dickes Haar dem Wind ziemlich gut Stand.

Das Einzige, was mir an meinem Afro nicht gefiel, war die Tatsache, dass mir die Haare ausgingen. Krause schwarze Haare, egal, ob lang oder kurz, landeten im Waschbecken, wenn ich sie kämmte – die gleiche Art Haare, die Onkel K im ganzen Badezimmer hinterlassen hatte, als ich noch ein Kind war. Onkel Ks Haare waren voller Ax-Haarspray und daher schwierig aus dem Waschbecken zu entfernen, das ich sauber zu halten hatte. Ich erinnere mich noch, dass ich den Afro meines Onkels wahnsinnig abgedroschen fand. Peinlicherweise hatte er ihn in der Mitte sogar gescheitelt, was ihn aussehen ließ wie eine Komikfigur, der eine Kugel eine Schneise durchs Haar geschnitten hat. Bitte lasst die Siebziger endlich vorüber sein!, war mein damaliges Stoßgebet.

Das sind sie natürlich! Jetzt haben wir das Jahr 2001 und ich sitze seit fünf Jahren im Gefängnis. Ich pflege mein Haar so gut es geht und halte es mit bescheidenen Mitteln in Schuss. Den Afro habe ich aufgegeben. Aber seit dem Tag, an dem ich meine bronzefarbenen, glänzenden Dreadlocks abgetrennt habe, trage ich meine Haare so pechschwarz, wie sie von Natur aus sind. Es ist wesentlich gesünder ohne all die Chemikalien, und ich bin es auch. Mir war nie klar, wie gut mir Schwarz steht. So wie ich mich selbst verändere, schneide und verändere ich auch weiterhin meine Haare. Und wenn ich es tue, spüle ich die Strähnen in der Toilette herunter. Ich bin trotz allem weiterhin abergläubisch, auch wenn ich es gerne ablegen würde. Aber es gefällt mir immer noch nicht, dass meine Haare in der Mülltonne oder im Kanalsystem landen und über die ganze Welt verteilt werden. Kein Teil von uns ist wertlos.

Seit ich im Gefängnis bin, habe ich von der Möglichkeit Gebrauch gemacht, mit mir selbst ins Reine zu kommen, mit der Person, die ich war und die ich sein werde und mit den dahinter stehenden Gründen. Die Gründe meiner Reise kann ich inzwischen besser verstehen, denn ich habe die Wurzeln meiner geringen Selbstachtung und des selbstzerstörerischen Verhaltens, die zu meiner Wut und zu meiner Inhaftierung beigetragen haben, entdeckt und freigelegt. Heute bin ich eine Frau mit mehr Entscheidungskraft und Kontrolle über ihre Handlungen. Ich bin stark an Körper, Geist und Seele. Mein Haar skizziert die Geschichte meines Weges dorthin. Wie meine Freundin Bonnie zu mir sagte, sind Haare Glaubenssache, ein Bekenntnis gegenüber der ganzen Welt.

Tabatha Rowley wuchs in den »Ghettos von Connecticut«, vor allem in Bridgeport auf. Mit Hilfe des Projektes »Concern«, einem schulischen Integrationsprogramm, besuchte sie die Assumption Catholic School und später die Paul Laurence Dunbar Middle School. Da sie die Highschool in der zehnten Klasse abbrach, holte Rowley ihren Abschluss durch den Besuch der Grafton-Jobinitiative nach. Vor ihrer Inhaftierung verdiente sie ihren Lebensunterhalt für sich und ihren kleinen Sohn als Fastfood-Verkäuferin, Schwesterngehilfin, Drogendealerin und Sängerin. Rowley kam 1996 in das Hochsicherheitsgefängnis York. Als begabte Sängerin und Songschreiberin, und bei Gefängnisinsassinnen wie Angestellten gleichermaßen beliebt, wirkte sie bei vielen Talentshows und Veranstaltungen im Gefängnis mit. Im Sommer 2001 wurde Rowley in ein Resozialisierungszentrum entlassen und verlor kurz darauf ihren einzigen noch lebenden Bruder Choo, der bei einer Schießerei ums Leben kam. Er war einunddreißig Jahre alt. Tabatha Rowley wurde im Jahr 2002 vorzeitig entlassen und arbeitet derzeit in einem Friendly's-Restaurant. Sie lebt wieder mit ihrem jetzt zehnjährigen Sohn Ken zusammen und ist ins Musikstudio zurückgekehrt. Ihr Song »In This Together«, der sich mit den Schwierigkeiten inhaftierter Eltern beschäftigt, ist auf der Sammel-CD *Keep It Real* (Terrelonge Records) erschienen.

Über ihr Leben und Schreiben sagt Tabatha Rowley: »Ich staune immer noch über den Kontrast zwischen dem verwirrten, falsch erzogenen Kind, das ich einmal war, und der positiven, ausgeglichenen Frau, die ich heute bin. Ich hoffe, meine Geschichte kann andere irregeleitete junge Menschen wachrütteln und sie davor bewahren, die Erniedrigung, Entmenschlichung und Isolation eines Gefängnisaufenthaltes zu erfahren.«

Dreimal den Affen gehabt

Nancy Birkla

Geboren: 1952

Straftat: Drogenhandel

Strafmaß: 7 Jahre

Beginn der Strafe: 1990

Status: Entlassen

Ich war vier Jahre alt, als ich vor unserem Fernseher saß und mir den *Zauberer von Oz* ansah. Meine Affen-Albträume begannen kurz danach. Jede Nacht, mitunter zwei bis drei Mal, stand mein Vater auf, trug mich von Zimmer zu Zimmer und sah in Schränken, Kommoden und unter den Betten nach. Dad erklomm zu dieser Zeit in seiner Firma gerade die Karriereleiter, deshalb wechselten wir häufig den Wohnort. Wohin wir auch zogen, die Affen versteckten sich in unseren Koffern und kamen mit uns.

Natürlich ist der *Zauberer von Oz* überall, doch mit List und ein wenig Glück gelang es mir, der bösen Hexe und ihrem Gefolge aus fliegenden Affen die meiste Zeit meines Lebens aus dem Weg zu gehen. Mein Glück endete an einem Herbsttag des Jahres 1995, als der Dozent meines Einführungsseminars in die Filmwissenschaft das Licht ausmachte und unserem Kurs eine Filmsequenz vorführte. Ich war damals dreiundvierzig und studierte im dritten Semester am Jefferson Community College im Norden Kentuckys. Ich war seit sechs Jahren drogenfrei und seit fünf Jahren aus dem Gefängnis, tappte aber in Bezug auf die Frage, warum ich so war, wie ich war, noch weitgehend im Dunkeln. Während ich dasaß und Dorothys Entführung durch die Lüfte zum Versteck der Hexe mit ansah, packte mich das Grauen und ich wurde wieder zum Kind, das von einer Welle hochgespülter Erinnerungen nicht nach Oz, sondern nach Allentown, Pennsylvania, zurückgetragen wurde.

Neben dem Filmseminar hatte ich am Jefferson College in jenem Semester einen Schreibworkshop belegt, für den ich einen Tag, nachdem der *Zauberer von Oz* mich in Angst und Schrecken versetzt hatte, ein Gedicht abgeben musste. In meinem aufgewühlten Zustand brachte ich einen Versversuch zu Papier, der mehr Rätsel als Gedicht war – eine Aneinanderreihung albtraumhafter Bilder, die nur mir selbst verständlich waren. Ich nannte sie »Tod meiner Kindheit«. Im vergangenen Sommer tauchte dieses Gedicht ganz oben auf einem zerfledderten Stapel Papiere wieder auf, den ich in eine verblichene blaue Mappe mit dem Titel »Gefängnistagebuch« gestopft hatte.

Diese täglichen Kritzeleien – manche davon detaillierte Frontberichte, andere zornerfüllte Ergüsse – waren für mein Überleben im Kentucky-State-Gefängnis für Frauen überlebenswichtig gewesen. Bei meiner Entlassung im Juni 1990 hatte ich mir vorgenommen, auf der Grundlage dieser Notizen eines Tages meine Gefängnismemoiren zu schreiben. Doch ich war damit beschäftigt, voranzuschreiten, und es widerstrebte mir, zurückzugehen. Also schob ich mein eigenes Vorhaben mehr als ein Jahrzehnt vor mir her.

Jetzt bin ich so weit. Während ich mich vorsichtig zurückbegebe, halte ich zwei der Menschen an den Händen, die ich einmal gewesen bin: die verwirrte Gefängnisinsassin und das vierjährige Mädchen, dessen hübsches weißes Kleid von einer Krinoline aufgefächert wird. Wir drei sehen unter den Betten nach und in den dunklen Ecken meiner Erinnerungen. Wir sind fest entschlossen, uns den Affen zu stellen.

Als Kind hatte ich eine Phase, in der ich mich davor fürchtete, mir die Haare waschen zu lassen. Wenn ich vor Seife und Wasserdampf die Augen schließen sollte, stockte mir der Atem, und nichts, was meine Mutter sagte oder tat, konnte mich davon überzeugen, dass Einseifen harmlos war. Schließlich entwickelten wir eine Methode. Ich lag mit dem Rücken auf der Küchenanrichte und schob meinen Kopf langsam unter den Wasserhahn, wobei ich tief ein- und ausatmete. Während Mom mir die Haar wusch, fixierte ich mit aufgerissenen Augen eine bestimmte Stelle an der Decke und zählte die kleinen Einkerbungen im Tupfenmuster. Wenn ich bei einhundert ankam, war die Prozedur meistens vorüber.

Am 4. Oktober 1989, dem Tag, an dem sie mich verhafteten, hatte ich schon seit Tagen nicht mehr geduscht oder mir die Haare gewaschen. Ich wollte mich säubern, aber ich konnte es nicht. Allein der Gedanke, in der Duschkabine eingeschlossen und von Dampf umgeben zu sein, ließ mich keuchend nach meinem Asthmaspray greifen. Dennoch hatten die schlimmsten Auswirkungen des Entzugs endlich angefangen nachzulassen. Ich hatte zwei Wochen zuvor aufgehört, Drogen zu nehmen, entgiftete mich im Totalentzug, weil ich nicht Mitglied einer Krankenversicherung war, die die Kosten einer Behandlung übernahm. Meine Nasenflügel brannten immer noch von den täglichen Kokainrationen der vergangenen Monate, doch das Nasenbluten hatte endlich nachgelassen. Und nach vierzehntägiger Übelkeit samt unablässigem Durchfall schaffte ich es schließlich, über den Tag zu kommen, ohne stündlich gegen den Drang ankämpfen zu müssen, aufzugeben, mich anzuziehen, hinauszugehen und mir ein wenig Stoff zu beschaffen.

»Kommen Sie rein!«, rief ich. Ich hatte das Wohnzimmer in ein Krankenlager verwandelt und lag auf der Couch, umgeben von Kleenextüchern, Papierhandtüchern, Dosen mit warmem Ginger-Ale, einer Schachtel Bronchoretard, meinem Asthmamedikament und einem großen Suppentopf für den Fall, dass ich es nicht rechtzeitig zur Toilette schaffte. Die Tür ging auf und Roadie und Hubble, meine schwarzen Chow-Chows, begrüßten die Beamten, die die

Festnahme vornehmen sollten. Einen davon erkannte ich wieder. Er hatte sich bei einigen der Rockkonzerte, bei denen mein Mann und ich gearbeitet hatten, als Wachmann ein Zubrot verdient. Ich war mir ziemlich sicher, dass er mich ebenfalls wiedererkannte.

Es waren nette Kerle. Sie erklärten mir, dass ich im Zuge einer Aktion gegen Kneipendealer festgenommen würde und sie hielten mir die Wagentür auf. Auf dem Weg zum Polizeitransporter, der unten am Preston Highway wartete, fuhren sie bei einem Burger King vorbei und boten mir eine Cola an. Aus dem statischen Knacken des Polizeifunks vernahm ich immer wieder die Worte »Operation Kneipenhocker«.

Der Polizist, den ich wiedererkannt hatte, half mir in den Transporter. »Hör zu. Du bist unsere erste Festnahme, wirst also ziemlich lange warten müssen«, sagte er. »Ich lege dir keine Handfesseln an, aber du musst daran denken, jedes Mal die Hände hinter den Rücken zu legen, wenn die Tür aufgeht.« Er sprang zurück auf den Bürgersteig und lächelte. »Tut mir Leid, Mädchen«, murmelte er. »Ich tue nur meine Pflicht. Viel Glück.«

Halb so schlimm, dachte ich. Wenn sie mich auf Drogen testeten, würde mein Urin sauber sein. Da dies meine erste Festnahme war, würden sie mich vermutlich gegen eine Selbstverpflichtung vorläufig freilassen. Und im schlimmsten Fall hatte ich zu Hause für Notfälle wie diesen fünfhundert Dollar in der Hülle einer Pink-Floyd-Platte versteckt. Es würde alles gut gehen. Nur blöde, dass *Oprah* wahrscheinlich vorbei sein würde, bis ich nach Hause kam. Ich hasste es, Oprahs Show zu verpassen.

Ich weiß noch, dass es in Kentucky in diesem Oktober ungewöhnlich warm war – mit Temperaturen weit über zwanzig Grad. Im Laufe des Nachmittags nahm die Hitze zu und der Transporter wurde allmählich übervoll. Die

Spätankömmlinge, die sich auf dem Boden zusammendrängen mussten, brachten Neuigkeiten mit. »Operation Kneipenhocker«, die zu zweiundachtzig Festnahmen geführt hatte, war *die* Schlagzeile der Fünf-Uhr-Nachrichten. Es stellte sich heraus, dass Chip Trainer, der Sänger der Rockband Dead on Arrival, in Wirklichkeit ein V-Mann der Drug Enforcement Agency war, den man in die örtliche Kneipenszene eingeschleust hatte. Insgeheim machte ich mir Sorgen, er könne der DEA gemeldet haben, dass ich versucht hatte, ihm Lautsprecherboxen gegen Drogen anzudrehen.

Als die Dämmerung einsetzte, drängten sich vierzehn Leute in dem Transporter. Alle außer mir trugen Handfesseln aus Nylondraht. Da die Zigaretten nicht konfisziert worden waren, hatten es meine Mitgefangenen geschafft, sich trotz ihrer gefesselten Handgelenke welche anzuzünden. Die heiße, verqualmte Luft, die unerträgliche Enge, meine ausgedörrte Kehle und mein klopfendes Herz signalisierten mir, dass ich in Schwierigkeiten steckte. In meinem verzweifelten Wunsch nach einem Tropfen Feuchtigkeit betrachtete ich das Plexiglasfenster, das die klimatisierte Fahrerkabine vom Transporterraum trennte. Vielleicht würde mir das kühle, mit Kondensluft beschlagene Fenster ein wenig Erleichterung verschaffen. Ich rutschte näher heran und versuchte, die Zunge zwischen den Metallstangen hindurchzustrecken, die die Scheibe abschirmten. Umsonst. Keine Erleichterung in Sicht.

Vier Stunden, nachdem ich in den Transporter geklettert war, fuhren wir in die Garage des Polizeihauptquartiers. Wir warteten darauf, dass die Türen aufgingen. Warteten und warteten. Der Husten, den ich so lange unterdrückt hatte, wurde zu einem Keuchen und dann zum Ringen nach Luft. Fall auf den Boden, befahl ich mir – dort unten ist weniger Rauch. Die anderen begannen um meinetwillen zu klopfen.»Macht die Tür auf!«, rief ein Mann.

»Es hat euch Witzbolden keiner ein Picknick versprochen!«, antwortete eine weibliche Stimme.»Wir lassen euch raus, wann es uns passt!«

»Hier drin hat eine Frau einen Asthmaanfall«, brüllte der Mann zurück.»Es geht ihr wirklich schlecht. *Bitte!*« Die Transportertür wurde aufgerissen.»Du da!«, befahl die Polizistin.»Raus, SOFORT!« Ich wusste, dass ich gemeint war, aber ich konnte kaum atmen, geschweige denn aufstehen und aus dem Transporter klettern. Viele Hände zerrten und zogen mich auf die Füße und hinaus. Ich landete als Bündel auf dem Boden der Garage.»Mein Asthmaspray ist in meiner Tasche«, ächzte ich.»Wenn ich mein Asthma –«

»Keine Medikamente ohne Anweisung vom Doc, *Süße*«, sagte die Polizistin.»He, wo sind überhaupt deine Handfesseln?« Die Art und Weise, wie sie mir den Draht um die Handgelenke zurrte, machte mir klar, dass eine ärztliche Anweisung für Asthmamedikamente hier keine Priorität genießen würde. Ich rettete mich in alte Überlebensstrategien, starrte an die Decke und versuchte, die Luft anzuhalten, indem ich die Deckenfliesen zählte. Mitten im Zählen traf mich ein blendendes Licht. Blinzelnd starrte ich in das Auge einer Kamera von Channel 11. Ich hielt mir die Hände vor das Gesicht und wandte mich ab. Den Rest der Verhaftungsprozedur erlebte ich wie im Nebel.

»Wir helfen dir«, versicherte mir mein Vater am Telefon.»Aber es wird vermutlich weder morgen noch übermorgen sein.« Meine armen Eltern: Sie hatten im Laufe der Jahre Nachrichten über Autounfälle, Einlieferungen in die Notaufnahme und endlose finanzielle Krisen entgegengenommen. Dad kreuzte an Orten auf, die Hunderte Meilen von zu Hause entfernt waren, um mich »ein letztes Mal« aus einer schlimmen Lage zu befreien. Mom flog nach Chicago oder zu einem anderen Treffpunkt, um mich nach Hause zu holen und mir zu helfen, mich von meinem letzten Zusammenbruch zu erholen. Doch eine Verhaftung wegen Drogen war Neuland für sie. »Deine Mutter und ich brauchen Zeit zum Nachdenken«, erklärte mir mein Vater nun mit kalter, fremder Stimme. »Und das brauchst du offensichtlich auch.«

Und so wartete ich, als Gefangene des Staates Kentucky und einer inneren Angst unbekannten Ursprungs. Die nächsten vier Tage verbrachte ich damit, die Umrisse meiner winzigen Zelle abzuschreiten, um Trinkwasser zu betteln, das niemals kam, und so gut es ging die Panikattacken abzuwehren, die angefacht wurden von – ja, was waren sie eigentlich? Halluzinationen oder Erinnerungen? Was immer diese Visionen von Feuer, brodelndem Wasser und bösartigen Affen auch waren, sie schienen aus irgendeiner gut bewachten Kammer tief in meiner Brust entkommen zu sein.

Meine Eltern mussten einen guten Anwalt und eine Kaution von sage und schreibe zehntausend Dollar aufbieten, um mich aus dem Bezirksgefängnis von Jefferson herauszuholen. Nie habe ich mich mehr geschämt als in dem Moment, als man mich freiließ und zu ihnen brachte. Trotzdem glaubte ich, dass alles so laufen würde wie immer. Zuerst einen ordentlichen Rüffel, dann die Besänftigung und schließlich die Einladung, mit ihnen nach Hause zu kommen, damit sie sich um mich kümmern und mir wieder auf die Beine helfen konnten. Doch ich hatte mich verrechnet. Dieses Mal hatten meine Eltern ganz andere Pläne.

Das Taxi brachte uns direkt vom Gefängnis zur Drogenentzugseinrichtung des Krankenhauses Our Lady of Peace.

Auf dem Vertrag, den ich unterschrieb, stand, sollte ich die Einrichtung innerhalb der nächsten dreißig Tage verlassen, würde die Haftverschonung unverzüglich aufgehoben und ich ins Gefängnis zurückgebracht, vermutlich für lange Zeit. Sobald die Aufnahmeprozedur beendet war, nahmen meine Eltern das nächste Flugzeug weg aus Louisville.

An meine Selbsttäuschung geklammert, war ich stinkwütend über die neue Strategie der »harten Liebe« meiner Eltern und ihr Unverständnis gegenüber meiner Lage. Ich war stark genug, um selbstständig »clean« zu bleiben. Hatte ich nicht gerade einen Totalentzug hinter mich gebracht und ganze zwei Wochen drogenfrei gelebt? Hatte ich nicht schon genug durchgemacht, ohne dass man mich in eine Entzugseinrichtung sperrte? Wenn sie auf einer Therapie bestanden, konnte ich mich einer ambulanten Behandlung unterziehen. Und ich hatte *kein* Alkoholproblem. Warum forderte man mich auf, nie wieder einen Tropfen zu *trinken?*

Da ich ohne gepackte Tasche im Our Lady of Peace eingetroffen war, gestattete man mir, meinen Mann zu benachrichtigen, mir einige Kleidungsstücke und persönlichen Dinge zu bringen. Als Bobby ausblieb, gaben mir die Schwestern Zahnbürste, Zahnpasta und einen Kamm. Tag für Tag wartete ich auf das Eintreffen meiner Habseligkeiten und jeden Abend gab man mir einen Krankenhausanzug, damit der einzige Satz Kleidung, den ich besaß, über Nacht gewaschen werden konnte. Da die Krankenhaussachen die gleichen waren wie jene, die ich im Gefängnis getragen hatte, war das Anziehen ein allabendlicher Auffrischungskurs in Wut, Scham und Panik. »Sie *verstehen* mich einfach nicht«, jammerte ich. »Ich *muss* mit meinem Mann sprechen. Lassen Sie mich einfach nach Hause gehen, um ein paar Sachen zu holen. Ich komme sofort zurück. Ich *verspreche* es.« Als Reaktion darauf entzogen sie mir die Telefoniererlaubnis und untersagten mir jeglichen Kontakt mit Bobby.

»Abhängigkeit ist eine Krankheit aus Zwang und Besessenheit, nicht nur in Bezug auf Drogen, sondern auch auf Menschen, Orte und Dinge«, erklärte man mir. »Konzentrieren Sie sich auf sich selbst, nicht darauf, was zu Hause vor sich geht.« Ich konzentrierte mich auf mich selbst, indem ich eine tägliche Selbstmitleidsfeier zelebrierte.

Die Nächte waren am schlimmsten, doch zumindest konnte ich im Our Lady of Peace aus dem Fenster sehen oder mir einen Schluck zu trinken holen, wenn ich durstig war, oder im langen Korridor auf und ab gehen, wenn mich die Ängste übermannten. Meine Hyperaktivität nahm von Nacht zu Nacht ab. Innerhalb einer Woche war ich in der Lage, mehrere Stunden am Stück zu schlafen.

Zum Glück erhielt ich erst Jahre später Zugang zu den psychologischen Gutachten aus jenen frühen Monaten der Genesung. *Schwere Depressionen ... Selbstmordgedanken ... eingeschränktes Urteilsvermögen ... Größenwahn ... Symptome identisch mit posttraumatischen Stresserscheinungen, doch die Patientin leugnet spezifische traumatische Ereignisse ... Prognose für eine erfolgreiche Behandlung: schlecht.* Wenn ich begriffen hätte, wie krank ich war, als ich mich auf den Weg der Genesung machte, hätte ich mich vielleicht niemals auf diesen Weg begeben.

Und wenn meine Psyche in einem schlimmen Zustand war, erging es meinem Körper nicht besser, eher noch schlechter. Mit zweihundertfünfunddreißig Pfund war ich die dickste Frau im Programm – »krankhaft fettsüchtig« hieß das in der Sprache der Gutachter. Die anderen Frauen auf der Station trugen Make-up und modische Frisuren, schöne Jeans und Tops, kleine passende Trainingsanzüge. Ich lief immer noch in den Kleidern herum, die ich am Tag meiner Verhaftung getragen hatte. Warum hatte ich ein so ausgeblichenes und fleckiges T-Shirt noch nicht weggeworfen? Wie konnte ich mein Haar so grässlich auswachsen lassen? Die Frau, die mir im Spiegel entgegenstarrte, wirkte jammervoll und alt. Wann war das mit mir geschehen? Und *warum?*

Als ich mein Aussehen in der Gruppentherapie ansprach und die Schuld daran auf die Tatsache schob, dass mein Mann mir meine Sachen nicht gebracht hatte, meinten die anderen, dass Bobby mir meine Tasche nur deshalb nicht gebracht habe, weil ihm nichts mehr an mir liege. Diese Feststellung war ein Schlag ins Gesicht, wie ihn die Wahrheit gern austeilt. Etwas, was mich schon lange beschäftigt hatte, war endlich auf dem Tisch.

Bobby und ich hatten uns vor knapp sieben Jahren in LaCrosse, Wisconsin, kennen gelernt. Er war mit einer Rock-'n'-Roll-Band im Mittleren Westen unterwegs und ich war eine feste Größe in der örtlichen Nachtclubszene. Ich arbeitete seit Jahren in verschiedenen Kneipen, trieb mich mit den Mitgliedern der auftretenden Bands herum und hatte mich schon des Öfteren in einen von ihnen verliebt. Doch als ich Ende zwanzig war, musste ich der Tatsache ins Auge sehen, dass ich wahrscheinlich nicht genauso »unter die Haube kommen« würde wie meine Freundinnen. Stattdessen war ich immer eher der »gute Kumpel«. Als mir Bobby auf andere Art und Weise Aufmerksamkeit zu schenken begann, war ich daher sofort interessiert.

Nun ja, interessiert und genervt. Es war der Sommer 1983. Die Videospiele kamen gerade auf und ich war im Surf Club und spielte ein Tischspiel namens Centipede. Ich wollte das Spiel gewinnen und mich als Trefferkönigin im Programm verewigen. Daher war ich verstimmt, als mitten im besten Lauf des Abends am Rand meines Blickfeldes jemand einen Vierteldollar auf den Tisch warf, um mich herauszufordern. Ich hätte es vorgezogen, ohne Gegner weiterzuspielen, aber ich wusste, dass ich die Regel, alle Herausforderungen anzunehmen, nicht brechen durfte. Bobby war grottenschlecht, ich dagegen erreichte mein Ziel, während ich gegen ihn spielte. Begeistert begann ich meinen Namen in die Meisterliste des Spiels einzutippen, als plötzlich der Monitor schwarz wurde. Über mir thronte Bobby, den gezogenen Stromstecker in der Hand. Mein Ergebnis war verschwunden und mit ihm meine Chance auf Unsterblichkeit beim Centipede. Bobby lachte sich halb tot.

Ich war natürlich stocksauer, zugleich aber auch geschmeichelt, angesichts dieses Cocktails aus Aggression und Aufmerksamkeit, der allein mir galt. Wenige Tage, nachdem Bobbys Band weitergezogen war, erhielt ich einen Brief. »Ich rufe dich bald an«, schrieb er. Klar machst du das, dachte ich und war überrascht, als er es wirklich tat.

Ich liebte die guten Seiten meines Lebens mit Bobby – das Reisen, die Musik, die Partys, die Drogen –, aber die schlechten waren brutal. Von weiß glühend bis eiskalt reichte Bobbys Stimmungsbarometer. Im einen Moment war ich sein Ein und Alles, mit der er die Zukunft auf der Insel der Glückseligen plante, im nächsten stieß er mich weg oder verschwand für ein oder zwei Tage. Wir trennten und versöhnten uns, machten wieder Schluss und versöhnten uns aufs Neue. Fünf Jahre, nachdem wir unsere Berg-und-Tal-Beziehung begonnen hatten, waren wir verheiratet.

Bobbys Traum war es, eine hochmoderne Licht- und Tonfirma aufzubauen. Das Problem war, dass er seinen Traum auch mir aufzwang und darauf bestand, dass ich mein Leben dem Geschäft widmete, für das er sich entschieden hatte. Und ich arbeitete wirklich hart, erledigte die Telefonate, machte die Buchführung und schleppte schwere Tongeräte, auch wenn sich alles in mir dagegen sträubte. Frustriert über Bobbys Macht über mich begann ich mich als »eheliches Opfer« zu betrachten, eine Rolle, die ich jahrelang nicht aufgeben wollte. In meiner kranken Wahrnehmung rechtfertigte die Tatsache, dass ich der »Prügelknabe« meines Mannes war, meine selbstzerstörerischen Neigungen. Es war Bobby, der für meine Probleme verantwortlich war, redete ich mir ein; wenn er mich besser behandeln würde, wäre ich nicht ständig deprimiert – dann müsste ich meinen Kummer nicht mit Alkohol, Drogen oder Essen betäuben.

Unsere Beziehung war voller Gewalt. Zu verängstigt, um mich körperlich zu schützen, wenn Bobby zuschlug, nutzte ich mein Mundwerk als Waffe. »Arschloch!« und »beschränkter Scheißkerl« reichten aus, wenn er mich in der Mangel hatte, aber meine erfolgreichsten verbalen Attacken spickte ich mit Worten, von denen ich mit Sicherheit wusste, dass er sie nicht kannte. Da Bobby Komplexe in Bezug auf seine Intelligenz hatte, tat ich mein Bestes, um ihn lächerlich zu machen. Meine selbst gewählte Opferrolle kam mir in diesen Zeiten sehr zupass. *Er* war der Angreifer, sagte ich mir; ich war nur die hilflose Angegriffene.

Letztlich war es meine Ehe, die während meiner dreißig Tage in der Drogenentzugseinrichtung in den Mittelpunkt rückte – und nicht der Drogenmissbrauch. Jedes Mal, wenn ich versuchte, Bobby für mein schlechtes Verhalten verantwortlich zu machen, wurde ich gebeten, mich auf mein eigenes Tun zu konzentrieren. Zuerst weigerte ich mich mit Händen und Füßen, doch im Laufe der zweiten Woche begann ich einigen unangenehmen Tatsachen in Bezug auf mein häusliches Leben, meine Arbeit und mich selbst ins Auge zu sehen.

Jeder, der mit Missbrauchspatienten arbeitet, wird Ihnen bestätigen, dass die Erfolgsquote gering ist. Ein Mann aus unserer Gruppe schlitzte sich eines Abends mit der Nagelschere die Pulsadern auf und verschwand Knall auf Fall. Andere wurden wegen positiver Urinproben entlassen oder weil man bei der Durchsuchung ihres Zimmers Drogen gefunden hatte. Einige gingen wütend und aus eigenem Entschluss. Andere wurden von Familienmitgliedern oder Co-Abhängigen zum frühzeitigen Abgang gedrängt. Da die Alternative für mich das Gefängnis war, blieb ich bei der Stange, gab im Laufe der Zeit einen Teil meiner Abwehrhaltung auf und lernte dazu. Zu meiner eigenen Überraschung begann ich mich besser zu fühlen.

Ich erlebte einen gravierenden Vorfall während der Therapie. Es geschah eines Abends kurz vor meiner Entlassung. Wenn ich den Tagebucheintrag nachlese, den ich in dieser Nacht hingekritzelt habe, kehrt der Schmerz und der Zorn sofort zurück.

27.11.1989

Ich bin schon oft im Leben ausgelacht worden, aber von lauter ausgeflippten Therapieteilnehmern verspottet zu werden ist schlimmer als alles andere zusammen.

Etwa ein Dutzend von uns saßen im Aufenthaltsraum und sahen fern, als eine der Schwestern vorschlug, uns die Sondersendung auf Channel 11, »Der Kampf gegen die Drogen in Kentuckiana«, anzusehen. Ich weiß nicht, warum ich nichts geahnt habe, schließlich hatte ich mich am Abend meiner Verhaftung schon einmal in den Nachrichten auf Channel 11 gesehen. Dieses Mal war ich Teil einer zweistündigen Sondersendung, ich kann also ziemlich sicher sein, dass jetzt auch der letzte meiner Bekannten weiß, dass ich bei einer Drogenrazzia gefasst wurde. Mir wird schlecht, wenn ich daran denke, nach Hause zu kommen und ihnen ins Gesicht zu sehen.

Das Schwierigste heute Abend war die Tatsache, dass die beschämendsten Momente meines Lebens im Fernsehen gezeigt wurden. Noch schlimmer aber war der Spott meiner so genannten Unterstützungsgruppe. Nachdem sie bei den Aufnahmen von meiner Festnahme gejohlt und geklatscht hatten, fingen sie an sich über mein Aussehen lustig zu machen – das aufgedunsene Gesicht, die fettigen Haare und das gleiche blöde Dreckshemd, das ich schließlich weggeworfen habe. Die Männer waren am schlimmsten; ihre Gejohle und Gebrüll, die geschürzten Lippen und das Schnalzen. Na ja, ich konnte mich einfach nicht länger beherrschen. Ich ging in die Luft, weinte und schrie und nannte sie eine Bande »armseliger Psychoarschlöcher«. Jetzt hat man mich auf mein Zimmer verbannt, um eine »Auszeit« zu nehmen. Ein Raum voller Erwachsener benimmt sich wie eine Horde Fünfjähriger und ausgerechnet ich werde auf mein Zimmer geschickt. Was für eine elende Scheiße!

Aber ich habe diese Nacht überlebt und mich mit der Furcht auseinander gesetzt, dass mein Genesungsprozess ohne das Sicherheitsnetz des Krankenhauses scheitern könnte. Ehe ich Our Lady of Peace verließ, machte ich eine Selbsthilfegruppe ausfindig, bei der ich an regelmäßigen Treffen teilnehmen konnte, und fand eine Patin, eine Frau, deren Gesundungsprozess schon weiter fortgeschritten war und die mich bei den zwölf Schritten begleiten würde, die alle Abhängigen auf dem Weg ihrer Genesung gehen müssen. Als ich in die Entzugseinrichtung aufgenommen wurde, hatte mein Arzt meine Chancen auf Erfolg als »schlecht« bezeichnet, in den Entlassungspapieren dagegen entdeckte ich die Worte »Prognose: gut«, gleich neben seiner Unterschrift. Ich war zum ersten Mal seit Jahren stolz auf mich.

In den nächsten Monaten bestand mein Leben überwiegend daraus, gesund zu werden und zu warten. Ich nahm täglich an den Treffen teil, manchmal zwei Mal am Tag, und hielt mich getreu an das wöchentliche Nachsorgeprogramm. Mit Hilfe meiner Patin begann ich über die zwölf Schritte zu schreiben. Vieles in meinem Leben blieb schwierig – nach Hause und an die Arbeit zurückzukehren, das Vertrauen meiner Eltern wieder herzustellen –, trotzdem blieb ich meinem Ziel, »clean« zu bleiben, treu. Und die ganze Zeit über wartete ich voller Angst auf meinen Termin bei Gericht.

An jenem warmen Tag im Mai wartete eine Gruppe ebenfalls rekonvaleszierender Freunde vor dem Gerichtsgebäude auf mich, umringte mich und sprach das »Gelassenheitsgebet«. Drinnen setzte ich mich auf den mir zugewiesenen Platz neben Bobby und sah den Richter an. Mein Rechtsanwalt war optimistisch. Der vorgelegte Untersuchungsbericht war positiv und der Staatsanwalt hatte dem Vorschlag einer fünfjährigen Bewährungsstrafe zugestimmt. Ich war auf gute Nachrichten vorbereitet, aber auch auf schlechte. Ich hatte am Morgen im Gefängnis angerufen und mich erkundigt, was eine Gefangene einpacken und mitbringen durfte. Zu meinen Füßen stand eine Einkaufstüte, voll gepackt mit zusätzlichen Socken und Unterwäsche.

Bobby war als Erster an der Reihe und bekannte sich der Komplizenschaft schuldig. Er bekam fünf Jahren auf Bewährung. Während der Richter Bobbys Bewährungsauflagen durchging, versuchte ich mein Zittern zu dämpfen, indem ich mir sagte, dass ich ebenfalls eine Bewährungsstrafe erhalten würde. Es war mein erstes Delikt. Meine Genesung war in vollem Gange. Selbst der Staatsanwalt hatte Bewährung statt Haft empfohlen.

Der Richter ordnete schweigend seine Unterlagen und starrte mich dann über den geraden, schwarzen Rand seiner Lesebrille an. »Der Verkauf von Drogen ist ein schwer wiegendes Vergehen«, sagte er. »Ich hoffe, Ihnen ist klar, welches Glück Sie gehabt haben, dass niemand an den Folgen Ihrer Handlungen gestorben ist. Ich verurteile Sie hiermit in jedem der vier Anklagepunkte bezüglich des Handels mit verbotenen Substanzen zu sieben Jahren Gefängnis. Die Gesamthaftstrafe wird zu sieben Jahren zusammenfasst und ist im Kentucky State Correctional Institute für Frauen zu verbüßen.«

Da das Staatsgefängnis voll belegt war, ging meinem Haftantritt eine zweiwöchige Rückkehr ins Bezirksgefängnis von Jefferson voraus. Während der ersten Tage dort stieg die Außentemperatur auf über dreißig Grad, die Klimaanlage des Gebäudes brach zusammen und der Ventilator, den sie hereinschleppten, brummte dröhnend, während er die heiße, stickige Luft herumwirbelte. Es gab weder Handtücher noch Waschlappen, also verwendete ich die Unterwäsche und Socken, die ich mitgebracht hatte. Zwei Garnituren gab ich an andere Frauen weiter und stand am dritten Tag ohne frische Wäsche da. Meine Panikattacken kehrten mit Macht zurück. Ich hatte erst zweiundsiebzig Stunden meiner siebenjährigen Haftstrafe verbüßt und keine Ahnung, wie ich das schaffen sollte.

Am meisten Sorgen machte mir, wie ich mit den zwölf Schritten vorankommen sollte. Der erste Schritt – zuzugeben, dass ich gegen meine Sucht nicht ankam und mein Leben aus den Fugen geraten war – war der leichteste gewesen. *Dieser* grausamen Wahrheit hatte ich schon ins Auge gesehen, bevor an eine Heilung überhaupt zu denken war. Der zweite Schritt – den Glauben daran zu entwickeln, dass eine höhere Macht als ich mich wieder zu Verstand bringen könnte – war schon schwieriger. Mit dem zweiten Teil hatte ich kein Problem; mein Leben war tatsächlich zu einer Art Tollhaus geworden und benötigte eine Kehrtwende. Mein Problem lag bei der höheren Macht. Ich glaubte zwar an Gott, hatte jedoch gehörige Zweifel daran, dass Gott an mich glaubte. Ich hatte in meinem Genesungstagebuch alle zum zweiten Schritt gehörigen Fragen beantwortet und unaufhörlich gebetet. Dennoch hatte meine Patin davon abgeraten, mich zum dritten Schritt übergehen zu lassen – meinen Willen und mein Leben der Obhut Gottes zu überantworten –, ehe ich nicht von mir behaupten konnte, davon überzeugt zu sein, dass Gott an mich glaubt. »Alles nach Gottes Rat« war die Antwort, die ich erhielt, wenn ich anderen gegenüber meine Zweifel äußerte. »Komm einfach weiter zu uns.« Aber wie sollte ich die Treffen weiter besuchen, wenn ich im Bezirksgefängnis von Jefferson saß?

30.5.1990

Meine erste Nacht im Staatsgefängnis. Es ist so unwirklich, als betrachtete ich von außen das Leben einer anderen. Ich sitze wieder im Dunkeln, schaue aus dem Fenster eines Raums, der ein Aufenthaltsraum in einem College-Wohnheim sein könnte, wären da nicht der Zaun, der Stacheldraht und der Wachposten oben auf dem Turm. Er steht draußen auf einer kleinen Veranda, raucht mit der einen Hand eine Zigarette und hält mit der anderen sein Gewehr. Wie sehr ich mich auch bemühe, meine Situation zu akzeptieren, ich sterbe innerlich. Sieben Jahre hören sich an wie der Rest meines Lebens.

Ich habe Angst davor, einzuschlafen. Letzte Nacht hatte ich einen fürchterlichen Albtraum. Bobby stand über mir, hielt meine Arme fest und schrie, ich sei ein fettes Schwein. Er zwang mich, Hershey-

Schokolade zu essen und stopfte mir die Tafeln schneller in den Mund, als ich kauen oder schlucken konnte.

Dann kam der schlimmste Teil des Traums. Ich ging aus dem Haus, damit Bobby sich beruhigen konnte, und lief in der Nachbarschaft herum. Plötzlich hörte ich ein ohrenbetäubendes Kreischen und ein großer roter Affe sprang von einem Baum auf mich herab. Er hatte scharfe Klauen und lange, gezackte Zähne, die er mir in den Oberarm grub. Ich versuchte ihn wegzustoßen, aber er biss mich immer wieder, schlug mit den Klauen nach mir, bis ich den Trick anwandte, den ich mir schon als Kind beigebracht hatte, ich machte die Augen auf und zu und zwang mich, aufzuwachen.

Ich habe in den letzten Wochen wirklich ziemlich verrücktes Zeug geträumt – verrücktes Zeug, das mir irgendwie auch normal vorkommt.

So weit ich zurückdenken konnte, war mir verrücktes Zeug normal erschienen, auch wenn mein Leben ganz konventionell begonnen hatte. Von allen Orten, an denen ich in meiner Kindheit gelebt hatte, habe ich die schönsten und lebhaftesten Erinnerungen an meinen Geburtsort: die Stadt Norwich in Connecticut.

Väterlicherseits wurde ich in einen großen, eng verbundenen italienischen Clan hineingeboren, mütterlicherseits in eine weniger eng verbundene französisch-schwedische Sippe, und ich liebte meine Familie abgöttisch. Im Erdgeschoss unseres Hauses an der McKinley Avenue lebten Tante Bea und Onkel Cal mit meinen Cousinen Sandy und April. Ein paar Schritte entfernt wohnte Dads Schwester, Tante Anna, mit ihrem Mann, Walter, und drei weiteren Cousins und Cousinen, Vita, Gail und Wally. Die »Kinder aus der McKinley Avenue« wurden wir vom Rest der Familie genannt. Unsere Eltern wechselten sich mit Besuchen und Kinderhüten ab, schoben Laufställchen oder Sportwagen die Straße hinauf oder hinunter, je nachdem, wer wohin wollte. Wir Cousins und Cousinen spielten zusammen, aßen zusammen und besuchten auch zusammen unsere Großmutter. Nonna Pileggis zweistöckiges Haus mit den verzierten Giebeln, auf der East Side von Norwich, war so pink wie Shirley Temples Kleidchen. Auf dem Bürgersteig vor dem Haus bildeten kleine Kieselsteine die Initialen B. P., die meinem eingewanderten italienischen Großvater, Bruno Pileggi, gehörten. Vier von Dads Geschwistern lebten in Nonnas Haus, zwei weitere nur einen Häuserblock entfernt.

Das jüngste von Nonnas und Brunos elf Kindern, mein Vater, war der Erste und Einzige, der Norwich verließ. Bemüht, seiner jungen und größer werdenden Familie das komfortabelste Leben zu bieten, erklomm Dad die Karriereleiter und wurde schließlich Vizepräsident eines großen Unternehmens im Mittleren Westen.

Ich war vier, als wir nach Allentown in Pennsylvania zogen. Wir lebten etwa vier Jahre lang dort, glaube ich, auch wenn es mir schwer fällt, mich an klare Zeiträume in meiner Kindheit zu erinnern. Meistens muss ich zuerst überlegen, in welcher Stadt wir lebten, als dieses oder jenes geschah, und dann zurückrechnen, um dem jeweiligen Aufenthaltsort mein Alter oder die jeweilige Klassenstufe zuzuordnen.

In Allentown lebten wir in den »Garten-Apartments« – langen Reihen aus zweigeschossigen Wohnhäusern, die sich über mehrere Morgen grüner Hügel erstreckten. Ich kann mich noch genau an den Grundriss unserer Wohnung in Allentown erinnern, aber nur noch an zwei unserer Nachbarn: Holly, das kleine Mädchen von nebenan, das genauso alt war wie ich, und an die Frau am Fuß des

Hügels, die ich für eine Hexe hielt. Die Frau hatte nichts sonderlich Hexenhaftes. Weder eine Warze auf der Nasenspitze noch eine schwarze Katze oder einen Reisigbesen. Sie war jung und attraktiv mit langen, schwarzen Haaren, trug Röcke und Shorts wie alle anderen auch. Trotzdem jagte sie mir eine Heidenangst ein und ich ging nicht in ihre Nähe.

Nach Allentown folgten viele weitere Umzüge. Ich erinnere mich nur schwach an die Schulen, die ich besucht habe, oder an einzelne Lehrer oder die üblichen Kindheitsbegebenheiten, auf die die meisten meiner Freunde zurückblicken. Allerdings erinnere ich mich an die Albträume – die schrecklichen Träume, die sich schließlich auch in meine wachen Stunden stahlen.

Die Affenalbträume begannen in Allentown. Die Menschenfresserträume ebenfalls. Ich glaube nicht, dass mich die Menschenfresser jemals geschnappt oder sich auch nur gezeigt hatten. Die Träume bestanden hauptsächlich aus Gefühlen von Angst und Furcht vor dem Eingesperrtsein. Mitten in einem ganz gewöhnlichen Traum vernahm ich plötzlich ein weit entferntes Trommeln, einen eintönigen Singsang. Mein Herz klopfte wie wild. Manchmal schaffte ich es wegzulaufen und mich mit den anderen zu verstecken, meistens jedoch stand ich starr vor Angst da, während das Trommeln lauter wurde und die Menschenfresser immer näher kamen.

In anderen Albträumen spielten Feuer und Wasser die Hauptrolle. Entweder ertrank ich oder ich stand vor unserem Haus und sah hilflos mit an, wie meine eingesperrten Eltern in Flammen aufgingen. Mehr als einmal träumte ich von einem Wassergraben, der unser Haus umgab und mich von meinen Eltern trennte. Ob Ertrinken, Verbrennen, Gefangenwerden oder wie immer die Hölle aussah, durch die die Affen mich schickten, es dauerte nicht lange und ich konnte zwischen den Schrecken meiner Träume und der Sicherheit meines wirklichen Lebens nicht mehr unterscheiden. Damals in Allentown nahmen meine Panikattacken ihren Anfang und mit ihnen die Techniken, die ich anwandte, um diese irrationalen und nicht greifbaren Ängste abzumildern.

Meine Drogenabhängigkeit verankerte sich in mir, lange bevor ich meinen ersten »Zug« an irgendwelchen verbotenen Substanzen tat. Meine erste Droge war weder Alkohol noch Gras, Speed oder Kokain. Es waren Süßigkeiten. Mein Weg in den Drogenmissbrauch begann mit Essen.

4.6.1990

Sie nennen mich und Mary Ann, die andere Frau, die mit mir eingeliefert wurde, »Humpty« und »Dumpty«. Vermutlich sehen wir in unseren hautengen Knastuniformen wirklich aus wie zwei große blaue Badebälle. Als ich hier ankam und mich mit der ekelhaften neongelben Läuseseife wusch, betete ich zu Gott um eine Anstaltsuniform, die mir passt. Es schien mir ein passender Wunsch für ein Gebet zu sein, nachdem man mich gerade mit erschreckenden zweihundertfünfundfünfzig Pfund gewogen hatte.

Von den drei Anstaltsmonturen, die man mir ausgehändigt hat, passt lediglich eine. Die beiden anderen Hosen mögen gehen, wenn es sein muss, aber ich kann mich unmöglich in ein T-Shirt der Größe XL quetschen. Das XXL-Shirt passt nur mit knapper Not, die anderen gar nicht.

Mary Ann hat ein XXL-Shirt und zwei XXXL bekommen. Ich habe sie angefleht, mir das andere XXL zu überlassen, das ihr vermutlich ohnehin nicht passt, aber sie hat abgelehnt. Ich musste heimlich grinsen, als sie, kurz nachdem sie mich abblitzen ließ, merkte, dass ihr keine der Hosen passt, nicht ein einziges Paar. Sie musste die Kordel entfernen, um eine auch nur bis unter den Bauch zu ziehen. Gegen ihren dicken Arsch haben die Hosen wirklich keine Chance, ich gebe dem Stoff höchstens einen halben Tag. Sie ist definitiv noch fetter als ich.

Verdammt, wo kam das jetzt her? Es gefällt mir nicht, mich an der Erniedrigung anderer Leute zu freuen. Ich bin erst seit wenigen Wochen eingesperrt und schon entgleitet mir mein gesundendes Ich.

Schon als ich in der dritten Klasse war, machten sich meine Eltern Gedanken über mein Essverhalten. Ich mag mich nicht mehr an die Häuser erinnern, in denen wir gelebt haben, oder an die Schulen, die ich besuchte, aber an das Essen erinnere ich mich noch gut. Ich weiß noch, dass sich die Unruhe, die ich jetzt Tag und Nacht in mir spürte, legte, wenn ich Kartoffelbrei in mich hineinstopfte. Und wenn ich Süßigkeiten verschlang, legten sich die Monster hin und schliefen. Am besten funktionierte es mit Schokolade. Jedes Mal, wenn meine Familie mich zum Einkaufen mitnahm, bettelte ich so lange um Hershey-Schokolade, bis ich sie bekam.

Da ich wusste, dass mein Nahrungskonsum überwacht wurde, begann ich mir Essen zu erschleichen. Manchmal aß ich bei anderen Leuten ein komplettes Abendessen und ging dann nach Hause und behauptete, dass ich am Verhungern sei. Mir läuft immer noch das Wasser im Mund zusammen, wenn ich an die Käsemakkaroni denke, die uns die Mutter meiner Freundin Janice aufzutischen pflegte. Mit verschiedenen Käsesorten zubereitet, enthielt das Gericht genug Stärke, um die gleiche beruhigende Wirkung zu entfalten wie Kartoffelbrei. Manchmal mischte Janices Mutter noch Schinken und Erbsen unter die Makkaroni und den Käse, ein andermal servierte sie Fischstäbchen und Erbsen einfach als Beilage. Doch egal, wie sie es zubereitete, wenn Käsemakkaroni auf dem Speisezettel standen, schaffte ich es immer irgendwie an ihren Abendbrottisch.

Jahr für Jahr, Stadt für Stadt und Schule für Schule blieb das Essen die einzige Konstante in meinem Leben. Irgendwann holten mich die Folgen meines unersättlichen Appetits ein. Als ich in der fünften Klasse war, kaufte Mom für mich im Kaufhaus nur noch in der Abteilung »Mollig & Chic«. In der sechsten Klasse begannen die Kinder mich zu hänseln. Wir lebten damals in Smithtown, New York. Ein Junge in der Schule wandelte meinen Nachnamen von Pileggi in Pigface um. Bis zu unserem Umzug verfolgten er und die anderen Jungen mich täglich mit dem Schulhof-Singsang: »Hier kommt das Schweinegesicht! Pigface Pileggi!«

In Smithtown trat dann eine weitere Suchterscheinung zu Tage. Ich glaube, ich war etwa neun, als ich zunächst durch reinem Zufall feststellte, dass, wenn ich mich verletzte, etwas von dem Schmerz in meinem Inneren »heraussickerte«. Aus der heimlichen Mutprobe, sich eine Sicherheitsnadel durch die oberste Spitze des Daumens zu stoßen, wurde eine seltsam beruhigende Gewohnheit. Mit Nadeln, Kugelschreibern und angespitzten Bleistiften stach ich mir in Arme und Beine. Ich weiß noch, wie wütend meine Mutter wurde, als sie entdeckte, dass ich die Karos meines rot-blauen Karokleides von oben bis unten durchlöchert hatte. Mit ihrer Annahme, ich hätte ein völlig akzeptables Kleid absichtlich ruiniert, lag sie völlig daneben. Doch wie konnte sie wissen, dass ich es besänftigend fand, auf mich einzustechen und später im Bett zu liegen und mit den Fingerspitzen über den Schorf und die Wunden zu fahren. Mich selbst zu verletzten beruhigte, was immer mich an diesem Tag beunruhigt hatte. Wenn ich die Wunden berührte, konnte ich mich entspannen und einschlafen.

13.6.1990

Ich mag es, mein eigenes Blut zu sehen. Als man mir vor einigen Tagen für verschiedene Tests Blut abnahm, wurde ich vom Zusehen fast ekstatisch. Ich habe viele Mückenstiche und war heute regelrecht hypnotisiert, als ich von einem den Schorf herunterriss und aus der frischen Wunde, die ich aufgerissen hatte, das Blut herausdrückte. Durch das Kratzen an den Stichen habe ich auf meinen Armen und Beinen überall rote Wundstellen. Heute habe ich tatsächlich eine halbe Stunde lang dagesessen und mir vorgestellt, welche Bilder entstehen würden, wenn ich einen Stift nähme und die einzelnen Stellen miteinander verbinden würde, wie ein Kind mit einem neuen Heft zum Malen nach Punkten.

Gestern habe ich die Sicherheitsnadel genommen, die ich zusammen mit meinem monatlichen Vorrat an Binden bekommen habe, und sie seitlich durch meine Daumenspitze getrieben. Ich weiß nicht genau, warum. Vielleicht wollte ich einfach nur wissen, ob ich es noch kann. In diesem Moment kämpfe ich gegen den Drang an, mich mit diesem Stift zu stechen. Ich würde furchtbar gern sehen, wie die Tinte unter meiner Haut ausblutet. Ich habe keine Erklärung für manche Dinge, die ich tue. Ich weiß nur, wenn ich sie tue, lässt der Schmerz in mir ein wenig nach. Dann fühle ich mich wieder ruhig und in der Lage, mich zu entspannen.

Himmel, ich bin wirklich verrückt!

Als ich elf war, wurde Dad abermals kräftig befördert. Während meine Familie sich auf einen großen Umzug nach South Bend, Indiana, vorbereitete, durfte ich ganz allein nach Norwich fahren, um meine Verwandten zu besuchen. Diese Reise habe ich als eine der schönsten Wochen meiner Kindheit in Erinnerung.

Normalerweise musste ich bei unseren Besuchen in Norwich meine Großmutter mit dem Rest meiner Familie teilen. Dieses Mal durfte ich bei Nonna übernachten und hatte sie ganz für mich allein. Wir unterhielten uns, sahen fern, schaukelten zusammen auf der Veranda. Ich war ein normales, glückliches Kind, das Zeit mit seiner Großmutter verbrachte. Bei Nonna fühlte ich mich nicht einmal fett.

So glücklich ich in dieser Woche auch war, Nonna schien meine tiefe innere Traurigkeit, den Tumult, der in mir tobte, dennoch erkennen und verstehen zu können. Eines Abends, als sie mich auf ihrem Wohnzimmersofa zum Schlafen zudeckte, beugte sie sich über mich und küsste mich auf die Stirn. Mit ihrem breiten italienischen Akzent sagte sie:»Nancy Ann, du bist ein kluges, talentiertes und wunderschönes Mädchen. Gott hat dich gesegnet und sehr, sehr lieb.«

Das Licht ging aus, ich lag in der Dunkelheit und war völlig durcheinander. Gott hatte mich *lieb?* Waren meine Albträume und die anderen Kümmernisse denn nicht seine Antwort auf mein schlechtes Benehmen? Der Beweis, dass ihm *nichts* an mir lag? Das Letzte, was ich an diesem Abend hörte, war das Schlagen von Nonnas Wohnzimmeruhr, die mich in einen ruhigen Schlaf lullte.

Man könnte diese Reise nach Norwich auch als Ruhe vor dem Sturm bezeichnen, denn der Umzug nach South Bend entpuppte sich als Katastrophe. Da die Kinder in Indiana spät eingeschult werden, waren meine Klassenkameraden in der Junior Highschool ein oder zwei Jahre älter und von rauerem Schlag, als ich es gewohnt war. Ich weinte, manipulierte und schlug über die Stränge. Und ich aß. Man machte mich zum Thema einer Konferenz und beschloss, mich an die Holy-Family-Konfessionsschule zu überweisen, wo ich das zweite Halbjahr der sechsten Klasse wiederholen sollte.

Auch wenn ich über die Rückversetzung nicht glücklich war, mochte ich meine neue Schule von dem Moment an, als Schwester Callista mich der Klasse vorstellte. »Sie ist niedlich«, hörte ich ein Mädchen einem anderen zuflüstern. In dem halben Dutzend Schulen, das ich bis dahin besucht hatte, hatte noch nie jemand etwas auch nur annähernd Vergleichbares gesagt.

Trotz dieses Kompliments verbesserten sich an der Holy-Family-Schule weder meine schulischen Leistungen noch mein Verhalten, mein Verlangen nach Schokolade dagegen verlor jedes Maß und Ziel. Ich war bei einer Tagesration von sechs Erdnussbutter-Hütchen, als ich anfing, auf der Wiese zwischen der Schule und Kroger's Supermarkt nach weggeworfenen Limonadendosen zu suchen. Im Supermarkt begab ich mich von der Rückgabestelle direkt zum Süßwarenregal. Dort entdeckte ich schließlich auch die Sparpackungen, die meinen Einstieg ins Geschäftsleben markierten. Ich verkaufte Süßigkeiten in der Nachbarschaft und fügte das Kleingeld der Nachbarskinder meinem Vorrat an Flaschengeld hinzu. Meine gestiegene Kaufkraft investierte ich in Achterpackungen Reeses, Milky Ways und Twixriegel. Die anderen Kinder bekamen ihre Süßigkeiten ein paar Cent billiger und für mich sprangen ein paar Extrariegel heraus. Eine Situation, von der jeder profitierte, wie ich fand.

Heute staune ich über die Parallelen zwischen meinem Verhalten in der Kindheit und meinen späteren Methoden bei der Drogenbeschaffung. Aber Sucht ist Sucht und

ein Süchtiger finanziert immer irgendwie den nächsten
»Schuss«. Im Laufe der Jahre wurden aus Schokolade und
Erdnussbutter-Hütchen Alkohol, Kokain und Methadon.
Lediglich das Gift veränderte sich, nicht jedoch der *modus
operandi.*
South Bend war auch der Ort, an dem meine Angst vor
Zahnärzten zu Tage trat. Vor jenem Umzug hatte mein
Onkel Bruno, der in Norwich Zahnarzt war, sich um meine
Zähne gekümmert. Da unsere Besuche dort immer seltener
wurden, war dies nicht länger praktikabel. Doch auf dem
Stuhl eines fremden Zahnarztes zu sitzen, erfüllte mich mit
unerklärlichem Grauen. Obwohl ich von nichts und nie-
mandem berührt wurde, hatte ich das Gefühl, gegen meinen Willen festgehalten zu werden und konnte die Unter-
suchungen nur überstehen, indem ich auf meinen alten
Trick zurückgriff und in tranceähnlichem Zustand an die
Decke starrte. Später dann fehlte mir jede Erinnerung an
das Bohren oder Füllen.

15.6.1990

*Also heute hatte ich den schlimmsten Angstzustand aller Zeiten.
Diese Panikattacken machen mich einfach fertig. Es ist schlimm
genug, sie draußen zu haben, aber hier drinnen sind sie einfach
unerträglich. Ich will Drogen. Ganz im Ernst. Ich brauche etwas,
das mir hilft, mich nicht ständig gefangen und eingesperrt zu fühlen, selbst wenn es gar keine Situation des Eingesperrtseins ist.*

*Heute Morgen holte man mich von meiner Arbeit in der Gefäng-
nisschule weg, um zum Zahnarzt zu gehen. Mir rutschte augenblicklich das Herz in die Hose. Wegen meiner Zahnarztphobie bin
ich seit Jahren nicht mehr beim Zahnarzt gewesen. Also habe ich*

dem Zahnarzt, als die Angst ganz schlimm wurde, gesagt, dass ich mich unmöglich auf seinen Stuhl setzen kann. Er war sehr nett. Viele Frauen hätten Angst vor Zahnbehandlungen, meinte er und versicherte mir, dass er lediglich meine Zähne untersuchen und reinigen wolle. Er verstand mich nicht. Was ich meinte, war, dass es keine Rolle spielte, was er mit meinen Zähnen tun oder lassen würde, ich konnte mich einfach nicht überwinden, meinen Hintern auf seinen Stuhl zu platzieren. Als er dennoch darauf bestand, schien mir Weglaufen die einzig vernünftige Alternative zu sein. Der Wärter, der mich aufhielt, stellte mich vor die Wahl: Entweder ich unterzog mich der Untersuchung freiwillig oder man würde mich dafür fesseln. Jesus Maria, dachte ich, wann hört das jemals auf?

Nach drei missglückten Versuchen, sitzen zu bleiben, verlor der Zahnarzt langsam die Geduld. Der Wärter zog seine Handschellen aus dem Gürtel, und ich fing an zu weinen. Warum bin ich nur so verrückt? Warum jagen mir solche ganz normalen Dinge nur solche schreckliche Angst ein?

Beim vierten Versuch schaffte ich es endlich, sitzen zu bleiben, indem ich mich auf einen Fleck an der Decke konzentrierte. Und genau in dem Moment, als meine Angst sich zu legen begann, hatte ich eine merkwürdige Halluzination oder ein außerkörperliches Erlebnis. Eigentlich habe ich keine Ahnung, was es war. Ich war hellwach und spürte plötzlich, wie ich zur Decke aufstieg und von dort auf zwei kleine Mädchen und einen Mann hinuntersah. Beide Mädchen waren bis auf die Unterwäsche ausgezogen, der Mann war nackt. Eines der Mädchen – dasjenige, das dort saß, wo ich gesessen hatte – versuchte, sich loszureißen. Ihre Hände waren an den Stuhl gebunden. Sie trug Baumwollunterhosen – blau geblümte mit kleinen Noppen im Stoff, wie ich sie vor vielen Jahren getragen hatte. Der Mann streichelte das andere kleine Mädchen. Wildes Entsetzen packte mich. Ich versuchte den Mann zu erkennen, doch ich sah die drei Gesichter nur verschwommen.

*»Fast fertig«, sagte der Zahnarzt und seine Stimme holte mich
zurück. Was um alles in der Welt ist los mit mir? Ich habe schon
davon gehört, dass Leuten bestimmte Dinge wieder einfallen – Dinge, von denen sie gar nicht wussten, dass sie passiert sind –, und
jetzt habe ich Angst vor dem, was ich herausfinden könnte. In mir
ist alles in Aufruhr. Ich versuche immer wieder, Hilfe zu bekommen,
eine Beratung oder so etwas, aber bisher heißt es nur ständig, dass
die Warteliste lang ist. Ich halte es hier nicht mehr aus. Lieber Gott,
bitte hilf mir einfach durch diesen Tag. Ich will nach Hause. Ich will
aus diesem Albtraum aufwachen!*

Den ersten Versuch, meinen inneren Tumult mit Drogen
zu besänftigen, unternahm ich in der achten Klasse. Mom
war damals wegen verschiedener Beschwerden in ärzt-
licher Behandlung und in ihrem Arzneimittelfach befanden sich mehrere verschreibungspflichtige Pillenfläsch-
chen. Ich wusste, dass eines von ihnen Tranquilizer
enthielt, Tabletten, die einen beruhigen. Mein Problem
war, dass auf keinem der Fläschchen »Tranquilizer« stand.
Die Lösung war, sie alle der Reihe nach auszuprobieren, bis
ich die Tablette fand, die mich beruhigte. Zum Glück
konnte ich Tabletten noch nicht schlucken und musste sie
stattdessen kauen. Also kaute ich auf einer von Moms
Eisentabletten herum, wie ich heute vermute, verzog das
Gesicht, spuckte aus und blies meine Mission auf der Stelle ab.

Im Laufe der Jahre entwickelte ich neue Möglichkeiten,
um die namenlose Angst, die in mir lebte, zu besänftigen.
Überraschenderweise war ich in Bezug auf Alkohol eine
»Spätstarterin«. Mein erstes Bier trank ich am Abend meines Highschool-Abschlusses. Die Wirkung gefiel mir und
ich trank noch eines und noch eines und noch eines. Als
ich im Herbst aufs College ging, war ich mit alkoholbe-

dingten Filmrissen bestens vertraut. In den nächsten siebzehn Jahren war das »drauf sein« der wichtigste Bestandteil meines Lebens.

19.6.1990

Heute früh musste ich daran denken, wie Nonna mir erschienen ist. Es war am 19. September vor einem Jahr, an Bobbys und meinem zweiten Hochzeitstag. Ich versuchte damals seit zwei Monaten, »clean« zu bleiben, war mir aber nicht im Klaren darüber, dass das verschriebene Antidepressivum, das ich nahm, zusammen mit dem Valium und den Schlaftabletten meine Sucht genauso effektiv weiter bedienten, wie das Kokain es getan hatte. Alkohol funktionierte auch nicht, obwohl ich angefangen hatte, täglich zu trinken, was ich vorher nie getan hatte. An diesem Morgen wachte ich auf und wusste, dass ich mir etwas besorgen musste – meine Entscheidung, nicht zu koksen, war wie weggeblasen.

Nichts an diesem Tag fühlte sich schön oder richtig an. Ohne unseren Ehrentag zu erwähnen, begann Bobby mir Befehle entgegenzubrüllen. Mike und Mark kamen früher an diesem Tag, um eine Show am Abend vorzubereiten. Wie immer gaben sie mir durch Blicke zu verstehen, dass es ihnen Leid tat, wie Bobby mich behandelte. Während ich die Tränen abwischte, gestand ich ihnen, dass es unser Hochzeitstag sei.

Einer der beiden muss etwas zu Bobby gesagt haben, denn er erwähnte unseren Hochzeitstag schließlich doch noch. Wütend und mit vor Aufregung geblähten Nüstern warf er mir Worte an den Kopf, die mich härter trafen als geballte Fäuste. »Ich habe nicht vergessen, welcher Tag heute ist«, sagte er. »Ich habe absichtlich nichts gesagt. Aber wenn du unbedingt darauf bestehst, bitte. Du bist eine fette, faule Schlampe und es tut mir Leid, dir jemals begegnet zu sein. Dich zu heiraten war mein größter Fehler überhaupt.«

Es wurde immer schlimmer. Ich rechnete mit einer Glückwunschkarte meiner Eltern und mit dem üblichen Scheck über einhundert Dollar. Ich muss nach Hause und die Post durchsehen, dachte ich. Dann löse ich den Scheck ein, beschaffe mir Stoff und gehe zurück an die Arbeit. Ich muss mit Missy reden und eine Möglichkeit finden, mir mit jemandem eine Portion Koks zu teilen.

Unter dem Vorwand, eine Tasche vergessen zu haben, kam ich kurz nach Mittag nach Hause. Im Briefkasten lag der erwartete Brief mit der Handschrift meines Vaters auf der Vorderseite. Aber warum war er ausschließlich an mich adressiert? Und warum befand sich ein Zettel darin an Stelle einer Karte?

Dad kam gleich zur Sache. Er und Mom hätten meinen Hochzeitstag nicht vergessen, aber sie könnten meine Ehe und meine Lebensweise nicht länger respektieren. Eine vor acht Monaten kassierte Tracht Prügel hatte gereicht, um meine Eltern ganz und gar gegen die Verhältnisse in meiner Ehe einzunehmen. Es war das übliche Szenario gewesen: Ich hatte um Hilfe gerufen, sie waren gekommen und hatten mich nach Hause geholt. Doch schon nach zwei Tagen ohne Bobby war ich entschlossen, zu ihm zurückzukehren. Trotz der Art und Weise, wie er mich behandelte, liebte ich meinen Mann und glaubte, dass sich die Dinge bessern würden. Ich musste an das Haus denken, an die Hunde und das Geschäft. Nach einem Leben voller Umzüge konnte ich nicht einfach wieder von vorn anfangen, also hatte ich die Einwände meiner Eltern in den Wind geschlagen und war zurückgekehrt. Seit dieser Zeit war das

Verhältnis zwischen meiner Familie und mir gespannt. Trotzdem war der Hundert-Dollar-Scheck dabei, zahlbar an mich. Ich war mir nicht sicher, warum sie ihn geschickt hatten.

Ich schaffte es an diesem Tag nicht mehr, mir Koks zu beschaffen – irgendwie brachte ich es nicht über mich, mit dem Geld meiner Eltern meinen Stoff zu finanzieren. Stattdessen ging ich zurück in den Klub und fing an zu trinken, um mich wenigstens ein bisschen zu betäuben. Mit jedem Schluck schienen meine Möglichkeiten zu schwinden. Ich konnte weder zu meinen Eltern zurück noch bei Bobby bleiben. Weder konnte ich ohne Drogen auskommen, noch länger mit ihnen leben. Irgendwann zwischen Nachmittag und Mitternacht beschloss ich, mich umzubringen.

Ich fuhr mit dem Taxi nach Hause, saß vor Trunkenheit benommen im Dunkeln und plante meinen Selbstmord. Ich würde in die volle Badewanne steigen und einige elektrische Geräte ins Wasser ziehen. Ein Bügeleisen und ein Radio würden vermutlich ausreichen, vielleicht noch ein Fön. Mein Hund Roadie sah mir beim Weinen zu, dann sprang er zu mir aufs Sofa, kuschelte sich an mich und schleckte die Tränen ab, die mir über Gesicht und Hals liefen. Dies war, das wusste ich genau, der Tiefpunkt meines Lebens.

In genau diesem Moment erschien mir Nonna. Obwohl sie seit zwanzig Jahren tot war, kam sie ins Zimmer und setzte sich neben mich. Das dunkle Zimmer füllte sich mit Licht. Sie nahm meine Hand. Mit ihrem vertrauten italienischen Akzent begann sie zu sprechen.»Nancy Ann, du bist ein wertvoller Mensch. Gott liebt dich und möchte für dich ein Wunder vollbringen. Sage ihm einfach, dass du an ihn glaubst und bitte ihn, es zu tun.«

Mein Großvater war bei ihr. Er war kurz nach meiner Geburt gestorben und ich kann mich nicht erinnern, jemals ein Bild von ihm gesehen zu haben. Trotzdem wusste ich, dass er es war, der neben Nonna stand. Ihre Anwesenheit tat mir wohl, nahm die Last von meinem Körper und meiner Seele und erfüllte mich mit tiefer Ruhe. Hatte ich gerade einen Herzinfarkt? Einen Schlaganfall? »Gott segne dich, Nancy Ann«, sagte Nonna, und das Zimmer sank zurück in die Dunkelheit.

Ich fiel auf die Knie und bat Gott, mir zu helfen. »Ich bin deine Liebe nicht wert«, sagte ich. »Aber ich brauche deine Zuwendung. Bitte hilf mir, aus meinem Leid herauszufinden.« Als ich mit dem Beten fertig war, stand ich auf, ging zu Bett und fiel in einen tiefen, ungestörten Schlaf. Am nächsten Tag begann meine Zeit der Enthaltsamkeit.

27.6.1990

Die Wut in mir wird durch die kleinsten Kleinigkeiten angefacht. Ich weiß nicht, was ich tun soll, um nicht gänzlich davon beherrscht zu werden. Anfang dieser Woche ging mir das gelbe Schreibpapier aus, das inzwischen wie ein Freund für mich ist, dem ich täglich schreibe. Als ich in den Laden ging, um mir einen neuen Block zu kaufen, hieß es, sie hätten noch keinen Nachschub bekommen. Ich lieh mir ein paar Blätter von meiner Zellengenossin gegenüber. Aber jetzt will sie mir nichts mehr geben, weil ihr Papier ebenfalls knapp wird.

Ich fühle mich heute Abend verrückter denn je, weil ich eine geschlagene Stunde gebraucht habe, um ein blödes Blatt Papier aufzutreiben. Ich musste unbedingt auf den Brief von Cheryl antworten, also habe ich mir schließlich welches unter den Nagel gerissen. Ich kann selber nicht glauben, dass ich Papier geklaut habe, um an die Frau des Pfarrers zu schreiben.

Für einen Moment habe ich geglaubt, ich schaffe es, bevor sie mir meine Chance auf Gesundung vor der Nase weggeschnappt haben. Jetzt ist alles aus. Ich weiß kaum noch, wie es sich anfühlt, gesund zu sein. Ich bin nicht besser als all die anderen hier und jetzt bin ich sogar wieder eine Diebin. Warum muss das passieren? Warum bin ich hier?

In dem Brief, den ich an diesem Tag erhalten hatte, schrieb Cheryl Linkletter über Gottes Liebe zu mir. Gott höre immer zu, ließ sie mich wissen; ich solle mit ihm sprechen, wie ich mit ihr oder anderen Menschen sprach. Sie habe das sichere Gefühl, dass er mich zu seinem Werkzeug machen wolle, wenn ich ihn ließe. Ich müsse ihm einfach nur sagen, wie sehr ich alle meine Taten bereue. Wenn es wirklich von Herzen käme, würde er mir vergeben und mir helfen, seinen Plan zu verstehen.

Danach sah es ganz und gar nicht aus! Tatsache war, dass ich mich langsam damit abzufinden begann, dass ich nicht mit einer »Strafaussetzung nach einem Abschreckungsaufenthalt« rechnen konnte. Nicht gewalttätige Ersttäter erhalten mitunter eine zweite Chance, wenn sie bei Gericht Strafaussetzung beantragen mit der Begründung, der kurzzeitige Gefängnisaufenthalt habe sie so sehr erschüttert, dass sie in Zukunft rechtmäßig leben wollen. Stimmt der Richter ihrem Antrag zu, kann die restliche Strafe unter strengen Auflagen und mit einer langen Bewährungsfrist außerhalb des Gefängnisses verbüßt werden. Mein Antrag war dem Richter vorgelegt worden. Dieser hatte ihn geprüft, aber nicht reagiert. Seitdem war zu viel Zeit vergangen, und ich konnte jetzt nur noch darauf hoffen, in einem Resozialisierungszentrum einer Arbeit nachgehen zu dürfen.

27.6.1990

Cheryl irrt sich. Gott hört mir nicht zu. Er hat mir noch nie zugehört, genauso wenig wie irgendjemand sonst. Ich habe es versucht. Ich habe es verdammt oft versucht, aber jetzt bin ich es Leid. Ich bin eben nur eine dämliche Verliererin und mein Leben wird nie mehr besser werden.

Ich hasse mich, ich hasse meinen Mann und im Augenblick hasse ich auch Gott. Ich muss dem Teufel gehören. Wahrscheinlich verhindert er, dass meine Gebete ankommen. Ich bin eine blöde Scheiß-Verliererin, die wahrscheinlich besessen ist. Nach diesem Leben kommt die Hölle, oder vielleicht bin ich auch schon drin.

Lieber Gott, wenn es dich gibt, dann hör mir bitte zu. Hilf mir, dass es leichter wird. Ich weiß schon gar nicht mehr, wie sich Hoffnung überhaupt anfühlt.

Am 28. Juni 1990, dem Tag nach dem letzten Tagebucheintrag, wachte ich auf und dachte an meine Großeltern. Die Wut, die ich am Vorabend empfunden hatte, war abgeflaut und hatte einer Trauer Platz gemacht, die an Schwermut grenzte. Ich sah keine Zukunft jenseits meines Lebens im Gefängnis.

Die Frau, deren Prüfungsarbeit ich an diesem Morgen beaufsichtigen sollte, hatte sich verspätet. Während ich auf sie wartete, wanderten meine Gedanken zurück zu Cheryls Brief und, wieder einmal, zu Nonnas Erscheinung in jener Nacht, in der ich mir das Leben hatte nehmen wollen. Ein Hoffnungsfunke begann in mir zu glimmen, und in meinem Kopf überschlugen sich die Fragen.

Wenn der Gefängnisaufenthalt mich nun vor weiteren Schlägen oder einem Rückfall in die Abhängigkeit bewahrte? Wenn ich nun hierher geschickt worden war, um eine wichtige Lektion zu lernen? Warum sollte ich nicht einige Weiterbildungskurse besuchen, solange ich hier war? Bisher hatte ich meinen gescheiterten Schulabschluss immer damit begründet, die Schule »geschmissen« zu haben; in Wirklichkeit kam »durchgefallen« der Sache sehr viel näher. Jetzt war ich vielleicht in der Lage, diesen Fehler wieder gutzumachen.

Plötzlich wurde mir klar, was passierte. Zum ersten Mal seit meiner Verhaftung im vergangenen Herbst begann ich meine Inhaftierung anzunehmen, statt sie zu bekämpfen. Indem ich nach vielen Umwegen den Glauben daran gewonnen hatte, dass eine höhere Macht mich wieder zu Verstand bringen könnte, hatte ich soeben den zweiten Schritt zu meiner Gesundung vollendet und näherte mich dem dritten. Ich war im Begriff, meinen Willen und mein Leben in die Obhut Gottes zu übergeben.

Ich entschuldigte mich, ging zur Toilette, verriegelte die Tür hinter mir und fiel auf die Knie. Wie ironisch war es doch, dass ich in vielen anderen Nächten betrunken oder »stoned« auf öffentlichen Klosetts oder in schmuddeligen Wohnungen vor der Toilette gekniet hatte. »Die Verneigung vor dem großen weißen Porzellangott« hatte ich es genannt. Dankbarkeit überkam mich. Ich musste so nicht mehr weiterleben, selbst wenn ich dafür in einem Gefängnis sitzen musste.

28.6.1990

Als ich heute Morgen aufgewacht bin, hätte ich nie gedacht, dass dies der unglaublichste Tag meines Lebens werden würde – der Tag, an dem ich endlich den dritten Schritt tun würde.

Ich war bei der Arbeit in der Technischen Schule, als ich mich Knall auf Fall entschloss, mein Leben zu akzeptieren. Ich ging auf die Toilette, kniete nieder und sprach zu Gott. Ich bat ihn, mich in seine Hände zu nehmen und zu tragen, bis die Zeit reif war und ich wieder auf eigenen Füßen stehen konnte. Ich ließ ihn wissen, dass ich akzeptiere, dass es für alles, was geschehen war, gute Gründe gibt, die ich noch nicht verstehen kann.

Als ich mit dem Beten fertig war, stand ich auf und ging zurück ins Klassenzimmer. Ehe ich mich hinsetzen konnte, sagte mir Mrs. Nicely, ich solle ins Büro der Gefängnisdirektorin kommen und meine Sachen mitnehmen. Erregung packte mich. War der Platz im Resozialisierungszentrum endlich frei geworden?

Während ich über den Gefängnishof trottete, setzte ich die Kopfhörer meines Walkmans auf. Ich hörte ein Lied, das ich nicht kannte, und etwas in der Stimme des Sängers ließ mich aufhorchen. Als mir klar wurde, dass das Stück von Großeltern handelte, die ihre Lieben beschützen, fiel ich fast über meine eigenen Füße. Es war »Guardian Angel« von den Judds, was ich gehört hatte.

Ich habe den vermeintlichen »Zeichen«, die Gott uns schickt, wie andere Leute behaupten, nie großen Glauben geschenkt, aber heute weiß ich tief in meinem Herzen, dass Gott mir die unleugbare Botschaft geschickt hatte, dass meine Gebete erhört wurden und mein Leben im Begriff war, sich auf wunderbare Weise zu wandeln. Was als Nächstes passierte, widerspricht jeder Logik.

Als ich zum Verwaltungstrakt kam, erwartete mich draußen die Direktorin. Mein Richter hatte eine verspätete Anweisung zur »Strafaussetzung nach einem Abschreckungsaufenthalt« geschickt, erzählte sie mir und begann zu lächeln. »Was hältst du davon, heute nach Hause zu gehen, Nancy?«, fragte die Direktorin.

Und hier sitze ich nun und schreibe diese Zeilen in meinem eigenen Wohnzimmer, umgeben von meinen Hunden und ihren neugeborenen Welpen. Hubble hat vor Aufregung auf den Boden gepinkelt, als er mich sah, und Roadie hat ihre Welpen kaum noch angesehen und weicht nicht von meiner Seite. Nur Bobby ist Gott-weiß-wo und arbeitet. Wahrscheinlich ist ihm meine Entlassung aus dem Gefängnis nicht wichtig genug, um nach Hause zu kommen. Und aus irgendeinem Grund ist mir das egal.

Vor mir liegen viele Probleme, aber zumindest kann ich mich jetzt wieder meiner Genesung widmen. Ich werde dort weitermachen, wo ich aufgehört habe, zu den Treffen gehen und mich Schritt für Schritt voranarbeiten. Irgendetwas ist die Wurzel meiner Traurigkeit und Ängste, und ich weiß genau, dass es etwas Großes ist. Vielleicht ist die Zeit einfach noch nicht reif, zu erfahren, was es ist. Ich erwarte nicht, dass mein Leben wie durch Zauberei besser oder über Nacht einfacher wird, aber heute glaube ich, dass ich mit Gottes Hilfe alles schaffen kann.

Die Annahme, dass mein Leben nicht »durch Zauberei besser« werden würde, erwies sich als zutreffende Einschätzung. Die Kämpfe zwischen Bobby und mir fingen wieder an. Und obwohl mein Verlangen nach Drogen nachgelassen hatte, nahm das Essen wieder einmal die Rolle meines besten Freundes ein. Als ich meinen vierten Genesungsjahrestag feierte, hatte mein Gewicht einen neuen Höchststand von zweihundertfünfundsiebzig Pfund erreicht.

Die Panikattacken, ausgelöst durch meine Angst vor dem Eingesperrtsein, blieben das größte Hindernis für meinen Gesundungsprozess. Auto fahren konnte ich nur, wenn ich selbst am Steuer saß, und nur mit offenem Fenster. Selbst im tiefsten Winter waren Schnee und eiskalter Wind meine Beifahrer. Einen Aufzug zu betreten stand völlig außer Frage, ebenso der Besuch eines Zahnarztes oder irgendeines anderen Spezialisten, bei dem ich mich allein in einem Zimmer aufhalten und einer Untersuchung unterziehen musste.

Mein Mann fand schließlich heraus, dass es mir mehr Angst einjagte, wenn ich festgehalten wurde, als gestoßen, geschlagen oder angeschrieen zu werden. Mich gegen meinen Willen auf den Boden zu drücken wurde sein neues Machtinstrument. Nein, mein Leben besserte sich mit Sicherheit nicht über Nacht.

Im Sommer 1993 fuhren Bobby und ich zu einem Familientreffen nach Norwich. Es war eine Freude, meine Tanten, Onkel, Cousins und Cousinen wiederzutreffen, die ich seit Jahren nicht mehr gesehen hatte, doch die Rückreise nach Louisville wurde zu einem Höllentrip. Wir hatten eben das Flugzeug für die letzte Etappe unserer Heimreise bestiegen, als mich plötzlich die Angst packte. Ich rannte zurück durch den Gang und raus aus dem Flugzeug. Etwa fünf Minuten lang überwältigte mich eine derart entsetzliche Panik, dass ich glaubte, sterben zu müssen. Während zwei Stewardessen über mir kauerten und mir klar zu machen versuchten, dass der Pilot startbereit war, betete ich so inbrünstig wie in jener Nacht, ehe ich die Drogen aufgab, und an dem Tag meiner Entlassung aus dem Gefängnis. Dieses Mal bat ich um nichts Spezielles, sondern darum, dass Gott mir geben möge, was ich brauchte, und dass er es auf eine Weise tat, die mir verstehen half, was diese Bedürfnisse waren. Ich stand auf, ging wieder ins Flugzeug und flog nach Hause.

Bis zum folgenden Sommer hatte ich einhundert Pfund abgenommen und der Tatsache ins Auge gesehen, dass meine Ehe mir den Verstand rauben würde, wenn sich nichts änderte. Ich beantragte die Aufnahme ins College und die finanzielle Förderung meiner Ausbildung und sah mich bald mit einer neuen Angst konfrontiert: Bobby von dem Studienstipendium erzählen zu müssen, dass man mir für einen selbst verfassten Text gewährt hatte. Unabhängig von seiner Reaktion hatte ich beschlossen, von meiner Position als seinem obersten Handlanger zurückzutreten und wieder das College zu besuchen. Diese Entscheidung war unumstößlich.

»Du bringst doch nichts zu Ende, was du anfängst«, warf Bobby mir vor. »Sieh es endlich ein. Du warst schon immer eine Versagerin und du wirst auch dieses Mal versagen.« Doch als ich das dritte Semester beendete, hatte ich in allen Arbeiten nur Einsen bekommen, selbst in Mathematik. Statt mich von den kränkenden Unkenrufen meines Mannes aufhalten zu lassen, wurden sie mein größter Antriebsfaktor. Die Panikattacken florierten weiter, aber das tat ich auch.

Daher wurde mir, als der Dozent meines Einführungsseminars in die Filmwissenschaft verkündete, wir würden an diesem Tag den MGM-Filmklassiker *Der Zauberer von Oz* sehen und besprechen, zwar die Kehle eng und der Druck auf der Brust nahm mir die Luft zum Atmen, doch ich blieb sitzen. *Bitte, lieber Gott, lass es nicht die Affen sein*, ertappte ich mich bei einem Stoßgebet. *Hilf mir zu verstehen, was mit mir passiert und warum ich solche Angst habe ...*

Und mit einem Mal, völlig unerwartet, erhörte Gott mein Flehen. Die verschlossene Tür zu jener uralten Kammer tief in meiner Brust sprang auf, die Dämonen kamen aus dem Schatten, und ich verstand endlich. Während ich zusah, wie die Affen Dorothy ins Schloss der Hexe entführten, begann ich mich zu erinnern.

Damals in Allentown – der Mann, der unser Nachbar gewesen war ... *er* war es, auf den ich damals im Gefängnis herabgesehen hatte, während ich über dem Behandlungsstuhl des Zahnarztes schwebte. *Er* war der heimliche Angreifer, der Kerkermeister, der Menschenfresser. Und die kleinen Mädchen, deren Unschuld er gefressen hatte, waren meine Freundin Holly und ich. Einen verwirrenden Moment lang war ich wieder sechs Jahre alt:

Daddy, hilf mir! Die Affen sind wieder da!

Der Mann, der neben Holly wohnt, hat uns Schokolade geschenkt und gesagt, dass wir das Geheimnis niemandem verraten dürfen. Wenn wir es jemandem sagen, dann zündet die Hexenfrau unser Haus an und schickt die fliegenden Affen, um dich und Mommy zu holen. Ich hab es nicht verraten, Daddy! Warum kommen die Affen trotzdem? Der Mann sagt, wir sind schön. Er sagt, er liebt uns und wird uns vor der Hexe und den Affen beschützen, solange wir niemandem das Geheimnis verraten.

Mach, dass sie weggehen, Daddy – die Affen und das Feuer und die Menschenfresser. Bitte, Daddy. Hilf mir, dass sie für immer weggehen.

Postskript: Februar 2002

Das Einzige, was die Gemeinschaft der zwölf Schritte verspricht, ist, dass ich auch weiterhin frei von meiner aktiven Sucht sein werde, wenn ich die Grundprinzipien der Genesung in meinem Leben anwende. Alles, was jenseits dieser Freiheit liegt, muss ich mir erarbeiten. Ich habe in den letzten dreizehn Jahren hart dafür gearbeitet, mir ein besseres Leben aufzubauen, und ich wurde für diese Mühen reich belohnt.

Bald nachdem ich die verlorenen Puzzlestücke meiner Vergangenheit wiedergefunden hatte, verließ ich meine Ehe und mein Zuhause – jenes Heim, das zu verlassen ich nicht gewagt hatte. Wenige Jahre später verwandelte sich eine alte, platonische Freundschaft plötzlich in Liebe. John und ich leben auf einem bewaldeten Hügel mit der Familie, die wir um uns versammelt haben: unseren drei Hundekindern Boney, Buster und Buddy; unserem Pferd Slowpoke und einem Teich voller Goldfische und Koi-Karpfen. Mein Exmann und ich haben unsere gemeinsame Vergangenheit friedlich begraben und die Beziehung zu meinen Eltern hat sich erholt und gedeiht.

Eine Süchtige, die den Grundsätzen ihrer Genesung treu bleiben möchte, muss die Scham und Reue über ihre Vergangenheit überwinden und ihre Erfahrungen so weit wie möglich mit anderen teilen. Ich versuche eine Botschaft der Hoffnung weiterzugeben, weil ich aus eigener Erfahrung weiß, dass die Hoffnung ein Wunder ist, das anstecken kann.

Kürzlich habe ich mir das Video vom *Zauberer von Oz* ausgeliehen und angesehen. Ich hatte die Übung als Konfrontation mit meinen alten Ängsten gedacht, aber ich sollte eine Überraschung erleben. Die Gestalten, vor denen ich mich einst zu Tode gefürchtet hatte, erschienen mir jetzt zweitrangig, sogar unwichtig. Was ich stattdessen verfolgte, war die Geschichte eines verirrten kleinen Mädchens, das auf der Suche nach Mut, Weisheit und Liebe ein fremdes, unheimliches Land durchquert – einem Mädchen, das, geführt vom Kompass ihrer inneren Stärke, schließlich den Weg nach Hause findet.

Die Therapie der zwölf Schritte ist für Nancy Birklas Leben weiterhin von größter Bedeutung; sie nimmt gewissenhaft an den Treffen teil und gehört einer Gruppe an, die auf die nächsten Schritte vorbereitet. Im Frühling 2001 beendete Nancy Birkla das College mit einem Associate of Science-Abschluss in Sozialwissenschaften und einem ausgezeichneten Ergebnis. Anschließend arbeitete sie als

Koordinatorin für eine Organisation in Indiana, die entwicklungsgestörte Erwachsene in Fragen der Haushaltsführung berät und ihnen Wohn- und Arbeitsmöglichkeiten eröffnet. Zur Zeit ist sie als Englischtutorin für behinderte Schüler tätig und gibt Fremdsprachenunterricht für ausländische Studierende.

Über sich selbst sagt Birkla: »Eines Tages stellte ich fest, dass in mir ein sterbendes kleines Mädchen lebte. Also warf ich ihr in Form von Papier und Bleistift eine Rettungsleine zu. Durch Liebe, gegenseitigen Respekt und Gottes Hilfe können wir uns heute ›Freunde‹ nennen. Und das macht die Welt einfach um vieles schöner.«

Weihnachten im Gefängnis

Robin Cullen

Geboren: 1962

Straftat: Fahrlässige Tötung

Strafmaß: 8 Jahre

Beginn der Strafe: 1997

Status: Entlassen

1. Januar 2000

Papst Johannes Paul hat das Jahr 2000 zum Jubeljahr erklärt, daher feiern wir diesen ersten Tag des neuen Jahrtausends in unserer Behelfskirche, der weit geöffneten Eingangshalle des Betriebsgebäudes Nr. 9. Wir, das sind die Insassinnen des »Westseite« genannten Hochsicherheitsbereiches der York Correctional Institution, versammeln uns jede Woche in einem Korridor aus weißen Stahlträgern, nackten Hochofenmauern, einem kriegsschiffgrauen Zementboden und splitterfesten Fenstern mit Blick auf die Verladerampen. Auf stapelbaren Plastikstühlen in beige und mintgrün nehmen knapp einhundert Frauen an diesem Samstagmorgen-Gottesdienst teil. Das Jubeljahr ist da.

Während er sich darauf vorbereitet, die Messe zu lesen, informiert uns Pater Riordan über den neuesten Stand des Kampfes zwischen seinem Bauch und seinem Kühlschrank. Angetan mit einem weißen Talar, schwarzem Hemd und Hosen und einem Priesterkragen nickt er dem guten Dutzend Frauen des »No Rehearsal«-Chors zu und hängt sich die Gitarre um. Er wird die Frauen heute beim Singen des Eingangsliedes begleiten.

Auch Diakon Dugan macht sich bereit und rückt die geflochtene Kordel um die Taille seines weißen Talars zurecht. Er steht hinter unserem provisorischen Altar, einem rustikalen Tisch, der jede Woche mit Hilfe eines weißen, mit Wachsflecken bedeckten Altartuchs – die Spende eines fremden Wohltäters – umdefiniert wird. Er nickt mir zu; mein Zeichen, mit den Eingangserklärungen zu beginnen.

Ich stehe auf dem Podium, richte das Mikrofon aus und blicke auf die Kongregation vor mir. Die Frauen sind das einzig Bunte in dieser ansonsten grauen Versammlung – ein Regenbogen aus Hautfarben, die schokoladen-, honig-, vanille- und himbeerfarbenen Haare mit roten Häkelbändern zusammengehalten, die wie Kirschen auf diesen Eissalon-Frisuren thronen. Das Tragen von Haarschmuck hatte man vor einiger Zeit verboten, inzwischen ist es jedoch wieder erlaubt. Das Gefängnis hat's gegeben, das Gefängnis hat's genommen, das Gefängnis hat's wieder gegeben.

Ich begrüße die Versammelten und verlese die Erklärungen, die ich seit nunmehr zwei Jahren jede Woche vortrage.»Nur Katholiken, die die Erstkommunion empfangen haben und sich im Stand der Gnade befinden, dürfen die heilige Kommunion empfangen. Alle anderen mögen mit vor der Brust gekreuzten Armen vortreten und den Segen des Herrn empfangen.«

Eine Frau in der vierten Reihe sieht erst nach rechts, dann nach links und schließlich über ihre Schulter. Dann zieht sie unter ihrem weiten grauen Sweatshirt eine Papiertüte hervor und reicht sie der Frau neben ihr. Die Empfängerin schiebt sich das Päckchen in den Hosenbund und legt ihr Hemd darüber. Was sich in der Tüte befindet? Verpflegung. Ein paar Tüten Instant-Suppe vielleicht. Ein Päckchen getrockneter Reis mit Bohnen, einige *Beef Jerkys*, *FireBall*-Bonbons und *Jolly Rancher*-Fruchtstangen. Ein Stück Kakaobutter für die Haut, ein Dose Haarfett, eine Stück *Irish Spring*-Seife. Wenn sich die Sitznachbarinnen schon draußen gekannt oder bereits einmal zusammen in der York C. I. eingesessen haben oder wenn der Empfängerin des Pakets die Anfangszeit versüßt werden soll, befindet sich wahrscheinlich auch noch ein Butterfinger-Krokantriegel oder ein *Baby Ruth*-Nougatriegel darin – Süßkeiten, um die Freundschaft zu festigen oder die Liebe zu vertiefen.

»Die Vorbereitungskurse auf den Empfang der Sakramente finden am Mittwoch statt«, gebe ich den Gläubigen bekannt. »Der Bibelkreis trifft sich jeden Donnerstagnachmittag.«

Es finden viele stumme Verhandlungen während der Messe statt; für Freundinnen oder Liebende, die in verschiedenen Unterkünften untergebracht sind, hat der Kirchgang mitunter mehr von einem Rendezvous als von einem religiösen Erlebnis. Betrügerinnen machen Jagd auf neue Frauen und spielen »Begrüßungskomitee« für Neuankömmlinge, die laut Gerüchteküche fünfzig Dollar die Woche zum Einkaufen beziehen oder einen »Notgroschen« von ihrer Familie oder dem Ehemann erwarten. Steht die Neue erst einmal in ihrer Schuld, hat die Schwindelkünstlerin jede Menge Rührgeschichten auf Lager. Mittels der kleinen Investition einer Geschenktüte kann sie später wochenlang im Gefängnisladen absahnen.

»Das Sakrament der Beichte kann jeden Samstag vor der Messe empfangen werden. Sagt dem Pater oder dem Diakon Bescheid, dass ihr beichten möchtet, sobald ihr da seid.«

Letzte Woche ging der Aufsicht führende CO (*corrections officer*) mitten im Gottesdienst zwischen zwei Frauen. Er hatte einen »Schwalbe« konfisziert – einen Liebesbrief, der des leichten Transports und der reibungslosen Übergabe wegen zu einem Dreieck zusammengefaltet wird. Die Frauen wurden getrennt und ihre Kennkarten einbehalten. Außerdem erhielten beide »Disziplinarstrafen«: *wegen Störung der Ordnung und der Weitergabe von Schmuggelware*.

»Der heutige Text steht, in englischer Sprache, auf Seite 72 eures Gebetbuches. Die spanische Version steht auf Seite 102.«

178

Vor einem Monat hatte man zwei Frauen hinausgeworfen, weil sie sich während der Kommunion befummelt hatten. Eine Woche später entbrannte mitten im Gottesdienst ein Streit. Chicago wollte nicht glauben, dass Rayette, die Tante, mit der sie eine Woche zuvor zusammengesessen hatte,»nur befreundet« war mit Monique, der Frau, mit der Rayette in *dieser* Woche zusammensaß. Ihr Geschrei übertönte sogar Pater Riordan und alle drei wurden hinausgeworfen. Pech für Chicago. Sie hatte Rayette fast überredet, ihr im Laden den zweihundertfünfzig Dollar teuren Farbfernseher zu kaufen.

»Bitte erhebt euch und singt mit uns das Eingangslied: ›Amazing Grace‹.« Die Frauen stehen auf, die Musik setzt ein und allem zum Trotz umfängt mich das Licht der Messe.

Nach der Kirche gehe ich erhobenen Hauptes zurück in meine Unterkunft. Praktisch jeder Zentimeter der Welt um mich herum ist grau: der Himmel, die aschgraue Rinde der kahlen Bäume, die Asphaltbürgersteige, selbst das Sweatshirt an meinem Leib. Ich dehne meinen Nacken und halte das Gesicht in die Sonne. Die Natur ist heute spendabel – leuchtendes Sonnenlicht und Temperaturen über dem Gefrierpunkt. Zwei Jahre bin ich jetzt hier. Ich kämpfe jeden Tag gegen schlechtes Essen, schlechte Luft und den Mangel an Bewegung. Mein Körper leidet darunter, aber mein Geist ist gesund und munter. Ich wappne mich mit weißem Licht, um mich vor dem endlosen Grau der Gefängnistage zu schützen.

Vor dem Eingang zu meiner Abteilung fülle ich meine Lunge mit frischer, klarer Luft. Ich weiß, wenn sich die Außentür hinter mir schließt, wird es Stunden dauern, ehe ich wieder gesunde Luft atmen kann. Drinnen hängt der CO der ersten Schicht einen Zettel ans Fenster. Die großen schwarzen Buchstaben füllen das ganze Blatt aus:

DIE GEFANGENENPOST IST JETZT AUFGEARBEITET. DIE ZAHLUNGSANWEISUNGEN LIEGEN NOCH EINE WOCHE IM RÜCKSTAND. MIT DER AUFARBEITUNG DER ZAHLUNGSANWEISUNGEN IST BIS DONN./FREI. ZU RECHNEN.

DIE POSTSTELLE

Eine Schar versammelt sich, um die neue Nachricht zu lesen – Frauen mit langen Gesichtern wie Kinder, die immer noch auf einen Nikolaus warten, der nie aufgetaucht ist. Was die Nachricht in Wirklichkeit bedeutet, ist, dass es auch in dieser Woche keine Weihnachtsgeschenke geben wird. Jedes Jahr in der Weihnachtszeit gibt es im Gefängnisladen überteuerte Festtagspäckchen zu kaufen. Sie sind die einzigen »Geschenke«, die wir erhalten dürfen. Die Angehörigen draußen geben eine Bestellung auf und schicken Geld, das unseren Konten gutgeschrieben wird. Auch Insassinnen können Feiertagspäckchen bestellen – und sich selbst ein Weihnachtsgeschenk machen, wenn es sonst niemand tut. Die Kosten werden ihnen vom Lohn abgezogen, der zwischen 75 Cent und 2,25 Dollar pro Tag beträgt, für die Arbeit bei der Essensvorbereitung oder Hausmeisterdienste bis hin zur Aushilfe im Lehrbetrieb.

Selbst wenn ich drei volle Wochenlöhne angespart hätte, könnte ich mir nur das billigste Feiertagsangebot leisten, das »Gesundheitspaket«, das für sechsundzwanzig Dollar über die Theke geht. Es enthält kalorienarmes Popcorn, kalorienarme Oreo-Plätzchen, Stella D'oro-Diätknabberstangen und eine kleine Schachtel mit Kräutertees. Kräutertee ist das restliche Jahr über nicht erhältlich und ich hätte für mein Leben gern welchen, aber ich sehe nicht ein, so viel Geld für das restliche Junk Food auszugeben, dass sie als »gesund« anpreisen. Letztes Jahr hatte ich Glück. Einige Frauen, die Kräutertee geschenkt bekamen,

180

ihn aber nicht wollten, vermachten mir ihre Ration. Zwischen Januar und April brühte ich mir ein Dutzend Apfel-Zimt-Beutel auf. Sie verkaufen Hunderte dieser Weihnachtspakete jedes Jahr. Das »Gewürzpaket«, für neunundzwanzig Dollar, enthält mexikanische Gewürze, Kräcker und Beef Jerky in zwei scharfen Geschmacksrichtungen. Im »Süßigkeitenpaket«, für einunddreißig Dollar, befinden sich Pop-Tarts-Apfeltaschen, Nips-Käsekräcker, weiße Sno-caps-Kugeln, Hershey's Schokoladentropfen und nicht-kalorienarme Oreo-Plätzchen. Das »Fleischpaket«, für siebenunddreißig Dollar, ist der Spitzenreiter: Beef Jerky, eingeschweißte Dillgurken, natriumstrotzende Suppenmischungen und verschiedene Sorten Tubenkäse. *Bon appétit!*

Diejenigen Frauen, die schon länger hier sind als ich, erzählen gern »von früher«, als die Insassinnen noch Päckchen von zu Hause empfangen durften. Mit ihren Scherzen und Prahlereien machen sie uns den Mund wässrig nach Geschichten über selbst gebackene Weihnachtsplätzchen, Schokoladen-Nikoläuse, Lakritzkringel, Tüten voller Cashewnüsse und gebrannter Mandeln. »Aber keine Trockenfrüchte.« Die grauhaarige Lillian lacht. »Einmal haben sich ein paar Mädchen etwas einfallen lassen und aus getrockneten Feigen und Aprikosen Fusel gebrannt. Die Wärter haben sie dann stockbesoffen gefunden!« Mir steigt das Wasser in die Augen, wenn ich höre, wie diese Langzeitgefangenen in ihren schönen Erinnerungen an vergangene Weihnachtsfeste im Gefängnis schwelgen, doch es sind keine Freudentränen.

1997, beim ersten Weihnachtsfest, das ich im Gefängnis verbrachte, fanden alle Frauen im Hochsicherheitsbereich des Gefängnisses am ersten Weihnachtsfeiertag zwei Geschenktüten vor ihrer Zellentür. Das Christkind hatte mir eine große blaue Tüte mit Brezeln und eine kleinere

Tüte Doritos mit Salsageschmack gebracht. Die Weihnachtsdekoration im Küstengefängnis war in jenem Jahr ein wenig »mager« ausgefallen: zwei mickrige Plastiktannen, ohne jegliche Kerzen oder Geschenke. An dem Baum im Speisesaal baumelten ausgebleichter Weihnachtsschmuck und Lamettastreifen. Er überstand kaum die Frauen, die sich auf dem Weg zur Essenschlange an ihm vorbeidrängeln mussten. Der Baum im Besucherraum war noch schlimmer dran – er war genauso fertig wie die »Saisonrückkehrerinnen«, jene ausgemergelten Gestalten, die über die Feiertage nach Niantic zurückkamen, mit langen, aschfahlen Gesichtern, die Körper mit alten Knasttätowierungen verziert. Namen, Zeichen, Symbole, ewige Treueschwüre: Manche Frauen hier tätowieren sich und andere mit Stopfnadeln, Schuhcreme und Tinte aus aufgebrochenen Kugelschreiberminen. Als Weihnachtsessen in jenem Jahr aßen wir Roastbeef.

Ein Jahr später, Weihnachten 1998, gab es vom Christkind keine Überraschungstüten mit Brezeln oder Tortillachips vor unserer Zellentür. Aber die Bäume waren wieder da, noch ein bisschen ramponierter als im Vorjahr. Als Weihnachtsessen gab es Roastbeef.

In diesem Jahr gab es weder Junk Food noch Bäume, aber wir aßen Roastbeef.

Wenn die Posaune am Versöhnungstag erklingt, so verspricht das Alte Testament, soll im ganzen Land die Freiheit ausgerufen werden und ein jeder zu den seinen zurückkehren. Keiner soll über den andern herrschen (3. Buch Mose 25). Als Jesus in der Synagoge von Nazareth predigte, verkündete er, das Gnadenjahr gelte für niemanden mehr als für die Gefangenen, die Blinden und die Zerschlagenen (Lukas 4). Papst Johannes Paul hat das Jahr 2000 zum Jubeljahr erklärt. In der York C.I. ist von dieser Botschaft nichts angekommen. Die Bäume sind verschwunden, das Roastbeef-Essen ist bedroht und die »Geschenke« werden aufgehalten, bis der Rückstand der Zahlungsanweisungen aufgearbeitet ist. Wir können nicht hinaus und Weihnachten darf nicht mehr hinein. Dies ist eine Hochsicherheitseinrichtung.

Im Alter von vierunddreißig Jahren befand sich Robin Cullen mit einer Freundin auf dem Rückweg von einer Hochzeit, als sie in verkehrter Fahrtrichtung auf eine mehrspurige Straße auffuhr und vergeblich versuchte ihren Fehler zu korrigieren. Das Fahrzeug überschlug sich und ihre Beifahrerin kam ums Leben. Cullen wurde daraufhin wegen »Fahrlässiger Tötung und Fahren unter Alkoholeinfluss« verurteilt. Sie verbüßte drei Jahre einer achtjährigen Haftstrafe.

Während ihrer Inhaftierung arbeitete Cullen als Lehrassistentin, ehrenamtliche Alphabetisierungshelferin und als Hilfstrainerin für Hunde im National Education of Assistance Dogs-Projekt. Außerdem arbeitete sie in der Dateneingabe der Verkehrsbehörden, wo sie Unfallberichte erfasste. Sie half als Küsterin im katholischen Gottesdienst, absolvierte für das College anrechenbare Seminare und entwarf Wanddekorationen im ganzen Schulgebäude, darunter einen verzauberten Garten, der sich über alle vier Wände eines Klassenzimmers erstreckt. Unmittelbar nach ihrer Freilassung erlangte sie am Amherst Writers and Artists Institute die Qualifikation zur Durchführung von therapeutischen Schreibworkshops. Zur Zeit besucht sie ehrenamtlich einmal in der Woche ein Resozialisierungszentrum, wo sie mit frisch entlassenen Frauen zusammenarbeitet. Außerdem ist sie mit ihren neununddreißig Jahren die Alleineigentümerin der Malerfirma Color Outside the Lines, die in ganz Connecticut tätig ist und Außen- und Innenanstriche von Häusern durchführt.

»Ich hätte nie gedacht, dass mir so etwas passieren könnte«, sagt Cullen über den Unfall, der sie ins Gefängnis brachte. »Ich bin dankbar für die Liebe in meinem Leben und für die Wahrheit, die mich frei macht.«

Glaube, Macht und Bluejeans

Bonnie Foreshaw

Geboren: 1947

Straftat: Mord

Strafmaß: 45 Jahre, Strafaussetzung zur Bewährung nicht möglich

Beginn der Strafe: 1986

Status: Inhaftiert

Ich bin in Jamaika geboren und in einem Schwarzenviertel in Südflorida aufgewachsen, war also gleichermaßen von Insel- und Festlandbewohnern umgeben und liebte alle Arten von Musik. Rhythm-and-Blues, Gospel, Calypso, Reggae. Die Straße rauf und runter sang die Musik der Nachbarn von Freud und Leid des Lebens, Gottes Gnade und dem Auf und Ab der Liebe. Schon die Auswahl und Lautstärke verriet, ob die Musik jemandem gerade richtig »unter die Haut« ging.

An der Art des Blues, der aus ihrem Fenster drang, erkannte ich zum Beispiel immer, wie die Dinge zwischen meiner Tante Mandy und Onkel Raymond gerade standen. Waren die Gewässer rau, beklagten Koko Taylor, B. B. King oder Big Maybelle Tante Mandys Schmerz. Schmeichelte sich einem im Vorbeigehen Bobby »Blue« Blands samtige Stimme ins Ohr, bedeutete das, dass Onkel Raymond Abbitte geleistet und meine Tante ihm wieder verziehen hatte.

Meine coole Cousine Stella hörte gerne Jazz. Ella Fitzgerald, Count Basie, Billy Ekstine, Duke Ellington. Auch diese Musiker besangen Liebe und Schmerz, aber sie brachten sie zum Swingen. Doch auch für meine gute alte Cousine galt manchmal »Lady Sings the Blues«. Wenn Billie Holiday auf dem Plattenspieler lag, stand Stella bestimmt vor dem Herd und rührte in irgendwas, ein Glas White Label mit Milch in der Hand und schwer damit beschäftigt, ihren Katzenjammer zu überwinden.

Nicht alle im Viertel konnten sich eine Stereoanlage und einen Haufen Schallplatten leisten, aber keiner war ohne Radio. Für uns war der Star von Miami Fat Daddy, der

Abend-DJ des Senders WMBW. Er spielte James Brown und Johnny Nash, erfüllte Musikwünsche und brachte Nachrichten und Ankündigungen, die für Schwarze interessant waren. Jeden Samstag hörten wir ihn, um die Glückszahl des Tages zu erfahren. Heutzutage gibt es viele Möglichkeiten, die täglichen Lottozahlen zu erfahren, aber im Florida der sechziger Jahre musste Fat Daddy die Zahlen versteckt unter die Leute bringen. »Ein Autofahrer wurde letzte Nacht mit dreiundsiebzig Meilen die Stunde erwischt. Nicht mit sechzehn oder vierunddreißig, sondern mit dreiundsiebzig Meilen. Und jetzt kommen Gladys Knight and the Pips und besteigen ihren *Midnight Train to Georgia*.« Das Radio heute ist anders. Ich surfe durch den Äther auf der Suche nach einem guten Sender, aber für jeden guten Song von Luther Vandross oder Erykah Badu muss ich mir zehn von irgendwelchen Rappern anhören, deren Texte eindeutig Frauen beleidigen. Nicht alle Rapsongs sind negativ, aber wenn ich sie höre, schalte ich für gewöhnlich ab. Für mich sind Reggae und R&B der »alten Schule« die Musik, die zu Herzen geht.

Ich habe meine Kinder dazu erzogen, Musik zu hören und zu genießen. In unserem Haus gab es kein »Schalt aus, sonst kann ich nicht einschlafen« oder »Dreh leiser, sonst weckst du noch jemanden auf«. Meine Kinder haben gelernt, abends mit Musik schlafen zu gehen, und morgens, wenn sie wieder eingeschaltet wurde, wussten *alle* – und nicht nur ihre Mutter –, dass es Zeit war, aufzustehen und loszulegen.

Ich machte Frühstück zu Bob Marleys *Redemption Song*, putzte das Haus zu Aretha Franklins *Respect* und fuhr Auto im Takt mit den Temptations, Smokey Robinson und Marvin Gaye. Und Sie müssen wissen, dass zur Musik auch das Tanzen gehörte. Meine Babys konnten eher tanzen als laufen, denn ihre ganze Familie tanzte, selbst die Alten.

Wenn die Füße der Großeltern, Tanten und Onkel nicht mehr mitspielen wollten und von Arthritis oder Hühneraugen geplagt wurden, schunkelten sie weiter im Takt, stampften mit den Füßen, klatschten in die Hände und nickten mit dem Kopf. Tanzen ist Tanzen, egal, ob man sitzt oder steht. Die Musik ist in dir, Teil deiner Kultur, ein Stück von dem, was du bist.

Und Halleluja, Gott hat uns nicht nur Ohren und Füße gegeben, sondern auch Nasen und Geschmacksknospen. Was wäre die Musik ohne das Kochen und Essen, das dazugehörte? Meine weit verzweigte Familie wusste genau, wo man sich an Feiertagen einzufinden hatte, um zu essen, zu trinken und das Leben zu feiern. Ich begann zwei Tage im Voraus zu kochen, wohl wissend, dass, egal was im Rezeptbuch stand, die wichtigste Zutat Musik war. Reggae half mir, genau das richtige Gewürz zu finden. Beim Rühren im Topf, Schnibbeln von Gemüse wippte ich im Takt. Kochen ist Schwerstarbeit, aber Kochen zu Musik nimmt dir die Müdigkeit und lässt dich die Zeit vergessen. Am besten kocht man mit Zeit und Geduld und macht den Rhythmus der Musik zum Pulsschlag seiner Seele.

Glauben Sie nicht, dass ich an Feiertagen Frühstück machte. Dafür war zu viel zu tun. Meine Kinder warteten – oder mogelten sich durch, klauten hier ein Stück, dort einen Bissen oder da einen Löffel voll, wenn sie in die Küche kamen. Bis der Besuch eintraf, war ich fertig. Auf den Tisch kamen Truthahn und Dressing, Curryziege, Klöße und Soße, Reis und Kohl, geräucherte Rinderrippen, Okraschoten, Maisbrot, Kartoffelsalat, hart gebackenes Sauerbrot, Süßkartoffeln, gebratene Bananen, frittierte Fischhappen, Auflauf, Kuchen, Pasteten, Vanillesoße, Gingerbeer, Sauerampfer, Karottensaft und irischer Kartoffelbrei. »Alle zum Essen kommen!«, rief ich. Und sie aßen, den ganzen Tag, bis in die Nacht, schliefen bei uns oder kamen am nächsten Tag wieder, wenn neues Essen bereit stand. Und immer, *immer* war unser Soundtrack beim Essen das Lachen, das Reden und die Musik.

In meiner Familie werden Beerdigungen als liebevoller Abschied und Feier des Lebens begangen, Musik und Essen eingeschlossen. Ich war siebenundzwanzig und lebte oben im Norden, als meine Mutter anrief und mir sagte, dass man an Tante Berthas Eingangstür den Trauerkranz befestigt hatte. Mir blieb keine Wahl, ich musste nach Hause fliegen und der älteren Schwester meiner Mutter Respekt erweisen. Nun war meine Mutter eines von vierzehn Kindern. Als ich in Miami ankam, waren bereits mehr als zweihundert Verwandte dort, aus Chicago, New York, New Jersey, Virginia, Georgia, Alabama und Jamaika. So viele, dass in Tante Berthas Haus kein Unterkommen war, also mieteten die älteren Semester acht miteinander verbundene Zimmer im Holiday Inn – vier zum Duschen, Anziehen und Schlafen; zwei für die Kinder; eines für die»ruhigeren Herrschaften«, die weder rauchten noch tranken; und eines als Bar, wo die »weniger Ruhigen« sich entspannen und unterhalten konnten. Die Kinder schwammen im Pool, die Teenager passten auf die Kleinsten auf und die Verwandten aus Florida fuhren mit den auswärtigen Besuchern in die Einkaufszentren und ins Kino. Als meine Cousine Li'l Bert aus New York mit ihrem voll ausgestatteten Wohnmobil angerumpelt kam, erlaubte ihr das Holiday Inn, auf dem Parkplatz zu kampieren. Am folgenden Morgen waren Bert und ich früh auf den Beinen, kochten und servierten im Wohnmobil Muffins, Eier und Kaffee. Brauchte jemand eine kleine Erfrischung oder Koffein, war er bei uns an der richtigen Adresse. Für uns ist eine Beerdigung Trauer, Familientreffen und Urlaub zugleich.

Am Freitag, dem Abend der Totenwache, war Tante Berthas Haus das Hauptquartier. Die geparkten Autos säumten mehrere Häuserblocks und es wurde genug Essen herangekarrt, um ganz Dade County zu verköstigen. Haus und Garten vibrierten vor Erinnerungen, Freude und Musik – zuerst besangen Mahalia Jackson, The Southernaires und die Blind Boys of Alabama unsere Trauer über Tante Berthas Hinscheiden. Später, als der Alkohol floss und Zungen und Glieder löste, machte Gospel der Gute-Laune-Musik Platz: Jackie Wilson, Al Green, Etta James. Und natürlich war ich mitten im Geschehen. Als eine der Jüngeren hatte ich einen Ruf als wildes junges Ding zu verteidigen.

Es war acht Uhr früh am nächsten Morgen, als meine wund getanzten Füße und ich es endlich zurück ins Motel schafften. Das Beerdigungsinstitut wollte Wagen schicken, um uns zu der auf elf Uhr angesetzten Feier abzuholen. Nun hätten drei Stunden viel Zeit sein müssen, um mich zu duschen und umzuziehen, doch es gab ein kleines Problem. Ich konnte zwischen den Dutzenden schlafender und schnarchender Verwandten meine Koffer nicht finden. Und als ich sie schließlich fand, war mein Beerdigungskleid weg.

Geriet ich in Panik? Aber nein. Ich dachte nach. Sie müssen wissen, dass meine ganze Familie ein Faible für schicke Outfits hat und daher immer mit großem Gepäck verreist. Die Frauen konnten unmöglich alles tragen, was sie mitgebracht hatten. Bei all den offenen Koffern in den engen Räumlichkeiten waren gewisse »Ausleihen« unvermeidbar. Auf die Art war auch *mein* Kleid verschwunden. Jetzt würde ich mir mir selbst ein wenig von den anderen zusammenleihen müssen.

Im Bademantel ging ich von Zimmer zu Zimmer, gesellte mich zu meinen Tanten und Cousinen, die Kleider anprobierten, sich umentschieden und etwas anderes anzogen. Um 10.30 Uhr brachen sie zur Kirche auf. Jetzt war es Zeit für meine Einkäufe.

Ich klaubte und kombinierte, verband den letzten Schrei aus Chicago mit den neuesten Trends aus New York, Miami und Kingston. Ich glitt in ein Paar schwarz gepunktete Strümpfe und streifte das schwarze Designerkleid meiner Cousine Rethel über. Cousine Stellas schwarze Lederpumps und die darauf abgestimmte italienische Handtasche passten gut zu Rethels Kleid. Ich schlang mir eine Perlenkette um den Hals, borgte mir ein seidenes Tüchlein und krönte mein Outfit mit einem schwarzen Hütchen mit Tupfenband. Der Keckheit wegen setzte ich es ein wenig schief auf den Kopf und machte mich auf den Weg zur Beerdigung.

Ich war die bestangezogene Person auf Tante Berthas Feier, und das wusste ich! Als letzter Ankömmling schritt ich wie ein Model den Gang hinunter, lächelte, nickte und begegnete den anerkennenden und bösen Blicken, die ich einfing, mit einem eleganten Winken meines Designer-Tüchleins. Als Cousine Rethel ihr Kleid bemerkte, bedachte sie mich mit einem Blick, der töten könnte, und als meine Cousine Stella ihre schwarzen Pumps an meinen Füßen wiedersah, formten ihre Lippen ein Wort, das man in einer Kirche nicht allzu oft zu hören bekommt. Wahrscheinlich konnte der Leichenbestatter *mich* in die Kiste betten, wenn ich ihnen in die Finger geriet, aber mein Haute-Couture-Auftritt war es wert gewesen.

Natürlich lenkte der Pfarrer unserer Aufmerksamkeit bald wieder auf die Verstorbene. In seiner begeisterten Rede würdigte er Tante Bertha als eine fromme Christin, die sich um die Kranken gekümmert hatte. Als der Chor *Swing Low, Sweet Chariot* sang, sah ich mich in der übervollen Kirche um und war tief bewegt über die Wertschätzung, die meine Familie einer der unsrigen entgegenbrachte, die von uns gegangen war. Wie mir diese Musik unter die Haut ging. Vom Friedhof ging es zurück zu Tante Berthas Haus, um weiter zu essen, zu trinken und ihrer zu gedenken. Man warf mir einiges an den Kopf, der Modepuppe mit zusammengeliehener Ausstattung. Ich verteidigte mich vor mehreren Verwandten, die mir immer noch an die Gurgel wollten. Doch nach einigem Geschrei, Gezänk, Erklären und Verhandeln wurde mir vergeben. Cousine Rethel überließ mir sogar ihr schwarzes Kleid. Mein Glück, denn mein eigenes tauchte nicht wieder auf.

Das Familientreffen endete mit Umarmungen, tränenreichen Abschieden und dem Versprechen, mit Leuten in Kontakt zu bleiben, von denen ich seitdem nichts mehr gehört oder gesehen habe. In den vergangenen sechzehn Jahren im Gefängnis habe ich alle Familienbegräbnisse seit 1986 verpasst. Und wie ich höre, geht es vielen anderen genauso. Familien verändern sich mit der Zeit, und wenn eine Generation ausstirbt, trägt man oft auch ihre Traditionen zu Grabe. Letzte Woche erfuhr ich, dass Tante Matilda, die letzte verbliebene Schwester meiner Mutter, von uns gegangen ist. Meine Mutter ist nun die Letzte von vierzehn Geschwistern. Die Verwandten in Florida bereiteten Tante Matilda einen gebührenden Abschied, doch von den Auswärtigen hatte keiner die Reise unternommen.

Trotzdem bleiben mir die Erinnerungen. Ich höre einen Liedausschnitt im Radio und reise zurück in eine Zeit, zu einem Ort, einer Person. Lasst die Musik unsere Zeit, unser Leben auf dieser Welt und unseren Weggang markieren.

Viele verirrte Frauen finden zu Gott, nachdem sie ins Gefängnis kommen, ich dagegen besaß bereits einen festen Glauben, als ich in die Niantic Correctional Institution kam. Es stimmt, ich hatte zwischen zwanzig und dreißig kräftig über die Stränge geschlagen, doch als ich die Dreißig überschritten hatte, veränderte ich mich. Drei gewalttätige Ehen haben mir die meisten Possen ausgetrieben. Wenn du in der ständigen Angst lebst, dein Mann könnte wieder auf dich losgehen und dir mit einem kräftigen Schlag das Trommelfell sprengen, dich mit einem Messer verletzen oder dir die Zähne eines Afrokamms in den Nacken bohren, verändert das deine Perspektive. Es lässt dich alles Mögliche befürchten und in Frage stellen. Ich fühlte mich mit Anfang dreißig geschlagen, müde, einsam und verloren. Der Rastafarianismus zeigte mir den Weg aus diesem Labyrinth.

Zumindest teilweise schuld an meiner Verstrickung war die ewige Suche – das ständige Bedürfnis nach Anerkennung durch andere. Bevor ich die Lehren Jah Rastafaris für mich entdeckte, hatte ich hart gearbeitet, aber ein verzweifeltes Leben von Gehaltsscheck zu Gehaltsscheck geführt; immer kaufte ich die neueste Mode, den schicksten Wagen, buchte die besten Ferienreisen für meine Kinder. Vermutlich war der Drang, mich um jeden Preis anzupassen, eine Mitgift meiner Eltern, die aus Jamaika emigriert waren, als ich noch ein kleines Kind war. Sie müssen wissen, dass schwarze Inselbewohner, die in die Vereinigten Staaten kommen, zwei verschiedenen Arten von Engstirnigkeit ausgesetzt sind. Neben dem Rassismus der Weißen müssen sie auch die Vorurteile der Afroamerikaner ertragen, die Angst davor haben, dass ihre karibischen Brüder und Schwestern ihnen die Arbeitsplätze wegnehmen und ihr eigenes Streben nach Erfolg behindern könnten. Je schneller sich Jamaikaner anpassen können – und als *Nicht*-Insulaner durchgehen –, desto schneller werden sie von anderen Schwarzen akzeptiert. Als geborene Jamaikanerin war ich zu dem geworden, was die Insulaner lächelnd als »Jamerikanerin« bezeichnen. Die Lehren von Jah Rastafari führten mir vor Augen, dass das Kaufen, Tragen oder Fahren der Symbole des Erfolgs mich keineswegs erfolgreich machte. Ich war durch meine Anpassung einen Schritt vorwärts und zwei zurück gegangen.

Gleichheit, Einfachheit, Bescheidenheit und Verbundenheit mit der Natur sind die Grundprinzipien, nach denen die Rastafari leben. Wir glauben, wie es das Alte Testament lehrt, dass die versklavten und über die ganze Welt verstreuten Völker Afrikas die verlorenen Stämme Israels sind und dass Haile Selassie, der Nachkomme König Salomons und von 1930 bis 1975 Kaiser von Äthiophien, der versprochene Messias war und auf die Erde gesandt wurde, um die Afrikaner der ganzen Welt zu vereinen. Der »Äthopianismus« hat tiefe Wurzeln in Jamaika. Die Insel ist der Geburtsort von Marcus Garvey, dem »Schwarzen Moses«, der die Afrikaner aufrief, ihre Heimat zurückzufordern, und des Musikers Bob Marley, der seine begeisternden Texte in Raggae verwandelte und die Rasta-Botschaft der Gewaltlosigkeit, der Naturverbundenheit und Rassengleichheit auf der ganzen Welt verbreitete. Auf seiner historischen Pilgerfahrt nach Kingston im Jahr 1966 erklärte Seine Kaiserliche Majestät Haile Selassie: »Jamaikaner und Äthiopier sind Blutsverwandte.«

Als mein Glaube tiefer wurde und ich mich ernsthaft mit dem Alten Testament zu beschäftigen begann, hörte ich auf, mir die Haare zu schneiden, und begann sie als Zeichen meiner demütigen Hingabe an Gott als Dreadlocks zu tragen. Genauso wie es uns die Bibel lehrt: *Solange die Zeit seines Gelübdes währt, soll kein Schermesser über sein Haupt fahren. Bis die Zeit um ist, für die er sich dem Herrn geweiht hat, ist er heilig und soll das Haar auf seinem Haupt frei wachsen lassen.* (4. Buch Mose 6,5) Ich fing an, regelmäßig in meine Heimat zu fahren und mich strenger an der *Ital*-Küche auszurichten und mich stets von frischen Früchten und

Gemüse ohne Konservierungsmittel zu ernähren. Ich machte mich bereit, mich meinem heiligen Gott zu weihen. Im Alter von zweiunddreißig Jahren leistete ich den feierlichen Schwur und wurde eine geweihte Rastafari. Sechs Jahre später, im Alter von achtunddreißig, wurde ich eine des Mordes für schuldig befundene Gefangene in der Niantic Correctional Institution.*

Zuerst wirkte das Gefängnis völlig unwirklich – als hät-

---

* In der Nacht des 26. März 1986 suchte Bonnie Foreshaw einen Jamaikanischen Club in Hartford auf, um ein Bier zu trinken. Da sie erst seit kurzem von ihrem gewalttätigen Ehemann getrennt war, der sie auch weiterhin bedrohte und verfolgte, trug sie neuerdings zu ihrem Schutz eine Handfeuerwaffe Kaliber 38 mit sich. Hector Freeman, ein weiterer Besucher des Clubs, den Foreshaw nicht kannte, erbot sich, ihr einen Drink zu spendieren. Als sie ablehnte, begann er sie zu beleidigen. In der Hoffnung, damit Ärger aus dem Weg zu gehen, verließ Foreshaw den Club, doch Freeman folgte ihr und schrie ihr Beleidigungen und Obszönitäten hinterher. Joyce Amos, eine Frau, die weder Foreshaw noch Freeman kannte, sprach Freeman an, um den Streit zu schlichten. Während dieses Gesprächs bemerkte Foreshaw, wie Freeman in seine Tasche griff. Aus Angst, er könnte auf sie schießen, zog Foreshaw ihre eigene Pistole und gab einen Warnschuss ab, der Freeman vertreiben sollte. Dieser zog beim Anblick von Foreshaws Waffe Joyce Amos als Schutzschild vor sich. Die Kugel traf Amos und tötete sie. Sie war im sechsten Monat schwanger. Foreshaws Verhaftung rief Abtreibungsgegner auf den Plan, die verlangten, man solle sie sowohl für den Mord an Joyce Amos als auch dem an »Baby Amos« zur Rechenschaft ziehen. Ein höheres Gericht entschied, dass die Tötung des Ungeborenen nach geltendem Recht keinen Mord darstelle, und lehnte die Erweiterung der Anklage auf zweifachen Mord ab. Der Ankläger James Thomas eröffnete die Verhandlung, indem er eine Waffe herumschwenkte, die jedoch nicht die Mordwaffe war, sondern eine dem Beweismittelbestand der Polizei entliehene Requisite. Thomas beschrieb Foreshaw als »bekannte Drogendealerin« und bezog sich damit auf laufende Ermittlungen. (Aufgrund eines »Hinweises«, man habe in Foreshaws Haus »Rastafaris mit jamaikanischem Akzent und Waffen« gesehen, hatte die örtliche Polizei Foreshaws Haus durchsucht, jedoch keine Drogen gefunden, sondern lediglich »Hinweise auf Drogenhandel«: nämlich zwei Schachteln Natron. Kurz nach Abschluss des Mordprozesses wurden alle Beschuldigungen im Zusammenhang mit Drogen gegen Foreshaw fallen gelassen.) Foreshaws Pflichtverteidiger zog es vor, Richter und Geschworene weder über die körperlichen und seelischen Misshandlungen in Foreshaws Vergangenheit noch über Hector Freemans kriminellen Hintergrund zu informieren, der auch Verurteilungen wegen Misshandlung und Körperverletzung mit einschloss. Bonnie Foreshaw wurde von Richter Paul Vasington zu fünfundvierzig Jahren Gefängnis verurteilt.

te ich mich in den Albtraum eines anderen Menschen verirrt. Am einen Tag bin ich noch Maschinistin in einem Fabrikationsbetrieb, eine Vertrauensfrau, eine Mittelklasse-Mutter, die sich bemüht, ihren Kindern ein gutes Leben zu ermöglichen. Und am nächsten Tag bin ich Gefangene des Staates Connecticut, eingesperrt auf der psychiatrischen Station, völlig durcheinander, voll gestopft mit Tranquilizern und dabei, in kürzester Zeit vor die Hunde zu gehen.

Nach vier Wochen in der Psychiatrie wurde ich nach Thompson Hall verlegt, eine Art »Ellis Island« für neue Gefangene, die darauf warten, einem Unterkunftstrakt zugewiesen zu werden. Thompson Hall war wild und beängstigend – ein überfüllter Zoo für Frauen. Ich war die achte Insassin und mir wurde eine Einzelzelle zugewiesen. Jede Nacht lag ich auf einer Matratze, die so schmutzig war, dass ich nicht schlafen konnte. Am nächsten Morgen konnte ich gar nicht lange genug unter der Dusche stehen, um mich zu waschen. Privatsphäre gab es nicht in Thompson Hall und Diebstähle waren an der Tagesordnung. Den ganzen Tag über tobte das Geschrei und viele Streitigkeiten endeten in Kämpfen, die das Personal auf Trab hielten. Für mich als misshandelte Frau mit kaum verheilten seelischen Wunden ließen diese Zustände meine schlimmsten Zeiten wieder aufleben. Trotzdem verlor ich nie die Tatsache aus den Augen, dass ich weiter am Leben war, während Joyce Amos, die Frau, die mir in jener Nacht hatte helfen wollen, das ihre verloren hatte. Auch sie war jemandem eine Mutter und eine Tochter gewesen, genau wie ich. Eine übermächtige Traurigkeit umfing mich. Ich begann mich zu fragen, wie ich weiterleben sollte – selbst wenn ich es wollte. Ich wurde wieder auf die psychiatrische Station verlegt, wo ich mit den gestörtesten Frauen des Gefängnisses zusammenlebte.

Drei Mal am Tag wurde ich mit Laroxyl ruhig gestellt, einem süchtig machenden Medikament, durch das ich apathisch, suizidgefährdet und fett wurde. Ich war bei einer Körpergröße von einem Meter fünfundsiebzig mit hundertzehn Pfund nach Niantic gekommen, deutlich weniger als meinem Normalgewicht von hundertvierzig Pfund, was den Belastungen vor und nach der Trennung von meinem Mann zuzuschreiben war. Neun Monate nach meiner Inhaftierung wog ich zweihundertvierzig Pfund. Wie habe ich dieses erste Jahr in Niantic überlebt? Die Lebensverhältnisse, die Medikamente und Depressionen, die Gerichtsverhandlungen, die hasserfüllten Blicke der Demonstranten, wenn ich das Gerichtsgebäude betrat, das Desinteresse meines Pflichtverteidigers? Wie habe ich das nur überlebt? Auf zwei Arten. Zum einen half mir die Kraft meines Rastafari-Glaubens. Ich las meine Bibel – in der Übersetzung von Michael B. Scoffield, die das Alte Testament von den europäischen Eingriffen gereinigt und die Wahrheit wiederherstellt hat. Zum anderen traten die Gefängnisältesten auf den Plan – meine Freundin Miss Doris und andere Gefangene, die mir zur Seite standen und mich mit Tee, tröstenden Umarmungen und der Bereitschaft zuzuhören wieder aufbauten. Ich bemühte mich nach Kräften, nach den Grundsätzen der Einfachheit, Gleichheit und Naturverbundenheit zu leben. Ich hörte auf, der von Menschen gemachten Medizin zu vertrauen und befreite mich, so gut es ging, von der Flut künstlich hergestellten Junk Foods, das sie im Laden verkauften. Ich betete. Ich akzeptierte mein neues Leben. Meine dunklen Depressionen legten sich.

Als erste Rastafari, die je in Niantic eingesessen hat, war ich die Zielscheibe vieler Vorurteile sowohl von Seiten der Insassinnen als auch der Angestellten, Letzterer vor allem. Ich hielt keine Predigten, aber wann immer sich mir die

Gelegenheit bot, bat ich die Leute, ihr Klischee von Rastas als arbeitslosen, Haschisch rauchenden Nichtstuern zu überdenken. Ob ich jemanden dazu brachte, seine Vorurteile zu überprüfen? Ich weiß es nicht. Was ich ganz sicher weiß, ist, dass ich mit der Ausübung meiner Religion einer Doppelmoral unterlag. Eine meiner Mitgefangenen, eine strenggläubige Jüdin, erhielt die Erlaubnis, sich von einem externen Lieferservice mit koscherem Essen versorgen zu lassen. Ihrem Rabbi wurde das Privileg zugestanden, sie in der Abgeschiedenheit ihrer Zelle betreuen zu dürfen. Mein Antrag auf unverdorbenes *Ital*-Essen wurde abgelehnt und meinen religiösen Mentor durfte ich nur im großen Besucherraum treffen, wo er von Sicherheitspersonal überwacht wurde. Aber eine schwarze Frau, die in Amerika aufgewachsen ist, weiß, wie sie mit ihren Kräfte haushalten muss, also fand ich mich mit den Beschränkungen ab und machte weiter.

Es war nicht alles schlecht in Niantic. An manchen Tagen wich meine Verzweiflung einem Gefühl von Frieden und mitunter sogar der Freude. Während meiner ersten Jahre im Gefängnis lag der Schwerpunkt auf der Rehabilitation. Das Personal war streng, wenn es erforderlich war, aber auch menschlich genug, um einem an einem schlechten Tag eine Umarmung oder ein freundliches Wort zu schenken oder um eine Geburtstagskarte oder eine selbst gebackene Leckerei zu überreichen. Diese kleinen freundlichen Gesten halfen mir, die Düsterkeit zu überwinden.

Die Trennung von ihren Kindern ist für eine Frau hinter Gittern immer schwer, doch an den Feiertagen schmerzt sie ganz besonders. »Früher« verstanden das die Aufseher und gaben sich Mühe, eine familienähnliche Atmosphäre zu schaffen. Zu Weihnachten gab es Preise für die am schönsten dekorierte Unterkunft und ein besonderes

Weihnachtsessen mit Tischdekorationen und kleinen Geschenken. Wir setzten uns hin, aßen mit unseren Freundinnen und ließen unsere kleinen Unstimmigkeiten beiseite. Im Sommer gab es Angelausflüge an den Bride Lake, ein Grillfest und ein Softballspiel zwischen den Insassinnen und dem Personal, bei dem es mehr um den Spaß als um das Gewinnen ging. Frauen mit gutem Führungszeugnis wurden »Wohnwagenbesuche« der Familie gestattet. Die Übernachtungsbesucher durften Musik und Essen von zu Hause mitbringen und eine Gefangene konnte am nächsten Morgen in der Gesellschaft ihrer Lieben aufwachen. Wenn *meine* Wohnwagenbesucher da waren, wusste es das ganze Gefängnis. Man roch das karibische Essen, das auf dem Herd stand, hörte die Reggaemusik, die aus den Fenstern drang, und das Lachen und Spielen der Kinder auf dem Hof. Angestellte und Gefangene schauten vorbei, um Guten Tag zu sagen und einen Happen Muschelsalat oder geschmorte Bohnen mit Reis zu probieren, oder frittierte Bananenstücke. Das waren keine Freizeitclub-Bedingungen, wie manche Leute oft kritisiert haben. Es war die Einsicht, dass die Frauen von Niantic in erster Linie Menschen sind und erst in zweiter Linie Gefangene. Dieses Teilen und Kümmern war Liebe, wie ich sie kannte – emotionale Überlebenshilfe.

Ich weiß, wie Macht funktioniert. In bin in den sechziger und siebziger Jahren aufgewachsen und stand hinter Bobby Seales und Angela Davis' Forderung, dass alle Amerikaner gleich sein sollten – welch radikale Vorstellung! Zehn Jahre später engagierte ich mich für die Wählerregistrierung, um in meiner Heimatstadt die Demokraten an die Macht zu bringen. Als gewerkschaftliche Vertrauensfrau trat ich für die Rechte der Arbeiter ein und ermunterte die Leute, nur amerikanische Produkte zu kaufen. Ich war und bin bis heute ein politischer Mensch.

Die Politik außerhalb des Gefängnisses hat direkte Auswirkungen auf die inneren Verhältnisse. In den sechzehn Jahren, die ich hier bin, habe ich Gouverneure kommen und gehen sehen und die Anstaltsleitungen ebenso. In Niantic wurde der Schwerpunkt von der Rehabilitation auf die Bestrafung verschoben. Strengere Vorschriften setzten den Weihnachtsdekorationen, den Sommerspielen und anderen Bemühungen des Personals, die Moral zu stärken, ein Ende. Die Bewegungsfreiheit innerhalb der Gefängnismauern wurde eingeschränkt und das Gefängnispersonal militärischer. Früher musste eine Gefangene, die bei einem Regelverstoß erwischt wurde, mit einer Rüge rechnen. Heute verhängt man eine Disziplinarmaßnahme, ob schwerwiegend, mittelschwer oder geringfügig hängt von der Schwere ihres Delikts ab. Eine Disziplinarmaßnahme kann zu einer Post- oder Einkaufssperre führen oder zum Arrest im »Bau« – dem Haftraum des Gefängnisses. Eine Disziplinarmaßnahme kann den Entlassungstermin einer Gefangenen aufschieben und die Entscheidung über ihre Begnadigung beeinflussen. Eine Frau, die das Gefühl hat, vom Wachpersonal ungerechtfertigt beschuldigt worden zu sein, kann eine Anhörung verlangen und ihren Fall vortragen. (In gewisser Weise ist das ein erneuter Gang vor Gericht, nachdem man schon einmal verurteilt und ins Gefängnis geschickt wurde.) Ob berechtigt oder nicht, viele Frauen schrecken davor zurück, das Wort eines Justizbeamten in Frage zu stellen. Es ist eine Frage der Macht. Schließlich darf man nicht vergessen, dass die meisten von uns jahrelange Misshandlungen hinter sich haben. Je strenger es in Niantic zuging, desto größer wurde unsere Paranoia. Und natürlich kochte die Gerüchteküche Tag und Nacht.

Während meiner ersten Jahre in Niantic gab es keine Kleidervorschriften, weder für die Gefangenen noch für das Personal. Die Insassinnen durften Kleiderpakete von ihren Familien bekommen. Sobald diese durchsucht und freigegeben waren, konnten die Frauen ihre eigene Kleidung tragen. Meine Pakete enthielten Blusen, Pullover und Röcke, die mir über die Knie reichten. Getreu meines heiligen Eides trug ich weder Hosen noch Shorts und verdeckte meine Dreadlocks mit einem gehäkelten Haarnetz. Ich wusste seit 1992 von dem Gerücht über eine Kleiderordnung. Die meisten Insassinnen waren empört bei der Vorstellung einer Knastuniform, aber ich sah darin sowohl Vor- als auch Nachteile. In vielerlei Hinsicht raubt ein Gefängnis einer Frau nicht nur die Freiheit, sondern auch ihre eigene Identität. Die Verpflichtung zum Tragen einer Uniform würde ihre Möglichkeiten, sie selbst zu sein, noch weiter einschränken. Andererseits konnte eine Kleiderordnung einen Teil der Eifersucht beilegen, die unter den Gefangenen und zwischen den Gefangenen und dem Personal herrschte. Innerhalb der Mauern von Niantic machten Kleidung, Schuhe und Schmuck einer Frau ohne große Worte ihren sozialen Status klar. Die »Elite« beeindruckte mit Marken wie Claiborne, Versace und Victoria's Secret; die weniger Glücklichen bedeckten ihre Nacktheit mit »Schnäppchenware« und Gefängnisausstattung. Langfinger oder Prostituierte, die von einem oder zwei alten Knackern ausgehalten wurden, glänzten mit goldenen Ohrringen und Diamantringen, teuren Uhren und Armbändern. Solche Gegenstände erregten Neid und wurden ständig gestohlen oder als gestohlen gemeldet. Streitereien und Kämpfe waren das Resultat. Und mitunter benutzen Frauen ihre Kleidung auch, um Angehörige des Personals zu verführen und sich so Macht und Privilegien zu sichern. Funktionierte die Masche, waren Günstlingswirtschaft, Privatbeziehungen, Versetzungen und Kündigungen die Folge. Alles in allem war ich um des Friedens und der Sicherheit willen für eine Kleiderordnung.

Dennoch war ich besorgt. Das Haarnetz, mit dem ich meine Dreadlocks bedeckte, hatte mir ohnehin schon mit einigen Aufsehern Ärger eingebracht. »Hüte sind nicht erlaubt«, erklärte man mir. »Wer weiß, was du darin versteckst?« Und ich erklärte jedem, der mich darauf ansprach, dass ein großmaschiges Haarnetz kein Hut sei und dass ich mich immer kooperativ gezeigt und es bei Leibesvisitationen, oder wenn ich darum gebeten wurde, stets entfernt hatte. »Ich bitte Sie nur darum, meine religiösen Gepflogenheiten zu respektieren und mir zu erlauben, meinem Gelübde treu zu bleiben«, sagte ich. Als die Schikanen fortgesetzt wurden, wandte ich mich mit meinem Problem an den stellvertretenden Anstaltsleiter, der mir eine »Genehmigungskarte« ausstellte, die ich bei mir tragen und vorzeigen sollte, wenn mein Haarnetz beanstandet wurde.

1996, in meinem zehnten Jahr im Gefängnis, bewahrheiteten sich die Gerüchte um eine Kleiderordnung schließlich: Insassinnen und Justizvollzugspersonal hatten in Zukunft Uniformen zu tragen und der Besitz von Schmuck und Kosmetika sollte eingeschränkt werden. Ich bat Lieutenant Jones, eine Aufseherin, der ich vertraute, mir die Knastuniform zu beschreiben. »Burgunderroter Pullover, graue Sweatshirts und blaue Jeans«, zählte sie auf. Es waren die Jeans, die mir Kopfzerbrechen bereiteten. Hosen zu tragen wäre ein Verstoß gegen mein Gelübde. Ob es möglich sei, die Hosen durch einen blauen Jeansrock zu ersetzen, fragte ich sie. Jones zuckte mit den Achseln. »Schreib an Reverend Sanders«, schlug sie vor.

Ich schrieb nicht nur an Lisa Sanders, die in Niantic für religiöse Angelegenheiten zuständig war, sondern auch an den Anstaltsleiter O'Keefe, der die letzte Entscheidung über meinen Antrag haben würde. In einem ausführlichen Brief erklärte ich ihm mein Gelübde und mein Dilemma und zitierte aus dem 5. Buch Mose, Kapitel 22, Vers 5: *Eine Frau soll nicht Männersachen tragen, und ein Mann soll nicht Frauenkleider anziehen; denn wer das tut, der ist dem Herrn, deinem Gott, ein Gräuel.* Ich wartete wochenlang auf eine Antwort, doch sie kam nicht. Meine Sorgen ließen mich nicht mehr los und ich geriet in Panik. Ich bat die Bibliothekarin um Hilfe. Sie fand und kopierte für mich Artikel über die Geschichte und die Traditionen des Rastafari-Glaubens. Ich schickte je ein Päckchen an Reverend Sanders und an den Leiter O'Keefe. Keiner der beiden reagierte. Der Tag der Uniformausgabe kam schnell näher.

Ich habe in meinem Leben oft genug erfahren, dass man sich mit Behörden lieber nicht anlegt, außer in Situationen, in denen es absolut notwendig ist. Dieses Mal war es notwendig. Die Verfassung garantierte mir das Recht auf Ausübung meiner Religion. Meine Anspannung begann sich auf meine Leistungen in der Gefängnisschule und auf meinen Job als Lehrassistentin auszuwirken. Ironischerweise hatte man mich in jenem Jahr Ms. Cash zugewiesen, einer neuen Angestellten, weil ich mich »so gut auskannte« und mich als zuverlässig erwiesen hatte. Doch nun kam ich ständig zu spät zum Unterricht oder verließ ihn vorzeitig, rannte immer wieder zur Krankenstation, um meiner ständig wachsenden Panik Herr zu werden. Die arme Ms. Cash hatte keine Ahnung, was vor sich ging.

Ich wartete jeden Tag auf die Anstaltspost, aber es kam nichts. Nachts lag ich wach und war krank vor Sorge, was passieren würde, wenn die Uniformen eintrafen. Jeder, der einmal unter Schlaflosigkeit gelitten hat, weiß, wie lang und einsam eine Nacht sein kann. Als einziger Mensch wach in einem Haus voller Schlafender zu liegen ist, als wäre man der letzte lebende Mensch überhaupt. Das Gefühl der Verlassenheit, unter dem ich als Kind gelitten hatte, kehrte mit Macht zurück, und mit ihm all die längst vergrabenen Erinnerungen ...

Mein Vater war Bauarbeiter und Wochenendsäufer. In meinen frühesten Erinnerungen sehe ich, wie er Dinge zerschlägt und mich meine blutende, weinende Mutter aus dem Bett reißt und sich mit mir zu Verwandten flüchtet oder in das »sichere Haus« – ein Zimmer, das sie als Zuflucht vor Daddys Wutausbrüchen angemietet hatte. In den schlimmsten Nächten ließ Mom ihn verhaften. Er verbrachte eine oder zwei Nächte im Gefängnis, stöberte uns dann auf und drohte Mom, ihr *richtig* wehzutun, wenn sie nicht mit ihm nach Hause kam, wo sie hingehörte. Also gingen wir zurück. Dad arbeitete wieder die ganze Woche, betrank sich am Freitag und schlug sie aufs Neue. Das wiederholte sich, bis er uns verließ und weiter in den Norden nach Orlando zog. Als meine Eltern sich scheiden ließen, war ich vier.

Mom wollte nichts von der Wohlfahrt. Sie arbeitete als Zimmermädchen und ließ mich sechs Tage die Woche in der Obhut von Schwestern und Vettern, Fremden und Freunden. Eine meiner Babysitterinnen, Tante Tilly, unterhielt im Wohnzimmer ihrer Zwei-Zimmer-Wohnung einen Spielsalon. Ich hatte im Schlafzimmer zu bleiben, solange die Würfel rollten oder Karten gespielt wurde, außer ich musste auf die Toilette. Man könnte sagen, dass mein Vater mein erster Gefängnisaufseher war und Tante Tilly Nummer zwei.

Ich war bei einer anderen Tante, als ich vom Fahrrad fiel und mir an der Querstange die Scheide verletzte. Mom brachte mich ins Krankenhaus, um die Verletzung untersuchen zu lassen. »Hat dich dort unten jemand angefasst?«, wollte der Doktor wissen.

»Nein«, sagte ich. Und habe es bis heute verleugnet,

obwohl es eine Lüge war. Zwei meiner Vettern – der eine ein Teenager, der andere ein erwachsener Mann – hatten mich mehrere Male missbraucht, wenn auch nicht penetriert. Beide hatten mir Unbill angedroht für den Fall, dass ich den Mund nicht hielt. Ich weiß nicht, welcher von beiden mich mit seiner Geschlechtskrankheit infizierte. Mom glaubte mir unbesehen und ging wieder zur Arbeit. Es war ihre Schwester, Tante May, die mich zu den Folgeterminen ins Krankenhaus brachte. Ich hasste die Besuche dort und verstand den Grund nicht. Im Wartezimmer gab es kein Spielzeug und keine Bücher und auch keine anderen Kinder. Es waren hauptsächlich alte, kranke Männer mit Alkoholfahnen dort. »Warum kannst *du* nicht das nächste Mal mit mir hingehen?«, fragte ich Mom. Ihre Antwort war immer die gleiche: »Ich bin zu beschäftigt. Ich muss arbeiten.«

Als ich sechs wurde, band Mom einen Schlüssel an eine Schnur, die sie mir um den Hals legte. Ich sei jetzt alt genug, um nach der Schule nach Hause zu laufen, meine Schulkleidung auszuziehen und allein zu meinen Babysittern zu gehen. Wenn es mir bei Tante Tilly zu laut war oder mir woanders die Leute nicht gefielen, zog ich mich um und streifte stattdessen durch die Nachbarschaft. Ich sah anderen Kindern beim Spielen zu, ärgerte streunende Katzen oder saß bei wildfremden Leuten auf der Veranda. Ich wusste nicht, wie die Leute hießen, aber ich kannte ihren Tagesablauf. Und ich saß nie auf einer Verandatreppe, wenn die Besitzer zu Hause waren. Keiner meiner Babysitter schien meiner Mutter jemals mitzuteilen, dass ich nicht aufgetaucht war. Wahrscheinlich hatten sie vergessen, dass ich überhaupt kommen sollte.

Mom kam immer spät nach Hause, und sobald sie da war, folgte immer der gleiche Ablauf: Abendessen, Baden, ins Bett gehen. »Ich hab dich lieb, Mom«, sagte ich jeden

Abend zu ihr, wenn sie mir Gute Nacht sagte, und sie wandte jedes Mal den Kopf ab und murmelte ein schnelles »Ich dich auch«. Dieses seltsame, dreisilbige »Ich dich auch« hat mich mein Leben lang beschäftigt. Soweit ich mich erinnern kann, habe ich nur ein einziges Mal ein vollständiges »Ich hab dich auch lieb« von ihr gehört, am Telefon, in meinem dritten Jahr im Gefängnis. Es war ein Schock für mich, dass sie mir gegenüber tatsächlich das Wort »Liebe« aussprach. Das war 1989, als ich zweiundvierzig war.

Meine Mutter war eine gläubige Christin, die weder trank noch rauchte noch herumschlief. Aber ihr Leben drehte sich nur um ihre Arbeit und nicht um mich, ihre Tochter. Vielleicht hätte ich es leichter ertragen können, wäre ich ein anderes Kind gewesen. Aber ich war, was ich war: nervös, asthmatisch, zu schüchtern, mich irgendwelchen Mannschaften oder Vereinen anzuschließen, und leicht zum Weinen zu bringen. Ich gab mir in der Schule große Mühe, aber ich fehlte häufig. Und oft fühlte ich mich unter meinen Mitschülern im Klassenraum einsamer als zu Hause in unserer Wohnung.

Mom lernte Mr. Fred im Bus auf dem Weg zur Arbeit kennen. Sie gingen ein Jahr miteinander und trafen sich meist außer Haus. Als sie heirateten, zogen wir aus unserer Wohnung in ein größeres Haus. Zuerst mochte ich Mr. Fred ganz gern. Ich war froh, wieder einen Vater zu haben, und dieser hier ging mit Mom ins Kino und schlug sie nicht. Manchmal, wenn ich den Abendbrottisch abräumte und Mr. Freds Teller hochhob, fand ich einen halben Dollar Trinkgeld darunter.

»Kann ich zu Mr. Fred jetzt ›Daddy‹ sagen?«, fragte ich Mom.

»Warum willst du das? Er ist nicht dein Vater. Sag Mr. Fred zu ihm.«

Nach dieser Unterhaltung begann ich immer deutlicher

zu spüren, dass Mr. Fred mich nicht um sich haben wollte. »Hat sie denn keine Freunde, mit denen sie spielen kann?«, pflegte er meine Mutter zu fragen. »Hier«, sagte er dann und gab mir ein wenig Kleingeld. »Geh los und hol dir ein Eis.« Ich ließ mir Zeit auf dem Weg zur Eisdiele und zurück, denn ich wusste, was Mr. Fred wirklich wollte. Wenn ich zurückkam, war er meist verschwunden.

Mr. Fred legte Wert darauf, der Herr im Haus zu sein. Er wollte, dass zum Abendessen ein *halbes* Hähnchen auf den Tisch kam und kein ganzes. (Das Problem war nur, dass er einen Großteil davon allein aufaß.) Er rief tagsüber pausenlos zu Hause an, weil er ein *Recht* darauf hatte, zu wissen, wo seine Frau war und was sie gerade tat. Was Mom wollte, kümmerte ihn nicht – *seine* Frau würde jedenfalls nicht arbeiten, solange sie schwanger war. Das gehörte sich nicht.

Ich war acht, als meine kleine Schwester Shirley zur Welt kam. Mr. Fred, der zur Hälfte Weißer war, hatte einen süßen kleinen Schatz mit heller Haut und Locken in die Welt gesetzt, der ohne jeden Zweifel Daddys Liebling war. Auch Mom war stolz auf Shirley und gab sie nicht aus den Händen. »Leg sie wieder hin, Bonnie. Ich will nicht, dass du sie hochhebst.« Ich liebte meine Halbschwester, aber ich kam nicht in ihre Nähe. Mom, Mr. Fred und Shirley waren wie eine dreiköpfige Familie.

Als ich zwölf war, zogen wir nach Liberty City. Inzwischen war auch mein kleiner Bruder geboren worden. Mr. Fred hatte ein Auto gekauft und kam immer seltener nach Hause. Mom hasste es, allein mit den Kleinen zu Hause zu sitzen. Trotz Mr. Freds Einwänden begann sie wieder zu arbeiten. Fünf Tage die Woche nahm sie früh am Morgen den Bus. Es war meine Aufgabe, meine Geschwister fertig zu machen und sie vor der Schule zum Babysitter zu bringen. Nach der Schule musste ich auf dem schnellsten Weg zurück und sie wieder abholen. Einmal blieb ich noch mit ein paar Freunden zusammen und kam eine Stunde zu spät. Die Babysitterin war fuchsteufelswild und Mom ebenfalls.

Die zweite Ehe meiner Mutter war nicht glücklich. Es gab mehrere Schwangerschaften und Abtreibungen. Diejenige, die sie fast umgebracht hätte, gab sie als »Lebensmittelvergiftung« aus. Je älter ich wurde, desto mehr bekam ich mit. »Warum wirst du auch immer wieder schwanger?«, hörte ich Mr. Fred meine Mutter einmal anbrüllen. »Ich habe immer nur dieses eine Kind gewollt, das weißt du!« Und so vergötterte er Shirley und ignorierte seinen einzigen Sohn. Als ich in die Pubertät kam, war ich für Mr. Fred zur bevorzugten Zielscheibe geworden. »Schwarze Schlampe!« »Nichtsnutziges Flittchen!« »Du bist das schlimmste Luder in der ganzen Gegend!« Bei seinen Ausfällen ließ Mr. Fred Chancengleichheit walten, er warf sowohl meiner Mutter als auch mir die gleichen üblen Beleidigungen an den Kopf. Seine Kinder folgten seinem Beispiel und beschimpften uns schon bald genauso. Aber etwas habe ich von Mr. Fred gelernt: meine Ohren auf Durchzug zu stellen und mich einfach auszublenden, während ich angeschrieen wurde. *Ich kann ihn nicht hören, weil ich nicht da bin*, sagte ich mir, während ich mit blanker Miene dastand. *Blöde wie er ist, merkt er gar nicht, dass ich nicht mehr da bin.* Es war eine Überlebenstechnik, die ich später bei meinen gewalttätigen Ehemännern zu nutzen wusste.

Der Haken daran war, dass das Ausblenden nur bei verbalen Attacken funktioniert. Man kann Worte ausblenden, aber keinen überraschenden Schlag gegen den Kopf. Mom war mit meiner Schwester im siebten Monat schwanger, als Mr. Fred ihr eines Nachmittags mit aller Kraft gegen den Kopf schlug. Meine arme Mom war völlig ahnungslos und hätte vermutlich auch nichts unternommen, wenn es anders gewesen wäre. Sie war ihr Leben lang ein Opfer gewesen und hatte keine Ahnung, wie sie sich verteidigen konnte. Aber *ich* konnte sie verteidigen. Während sie dastand und sich weinend das Gesicht hielt, ging ich auf ihn los und fing an, ihn anzubrüllen. Er brüllte zurück. Mom versuchte verzweifelt, uns auseinander zu bringen, und die kleineren Kinder standen da und schrieen aus Leibeskräften. Als die Polizei eintraf, spielte Mom die Sache herunter und zog es vor, Mr. Fred nicht verhaften zu lassen. Sollten ihn die anderen davonkommen lassen, dachte ich mir, ich würde es nicht tun. Ich ging hinaus, packte einen Stein und zertrümmerte die Windschutzscheibe seines Autos. Die nächsten Tage musste ich bei meiner Tante übernachten.

Als ich auf der Highschool war, ging ich abends meist als Letzte ins Bett, weil ich gern spätabends fernsah. Eines Nachts stand ich am Spülbecken und füllte mir vor dem Zubettgehen ein Glas Wasser ab, als Mr. Fred in die Küche kam und sich hinter mich stellte. Er und Mom waren schon vor Stunden schlafen gegangen. Was war los? Wortlos streckte er den Arm aus und begann meine Brüste zu betatschen. Mit der freien Hand versuchte er mein Gesicht zu sich zu drehen, um mich zu küssen. Als er mir seinen Steifen gegen den Hintern drückte, stieß ich mich ab und entwandte mich seinem Griff. Dann machte ich, dass ich aus der Küche kam. Ich saß mit klopfendem Herzen im Wohnzimmer im Sessel, als er kurz darauf aus der Küche kam und wortlos an mir vorüberging. Die Schlafzimmertür fiel hinter ihm zu. Ich wusste, dass Mr. Fred zu vielem fähig war, aber *das?*

Ich fand keinen Schlaf in dieser Nacht und konnte mich am nächsten Tag in der Schule nicht konzentrieren. Was sollte ich tun? Meinem Vater davon berichten? Er war seit Jahren nicht mehr in Erscheinung getreten. Mom konnte ich es auch nicht erzählen. Sie wäre am Boden zerstört. Das Einzige, was mir einfiel, war, den Mund zu halten und mich in Acht zu nehmen. Es war eine verwirrende Situation, aber eines war mir klar: Mr. Fred hatte getan, was er getan hatte, weil er mich hasste.

An diesem Wochenende ging ich mit einer Freundin zu einem Footballspiel in unserer Schule. Nach dem Spiel begleiteten uns zwei Jungen, die wir kannten, nach Hause. Mr. Fred legte los, noch ehe die anderen außer Hörweite waren. »Du dreckiges schwarzes Luder! Du versautes Miststück!« Als Mom ihm sagte, er solle aufhören, mich so zu beschimpfen, wandte er sich gegen sie. Die Sache war aussichtslos, sagte ich mir und wollte aus dem Zimmer gehen. »Bleib gefälligst hier, wenn ich mit dir rede!«, schrie er. Als ich seinen Befehl ignorierte, ging er auf mich los. Und schon schlugen wir wieder aufeinander ein. Ich stoppte Mr. Fred mit einem mittelgroßen Blumentopf, den ich ihm auf den Kopf schlug. Als die Polizei eintraf, war er verschwunden.

Ich flehte meine Mutter an, Mr. Fred zu verlassen und uns an einen sicheren Ort zu bringen. Das könne sie nicht tun, sagte sie, und ich akzeptierte ihre Entscheidung. Doch später, beim Abendessen, machte etwas »klick« in mir.

»Was glotzt du so, du nichtsnutzige kleine Schlampe?«, sagte er.

»Ach, jetzt bin ich eine nichtsnutzige Schlampe?«, erwiderte ich. »Aber als du mir an die Brust gegrabscht und deinen Steifen gegen mich gedrückt hast, war ich dir gut genug.«

Schockiert und sprachlos saß Mom da, und Mr. Fred ging in die Offensive. »Warum sollte ich mich an einer hässlichen schwarzen Schlampe wie dir vergreifen? Die lügt doch, wenn sie nur den Mund aufmacht, will uns nur auseinander bringen. An so einer vergreift sich doch keiner!«

Mom schickte mich an diesem Abend zu meiner Tante. Als ich am nächsten Tag aus der Schule kam, drückte sie mir die Tasche in die Hand, die sie gepackt hatte. Für den Rest des Schuljahres wurde ich in der Verwandtschaft herumgereicht und im Sommer zu meiner Großmutter nach Georgia verfrachtet. Als es September wurde, kehrte ich nach Florida zurück. Ich war jetzt in der elften Klasse, eine Teilzeitwaise, die nur nach Hause kommen durfte, wenn Mr. Fred nicht da war. Mein Leben lang hatte ich versucht, es meiner Mutter recht zu machen – mir gute Schulnoten erarbeitet, das Haus geschrubbt und sauber gehalten, mich um meine kleinen Geschwister gekümmert. Alles, was ich wollte, war eine Mutter, die ein bisschen weniger kühl und distanziert war und die »Ich hab dich auch lieb« zu mir sagte. Aber nun, da sie ihre Wahl getroffen hatte, gab ich den Kampf auf. Verlagerte meine Prioritäten. Ich wollte unbedingt beweisen, dass Mr. Fred Unrecht hatte. Ihnen beiden zeigen, dass Männer »so eine« wie mich sehr wohl haben wollten. Es ist genau wie in dem Lied: *Manchmal fühle ich mich wie ein mutterloses Kind, weit weg von meinem Zuhause.*

Das war meine vergrabene Geschichte. Aus diesem Grund hatte ich vor Jahren alle Vorsicht fahren lassen, hatte nach Kräften über die Stränge geschlagen, Männer geheiratet, die mir wehtaten, und mich am Ende besonnen. Eine gläubige Rastafari zu werden half mir beim Umgang mit meiner Vergangenheit. Aber in jenen langen, schlaflosen Nächten, in denen ich auf die Antwort von Reverend Sanders oder des Anstaltleiters wartete – ob man mein Gelübde respektieren und ob ich von der Pflicht, Hosen zu tragen, befreit werden würde oder nicht –, kehrten die schlechten Erinnerungen zurück und nahmen mich gefangen.

Eines Morgens erblickte ich Reverend Sanders auf dem Gehweg und ging zu ihr.»O ja, ich habe Ihren Brief bekommen«, sagte sie. »Ich werde das für Sie herausfinden. Ich hatte einfach viel zu tun. Aber das wird kein Problem für Sie.« Ich war davon weniger überzeugt als sie.

Wenige Tage später wurde ich ins Büro des Direktors zitiert. Wobei zu beachten ist, dass Anstaltsleiter O'Keefe der kommissarische Leiter war und dem Gefängnis nur vorübergehend vorstand. »Setzen Sie sich«, sagte er. »Ich habe auch Lieutenant Miller gebeten, dabei zu sein.«

Da saß ich nun im Angesicht der Macht: einem knapp eins neunzig großen und zweihundertachtzig Pfund schweren weißen Gefängnisleiter und seiner weißen Stellvertreterin gegenüber. Bevor es losging, schickte ich schnell ein stummes Stoßgebet zum Himmel. *Herr Jesus, mein Retter, verlass mich nicht in dieser schweren Stunde.*

»Wenn ich das richtig verstehe, haben Sie ein Problem mit der Uniform«, begann der Leiter. »Ist das richtig?«

Seine blauen Augen blickten streng und abweisend, aber ich zwang mich, ihnen nicht auszuweichen. »Das muss kein Problem sein«, sagte ich. »Ich werde die Uniform tragen, aber nicht die Bluejeans, weil ich damit gegen mein Gelübde verstoßen würde. Meine Familie hat angeboten, blaue Jeansröcke für mich nähen zu lassen, oder sie auf die Art zu erwerben, die die Anstalt für notwendig hält. Wenn Sie mich also ...«

»Es wird keine Ausnahme von der Regel geben«, sagte er.

Ich erinnerte ihn daran, dass es gegen die Verfassung und die Bürgerrechte verstoßen würde, mich zum Tragen von Hosen zu zwingen. »Haben Sie die Informationen gelesen, die ich Ihnen geschickt habe?«, fragte ich ihn. Er gab mir keine Antwort darauf.

»Sehen Sie es doch von der Seite, Direktor O'Keefe«, schlug ich vor. »Würden Sie eine Muslimin oder eine Jüdin zwingen, unreines Fleisch zu essen?« Er räusperte sich und blickte zu seiner Stellvertreterin auf.

»Sie machen einen großen Fehler, Bonnie«, wies mich Lieutenant Miller zurecht.

Ich schüttelte den Kopf. »Mein Fehler wäre es, meinen Schwur zu brechen.«

Die Stellvertreterin begann auf und ab zu gehen. »Ihnen ist hoffentlich klar, dass Sie in Arrest genommen werden, wenn Sie sich weigern, dem Befehl nachzukommen.«

»Haben Sie mich je in Hosen gesehen, Lieutenant?«, fragte ich sie. Sie schüttelte den Kopf. »Daran können Sie sehen, wie ernst ich mein Gelübde nehme.«

»Nun, Sie werden feststellen, dass wir es ebenfalls ernst meinen«, sagte der Leiter. »Ich denke, wir sind fertig miteinander.« Die beiden starrten mich an wie Gott und sein Erzengel.

Auf dem Weg nach draußen drehte ich mich noch einmal um und sah den Leiter an. »Ich werde mich nicht von meinem Herrgott abwenden, weder für einen Mann noch für eine Frau«, sagte ich. »Und Sie sind nicht mein Gott.«

Ich hatte entsetzliche Angst vor dem Bau, der jetzt in der York C. I. untergebracht war, der neuen Einrichtung für Hochsicherheitsgefangene. Ein Jahr lang hatte ich über das Anstaltsgelände geschaut und beobachtet, wie das gewaltige Gebäude einem Ungeheuer gleich in die Höhe wuchs. York war der letzte Ort auf Erden, wo ich hinwollte. Aber ein oder zwei Mal im Leben kommt für jeden die Zeit, zu der es Stellung zu beziehen gilt, und dies war meine.

Ich bin in Niantic mit vielen tiefen Freundschaften gesegnet worden und habe selbst anderen in Not geholfen. Jetzt war meine Zeit der Not gekommen und die Insassinnen, Aufseher, Lehrerinnen und Fürsorger wussten das. Sie versammelten sich um mich, boten mir Unterstützung an und wünschten mir alles Gute. Die meisten waren besorgt über die Konsequenzen, denen ich mich bald zu stellen haben würde, und rieten mir, nachzugeben und die Hosen anzuziehen. Diejenigen, die mich am besten kannten, verstanden, warum ich das nicht konnte.

Am folgenden Montag rief mich Officer Pratt, der diensthabende Aufseher, in die Kleiderkammer. »Bonnie«, sagte er, »ich übergebe Ihnen Ihre Uniform.« Er übergab mir den Kleiderstoß, und ich nahm ihn.

»Ich trage diese Hosen nicht, Mr. Pratt«, sagte ich. Er nickte, wandte den Blick ab und murmelte etwas von nur seine Pflicht tun.

Ich ging zurück in meine Kammer, zog meine Bluse aus und ersetzte sie durch den burgunderroten Pullover. Meinen Jeansrock trug ich bereits. Ich packte gerade meine Sachen für die Arrestzelle, als meine Fürsorgerin, Ms. Doyle, in der Tür erschien. »Es tut mir schrecklich Leid, Bonnie, aber es ist nun einmal Vorschrift. Ich befehle Ihnen, Ihre Uniform anzuziehen.«

»Sie wissen, Ms. Doyle, dass ich diese Hose nicht anziehen kann, weil das gegen mein Gelübde verstößt«, sagte ich.

»Dann ist das Befehlsverweigerung.« Sie verschwand.

Später kam meine Freundin Lieutenant Jones vorbei, um mir alles Gute zu wünschen. Lieutenant Jones repräsentierte das »alte« Niantic. Sie lächelte, aber in ihren Augen standen Tränen. »Wenn es irgendetwas gäbe, was ich für dich tun kann, würde ich es tun«, sagte sie. Ich umarmte sie und bat sie, mich nicht zum Weinen zu bringen. Ich würde sie, Robin, Patty und meine anderen Freunde eine Weile nicht sehen. Meine Einweisung in den Bau bedeutete, dass ich weder zur Schule noch in den Besucherraum und nicht einmal nur zu einem Arzttermin gehen konnte.

Kurz vor der 23-Uhr-Zählung erschien Officer Walker in meiner Tür. »Zeit zu gehen, Bonnie«, sagte sie. Ms. Walker war eine der ersten Aufseherinnen, denen ich in Niantic begegnet war. Als eine der wenigen damals angestellten schwarzen Officers hatte sie eine Art Alibifunktion, wie ich vermutete – sie war angestellt, um irgendeine Quote zu erfüllen, und bereit, ihre eigene Rasse zu verkaufen, um ihre weißen Mitarbeiterinnen nicht zu beunruhigen. Es war ein hartes Urteil von mir gewesen und noch dazu falsch. Im Laufe der Jahre hatte ich ihre Fairness und ihre Hilfsbereitschaft schätzen gelernt. Sie war freundlich an diesem Abend, verzichtete auf Handschellen und fuhr mich im PKW der Stellvertreterin statt im Gefängnistransporter. Sie behandelte mich mit dem größtmöglichen Respekt.

»Ich dachte, ich müsste nach York«, sagte ich, als Officer Walker ganz unerwartet vor Thompson Hall stehen blieb. Ich würde in ein oder zwei Tagen in den neuen Komplex verlegt werden, klärte sie mich auf. Im Augenblick sei ich Thompson Hall zugewiesen worden, einem der ältesten und deprimierendsten Gebäude der Anstalt – und der Ort, an dem ich einst meine Haftstrafe angetreten hatte. Es war wie eine Rückkehr zu meinen ersten und schlimmsten Tagen in Niantic.

Im Zimmer, das ich in Fenwick South gerade geräumt hatte, gab es kleine Jalousien, Familienbilder und bunte, gehäkelte Decken auf den Betten. Es war wohnlich und gemütlich und hatte einen blitzsauberen Linoleumboden, den ich bohnerte, bis er glänzte. Mein neues »Zuhause« dagegen enthielt ein ungemachtes Bett, Schmutz, Staubflusen in den Ecken und farblose Wände. Ein Zitat aus der Bibel fiel mir ein, eine Passage, die ich nicht ganz zuordnen konnte: *Mit nichts bin ich in diese Welt gekommen und mit nichts werde ich sie verlassen.* Ich wollte weinen, stattdessen betete ich.

Eine Stunde später öffnete der diensthabende Officer meine Zellentür und übergab mir einen Bademantel und die Uniform, die arretierte Gefangene zu tragen hatten – eine grüne Kluft, wie sie Ärzte bei Operationen anhaben. Ich behielt das Hemd und den Bademantel, gab ihm aber die Hosen zurück. Als ich mich umgezogen hatte, kam er wieder. Ich übergab ihm die Kleidung, die ich bei meiner Ankunft getragen hatte – den burgunderroten Pullover und meinen Jeansrock. Ich fühlte einen seltsamen Frieden in mir. Doch als kurz darauf das Licht ausging, lag ich in der Dunkelheit und die alten Ängste kehrten zurück.

»Lassen Sie uns beten«, schlug Reverend Sanders am nächsten Tag vor. Sie hatte nichts unternommen, um meine Religionsfreiheit zu verteidigen, doch jetzt war sie da, um mich zu trösten. Ich sprach ein stummes Gebet: *Herr, bitte schenke mir Demut und die geistige und mentale Stärke, um diese Prüfung zu überstehen.* Außerdem bat ich darum, von falschen Propheten verschont zu werden.

Später an diesem Tag wurde ich auf die Westseite des Areals, ins Hochsicherheitsgefängnis York verlegt und in Lieutenant Jaspers Büro geführt. Ich stand in Unterwäsche, Socken, Turnschuhen, dem grünen Knasthemd und dem vom Staat übereigneten Bademantel vor ihm. »Haben Sie sich die Sache mit den Hosen noch einmal überlegt?«, fragte er. Ich verneinte. Er nickte und entließ mich ohne viel Aufhebens.

Anders war es mit Lieutenant Roper. Ich kannte ihn seit seinem ersten Tag in Niantic und hatte noch nie Probleme mit ihm gehabt. Aber an diesem Tag gab er sich formell und einschüchternd: »Für die Verweigerung eines Befehls können wir Ihnen ›Gute Tage‹ abziehen.[*] Sie schneiden sich nur ins eigene Fleisch.«

---

[*] Frauen, die sich durch gute Führung auszeichnen, können »Gute Tage« sammeln. Diese werden gegen Ende ihrer Inhaftierung von der Haftstrafe abgezogen und können so die Haftdauer verkürzen.

»Ich mache nichts anderes, als für meine religiöse Überzeugung einzustehen«, erwiderte ich. Als Lieutenant Jasper zurückkam, eskortierte er mich zum Zellentrakt 3 Nord, Einzelhaft. Ich spürte die eisige Atmosphäre, sobald ich das Gebäude betrat. Zwei uniformierte Wärter saßen an einem Schaltpult – einer Reihe elektronischer Tasten zum Öffnen und Schließen von Zellentüren, Bedienen der Sprechanlage, Ein- und Ausschalten der Lichter. Vom Schaltpult aus konnten die Aufseher das Leben einer Gefangenen kontrollieren, ohne jemals mit ihr in Kontakt zu kommen. Ich erhielt zwei Laken und eine Decke und wurde der Zelle A6 in der obersten Reihe zugewiesen. Ich stieg die Treppe hinauf, stand vor der Tür und wartete. Die Tür öffnete sich mit einem Klicken. Ich ging hinein. Die Tür fiel hinter mir zu und klickte wieder.

Vier graue Wände, eine Tür, ein Fenster, Toilette und Waschbecken, und das Rauschen der vom Ventilator bewegten recycelten Luft – ein Gefängnis im Gefängnis. Ich fühlte mich allein und bedrückt, aber auch entschlossen. War Jesus nicht auch schikaniert worden? Hatten nicht Martin Luther King, Nelson Mandela, Mahatma Gandhi und Steven Biko allesamt ein Gefängnis von innen gesehen? Der Gedanke an diese großen Männer gab mir Kraft. Mit Gottes Gnade und Beistand würde ich die Opfer überstehen, die der Arrest meinem Verstand und meinem Herzen, meinem Körper und meiner Seele abverlangte.

Aber es war schwer. Die Isolation kann die Schwachen noch schwächer machen. Einen labilen Geist in den Wahnsinn treiben. Kriegsgefangene dazu bringen, mit ihren Häschern zu kooperieren. Wie würde das enden? Wie würde ich sein, wenn alles vorbei war?

»6A öffnen«, rief jemand. *Klick*. Ein Aufseher kam herein, übergab mir ein Tablett mit Mittagessen und ging wieder hinaus. *Klick*.

217

Als ich ein oder zwei Stunden später durch den Glasschlitz in meiner Zellentür hinausstarrte, bemerkte ich eine Aufseherin, die ich kannte. »Ms. Ray! Ms. Ray, ich bin es, Bonnie!« Sie blieb stehen und sah hinein. Ms. Ray und ich kannten uns schon lange. Wir respektierten uns. Sie hatte mich manchmal um Rat gefragt zum Umgang mit den jungen Straffälligen, die sie betreute. »Ich habe nichts Unrechtes getan, Ms. Ray!«, rief ich hinaus. Sie starrte mich an, als sei ich eine Kreatur im Zoo der Bronx. Dann ging sie fort.

Die nächsten Tage waren erfüllt von Stille, dem Lesen der Bibel und Gebeten. Mein altvertrauter Feind – das Gefühl der Verlassenheit – hatte sich mit mir in der Zelle eingenistet, doch die Menschen kamen und gingen. Die Aufseher mit meinem Essen; Reverend Sanders; ein Diakon, dem ich noch nie begegnet war; »gute Bullen« und »schlechte Bullen«, die mich überreden wollten, mich den Vorschriften zu fügen. Ich sagte allen das Gleiche: dass ich alles versucht hatte, um diese Situation zu vermeiden, aber nicht bereit war, gegen mein Gelübde zu verstoßen. »Selbst wenn ich Recht habe, sagen die Leute, ich hätte Unrecht«, erklärte ich ihnen. »Aber ich bin mit meiner Entscheidung im Reinen.«

Das war ein Bluff. Ich war nicht im Reinen. Ich betete zu Gott, mir die Kraft zugeben, diese Unbilden zu überstehen, während ich von einem Strudel aus Ängsten, Dämonen und Erinnerungen gepackt wurde. Ich sah das grün und blau geschlagene Gesicht meiner Mutter und die alten Säufer in der Klinik für Geschlechtskrankheiten ... hörte den Hohn und Spott Hector Freemans und meiner Ehemänner ... spürte den heißen Atem meines Vetters auf meinem Gesicht, Mr. Freds Hand auf meiner Brust und die Hiebe des Metallrohrs, mit dem mein Mann mir die Seele aus dem Leib prügelte, während er mich auf dem Bett festhielt. Ich war in dieser Zelle eine Frau, die um ihre Religionsfreiheit kämpfte, aber ich war auch eine Frau, die man von ihrer Familie getrennt hatte – ein kleines Mädchen, das niemals jemand wirklich gewollt hatte. »Hilf mir, Jesus«, flüsterte ich. »Erlöse mich von dieser Angst. Jah Rastafari, bitte verlass mich nicht in meiner Not.«

Der stellvertretende Anstaltsleiter Levy erschien am folgenden Morgen. Ich hatte noch nie mit ihm zu tun gehabt – war ihm noch nie begegnet. Er war ein kleiner Mann, einsvierundsechzig bis einssiebenundsechzig groß, von mittlerer Statur. Er hatte dichtes, strubbeliges Haar, sanfte braune Augen und eine Aura innerer Ruhe, die mir sofort auffiel. Fast wie ein Gnadenengel betrat er meine Zelle.

»Ich möchte vernünftig mit Ihnen reden, Bonnie«, sagte er.

Ich sei Gott zu Gehorsam verpflichtet, sagte ich ihm, nicht Mann oder Frau. Er nickte und meinte, das verstehe er. Schon, dass er das Wort *vernünftig* gebrauchte, war ein Trost.

»Welcher Religion gehören Sie an?«, fragte ich.

»Ich bin Jude, aber kein praktizierender.« Praktizierend oder nicht, dachte ich mir, das ist ein Mann, der sich mit religiöser Verfolgung auskennt.

»Sie haben natürlich das Recht, ihre Religion auszuüben, Bonnie. Und von Rechts wegen dürften Sie gar nicht in dieser Zelle sitzen. Aber es wurde nun mal eine Grenze gezogen und die Uniformvorschriften entziehen sich meiner Kontrolle. Ich bin nicht hier, um Sie zu zwingen oder unter Druck zu setzen, und ich erwarte auch nicht, dass Sie gegen Ihr Gelübde verstoßen. Aber ich glaube, dass ich einen Ausweg weiß aus dieser Sache. Möchten Sie meine Idee hören?«

Ich nickte.

»Was wäre, wenn *ich* die Hosen holen und sie Ihnen anziehen würde? Dann müsste *ich* am Tag des Gerichts für dieses Sakrileg einstehen, nicht Sie. Würden Sie sich zur Wehr setzen, wenn ich Ihnen die Hosen anzöge?« Verwirrt und erschöpft begann ich zu weinen. War das ein Ausweg oder Heuchelei? War die Vermittlung dieses Mannes der Beweis, dass Gott mich nicht verlassen hatte, oder der Beweis des Gegenteils? Hundert Argumente schossen mir durch den Kopf.

»Ich werde mich nicht wehren«, sagte ich schließlich. Als der Anstaltsvize mit den grünen Anstaltshosen zurückkam, kniete er sich vor mich und streifte mir behutsam die Hosen über die Beine. »Würden Sie bitte aufstehen, Bonnie?«, bat er mich. Dann befestigte er den Kordelzug in meiner Taille. Ich fiel zurück aufs Bett und begann laut zu wimmern. »Sie haben nichts Unrechtes getan, Bonnie«, sagte er. »Danke, dass ich Ihnen helfen durfte. Passen Sie gut auf sich auf.«

Als er gegangen war, weinte ich mir die Augen aus. Ich weinte, bis ich keine Tränen mehr hatte. Für den Rest des Tages konnte ich das Bett nicht mehr verlassen.

Als ich den Zellentrakt am folgenden Tag in Hosen verließ, fiel es mir schwer, meinen Mitgefangenen unter die Augen zu treten. Die Bibel fest umklammert, hielt ich die Augen auf den Boden gerichtet, um den Blicken der anderen, ob mitfühlend oder nicht, auszuweichen. Ich hatte mich weit entfernt von jener frechen jungen Frau, die in zusammengeliehenen Kleidern und schwarzem Hütchen den Kirchengang entlangstolzierte. Nun war ich eine gebrochene, verbitterte Frau in Gefängnis-Bluejeans.

In den nächsten Tagen konnte ich weder essen noch schlafen, noch mich überhaupt viel bewegen. Ich hatte auch kein Interesse daran, mit anderen zu reden. Man bestellte mich zur Untersuchung in die psychiatrische Abteilung.

»Hören Sie Stimmen?«, fragte mich der Arzt.

»Nein.«

»Haben Sie den Drang, sich selbst zu verletzten?«

»Nein.«

»Vielleicht möchten Sie mir erzählen, was Sie bedrückt?«

Ich schüttelte den Kopf. »Was geschehen ist, ist geschehen und kann nicht rückgängig gemacht werden«, erwiderte ich.

Er nickte und verließ das Zimmer. Kurz darauf kam er zurück und sagte, ich könne gehen. Ich war wochenlang deprimiert. Ich hatte keinen Appetit. Ich konnte nicht lächeln. Personal, dem ich vorher vertraut hatte, erschien mir jetzt nicht mehr vertrauenswürdig. Ich wollte nur in meinem Zimmer bleiben, die Bibel lesen und in Ruhe gelassen werden. Jeden Morgen stand ich mit Scham im Herzen auf und zog meine Hosen an.

Aber Gott ist gnädig. Schritt für Schritt führte er mich aus meiner Verzweiflung und gab mir den Willen zum Leben zurück. Ich lernte zu begreifen, dass Bitterkeit und Feinseligkeit meine Seele wie ein Krebsgeschwür auffressen würden und dass nur Vergebung mich befreien würde.

Und ich lernte zu verstehen, das Taten mehr sagen als Worte. Als ich 1986 verwirrt und voller Angst nach Niantic kam, waren es die Ältesten, die mich auffingen, mich trösteten und mir zu überleben halfen. Heute bin ich selbst eine Mentorin und Ersatzmutter für verängstigte Frauen und eine Großmutter für verschiedene jugendliche Straftäterinnen, allesamt harte, verängstigte Kinder, deren Unschuld ich hinter ihrem aufmüpfigen Gehabe erkennen kann.

Was ich durchgemacht habe, hat mich zu einem besseren und weiseren Menschen werden lassen. Ich vergrabe meine schmerzhaften Erinnerungen nicht mehr, bemühe mich aber, mich nicht allzu sehr mit ihnen aufzuhalten. Es ist so, wie ich es dem Psychologen gesagt habe: »Was geschehen ist, ist geschehen und kann nicht rückgängig gemacht werden.« Ich konzentriere mich auf das Hier und Jetzt und auf meine Zukunft. Es ist so, wie es in dem Lied heißt: *Any day now, any day now, I shall be released.* Ich kann das Essen zu Hause schon riechen.

Bonnie Jean Foreshaw war der erste Mensch, der in Connecticut wegen Mordes an einer schwangeren Frau vor Gericht stand. Des heimtückischen Mordes für schuldig befunden, erhielt sie eine Haftstrafe von fünfundvierzig Jahren, das längste Strafmaß, das je eine Insassin der Anstalt erhalten hat. Inzwischen ist Foreshaw länger als jede andere Frau in York inhaftiert.

Rechtsexperten, die mit dem Foreshaw-Fall vertraut sind, weisen darauf hin, dass ihr Pflichtverteidiger jegliches Maß an Kompetenz, auf das sie einen gesetzlichen Anspruch hat, vermissen ließ, und dass Foreshaw in Anbetracht der mit der Schießerei verbundenen Umstände wegen Totschlags, nicht aber wegen Mordes hätte verurteilt werden dürfen. Rechtsanwältin Mary Werblin, die sich unentgeltlich für Foreshaw und die Wiederaufnahme des Falles einsetzt, betont, dass Foreshaws Prozess die soziale und geschlechtsbezogene Voreingenommenheit der Justiz offenbare.

Bonnie Foreshaw hat vier Kinder und vier Enkelkinder und ist inoffiziell vielen der Frauen und Teenager in York eine »Ersatzmutter«. In ihrem Bestreben, denen zu helfen, denen es schlechter geht als ihr, engagiert sie sich in der Gefängnisgruppe der Literacy Volunteers of America und bei Hilfsorganisationen wie Alternatives to Violence.

»Das Schreiben hat mir eine Stimme gegeben, die ich vorher nicht hatte«, sagt sie. »Es ist ein wichtiger Bestandteil meines Heilungsprozesses geworden, der bis heute andauert. Ich hoffe, die Menschen, die dieses Buch lesen, werden verstehen, dass wir in erster Linie Menschen sind und erst in zweiter Linie Strafgefangene.«

Im Oktober 2002 revidierte die Gefängnisleitung ihre ursprüngliche Entscheidung und gestattete Bonnie Foreshaw, Röcke zu tragen.

Puzzleteile

Barbara Parsons Lane

Geboren: 1948

Straftat: Todschlag im Affekt

Strafmaß: 25 Jahre, Strafaussetzung zur Bewährung nach 10 Jahren

Beginn der Strafe: 1996

Status: Inhaftiert

1. Der Besuch

Ich sitze an einem langen Metalltisch im Hochsicherheits-bereich des Besucherraums des Hochsicherheitsgefängnis York und warte. Meine Hände flattern. Ein Lachen lässt mich zusammenschrecken. Seit ich vor zehn Tagen hierher kam, habe ich immer wieder mit überraschenden Geräu-schen zu kämpfen: eine gehobene Stimme, das Schlagen einer Zellentür, das Klatschen von Spielkarten auf einen Tisch. Meine Nerven sind zum Zerreißen gespannt. Wer steht neben mir? Wird sie mir zu nahe kommen? Bin ich hier sicher? Wer auch immer gekommen ist, um mich zu sehen, ist mein erster Besucher. Ich habe weder Kamm noch Make-up. Die Ponyfransen hängen mir ins Gesicht, weil das Ent-lausungsshampoo meine Dauerwelle neutralisiert hat. Bis jetzt habe ich noch keinen Gedanken an mein Aussehen verschwendet. Ich kann mir im Spiegel ohnehin nicht ins Gesicht sehen.

Die Tür des Besucherraums geht auf. Vier Gesichter erscheinen – meine vier wunderbaren Kinder: Andrea, achtundzwanzig, groß und gertenschlank; Arthur, sechs-undzwanzig, mit seinem für sein Alter ungewöhnlich ausgeprägten Verantwortungsgefühl; sein Bruder Adam, zwanzig, der Lebenslustigste von allen; und meine Kleine, Amanda, siebzehn, mit ihren überweiten Jeans und den aufgeschlitzten Knien. Mein Gott, was habe ich getan? Wie soll ich nur ohne sie leben?

Es gibt Vorschriften: Gefangene auf der einen Seite des Tisches, Besucher auf der anderen; keine langen Umarmungen, kein Ganzkörperkontakt bei der Begrüßung. Da der Tisch zwischen uns einen Meter breit ist, kann ich meine Kinder kaum berühren. Ich begrüße sie mit einem Kuss auf die Wange und einer kurzen, unbeholfenen Umarmung. »Ich kann nicht darüber reden, was passiert ist«, sage ich zu ihnen. »Und ich möchte nicht, dass ihr schlecht von Mark sprecht.«

Andrea übernimmt das Kommando und hält die Unterhaltung auf neutralem Gebiet: Ihr Mann ist bei den Kindern in Georgia geblieben, Arthur hat ihr das Geld für den Flug nach Connecticut geschickt. »Danke, Arthur«, sage ich zu meinem Sohn. »Das bedeutet mir wirklich sehr viel.« Er nickt und erwidert mein Lächeln. Es fällt uns beiden schwer, uns in die Augen zu sehen.

»Es ist so furchtbar, was dir passiert ist, Mom!«, entfährt es Adam. »Können wir denn gar nichts tun, um dich nach Hause zu holen?« Es gibt nichts.

Wir haben zwei Stunden zusammen, aber die Zeit geht viel zu schnell vorbei. Wir weinen, trösten uns, reden über verhasste, aber notwendige Maßnahmen: die Weiterleitung der Post, die Benachrichtigung der Gläubiger, die Räumung des Hauses, das ich im Begriff bin zu verlieren. Wie es die Vorschriften besagen, bleibe ich sitzen, während meine Kinder aufstehen, um zu gehen. Mit anzusehen, wie sie in ihr eigenes Leben zurückkehren, ist, als verlöre ich ein Stück meines eigenen Körpers. Zurück in meiner Zelle kauere ich mich auf meine Pritsche und schaukele stundenlang hin und her.

»Der da gehört mir«, sagt das große schwarze Mädchen. Sie ist zwischen zwanzig und dreißig Jahre alt und schwanger. Als sie den Arm um meine Schulter legt, zucke ich zur Seite.

»Bitte fass mich nicht an«, sage ich.

Aber sie ist hartnäckig. »Willst du einen Apfel?«

»Nein, danke.«

»So ist es recht, Baby«, belehrt mich Bertha. »Nimm ja nichts an von Big Bird. Wenn du es tust, glaubt sie, du wärst ihr was schuldig. Big Bird tut nur freundlich, um sich an neue Gesichter heranzumachen.« Bertha ist eine große, kräftig gebaute Schwarze und fünfzehn oder sechzehn Jahre jünger als ich, aber sie hat mich unter ihre Fittiche genommen und bringt mir die offiziellen Regeln des Gefängnisses und die inoffiziellen Regeln der vierundzwanzig Frauen in unserer Zellenreihe bei.

Ich bin am Ende. Ich spreche nur langsam und selten. Wenn ich von anderen angesprochen werde, braucht mein Gehirn ewig, um das Gesagte zu verstehen. Ich weiß nicht, warum diese Mädchen sich aufführen, als wären wir auf einer Pyjamaparty. Niemand scheint den Ernst unserer Situation zu begreifen. Ich komme mir vor, als wäre ich auf einer fremden Insel gestrandet, auf der nur Spanisch, Straßenslang oder Knastjargon gesprochen wird.

Während der Freizeit traue ich mich in den Fernsehraum. Ich gehe zu einem Sessel und kauere mich mit untergeschlagenen Füßen hinein, versuche mich zu einem Ball zusammenzurollen. Ich tue, als würde ich fernsehen, aber ich verstehe kein Wort. Alle reden durcheinander und niemand hört zu. Das Geschrei tut mir in den Ohren weh. Wenn es mir zu laut wird, schaltet sich mein Kopf aus und alles wird still. Plötzliche Geräusche, laute Musik, geschrieene Worte: all das löst bei mir Rückblenden auf mein Verbrechen aus. Immer und immer wieder muss ich daran denken. »Reden Sie mit *niemandem* über diese Nacht«, hatte mir mein Anwalt eingeschärft. »Die Wände haben Ohren.« Aber was sollte ich noch verraten? Bis der Anwalt bei den Litchfield Barracks eintraf, um meine Rechte zu wahren, hatte ich bereits alles nur Erdenkliche gestanden –

jede Sünde, die ich in meinen achtundvierzig Lebensjahren begangen hatte.

»Hier, Baby«, sagt Bertha, »mach dir eine Tasse Tee.« Sie faltet meine Hände auf und legt mir einen Teebeutel und mehrere Zuckerstückchen in die Handfläche. Ich schließe die Hand wieder und fange an zu weinen. »Das wird schon«, flüstert Bertha.

Am nächsten Tag brüllt sie. Jemand hat im Duschraum unverpackte gebrauchte Damenbinden in den Abfalleimer geworfen und das lässt sie sich nicht bieten. »Ihr seid nichts als ein Haufen dreckiger Schneppen! Macht euren Dreck gefälligst weg! So was will kein Mensch sehen!« Ihr Geschrei hallt laut von den Wänden unserer Zellenreihe wieder.

Ich habe Angst. Ich will Bertha nicht noch mehr verärgern, aber ich weiß nicht, was eine dreckige Schneppe ist. Als ich sie flüsternd frage, wispert sie zurück: »Das macht nichts, Miss Barbara. Das war nicht für dich bestimmt.« Dann setzt sie ihr Gebrüll fort. »Hier sieht es aus wie im Schweinestall! Aber ich sage euch was. Das hier ist weder das Hotel York noch bin ich euer Zimmermädchen!«

Berthas Spezi ist Twink, eine Frau, die Footballstürmer sein könnte und aussieht wie ein Mann. Nachts sitzen sie nebeneinander und schaukeln im Takt. Twink lutscht am Daumen, ihrem rechten. Mit der Linken reibt sie Berthas Ohrläppchen. Ich habe noch nie gesehen, dass zwei erwachsene Frauen sich so verhalten: am Daumen lutschen und wie Kinder zusammen schaukeln. Wie kann man nur gleichzeitig so aggressiv und so verängstigt sein?

Ich misstraue allen hier, aber Angst habe ich nur vor mir selbst. Ich habe so viele Gefühle in mir verkorkt. Was ist, wenn ich die Kontrolle verliere und explodiere? Von den anderen weiß ich, dass es ein Gefängnis im Gefängnis gibt, die Arrestzelle. »Du willst doch nicht ins Loch, Baby«, warnt mich Bertha. Also nehme ich mein letztes bisschen Verstand zusammen, um die Kontrolle nicht zu verlieren. Mein Betreuer, Mr. Planky, ruft mich in sein Büro und teilt mir mit, dass ich zum Arbeiten eingeteilt bin. Ich fange an zu zittern. Ich erzähle ihm von den Rückblenden und meinen Konzentrationsproblemen. »Ich glaube einfach nicht, dass ich im Moment arbeiten kann.«

»Tja, du *musst*. Wer einen Befehl verweigert, marschiert ins Loch.«

In den Papieren, die er mir übergibt, steht, dass ich nicht arbeiten muss, solange ich nicht verurteilt bin, aber ich wage es nicht, das anzusprechen. Wenn ich Schwierigkeiten mache, lande ich womöglich in der Arrestzelle, egal, was auf dem Papier steht. »Du bist der Essensvorbereitung zugeteilt worden«, sagt Mr. Planky. »Die Sicherheitsbeamten haben dich zur Küchenarbeit freigegeben.«

Ich habe gerade jemanden umgebracht. Was für eine Art Sicherheit ist das hier? Ich sage gar nichts und unterschreibe still.

Die Fahrten zum Gericht sind der schlimmste Teil des Albtraums, den ich zur Zeit durchlebe. Jedes Mal, wenn ich vor Gericht erscheinen muss, stehe ich um fünf Uhr früh auf, packe meine sämtlichen Habseligkeiten zusammen und schaffe sie zum Ein- und Auslassschalter. Zusammen mit anderen Frauen, die an diesem Tag Gerichtstermine haben, werde ich einer Leibesvisitation unterzogen, in einen Gemeinschaftswarteraum gesperrt und bekomme Müsli, Milch und ein Stück Obst. Um sieben werden wir in Handschellen, Fuß- und Bauchketten in den Gefängnistransporter verfrachtet. In einer abschließbaren schwarzen Kassette werden die Hände an den Hüften fixiert. In Bridgeport werde ich vom Gefängnistransporter in einen Polizeitransporter umgeladen, die »grüne Minna« im

Knastjargon, die mich zu dem Gericht bringen wird, in dem ich erscheinen soll. Wieder verbringe ich die Fahrt mit anderen Gefangenen, die meisten von ihnen Männer. Wir wenigen Frauen drängen uns auf der gegenüberliegenden Bank zusammen. Die Männer werfen uns lüsterne Blicke zu, machen sich lustig und sparen nicht mit anzüglichen Bemerkungen. Gegen zehn erreiche ich das Gericht. Manchmal bekomme ich wegen irgendwelcher Terminverschiebungen oder juristischer Winkelzüge den Richter gar nicht zu Gesicht und habe die ganze zermürbende Fahrt umsonst gemacht. Ich verbringe den Tag in Ketten und warte darauf, nach Niantic zurückgebracht zu werden. Wenn das Gericht um fünf Uhr schließt, werde ich wieder in die grüne Minna verladen. Die mehrstündige Rückfahrt, die vor mir liegt, wird zusätzlich verlangsamt durch die Aufnahme anderer Insassinnen von Niantic, die wir aus den Wartezellen der Gerichte im ganzen Bundesstaat aufsammeln.

Um neun Uhr abends bin ich zurück in der York C. I. Wieder gibt es am Einlass eine Leibesvisitation, und ich bekomme meine Habseligkeiten wieder. Ich bugsiere sie zurück in meine Unterkunft. Inzwischen sind die Kopfschmerzen, die mich den ganzen Tag über begleitet haben, so schlimm geworden, dass es mir leichter fiele, zu meiner Zelle zurückzukriechen, statt zu laufen. Manchmal bringt mir eine Freundin nach diesen endlosen Gerichtstagen eine Tasse mit heißem Wasser. Ich rühre die Kaffeekörner hinein, die es im Laden zu kaufen gibt, und trinke den ersten Schluck Koffein an diesem Tag. Ich nehme zwei Kopfschmerztabletten, falle ins Bett und warte darauf, dass das Hämmern in meinem Kopf nachlässt und die Bilder des Tages verblassen.

Nachdem ich ein paar von diesen Gerichtstagen hinter mich gebracht habe, bin ich bereit aufzugeben – und jedes

Urteil anzunehmen, nur um mir weitere Fahrten zum Gericht zu ersparen. Mein Anwalt stellte einen Antrag auf Anwendung des Opportunitätsprinzips. Neun Monate, nachdem ich mein Verbrechen begangen habe, werde ich vor Gericht gestellt und zu fünfundzwanzig Jahren Gefängnis verurteilt, die nach zehn Jahren zur Bewährung ausgesetzt werden sollen.

In der Therapie werde ich gefragt, ob die Drohung meines Mannes, mich umzubringen, mir Angst eingejagt habe.

»Nein«, antworte ich fest.

Hatten seine Drohungen meine Fähigkeit, den Alltag zu bewältigen, beeinträchtigt?

»Nein. Ich habe gut funktioniert.«

Hatte ich das wirklich? Wie konnte ich *keine* Angst gehabt haben? Und warum fühle ich mich hier im Gefängnis sicherer, als es zu Hause der Fall gewesen war?

Mein Kopf arbeitet nicht mehr so gut wie früher. Meine Konzentrationsfähigkeit hat nachgelassen und es fällt mir schwer, zu behalten, was ich gelesen habe. Ich war mein Leben lang gut in Rechtschreibung, aber jetzt weiß ich kaum noch, wie man ganz alltägliche Wörter buchstabiert. Die Ärzte bezeichnen meine Bangigkeit vor meiner Umgebung als »Hypervigilanz«. Laute Geräusche verursachen mir Übelkeit, rufen eine emotionale Leere hervor oder Rückblenden auf die schlimmsten Momente meines Lebens. In Bezug auf mein Verbrechen leide ich unter so genannter »dissoziativer Amnesie«. Ich kann mich nicht mehr daran erinnern, Mark erschossen zu haben, aber ich sehe immer noch seinen hasserfüllten Blick, kurz bevor es geschah. Dieser Blick verfolgt mich ständig. Die Rückblenden geben mir das Gefühl, als seien meine Nerven komplett blank gelegt, als prickle ein Strom über die Oberfläche meiner Haut.

In der Essensvorbereitung kochen wir für die hiesigen Gefangenen und für andere staatliche Einrichtungen. Manchmal arbeite ich Doppelschichten. Das macht mir nichts aus. Wenn ich beschäftigt bin, habe ich weniger Zeit zum Nachdenken. Nach der Arbeit spiele ich Scrabble, um meine Rechtschreibung und Konzentrationsfähigkeit zu verbessern. Ich rede immer noch nicht viel, aber durch das Schreiben von Briefen gelingt es mir, einige der verschwundenen Erinnerungen zurückzuholen. Im Herbst melde ich mich in der Gefängnisschule für Abendkurse an. Die Kursarbeit überfordert mich, aber ich versuche mein Gehirn zu überzeugen, wieder so zu funktionieren wie früher.

Ich weiß, dass ich im Gefängnis bin, weil ich einen Menschen getötet habe und dafür bestraft werden muss. Ich übernehme die volle Verantwortung für meine Tat. Die größte Strafe ist für mich nicht der Verlust der Freiheit, die Düsterkeit meines neuen »Zuhauses« oder die Ängste, die mich verfolgen. Viel schlimmer ist es, vom Leben meiner Kinder abgeschnitten zu sein – nicht miterleben zu können, wie meine Enkelkinder groß werden, und nicht dafür sorgen zu können, dass es meiner Familie gut geht. Ich habe meinen Kindern immer gesagt: »Ihr werdet irgendwann anfangen, gewisse Dinge auszuprobieren, und ich werde mit euren Entscheidungen nicht immer einverstanden sein, aber ich *muss* wissen, wo ihr seid. Wenn ich weiß, dass es euch gut geht, dann werde ich auch mit dem Rest fertig.«

Durch mein Verbrechen habe ich diese Sicherheit eingebüßt. Es ist schwer, meinen Kindern vom Gefängnis aus eine Mutter zu sein, obwohl sie mich gerade jetzt so dringend brauchen wie nie zuvor. Was ich getan habe, ist für sie niederschmetternd.

2. Puzzleteile

Kindheitserinnerungen sind wie ein altes Puzzle, das man aus dem Regal holt. Man macht die Schachtel auf und streicht über die Teile. Doch alte Puzzles können auch frustrierend sein. Manche Teile, die zusammenzugehören schienen, wollen einfach nicht mehr passen. Andere sind verbogen oder verlegt. Und wieder andere sind für immer verloren. Meine frühesten Erinnerungen beginnen mit vier Jahren.

Tante Eleanor passt an jenem Nachmittag auf mich auf, während Mommy drüben bei Grandma ist. Ich soll einen Mittagsschlaf halten, aber ich bin nicht müde. Es ist heiß hier drinnen und ich fühle mich nicht wohl. Ich vermisse meine Mutter.

Mein Zimmer liegt im vorderen Teil des Hauses. Ich klettere aus dem Bett, um den vorbeifahrenden Autos zuzusehen. Das Fliegengitter des Fensters hat Millionen kleiner Karos. Ich habe schon gesehen, wie Mommy es aushängt, um die Fenster zu putzen. Ich drücke den Riegel auf und das Gitter löst sich. Vielleicht kann ich meiner Mutter einen Überraschungsbesuch abstatten.

Ich lege ein Bein auf den Fenstersims, raffe mein Kleid in der Taille zusammen und ziehe mich hoch. *Spring!*, befehle ich mir selbst. Nachdem ich gelandet bin, picke ich die kleinen Kieselsteine aus meinen Handflächen und wische den Staub von den Seiten meines Kleides. Grandma lebt in der Nähe des Stadtkerns. Ich weiß, wie man dort hinkommt, und laufe los.

Hinter mir bremst ein Auto. Es folgt mir. Der Mann schließt zu mir auf und rollt das Fenster herab. »Hallo, Barbara«, sagt er. »Wo willst du hin?« Ich kenne den Mann. Er wird der Constable genannt. Er und mein Vater sind Freunde.

»Zu Grandma. Ich kenne den Weg.«

»Na, das sind aber gut und gern anderthalb Meilen. Ich fahre in die gleiche Richtung. Was hältst du davon, wenn ich dafür sorge, dass du sicher dort ankommst?« Daddy sagt, dass ist der Beruf des Constable: dafür zu sorgen, dass alle sicher sind. Ich schüttle den Kopf. »Ich will laufen.«

»Dann mache ich dir einen Vorschlag. Ich fahre ganz langsam hinter dir her, und wenn du müde wirst, sagst du es mir.«

Unterwegs kicke ich Steine, pflücke Gänseblümchen und singe. Jedes Mal, wenn ich mich umdrehe, sehe ich den glänzenden Kühlergrill am Auto des Constable. Das Haus meiner Großeltern ist weiter entfernt, als ich gedacht habe, aber je näher ich komme, desto aufgeregter werde ich und desto schneller laufe ich. Und dann, juchhe, bin ich da. Der Wagen biegt in Großmutters Auffahrt. Ich renne ins Haus und werfe die Tür hinter mir zu.

Grandma steht da und starrt mich an. »Was machst du denn hier?«, sagt sie. »Wer hat dich hergebracht?« Bevor ich antworten kann, ruft sie meine Mutter.

Ihre Gesichter sind rot und ihre Hände flattern. Ich erzähle ihnen von meinem Spaziergang und dem Auto in der Auffahrt. Grandma rennt nach draußen. Mommy rennt zum klingelnden Telefon. »Beruhige dich«, sagt sie immer wieder. »Es geht ihr gut. Sie ist *hier*.« War es schlimm von mir, bei Mama sein zu wollen? Stecke ich in Schwierigkeiten?

Grandma kommt zurück von ihrem Gespräch mit dem Constable. Alle sind froh, dass ich in Sicherheit bin, aber Mom sagt, das nächste Mal versohlt sie mir den Hintern.

»Aber du machst das sowieso nie wieder, nicht wahr, Barbara?«

Man hat mir beigebracht, nicht zu lügen, also antworte ich ihr lieber nicht. Vielleicht werde ich es *doch* wieder tun. Warum hatten sie solche Angst? Der Constable ist doch direkt hinter mir gefahren. Außerdem kannte ich den Weg.

Später in diesem Jahr haben wir einen anderen Besucher. Grandpa sieht gut aus. Er hat dichtes, schwarz gelocktes Haar und braune Augen. Er spricht mit Südstaatenakzent. Wenn Grandpa zu Besuch ist, gehen wir zusammen spazieren, entweder in die Stadt oder die Route 7 entlang zu dem Laden, wo es Benzin und Zeitungen zu kaufen gibt. Ich gehe gern dorthin, denn sie haben einen Limonadenausschank, einen Flipperautomaten und ein Regal mit Mitbringseln, wie winzig kleine Teeservices und Geschirr. Grandpa ist mit dem Besitzer befreundet, einem rothaarigen Mann, der gerne redet und eine Million Sommersprossen hat.

Heute erzählt der Besitzer, dass er dringend irgendwo hinmuss. Ob wir bleiben können, bis er zurückkommt? »Natürlich«, sagt mein Großvater. »Lass dir ruhig Zeit.«

Als er fort ist, hebt Grandpa mich auf einen Stuhl vor der Limonadentheke. Ich trage mein weißes Kleid mit dem Blumenmuster und einen Strohhut. Grandpa gibt mir eine Limonade in einem hohen Glas. Ich muss mich auf die Knie setzen, um an den Strohhalm zu kommen.

Grandpa geht zu einem komischen Eingang hinüber, der keine Tür hat, sondern von einem Stück Stoff verhängt wird. Er zieht den Stoff zur Seite und schaut hinein. Auch ich spähe hinein. Es ist dunkel. Ein kleines Bett steht darin und an den Fenstern klebt Zeitungspapier. »Willst du nachsehen, was in dem Zimmer ist?«, fragt Grandpa.

Drinnen hebt er mich hoch und trägt mich schnell zum Bett. Er legt mir die Hand auf den Mund und zieht an meiner Unterhose. Er atmet schnell. Ich verstehe nicht, was vor sich geht. Ich mache die Augen zu und presse die Beine zusammen, mache mich so steif ich kann, aber Grandpa schiebt sie auseinander. Auf dem Weg zurück bewegen sich Grandpas Lippen, aber ich kann ihn nicht hören. Ich mag ihn nicht mehr. Ich bin froh, als er am nächsten Morgen nach Hause fährt.

Es dauert einige Zeit, ehe ich meiner Mutter erzähle, was Grandpa gemacht hat, und als ich es schließlich tue, sieht sie mir tief in die Augen. »Dass du mir niemandem davon erzählst«, sagt sie. »Dass du mir kein Wort sagst.« Und ich gehorche. Ich werde ein stilles Mädchen. »Barbara ist so still. Man vergisst, dass sie überhaupt da ist«, sagen die Leute. Ich bin still, aber ich bin auch wütend. Viele Dinge machen mich wütend und dann beiße ich. Erwachsene, andere Kinder, sogar Tiere. Wer mir über den Weg läuft, wenn ich innerlich koche, den beiße ich, so fest ich kann.

Viele Jahre später, 1990, beging meine Mutter Selbstmord, indem sie sich vom zwölften Stockwerk eines Apartmenthauses stürzte. In den folgenden Monaten trauerte und kämpfte ich mit meinen Gefühlen über ihr Leben und Sterben. Es war Tante Ruth, Moms älteste Schwester, bei der ich mein Versprechen, zu schweigen, brach. Und sie enthüllte mir ihr eigenes Geheimnis. Grandpa hatte Mommy ebenfalls belästigt.

Das ist das Puzzleteil, das mir für immer verloren ist – es wurde mit meiner Mutter begraben. Sie hatte gewusst, wer er war und zu was er fähig war. Sie war ihm selbst zum Opfer gefallen. Wie konnte sie am Fenster stehen und zusehen, wie ich Hand in Hand mit Grandpa die Route 7 entlangging?

Jetzt bin ich müde und die Puzzles und Erinnerungen leid. Mein Großvater ist lange tot und meine Mutter nun ebenfalls. Und ich sitze im Gefängnis, weil ich meinen

Ehemann getötet habe, den Mann, der meine Enkelin belästigt hat, das Kind meines Kindes.

3. Das Zellentürfenster

Während ich die Treppe zu meiner aus zwölf Zellen bestehenden Reihe hinaufsteige, bemerke ich eine Mitgefangene, die an ihrem Fenster steht und blind hinausstarrt. Der abwesende Ausdruck auf ihrem Gesicht macht mich nervös und ich gehe schnell vorbei.

Ungeduldig stehe ich vor meiner verschlossenen Zellentür und warte darauf, dass der Wärter mich sieht und auf den Knopf drückt. *Klick.* Ich betrete die dämmrige Zelle und nicke meiner Mitbewohnerin, Sherry, zu. Die Tür schließt sich hinter mir. *Klick.*

Unsere Zelle hat zwei Fenster. Eines mit Blick auf den Gefängnishof. Das andere, ein Glasstreifen von acht auf fünfundvierzig Zentimeter, ist in die Zellentür eingelassen und bietet einen schmalen Ausblick auf den Gang. Ich liege auf meinem Bett – der unteren Pritsche des Stockbettes, weil ich über vierzig bin. Sherry steht gelangweilt an unserem schmalen Fensterstreifen und gibt mir in Kurznachrichten durch, was sie sieht. »Tara ist auf dem Sammelplatz und schiebt ihre Taschen vor sich her. Ich frag mich, wo sie hinwill ... Der Betreuer unterhält sich mit Remmy. Vielleicht zieht sie auch um.« Tara ist ein mageres schwarzes Mädchen mit narbigem Gesicht, in dem sie ständig herumkratzt. Remmy trägt ihre Hosen auf Hüfthöhe wie die Hip-Hopper und stolziert herum wie ein Junge. Ich rolle mich auf die Seite, mit dem Gesicht zur Wand, und hoffe, Sherrys Geplapper dadurch abstellen zu können. *Wen interessiert das?*, will ich herausschreien. *Weißt du, wie du von draußen aussiehst? Wie ein eingesperrtes Tier!*

Plötzlich bin ich wieder siebzehn, laufe durch den Korridor des Psychiatrischen Krankenhauses in Fairfield Hills zum Zimmer meiner Mutter und ignoriere, so gut ich kann, die Blicke ihrer Leidensgenossen, der anderen eingesperrten Psychiatriepatienten.

Die Fahrt von Kent nach Fairfield Hills dauerte selbst bei fließendem Verkehr über eine Stunde, eine nervenaufreibende Tour für eine Fahranfängerin. Die Fahrt war anstrengend und die Besuche noch schlimmer, doch ich hielt meine Gefühle in Schach und gab mich stärker, als ich war. Ich fuhr jeden Tag. Mom brauchte die Gesellschaft und niemand sonst wollte sie besuchen.

Ihr erster Krankenhausaufenthalt begann im August und erstreckte sich zwei Monate ins Schuljahr hinein. Meinem Vater fiel es schwer, sich mit dem Zustand meiner Mutter abzufinden. Er arbeitete bis spät in der Werkstatt und schaute anschließend im Feuerwehrhaus vorbei, um seine Kumpels zu sehen. Wenn er nach Hause kam, roch er meistens nach Alkohol. Mein Bruder Steve wurde fünfzehn in diesem Sommer und meine Schwester Joanne war zwölf. Bei den wenigen Malen, bei denen ich meine Geschwister überreden konnte, mich zu begleiten, übernahmen Mom und ich das Reden. Joanne und Steve saßen da wie die Ölgötzen, zu Tode verängstigt, und starrten die anderen Patienten an.

Mom war der Ansicht, dass es die Aufgabe der ältesten Tochter sei, ihr bei der Hausarbeit zur Hand zu gehen, und hielt wenig davon, auch Steve und Joanne mit einzubeziehen. Während sie im Krankenhaus lag, übernahm ich das Kochen, Putzen und die Wäsche und die Fahrten nach Fairfield Hills. Abends schlief ich über den Hausaufgaben ein. Joannes Weigerung, mit anzupacken, ärgerte mich besonders. »Du machst hier keinen Finger krumm, du verwöhnte Göre! Als ich in deinem Alter war, habe ich die Hälfte der Hausarbeit erledigt!«

»Was geht mich das an?«

»*Göre!*«

Bei meinem Bruder übernahm ich die Rolle des nörgelnden Elternteils. »Handel dir bloß keinen Ärger ein. Mom würde es noch schlechter gehen, wenn sie wüsste, dass du dich nachts herumtreibst und verbotene Sachen machst. Außerdem weißt du *genau*, wie sauer Dad werden kann.« In Steves Zimmer befand sich ein faustgroßes Loch in der Wand von einer »Diskussion« mit Dad. So sehr mich mein Bruder auch auf die Palme bringen konnte, war mir der Gedanke doch zuwider, einer dieser Schläge könnte einmal im Ziel landen.

Meine Geschwister machten sich lieber aus dem Staub, als zu Hause zu bleiben. Joanne wohnte praktisch bei ihrer Freundin. Und Steve packte seine Sachen und zog in einen Schuppen auf dem Bauernhof, auf dem er stundenweise arbeitete. Ich hasste die Ironie des Ganzen: Die Krankheit meiner Mutter hatte meine Geschwister befreit, während sie mich zur Sklavin machte.

Wer die Rute schont, verdirbt das Kind, war die Überzeugung meiner Mutter, und ich war die Tochter, die sie am wenigsten verderben wollte. Sie drohte, schlug und bewarf mich mit Gegenständen: einmal war es ein Topf Bohnen, der auf dem Herd vor sich hin simmerte, ein anderes Mal eine Plastikhaarbürste, die mich so fest am Arm traf, dass sie in zwei Stücke zerbrach.

In Fairfield Hills jedoch war Mom friedlich und gefasst. Wenn ich durch die Korridore zum Besucherzimmer ging, kam ich an anderen Patienten vorbei, die mit ausdruckslosen Gesichtern aus ihren Zimmern starrten. Manchen Männern klebten Essensreste im Bart, einige Frauen hatten die Hauskittel so locker zugebunden, dass ihre nackten

Brüste zu sehen waren, und ein zahnloser, sabbernder Patient schien den tellergroßen nassen Fleck auf seinem T-Shirt gar nicht zu bemerken.

Um meine Mutter nicht aufzuregen, sprach ich leise und nur von neutralen Dingen. »Steve arbeitet heute auf dem Hof ... Joanne ist vielleicht ein Glückspilz. Ihre Freundin Patty hat sie eingeladen, zum Strand mitzukommen.« Und ich überbrachte Dads Ausrede des Tages. »Er hatte *fest vor*, heute Abend zu kommen, Mom, aber das Feuerwehrauto muss repariert werden.«

Mom schüttelte seufzend den Kopf. »Ich habe im Krankenhaus ganz allein am Bett deines Bruders gesessen und zugesehen, wie er stirbt, während dein Vater gearbeitet hat.«

»Ich weiß, Mom. Das war schwer für dich.«

Mein Bruder David war kurz vor seinem zweiten Geburtstag an Lungenentzündung erkrankt und musste ins Krankenhaus, wo sich sein Zustand weiter verschlechtert hatte. Außer Stande, seinem Sohn zu helfen, hatte mein Vater sein Bett für einige Stunden verlassen und war zur Arbeit gegangen. Als David in dieser Nacht starb, waren meine Eltern beide bei ihm, aber Mom hatte ihrem Mann die Stunden, die er fort war, nie verziehen.

»*Ich* war es, die bei ihm geblieben ist. Nicht er.«

»Davids Tod war für uns alle schlimm, Mom. Auch für Dad.«

»*Ich* bin bei David geblieben.«

Sie sah mitleiderregend aus, zusammengesunken auf ihrem Stuhl, in ihrem weißen Kleid mit den kleinen gelbbraunen Blumen und den grünen Blättern, die vom häufigen Waschen schon ganz ausgeblichen waren. »Ich will nicht ablenken, aber ich möchte heute Abend deine Spagettisoße kochen. Muss ich die Wurst reinschneiden, während die Soße noch köchelt?«

»Du kannst auch Hamburgerfleisch nehmen.« Für den Rest dieses Besuches blieben wir bei dem unverfänglichen Thema Kochrezepte.

Bei einem anderen Besuch stellte meine Mutter mich ihrer neuen Freundin vor, eine Mitpatientin, die meinen Versuch einer Unterhaltung unterband, indem sie mich darüber in Kenntnis setzte, dass sie ein Wurm sei, der in Kaffeesatz lebe. Ich trug an diesem Tag Zöpfe. Moms Freundin wies mich darauf hin, dass ich für eine solche Frisur viel zu alt sei. »Für wen hältst du dich?«, fragte sie. »Für Pollyanna?« Natürlich sahen ihre Haare aus wie eine Gruselperücke und ihr Kleid war auf der Vorderseite durchgehend falsch geknöpft. Ich bedankte mich höflich und versprach, beim nächsten Mal eine andere Frisur auszuprobieren. Sie nickte und war hochzufrieden, mich diesbezüglich aufgeklärt zu haben. Auf der Rückfahrt schäumte ich vor Wut und führte Selbstgespräche. Musste ich mir jetzt auch noch Modetipps von einem *Wurm* anhören?

Mutters Stimmung bei meinen Besuchen war unvorhersehbar und konnte von einer Minute auf die andere umschlagen. Manchmal wurde sie hysterisch, wenn ich nach dem Ende der Besuchszeit aufstand, um zu gehen. »Mom, ich kann dich nicht mit nach Hause nehmen«, rief ich während eines solchen Anfalls. »Das darf ich nicht.« Sie heulte so laut und wehrte sich so heftig gegen mein Fortgehen, dass die Pfleger sie zurückhalten mussten. »Okay, wir haben sie«, sagten sie zu mir. »Gehen Sie!« Auf der langen Fahrt nach Hause zählte ich mir alle Argumente auf, warum dieser Krankenhausaufenthalt gut für sie war. Aber innerlich war ich nicht überzeugt. Immer wieder sah ich sie vor mir, wie sie mit verschränkten Armen unter Zwang in ihr Zimmer zurückgebracht wurde.

Zuhause versuchte ich das Wirrwarr aus widersprüchlichen Gefühlen durch Kochen, Saugen und Schrubben zu verdrängen: meine Angst um Mom, meine Scham über ihren Zustand und meine Abneigung gegen die vielen Pflichten, die ihre Erkrankung mir aufgebürdet hatte. Moms Geisteszustand war eine *private* Scham. Es gab niemanden außerhalb der Familie, mit dem ich darüber reden konnte, und mein Vater und meine Geschwister waren nie zu Hause. Es war meine Aufgabe, stark zu bleiben und zu tun, was getan werden musste – für Mom und für den Rest von uns.

Ich werde *nicht* zum Zellenfenster gehen und sinnlos hinausstarren. *Geh weg vom Fenster!*, will ich Sherry anschreien. *Lass dich von diesem Ort nicht auffressen! Mach dich nicht zu einem eingesperrten Tier!* Aber ich bin still und konzentriere mich auf mich selbst. Ich habe nicht mehr die Kraft, die anderen mitzutragen.

4. Die Drohung

Ich komme von der Arbeit nach Hause in einen Garten voller toter Vögel. Sie sind erschossen worden, wurden einer nach dem anderen am Vogelhäuschen abgeknallt. Die Sonnenblumen rund um unseren Brunnen sind enthauptet. Mark hat die Blumen und Vögel als Übungsziele benutzt.

Seit kurzem kann er meine Körperbehaarung nicht mehr ausstehen und hat mir befohlen, meinen Schambereich zu rasieren. Ich schäme mich dafür, aber ich gehorche ihm im Namen dessen, was ich immer noch »Liebe« nenne. Es ist besser, Marks Forderungen nicht zu hinterfragen oder seine neuen Gepflogenheiten nicht zu kritisieren: Er säuft und raucht mit einer Horde jüngerer Leute und spioniert mir auf Schritt und Tritt hinterher. Ich habe ihm in unseren elf gemeinsamen Jahren nie Anlass gegeben zu glauben, dass ich ihn betrüge. Es ist seine eigene Untreue, die ihn vermuten lässt, ich wäre ihm ebenfalls untreu geworden.

Jeden Abend taucht er unseren Garten in gleißendes Licht, um Einbrecher abzuschrecken. Seine Fixierung auf Diebe geht so weit, dass er das Schneemobil an einen Baum und seinen Three-wheeler an die Stoßstange des Pickups gekettet hat. »Mir klaut niemand etwas«, betont er ständig. Seine gesamte Habe ist vertaut und verschnürt und in Licht getaucht.

Es ist wirklich seltsam. Eigentlich heißt es, eine Frau heirate das Abbild ihres Vaters, aber Mark ist eher wie Mom. Zwei Jahre nach unserer Hochzeit stellte man bei ihm die gleiche Krankheit fest wie bei ihr: Paranoide Schizophrenie. Viele seiner Verhaltensweisen ähneln den ihren. Aber anders als Mom weigert sich Mark, seine Medikamente zu nehmen, und therapiert sich stattdessen mit Alkohol.

Mark hatte monatelang um mich geworben, ehe ich auf ihn aufmerksam wurde. Ich hatte mich einige Jahre zuvor vom Vater meiner Kinder scheiden lassen, meine Älteste war damals sechzehn und meine Jüngste sechs. Zwischen Arbeit und dem Leben als allein Erziehende blieb mir keine Zeit für Romantik. Auch der Altersunterschied zwischen uns gab mir zu denken, Mark stand meinen Teenagern altersmäßig näher als mir. Aber er war beharrlich und bot mir eine berauschende Mischung aus Spannung und Romantik. Rosen, Teddybären, Vergnügungsparks, Motorradausflüge. Nachdem ich mich mein Leben lang um andere gekümmert hatte, war ich es plötzlich, die verwöhnt wurde – und das von einem jüngeren Mann. Wir wurden zuerst Freunde, dann unzertrennliche Gefährten. Und schließlich liebte ich ihn mehr als mein Leben.

Wir heirateten 1988, ließen uns im Frühherbst an einem Seeufer trauen. Im folgenden Jahr zogen wir in ein größeres Haus, mit einem Garten, der bis zum Fluss hinunterreichte. Es war eine gute Zeit für mich. Mark und meine Söhne gingen zusammen angeln und Rad fahren, Amanda und ich arbeiteten im Garten und kochten große Familienessen. Andrea, die mit ihrem Mann in Deutschland lebte, kam nach Hause, um das Ende seiner Dienstzeit in Übersee hier abzuwarten und sich auf die Geburt ihres Babys vorzubereiten. Alesha, mein erstes Enkelkind, kam im Januar 1990 zur Welt.

Aber gute Zeiten lassen sich nicht festhalten. Meine Mutter nahm sich das Leben. Mein Schwiegersohn wurde der Operation Wüstensturm zugeteilt. Und auch in meiner Ehe tauchten Probleme auf. Mark hatte sich einem Dart-Team angeschlossen, das in örtlichen Kneipen antrat, und er bestand darauf, dass ich ihn nach der Arbeit in diesen Bars traf. Es war schwer, seine Flirterei mit jüngeren Frauen zu ertragen. Er trank immer mehr und fing an, mich über sein Treiben zu belügen. Aufgewühlt von seinem Verhalten und immer noch damit beschäftigt, den Tod meiner Mutter zu verkraften, ging ich zuerst zu meinem Hausarzt, dann zu einem Therapeuten und schließlich zu einem Anwalt. Über Thanksgiving fuhren Mark und ich zu seinem Vater nach Montana. Auf dieser Reise drohte er mir zum ersten Mal, mir etwas anzutun, sollte ich jemals versuchen, ihn zu verlassen.

Für eine Weile besserten sich die Dinge. Am Neujahrstag 1992 mieteten wir ein Haus mit fünf Zimmern, kauften Möbel und richteten die Zimmer der Kinder ein. Im April veranstaltete ich zu Ehren von Marks Geburtstag bei uns einen Tag der offenen Tür. Er strahlte den ganzen Tag und zeigte sich von seiner besten Seite. Es war die erste Geburtstagsparty, die er jemals gehabt hatte.

Als ich am Nachmittag des 5. Mai 1992 von der Arbeit nach Hause ging, hatte ich keine Ahnung, dass die heulenden Sirenen, die ich hörte, meinem Mann galten. Normalerweise wurde ich beim Nachhausekommen von den Geräuschen eines Basketballspiels in der Auffahrt und aus dem Haus dröhnender Musik begrüßt. Doch an diesem Nachmittag war alles still. In der Küche blinkte der Anrufbeantworter. »Barbara?«, sagte eine Stimme. »Mark hat einen Unfall gehabt. Es sieht schlimm aus.«

Drei Jahre nach Marks fast tödlichem Zusammenstoß mit einem Auto sollten die Anwälte der Versicherung die Geschworenen davon zu überzeugen versuchen, dass mein Mann mit seinem Motorrad eine überhöhte Geschwindigkeit von neunzig Meilen die Stunde gefahren war. Doch die Unfallrekonstrukteure beider Seiten kamen zu dem Schluss, dass seine tatsächliche Geschwindigkeit zwischen vierzig und fünfundvierzig Meilen die Stunde betragen hatte, als ein Autofahrer aus einer Einfahrt in den Gegenverkehr einbog, seinen Fehler erkannte und schlagartig stehen blieb. Der anschließende Zusammenstoß veränderte unser ganzes Leben.

In den Tagen und Wochen, in denen Mark auf der Intensivstation um sein Leben kämpfte, wich ich kaum von seiner Seite. Sein Arzt bezeichnete jeden neuen Rückschlag als »Schlaglöcher auf dem Weg«. Irgendwie überlebte Mark die riskanten Operationen, die Infektionen, die Lungenentzündung und den damit verbundenen schweren Husten. Die ganze Zeit über klammerte er sich an meine Hand, als sichere ihm mein Griff das Überleben. Irgendwann schien es, als wären wir nur noch eine statt zwei Personen – als schlage ein Herz für uns beide zusammen.

Neun Wochen nach seinem Unfall brachte ich einen Mann nach Hause, der mir wie ein Fremder vorkam. Mark war wütend auf die ganze Welt und die, die ihm am näch-

sten standen, bekamen seine ganze Bitterkeit zu spüren.
»Belästigung« wurde sein Lieblingswort. Jeder, der ihn
dabei störte, »zu tun, was, wann und mit wem ich es will«,
war eine Belästigung, und Menschen, die ihn belästigten,
warnte er mich, sollten sich lieber in Acht nehmen.
Obwohl man ihn gewarnt hatte, wegen der Gefahr mög-
licher Anfälle nicht mehr zu trinken, nutzte er Alkohol, um
seine Depressionen und Schmerzen zu lindern.
Vor unserer Ehe hatten Mark und ich uns geschworen,
einander treu zu sein. »Ich könnte dich sowieso nicht
betrügen«, sagte er zu mir. »Ich bin ein schlechter Lügner.«
Und er hatte Recht, es war wirklich nicht schwer zu merken, wann seine Affäre mit Lisa begann. Er kam jeden
Abend später nach Hause und entschuldigte sich damit,
seinem Freund Dave bei der Restaurierung eines Autos zu
helfen. In Wirklichkeit verbrachte er die meiste Zeit mit
Daves kleiner Schwester, einem fünfzehnjährigen Mädchen. »Ich bin heute um neun Uhr zu Hause«, versprach er
mir immer wieder. Und ich lag noch wach im Bett, wenn
er um ein Uhr morgens vorfuhr.

Obwohl Mark wieder arbeiten geht, fehlt er genauso
häufig, wie er arbeitet. Er behält seine Gehaltsschecks jetzt
ein und weigert sich, zu den Haushaltsausgaben beizu-
tragen. Unsere Schulden werden Monat für Monat höher.
Er hat Gedächtnisausfälle und Stimmungsumschwünge.
An manchen Tagen trinkt er von mittags bis spät in die
Nacht. Wenn ich ihn kritisiere oder zur Rede stelle, nennt
er mich eine »Belästigung« – sein Code für: Nimm dich in
Acht.

Letzte Woche veröffentlichte die Zeitung eine Annonce
des Frauenhauses. »Wenn Sie dies lesen und *vermuten*, dass
Sie das Opfer von Misshandlungen sind«, stand da, »dann
sind Sie es.« Ich weiß, dass es stimmt, aber ich hoffe immer

noch, dass wir irgendwann um eine Ecke biegen und alles besser wird. Der Artikel bezeichnet das als »Verleugnung«. Manchmal vergewaltigt mich Mark anal, wenn er betrunken ist. Der Schmerz während und nach der Tortur vernebelt mir das Hirn und zerreißt mir die Seele. Ich bleibe verletzt und gedemütigt zurück und mache mir Sorgen, dass die Leute *mir* ansehen könnten, was er treibt. In meinem Leben wird die Liebe immer von Schmerz begleitet. Immer, wenn es gut läuft, halte ich die Luft an und warte.

Eines Nachmittags finde ich beim Nachhausekommen einen Zettel auf dem Esszimmertisch. Mark hat unsere Pläne für den Abend über den Haufen geworfen und behauptet, ein Ersatzteil für Daves Wagen sei eingetroffen und sie wollten sich gleich an die Arbeit machen. Als er um Mitternacht nach Hause kommt, ist er betrunken und riecht nach Lagerfeuer. Ich stelle ihn wegen Lisa zur Rede. »Ist deine Beziehung zu ihr jetzt sexueller Natur?«

»Keine Sorge, ich benutze ein Kondom«, sagt er. »Außerdem ist sie völlig unerfahren. Der Sex mit dir ist viel besser.«

Als ich einige Tage später bei Lisa anrufe, ist ihre Mutter am Apparat. »Wo sind mein Mann und Ihre Tochter?« Sie behauptet, es nicht genau zu wissen – vielleicht seien sie weggefahren, um Essen zu holen. »Irgendeine Vorstellung, wohin sie gefahren sind?«

»Nein.« Sie lügt, ich weiß es. Wie kann eine Mutter billigen, dass ihr Kind sich mit einem verheirateten älteren Mann einlässt?

Später an diesem Abend stürmt Mark ins Haus. »Lisas Mutter hat erzählt, dass du die Polizei angerufen hast!«, schreit er. »Wie kannst du nur, wo du genau weißt, dass ich Zeug im Auto habe, für das sie mich einlochen können?«

»Ich habe keine Ahnung, was du in deinem Auto hast«, schreie ich zurück.

Amanda und Arthur sind beide zu Hause. Sie flüchten vor unserem Streit auf ihre Zimmer. Ich versuche mich zu beruhigen – mit Mark ernsthaft darüber zu sprechen, wie sehr er uns beiden schadet. Er steht betrunken da, die Hände in den Hosentaschen, und streichelt sich selbst. Es ist hoffnungslos. Er wird sich am Morgen an nichts von alldem erinnern.

Am nächsten Tag ruft Mark mich von der Arbeit aus an und teilt mir mit, dass er für zwei Wochen in Urlaub fahren wird. Daves Familie hat ihn eingeladen, zu irgendwelchen Autorennen nach Delaware mitzukommen. Von dort aus will er zu seinem Vater nach Montana fliegen. Sein Vater zieht zurück in den Osten und Mark hat sich bereit erklärt, den Umzugswagen zu fahren.

»Wer fährt alles zu diesen Rennen?«, erkundige ich mich.

»Die ganze Familie.«

»Auch Lisa?«

»Die ganze Familie«, wiederholt er. Ich erkläre ihm, dass sein »Urlaub« für mich bedeutet, dass unsere Ehe zu Ende ist.

Am Morgen seiner Abfahrt bleibe ich im Bett und stelle mich schlafend. »Bist du wach?«, fragt er. »Wir fahren mittags los. Ich rufe dich von der Arbeit aus an, bevor wir uns auf den Weg machen.« Er geht aus dem Haus, der Wagen springt an und er fährt davon.

Ich liege im Bett und denke an den Preis, den ich für diese Ehe zahle. Ich fühle mich alt und hässlich. Ich kann nicht mehr lachen, mich nicht mehr konzentrieren und nicht mehr unter die Leute gehen, denn Marks Affäre hat inzwischen peinliche Kreise gezogen. Obwohl ich mein Leben lang eine zuverlässige Kraft gewesen bin, habe ich meinen Job als Helferin in einem Pflegeheim aufgeben müssen. Ich mochte die Patienten und die Einrichtung;

das Problem lag in meinem eigenen Heim. Ich arbeitete in der Spätschicht. Manchmal brachte Mark mich zur Arbeit, weil es »auf seinem Weg« lag. Wohin sein Weg führte, wollte er mir nicht sagen. Am Ende meiner Schicht holte er mich mit Verspätung wieder ab, häufig mit *großer* Verspätung und mitunter auch überhaupt nicht. An Abenden, an denen ich mit meinem eigenen Auto zur Arbeit fuhr, kam er mitten in meiner Schicht angefahren, ließ seinen Wagen abgeschlossen auf dem Parkplatz stehen und fuhr mit meinem davon, ohne mir seine Schlüssel zu hinterlassen. Wenn ich nach Schichtende hinauskam, musste ich erkennen, dass ich festsaß. Manchmal gerate ich so außer Fassung, dass ich für kurze Zeit vergesse, wo ich bin, besonders wenn ich weiß, dass er an diesem Abend mit Lisa zusammen ist. Ich mache mir ständig Gedanken, wo Mark sich wieder herumtreibt, bin permanent auf der Hut vor seinen Lügen. Ich verliere mitten im Gespräch den Faden und habe gute Freunde verloren. Dreißig Pfund abgenommen. Kürzlich habe ich darüber nachgedacht, meinem Leben ein Ende zu setzen, statt so weiterzumachen. Aber der Selbstmord meiner Mutter war so hart für meine Familie, dass ich das meinen eigenen Kindern nicht antun kann.

Der Scheidungsanwalt hat buschiges Haar, was mich an Gene Wilder erinnert. Na prima. Mein Anwalt ist der junge Frankenstein. Ich erzähle ihm von Marks Labilität seit dem Unfall, seiner Wut. Unter großen Schwierigkeiten gestehe ich, dass ich zwanzig Jahre älter bin als mein Mann, und dass er sich als Achtundzwanzigjähriger mit einem fünfzehnjährigen Mädchen eingelassen hat. Da Mark mich bedroht hat, hält der Anwalt es für das Sicherste, ihm die Scheidungspapiere am Arbeitsplatz zuzustellen, wenn er von seiner Reise zurück ist.

Während Mark fort ist, funktioniere ich wie ein Roboter. Tagsüber absolviere ich meine Hausbesuche als Pflegerin. Abends beantworte ich die Anrufe der Gläubiger. Ich gönne mir lange Bäder, hole Schlaf nach. Mit jedem Tag, den Mark fort ist, fühle ich mich ein wenig stärker.

Ich stehe in der Küche und schäle Gemüse, als er vorfährt. »Süße? Wo bist du?« Eine Welle der Übelkeit überfällt mich. Der Klang seiner Stimme lässt jeglichen Mut, den ich gesammelt habe, verschwinden.

»Ich bin in der Küche.«

Er tritt hinter mich und schlingt die Arme um mich. »Hattest du eine gute Zeit?«, frage ich. Die Worte kommen als Flüstern.

»Es war nicht schlecht. Komm, sieh mal, was ich dir mitgebracht habe.« Ich lege den Gemüseschäler hin, drehe das Wasser aus und folge ihm. Versuche, seine nächste Handlung vorauszuahnen. Im Schlafzimmer fällt er über mich her, bedeckt mein Gesicht mit Küssen, knöpft sein Hemd auf und zerrt es aus den Jeans. »Ich habe nachgedacht«, sagt er. »Ich will mit dir zusammenbleiben und an unserer Ehe arbeiten. Ich habe dich so vermisst.«

Ich habe ihn auch vermisst, erzähle ich ihm. Aber ich kann nicht einmal andeutungsweise so tun, als wäre ich an diesem Liebesakt beteiligt. Ich habe Angst vor dem, was kommen wird: die Scheidungspapiere, seine Reaktion. Als er fertig ist, rolle ich mich zur Seite, stehe auf und ziehe mich an. Es ist lange her, seit ich das letzte Mal sexuell auf ihn reagiert habe.

Beim Abendessen ist Mark der hingebungsvolle Ehemann und ich die pflichtbewusste Ehefrau. Später sehen wir uns zusammen ein Video an. *Natural Born Killers*. Mark hat den Film schon viele Male gesehen und vergleicht sich gern mit Mickey Knox, der Figur, die von Woody Harrelson gespielt wird. Er wendet sich vom Fernseher ab und sieht mich an. »Ich bin ein geborener Killer«, sagt er. »Du bist nur eine *Thelma und Louise*.«

Das ist eine Beleidigung; was er meint, ist, dass ich schwach bin. Wenn sich Mickey Knox »Belästigungen« in den Weg stellen, bringt er sie um, doch als Thelma und Louise den Punkt erreichen, an dem es kein Zurück mehr gibt, nehmen sie sich selbst das Leben. Mark redet oft davon, Leute umzulegen, die ihm in die Quere kommen. Am häufigsten spricht er von dem Fahrer, der vor vier Jahren den Unfall verursacht und sein Leben zerstört hat. »Du hast Recht«, sage ich. »Ich würde mich wahrscheinlich wirklich eher selbst umbringen als jemand anderen.«

Wie üblich erregt es Mark, *Natural Born Killers* zu sehen. Er will, dass wir zusammen duschen, und ich gehorche. Als wir uns mit Seife einreiben, gerät er so in Fahrt, dass er mich aus der Dusche zieht. Wir trocknen uns eilig ab und schlafen miteinander. Erschöpft schlingt er die Arme um mich und schläft ein. Ich liege die ganze Nacht wach, denke nach und mache mir Sorgen. Ich beschließe, am nächsten Morgen lieber den Anwalt anzurufen und ihm zu sagen, dass ich es mir anders überlegt habe.

Als der Wecker klingelt, bleibe ich liegen und lausche seinen Morgenritualen: Duschen, Kaffee kochen, Anziehen. Ehe er zur Arbeit geht, beugt er sich über mich und küsst mich auf den Hinterkopf. Nachdem er gegangen ist, stehe ich auf und gehe in die Küche. Überprüfe die Uhrzeit. Ich muss die Papiere aufhalten. Ich schaue den Vögeln am Vogelhäuschen zu, sehe mir die *Today*-Show an. Es ist sieben Uhr zehn. Noch eine Stunde und fünfzig Minuten, ehe ich den Anwalt anrufen kann. Ich warte.

»Sie sind zu spät dran«, sagt die Sekretärin. »Der Sheriff hat die Dokumente bereits abgeholt.« Als sie die Panik in meiner Stimme hört, verspricht sie mir zu versuchen, ihn ausfindig zu machen und die Aushändigung der Papiere aufzuhalten. Später ruft sie zurück. »Der Sheriff war nicht da, aber ich habe ihm eine Nachricht auf dem Anrufbeantworter hinterlassen. Ich rufe Sie an, sobald ich von ihm höre.«

Kurz darauf klingelt das Telefon wieder. »Ich habe gerade deine kleine Überraschung erhalten«, sagt Mark. Nach der Arbeit bringt er einige Freunde mit nach Hause, so dass der Showdown, vor dem ich den ganzen Tag gezittert habe, ausbleibt. Auch am nächsten Abend passiert nichts. Doch als ich am dritten Abend von der Arbeit nach Hause komme, ist er betrunken. Mit seinen einsachtundachtzig ist Mark mehr als zwanzig Zentimeter größer als ich. Er brüllt. Seine Faust lässt mich rückwärts fliegen. Er trinkt einen Schluck von seinem Molson-Bier. »Weißt du was? Es war *gelogen*, als ich gesagt habe, dass ich mit dir zusammenbleiben will. Sobald ich hier fertig bin, ziehe ich nach Virginia.«

»Dann geh, Mark. Ich kann so nicht weiterleben.«

»Ich gehe, wann es mir passt!«

Ich stürme in unser Schlafzimmer und werfe sein Zeug durch die Gegend. Seine Golftrophäe, seinen Miniaturnachbau von Dale Earnhards Auto, den Wasserglobus, den ich ihm zur Hochzeit geschenkt habe. Warum sollte ich diesen Mist nicht zertrümmern? Ich habe das meiste davon gekauft. Sein eigenes Geld steckt er in Alkohol, Waffen und Lisa.

Mark beobachtet meinen Ausbruch vom Türrahmen aus, dann dreht er sich um und geht. Die Tür fällt mit einem Knall zu, der Wagen fährt davon. Ich habe keine Ahnung, ob er jemals zurückkommt.

Spät nachts kriecht er neben mich ins Bett. Am Morgen küsst er mich auf den Hinterkopf und geht zur Arbeit. Es ist, als habe es die Nacht davor nie gegeben.

Als er am Nachmittag nach Hause kommt, beäugt er die Umschläge und Briefe, die ich auf dem Tisch ausgebreitet habe. »Was ist das alles?«

»Meine Bewerbungsunterlagen. Ich bin auf der Suche nach einem Vollzeitjob.« Ich erinnere ihn daran, dass er nach Virginia ziehen will und ich eigene Pläne machen muss.

»Du gehst *nirgend*wo hin, glaub mir«, sagt er. »Du bleibst schön hier, für den Fall, dass meine Pläne nicht aufgehen. Und denk nicht, du könntest dir einen andern zulegen. Das gilt für mich, aber nicht für dich.«

Ich stehe fassungslos da. Macht er Witze?

»Meins ist meins; und deins ist auch meins«, erinnert er mich. Das sagt er oft und immer mit diesem einfältigen, selbstzufriedenen Grinsen. »Ach, übrigens, wir fahren dieses Wochenende hoch zu meinem Dad. Die Catskill-Berge haben um diese Jahreszeit bestimmt eine schöne Farbe. Das wird sicher eine tolle Fahrt. Ich arbeite noch ein bisschen am Pickup. Ruf mich, wenn das Abendessen fertig ist.«

Früh am Samstagmorgen brechen wir nach New York State auf. Das Schweigen zwischen uns ist beängstigend. Mark hat seit Wochen nichts mit mir zu tun haben wollen. Warum dann diese plötzliche Einladung, zusammen zu sein?

Eine halbe Stunde später legt er eine CD ein. *Killing Me Softly with His Song*, das Fugee-Remake des alten Hits von Roberta Flack. Es ist eines von »unseren Liedern«, aber heute ist der Text nur eine bittere Mahnung an alles, was schief gelaufen ist. »Muss mich heute mit der Geschwindigkeit vorsehen«, sagt Mark. »Sind viele Bullen unterwegs und ich will nicht angehalten werden. Hab ein paar Kanonen mitgenommen.«

Waffen? Plötzlich geht mir auf, dass ich niemandem von dieser Fahrt erzählt habe.

»Will mich nach der kleinen Jagdhütte umsehen, zu der mein Vater mich immer mitgenommen hat«, sagt er kurz darauf. »Dachte, ich mache ein paar Schießübungen zwischendurch.«

Hat er vor, mich umzubringen? Oder bin ich paranoid? Ich vertraue Mark nicht, aber meinem seelischen Zustand vertraue ich ebenso wenig. Die Fahrt dauert zwei Stunden. Auf der Suche nach einem Pfad, der irgendwo am Waldrand verläuft, wie er sich erinnert, fährt Mark eine Gebirgsstraße hinauf. Er findet ihn eine Stunde später. Wir passieren Wälder und Weiden, bis der Pfad für Fahrzeuge zu eng wird. »Lass uns den Rest zu Fuß gehen«, sagt er. »Wir sind ganz in der Nähe. Irgendwo hier muss die Hütte sein.« Er steigt aus dem Wagen und greift unter den Fahrersitz. Als er sich wieder aufrichtet, hält er seinen 45-er Colt in der Hand.

»Ich kann nicht glauben, dass du mit diesem Ding durch die Gegend fährst«, sage ich.

»Hab ihn dort deponiert, nachdem ich ein Wörtchen mit Lisas Stiefvater geredet hab«, antwortet er. »Nur für den Fall, das er auf den Gedanken kommt, mir Scherereien zu machen.« Er öffnet den Kofferraum und holt ein Gewehr heraus.

Wir schlagen uns durch Matsch und Dornen. Mark findet die Hütte. Sie steht auf einer Felsformation. Wir klettern hinauf. Drinnen befinden sich zwei Stockbetten, ein paar Stühle und ein Holzofen. Ein Fenster zeigt zum Wald hinaus.

»Ich gehe raus und baue ein paar Ziele auf«, teilt Mark mir mit.

»Bist du den ganzen Weg hierher gekommen, um Schießübungen zu machen?«, frage ich ihn.

»Nein, ich bin hierher gekommen, um dir zu zeigen, wie leicht es wäre, dich um die Ecke zu bringen.«

Ich sitze mit dem Gesicht zum Fenster. Ich kann die Einschläge der Kugeln, die von den Felsen abprallen, nicht nur hören, sonder auch *fühlen*. Eine Stunde später kommt er herein. »Fertig?«

»Ja.«

»Siehst du, wie einfach es wäre, dich mal eben um die Ecke zu bringen?«

»Ich hab verstanden.« Es ist ein Flüstern.

Auf der Heimfahrt spielt Mark zwei Stunden lang ununterbrochen »Killing Me Softly with His Song«. Ich bin mit den Nerven am Ende. Ich bin erschöpft, aber aufs Äußerste angespannt. Und ich bin gewarnt.

Seins ist seins, und meins ist auch seins.

Er will keine Scheidung.

Er kann mich verschwinden lassen, wann immer er will.

5. Adam

Dunkle Wolken ballen sich über dem Gefängnisareal zusammen. Auch ein Nichtmeteorologe könnte vorhersagen, dass uns ein gewaltiger Sturm bevorsteht.

Meine Zimmergenossin Jackie ist zu ihrem Sieben-Uhr-Treffen gegangen und ich verbringe einen ruhigen Abend in meiner Zelle und beschäftige mich mit meinen Hausaufgaben in Buchhaltung. Der Fernseher läuft mit abgedrehtem Ton. In einer Ecke des Bildschirms wird auf einer briefmarkengroßen Karte von Connecticut der Verlauf des Sturms aufgezeigt. Er ist genau über meiner Heimatstadt und wandert in unsere Richtung. Drei meiner vier Kinder leben in diesem Gebiet. Sind sie heute Abend sicher und wohlbehalten zu Hause?

Zu jeder vollen Stunde öffnet sich unsere Zellentür und gewährt uns einen fünfminütigen Auslass. Als das Schloss klickt, trete ich in den Gang hinaus, auf dem es verschiedene Sofas gibt, einen Telefonapparat für angemeldete R-Gespräche, Kosten übernimmt der Empfänger, und ein Heißwassergerät. Ich mache mir eine Tasse Tee und kehre in meine Zelle zurück, noch ehe der »Aufschluss« beendet ist. Ich räume meine Hausaufgaben weg; ich bin zu unruhig, um mich heute Abend mit Buchhaltung zu beschäftigen. Selbst durch die verstärkten Betonmauern kann ich den Sturm hören und fühlen.

Um neun kommt Jackie zurück, nass bis auf die Haut. »Ist das nicht unglaublich, wie es draußen schüttet, Mom?«, sagt sie. Wir sind inzwischen seit mehreren Monaten Zellengenossinnen und haben eine Art Mutter-Tochter-Verhältnis entwickelt. Viele der jüngeren Insassinnen, egal, wie abgebrüht sie sein mögen, suchen sich hier Ersatzmütter. Da ich nicht bei meinen eigenen Kindern sein kann, erfülle ich Jackie dieses Bedürfnis gern.

»Es gibt im ganzen Staat Sturmwarnungen«, erzähle ich ihr. »Du solltest dir trockene Sachen anziehen, ehe du krank wirst.«

»Hast du die Hagelkörner gesehen, Mom? Die waren so *riesig!*«

In dieser Nacht träume ich von meiner eigenen Mutter. Sie hat mich in den acht Jahren seit ihrem Selbstmord schon oft in meinen Träumen besucht. Aber dieser hier ist anders. In diesem Traum ist sie tot. Ich trete an ihren Sarg. Unter dem dicken Make-up kann ich die blauen Flecken erkennen, die von ihrem Sturz über zwölf Stockwerke herrühren, den Nylonfaden, mit dem ihre Lippen zusammengenäht wurden. Ich wache zitternd auf. Was hat das zu bedeuten?

Ich arbeite in der Frühschicht der Essensvorbereitung und schneide Wurst. Ich habe den größten Teil meiner zwei Jahre im Gefängnis in dieser Abteilung gearbeitet und war nicht unglücklich dabei. Da es hier ständig etwas zu tun gibt, bleibt mir wenig Zeit zum Grübeln.

Es ist ungefähr halb neun, als Ms. Hagen auftaucht, eine Betreuerin aus meinem Zellenblock. Sie sieht kurz zu mir herüber und geht ins Büro. Ich habe gerade ein großes Tablett mit Aufschnitt verpackt und will zum Waschbecken, um mir die Hände zu waschen. Während Ms. Hagen mit dem Aufsichtspersonal spricht, sieht einer von ihnen immer wieder zu mir herüber. Unsere Blicke begegnen sich. Ich habe noch nie so viel Mitleid in seinem Gesicht gesehen und das gefällt mir nicht. Was ist los?

Als ich das nächste Mal aufsehe, kommt Ms. Hagen auf mich zu. Sie ist jung, blond und freundlich. Sie schwebt so graziös heran, dass sie ein Engel sein könnte.»Ich muss mit Ihnen reden, Barbara«, sagt sie.»Können Sie bitte mitkommen?« Ich erkundige mich, ob ich zurückkommen werde. Falls nicht, brauche ich mein Sweatshirt und meinen Lippenbalsam.»Holen Sie Ihre Sachen«, sagt sie.

Wir gehen.»Gehen wir zurück zur Unterkunft?«

»Nein, wir gehen zur psychiatrischen Station. Dort erwartet uns jemand.«

»O Gott. Ist meinem Dad etwas zugestoßen?« Alter und Gesundheitszustand erlauben es meinem Vater nicht mehr, mich im Gefängnis zu besuchen. Es ist eine meiner Ängste, dass er vor meiner Entlassung sterben und ich ihn nie mehr wiedersehen könnte.

»Ihrem Vater geht es gut«, sagt Ms. Hagen.

Plötzlich bekomme ich keine Luft mehr.»Sagen Sie nicht, es ist etwas mit einem meiner Kinder!«

Auf der psychiatrischen Station werde ich Ms. Egan vorgestellt, einer Sozialarbeiterin, die auf Krisenmanagement spezialisiert ist.»Barbara, Ihr Sohn Adam ist letzte Nacht ums Leben gekommen«, sagt Ms. Hagen.»Er war im Sturm unterwegs. Sein Wagen ist in Aquaplaning geraten, hat sich überschlagen und ist auf dem Dach liegen geblieben. Man hat mir gesagt, dass er nicht leiden musste.« Ich schüttle den Kopf. Sie müssen sich irren. Wie kann Adam, der so voller Leben ist, tot sein? Was ist mit seiner Frau? Seinen kleinen Mädchen? Er kann nicht tot sein, sie *brauchen* ihn doch. Ich kann kaum noch atmen. Ms. Hagen und Ms. Egan sehen mich an und warten.

Ich nahm die Pille, als Adam gezeugt wurde, daher kam die Schwangerschaft überraschend. Andrea war neun und Arthur war mit seinen sechs Jahren gerade eingeschult worden. Ich hatte mich kurz zuvor entschlossen, wieder aufs College zu gehen und gerade mit den ersten Kursen angefangen. Wollte ich dieses Baby wirklich? Ich dachte viel darüber nach und entschied mich dafür.

Er war so klein: fünf Pfund, zweihundertachtzig Gramm schwer, achtundvierzig Zentimeter groß. Ich liebte ihn, sobald ihn mir die Schwester in die Arme legte. Das feine, blonde Haar, die zusammengekniffenen kleinen Augen, die suchten, aber noch nichts erkennen konnten. »Geboren am 25. Dezember«, notierte die Schwester. »Haben Sie daran gedacht, ihn Christopher zu nennen?« Aber er war von Anfang an Adam.

Er war ein glückliches, lebenslustiges Kind – der größte Racker unter meinen Kindern und der Aktivste von allen. Mehr als einmal blieb mir das Herz stehen, wenn ich den geborenen Draufgänger dabei erwischte, wie er mit seinem Fahrrad über einen verbotenen Erdwall sprang oder mit dem Skateboard mitten auf dem Highway fuhr.

Er war kein Heiliger. Als Teenager kam er wegen geringfügiger Delikte einige Male mit dem Gesetz in Konflikt. Aber er hatte nicht nur ein Talent dafür, in Schwierigkeiten zu geraten, er konnte sich auch wieder aus ihnen herausschmeicheln. In der Highschool trat er der Hockeymannschaft bei und entschied sich für den polytechnischen Zweig. Mit seiner Mischung aus Theorie, Praxis und Outdoor-Aktivitäten war dieses Programm für ihn besser geeignet als das traditionelle Klassenzimmer. Ich war nicht überrascht, als Adam sich entschloss, sein Geld als archäologischer Ausgräber zu verdienen. Mit seinen einsachtzig war er schlank und muskulös von der körperlichen Arbeit.

Ich erinnere mich noch genau an den Tag, als er mir seine erste Liebe vorstellte. »Mom, das ist Laura«, sagte er. »Ich habe endlich jemanden getroffen, der genauso ist wie du.« Ich konnte von seinem Gesicht ablesen, wie verliebt er war. Den gleichen glücklichen Ausdruck sah ich an dem Tag, als Adam mir sein und Lauras kleines Mädchen in den Arm legte. Ashley war von Anfang an »Daddys Liebling«. Ich genoss es, auf sie aufzupassen, sie in den Armen zu halten und zuzusehen, wie sie einschlief. Vor meiner Verhaftung hatte ich mein Enkelkind fast täglich gesehen, sodass mir Ashleys Abwesenheit in jenen schrecklichen Anfangswochen in York körperliche Schmerzen bereitete.

»Ist es okay, wenn ich deine kleine Schwester hochnehme?«, fragte ich Ashley, als ich Ann das erste Mal sah. Sie nickte und starrte auf meine Tränen. Ich weinte, weil Ann solche Ähnlichkeit mit Adam hatte, als dieser noch ein Baby gewesen war, und weil diese erste Begegnung im Gefängnis stattfand. Aber es war auch tröstend, ein Neugeborenes im Arm zu halten und das kleine, warme Hoffnungsbündel zu wiegen. »Bringt die Mädchen bitte so oft es geht mit«, sagte ich. »Ich möchte nicht aus ihrem Leben ausgeschlossen werden.«

»Das werden wir«, versicherte mir Adam.

Bei einem seiner späteren Besuche hatte ich Besuchssperre, weil einer der Aufseher auf unserem Gang Zigarettenrauch gewittert hatte. Adam war entsetzt, als er hörte, dass er mich weder sehen noch erfahren durfte, wie es mir ging. Sein Talent zum Süßholzraspeln muss sich an diesem Tag als sehr nützlich erwiesen haben. Völlig gegen seine Art zog der für die Besuche verantwortliche Officer Erkundigungen ein und berichtete meinem Sohn von dem Rauchverdacht – *und* dass es mir gut gehe. »Vielen Dank«, sagte Adam zu dem Aufseher. »Und übrigens, wer immer dort geraucht hat, meine Mutter war es nicht. Sie ist nämlich Nichtraucherin.«

Ms. Hagen bringt mich in meine Unterkunft zurück und informiert den CO, dass ich einen Todesfall in der Familie habe. Diese Information wird nicht weitergegeben, um Mitleid zu erregen, sondern damit der Aufseher nach Anzeichen von Selbstmordgedanken Ausschau hält. Allein in meiner Zelle versuche ich mit Gott zu handeln. *Bitte nimm mich an seiner Stelle.*

»Oh, Mom, ich habe es gerade erfahren«, sagt Jackie, als sie in die Zelle kommt. Sie setzt sich zu mir aufs Bett und versucht, mich zu trösten. Ihre Freundlichkeit bringt mich zum Weinen.

Am Nachmittag besucht mich meine Schwester Joanne. »Die Totenwache ist in Canaan«, sagt sie. Der Anstaltsleiter hat alle Informationen und es werden Vorbereitungen getroffen, damit ich teilnehmen kann. Joanne weiß nicht, ob der Sarg offen oder geschlossen sein wird.

»Ich muss ihn sehen, Jo«, sage ich zu ihr. »Ich muss wissen, dass es wirklich wahr ist.«

Am nächsten Tag piept meine Sprechanlage. »Lane? Ihre Abholung ist da.« Während mein Ausgang eingetragen wird, schaue ich mich um, um festzustellen, wer mich begleiten wird. Meine Betreuerin hat mir versprochen, per Sonderantrag eine einfühlsame Begleitperson anzufordern, doch der Mann, der auf mich zukommt, ist einer der gefühllosesten Officers in der ganzen Belegschaft. Auf dem Weg zum Auslass bleibt er immer wieder stehen, um mit Insassinnen oder anderen Aufsehern zu scherzen. Er befiehlt mir, mit dem Rücken zum Verwaltungsgebäude stehen zu bleiben, damit er in den Pausenraum rennen und sich ein paar Getränkedosen für die Fahrt holen kann. Es ist, als wären wir unterwegs zu einem Routinetermin beim Arzt und nicht zur Totenwache meines Sohnes. Die zweite Eskorte stößt beim Transporter zu uns. Ich werde an Händen und Füßen gefesselt, bekomme Bauchketten umgelegt und werde in das Vehikel gehoben.

Auf der zweistündigen Fahrt nach Canaan schneiden mir die Schellen in Fuß- und Handgelenke. Die Officers unterhalten sich, aber keiner richtet ein Wort an mich.

Familie und Freunden ist der Aufenthalt in der Leichenhalle während meiner Anwesenheit verboten, also sind dort nur die beiden Officers, der Bestattungsunternehmer, mein Sohn und ich. Der Sarg ist offen. Ich gehe zu Adam und knie mich vor seinen Leichnam. Er sieht friedlich aus – schlafend, aber nicht tot. Die Hände hat man ihm auf die Brust gelegt. »Ihre Schwiegertochter fand, seine Verletzungen seien hinreichend verdeckt«, erklärt der Bestattungsunternehmer. »Aber es ist besser, wenn sie ihn unterhalb der Hände nicht berühren.«

Er trägt seine Jeans, ein T-Shirt, das er während eines Besuchs bei Andrea in Georgia gekauft hat, und sein geliebtes grün kariertes Sommerhemd darüber. Bilder von Laura und den Mädchen ragen aus der Brusttasche. Seinen abgetragenen *John Deere*-Hut und die Sonnenbrille hat man ihm mit in den Sarg gelegt. In seiner rechten Augenbraue ist eine Narbe, ein Teil der Haare fehlt. Eine Schnittwunde auf der Stirn wurde kreisförmig genäht. Über den Prellungen liegt dickes Make-up.

Ich kann ihn nicht berühren, weil die Ketten zu fest sitzen. »Können Sie mir bitte helfen?«, bitte ich einen meiner Begleiter. »Ich kann ihn nicht anfassen.« Er tritt vor und schließt die Handschellen auf. Ich beuge mich über Adam, küsse ihn auf die Stirn und streichle seine Hände.

Später gehe ich im Raum umher. Es ist so lange her, dass ich Blumen gesehen habe, und sie sind wunderschön: ein mit roten Rosen bedecktes Herz für Adam von mir, ein Strauß Sonnenblumen von meinen Anwälten. Die Floristen, die den Großteil dieser Arrangements ausgeführt haben, sind Freunde aus meiner Heimatstadt. Ihr Versuch, mich in Adams Abschied mit einzubeziehen, tröstet mich. Überall sind Bilder: auf Tischen, an Wänden, als große Collagen an Staffeleien gelehnt. Adams ganzes Leben erscheint hier auf Fotografien. Ich bleibe stehen, um ein Gedicht zu lesen, dass er vor vier Jahren für Laura geschrieben hat. Es trägt den Titel »Ewige Liebe« und handelt von Herzen, die einander für immer verbunden sind, von schönen Dingen, die niemals enden. *Ich werde der Engel sein, der bis an dein Ende über dir wacht,* hatte er ihr versprochen. Woher wusste er das?

Ich habe eine Stunde, so wurde es vereinbart und arrangiert. Doch nach dreißig Minuten teilen mir die Officers mit, dass wir zurückfahren. Es sei eine lange Fahrt, erklären sie, mit viel Verkehr. Jeder Widerspruch ist zwecklos, und es wird auch keinen Protest geben, wenn ich zurück bin. Dabei stünde mein Wort gegen ihres, und das Wort einer Gefangenen gilt immer weniger als das eines Aufsehers. Also werde ich wieder in Handschellen und Ketten gelegt und in den Transporter gehoben. Keiner der beiden redet auf der Rückfahrt ein Wort mit mir.

Im Gefängnis werde ich zur psychiatrischen Abteilung gebracht und von der diensthabenden Sozialarbeiterin befragt. Auch dies geschieht nicht aus Mitleid, es ist Vorschrift. Der psychische Zustand einer Insassin, die die

Anstalt wegen eines Todesfalls verlassen durfte, muss nach ihrer Rückkehr überprüft werden. Zurück in meiner Zelle werde ich von Jackie sanft und anteilnehmend umsorgt. »Waren die Aufseher nett zu dir, Mom?« »Sie haben mich gezwungen, früher zurückzufahren. Sie haben mir die letzte halbe Stunde genommen, die ich hätte bei ihm sein können.« Die Gefühle, die ich den ganzen Tag über in Schach gehalten habe, bahnen sich ihren Weg. Es gibt kein Halten mehr. Ich weine wie nie zuvor.

Am nächsten Morgen stehe ich auf und gehe zur Arbeit. Ich habe mir klar gemacht, dass es den Schmerz dämpfen wird, wenn ich beschäftigt bin. Die Beerdigung findet an diesem Nachmittag statt, die genau Uhrzeit weiß ich nicht. Stundenlang stehe ich da, schneide Wurst und versuche, nicht an Adams Beerdigung zu denken.

Am frühen Nachmittag ruft meine Betreuerin nach mir, den Telefonhörer in der Hand. Die Gefängnispastorin möchte mit mir sprechen. Doch es gibt ein Problem. Anscheinend kann ich mich nicht bewegen. Kann ich ein andermal mit ihr sprechen, frage ich. Die Chefin meint, die Pastorin werde wieder anrufen, um einen neuen Termin auszumachen. Eine halbe Stunde vergeht, eine Stunde, anderthalb. Ich kann Wurst schneiden, aber meine Beine kann ich nicht bewegen. Die anderen arbeiten um mich herum. Niemand schaut oder spricht mich an. Sie lassen mich in Ruhe weiterschneiden.

Adam liegt in einer Stadt nördlich von unserer begraben, auf einem Friedhof, den ich nie gesehen habe. Es tut weh, sich diesen Ort nicht vorstellen, das Grab nicht besuchen zu können – und unter meinen Füßen die Erde zu spüren, in die er gebettet ist. Ich sehne mich danach, seinen Grabstein zu berühren, die gemeißelten Buchstaben seines Namens. Bis ich aus dem Gefängnis entlassen und in der

Lage sein werde, das zu tun, wird es für mich kein Ende geben, keine Erlösung von diesem Schmerz. Was mich verfolgt, sind Fragen wie: Bin ich dafür verantwortlich? Wurde das Leben meines Sohnes genommen, weil ich einer anderen Frau den Sohn nahm? Ist Gott gnädig oder rachsüchtig?

6. Rehabilitation

Maizy, meine neue Zellengenossin im Hochsicherheitsbereich, strahlt mich an. »Hab gehofft, dass ich jemand mit Glotze krieg«, sagt sie. »Macht dir doch sicher nix aus, dass ich meine Lieblingsserien gucke, wenn du nachmittags nicht da bist?« Ich sage ihr, dass es mir durchaus etwas ausmacht, weil mein Fernseher die zehn Jahre, die ich hier bin, überstehen soll. Das Lächeln verschwindet aus ihrem Gesicht.

Natürlich fühlt sich der Fernseher jeden Nachmittag, wenn ich von der Schule in unsere Zelle zurückkomme, warm an. Statt Maizy offen damit zu konfrontieren, schließe ich lieber meine Kopfhörer weg. Doch nun muss ich mögliche Sabotageakte in unserer siebeneinhalb Quadratmeter großen Zelle befürchten. Mit der Nagelschere durchgeschnittene Stromkabel oder ins Gehäuse gegossenes Wasser oder Limonade sind beliebte Rachemethoden. Der Fernseher funktioniert zwar wieder, sobald das Wasser getrocknet ist, aber klebrige Limonade richtet dauerhaften Schaden an. Ich achte vor allem auf Gerüchte über eine mögliche Verlegung von Maizy. Rachsüchtige Zellengenossinnen schlagen am liebsten kurz vor ihrem Abgang zu.

Eine meiner früheren Zellengenossinnen, Carrie, hatte ernsthafte Gesundheitsprobleme. Eines Morgens kam ich vom Frühstück zurück und fand blutige Trikotagen und

265

Thermounterwäsche im Waschbecken und auf der Kommode. Sie war nicht im Zimmer und ich musste mich für die Arbeit fertig machen. Ich ging zum Aufsichtspult und bat um ein Paar Gummihandschuhe.

»Wofür?«, raunzte mich der Officer an.

»Meine Zellengenossin hat einen Haufen ekliger Wäsche im Waschbecken liegen lassen und ich muss mir vor der Arbeit die Zähne putzen.« Er begleitete mich zurück zur Zelle und war peinlich berührt von dem, was er sah. Er schickte mich zur Arbeit und versprach, dass der Raum blitzblank sein würde, wenn ich zurückkam. »Ich war kerngesund, als ich hierher kam«, grummelte ich, als ich die Zelle verließ. »Hoffentlich bin ich das noch, wenn ich nach Hause gehe.«

Neben medizinischen hatte Carrie auch psychische Probleme und kam mit ihrem Leben schlecht zurecht. Ich versuchte ihr mit gelegentlichen Mitbringseln aus dem Laden zu helfen – kleinen Snacks oder Hygieneartikeln. Sie gefielen ihr so sehr, dass sie auch meine eigenen stahl. Vielen Frauen in York fehlt der Respekt vor Privateigentum. Sie haben keine Hemmungen, einen zu bestehlen, oder sich Haartrockner oder Walkmans auszuleihen und kaputtzumachen oder auf einen loszugehen, wenn man es ihnen untersagt.

Frauen wie ich schlagen nicht zurück. Wir finden uns mit renitenten Zellengenossinnen ab und halten uns an die Regeln, weil Verstöße den Verlust von Privilegien nach sich ziehen können – die Teilnahme am Unterricht und der Gruppentherapie, den Empfang von Familienbesuchen, den Zugang zum Telefon und den Erhalt von Post. All das sind die Rettungsleinen für unseren Verstand, also gehorchen wir.

Trotzdem zahlen wir für diesen Gehorsam einen Preis. Wir sind die übersehenen Gefangenen. Unsere Anträge stopft das Personal ganz unten in den Papierstapel, weil sie wissen, dass wir keinen Ärger machen, wenn unsere Bedürfnisse nicht erfüllt werden. Die Ironie daran ist, dass, sobald eine widerspenstige Gefangene beschließt sich zukünftig an die Regeln zu halten, sich das Personal ein Bein ausreißt, um ihr gefällig zu ein. Sie wird ihres Öffentlichkeitswertes wegen als Vorzeigegefangene der Gefängnisgemeinschaft verhätschelt – als Frau, deren Seele gerettet wurde. Ich trat der Schwesternschaft der gesellschaftlichen Außenseiter 1996 bei. Ich lebe inmitten von Chaos, roher Sprache, meisterhafter Manipulation und verwirrter Sexualität. Frauen, die in Freiheit Ehefrauen und Mütter sind, werden im Gefängnis zu Lesben. Viele übernehmen den männlichen Part und schließen sich femininen Gefangenen an, die bereit sind, sie im Tausch gegen Sex mit Proviant zu versorgen. Wir Gefangene nennen das den »kessen Vater« geben. Nach meiner Erfahrung sind Frauen, die wegen Mord oder Totschlag verurteilt wurden – die an ihre emotionale Belastungsgrenze gelangt sind und durchgedreht haben –, die verlässlichsten Freundinnen im Gefängnis. Am gefährlichsten sind die Drogenabhängigen. In der Schwingtür des Justizsystems gefangen, ist der Großteil von ihnen für Rehabilitation und Hoffnung unempfänglich geworden. Sie lügen, stehlen, betrügen und manipulieren die Aufseher und stiften Chaos, um zu überleben. Besonders einflussreich sind Drogenabhängige mit charismatischer Persönlichkeit. Sie ziehen andere mit in den Aufruhr und das Chaos hinein und zerstören ihr Leben.

Sich selbst positiv zu verändern – verstehen zu lernen und dann den Teufelskreis zu durchbrechen – ist harte Arbeit. Für viele Frauen zu hart. Fünfundsiebzig Prozent der Insassinnen in York machen keinen Gebrauch von den

Schulungs- und Beratungsangeboten. Statt ihre selbstzerstörerischen Gewohnheiten zu verändern, passen sie sie an die neue Umgebung an. In Abwesenheit des gewalttätigen Ehemanns wird die Coabhängigkeit in explosiven Beziehungen mit anderen Frauen fortgeführt. Gefängnisverpflegung wird zum Drogenersatz. Ich habe mit angesehen, wie sich einige meiner Mitgefangenen im Umfang verdreifacht haben, indem sie ihre Sucht nach Junkfood auslebten. Eine »Verpflegungsschneppe« sieht sich genau an, wie andere Frauen einkaufen, und wählt sich dann ihr Opfer aus, normalerweise einen Neuankömmling. Zuerst macht sie sich heran, freundet sich an und beginnt zu flirten. Anvertraute Geheimnisse und Komplimente werden der Honig, den sie der bedürftigen Frau ins Ohr träufelt. Das Balzritual des Knastes hat begonnen. Manche Insassinnen kommen von ihrem »kessen Vater« nicht mehr los. Sie werden süchtig nach der Aufmerksamkeit, die sie erhalten, und beschenken ihre Verpflegungsschneppe im Gegenzug mit einem Vermögen an Tubenkäse, Zimtrollen, Trockenfleisch und Erdnussbutter-Hütchen.

»Mein Geld ist diese Woche nicht gekommen. Kannst du mir vielleicht zwei Tüten Suppe und ein paar Honigschnecken ausleihen?« (Am Tag zuvor habe ich die gleiche Frau mit zwei großen Einkaufstüten aus dem Gefängnisladen kommen sehen.) ...»Wenn du'n bisschen mehr Käse und Peperoni besorgst, koche ich diese Woche für uns beide.« (Wobei sie wohlgemerkt keine eigenen Vorräte beisteuert; *ihr* Betrag besteht darin, die Herdplatte anzudrehen.) »Ich habe ein wenig Frischkäse und Butter von der Arbeit mitgebracht. Hast du diese Woche zufällig ein paar Bagels oder Knabberstangen gekauft?« (Mit anderen Worten: Rücke die Sachen raus, für die *du* gezahlt hast, damit ich sie mir zusammen mit dem einverleiben kann, was ich gerade geklaut habe.)»Hast du ein bisschen Kaffee?«, ist eine beliebte Frage auf dem Zellengang. Wer naiv oder großzügig genug ist, einen Teelöffel Pulver zu erübrigen, wird gleich weiter ausgenommen. »Hast du auch noch Zucker? Oder einen Schuss Kaffeesahne?« Für manche wird der Schwindel noch mit Religion vermischt. *Jesus, errette mich! Zeig mir das Licht!* Viele Frauen besuchen den Gottesdienst, um für das Wunder einer verkürzten Haftstrafe zu beten. Andere gehen hin, weil sie auf Sex aus sind. Kürzlich wurde ein Gottesdienst unterbrochen, weil man eine »Schwalbe« entdeckt hatte und sie der Pastorin übergab. Der Brief enthielt ein Versprechen wahrer Liebe und eine Bitte: Wenn du nächsten Sonntag die Hose mit dem Loch im Schritt anziehst, zeige ich dir den siebten Himmel. Nach dem Gottesdienst hört man dagegen eher: »Die blöde Schlampe hat ihren dicken Arsch nicht mal in die Kirche bewegt. Warte, wenn ich die Schneppe in die Finger kriege. Ich schlage ihr die Fresse ein.« Halleluja.

Trotzdem kann eine Frau im Hochsicherheitsgefängnis York ihre Beziehung zu Gott aufrechterhalten und sich mit Hilfe des Personals und der angebotenen Programme rehabilitieren. Ich bin seit sechs Jahren in dieser Anstalt und habe sowohl an Bildung als auch an Selbsterkenntnis hinzugewonnen. Heute laufe ich nicht mehr Gefahr, von meinen Gewissensbissen aufgefressen zu werden. Doch es gibt auch Veränderungen, die ich weder für positiv noch einer Wiedereingliederung für dienlich halte. Ich bin misstrauischer geworden – vorsichtig, desillusioniert und bitter. Meine Augen sind weit offen und mir gefällt nicht viel von dem, was ich sehe.

Wer bin ich also? Ich bin Barbara Lane, die einmal im Gesundheitswesen tätig, Geschäftsfrau, Ehefrau, Hausfrau,

Gärtnerin und Mörderin war – und jetzt eine Strafgefangene ist. Die vertrauensvolle Tochter, Schwester, Ehefrau und Mutter gibt es nicht mehr. Ich werde im Juni einen Enkelsohn und fünf Enkeltöchter haben. Ich lebe mit der Angst, noch einmal erfahren zu müssen, dass eines von ihnen zum Opfer gemacht wurde. Es kümmert mich nicht, wer Sie sind – ich bin sicher, Sie haben eine dunkle Seite, besonders, wenn Sie ein Mann sind. Und nichts kann mich vom Gegenteil überzeugen.

7. Sechs Jahre und die Uhr läuft

Langjährige Gefängnisstrafen sind eine seltsame Mischung aus Trauer, Eintönigkeit und Explosivität. Ich habe jetzt meinen zweitausendsten Tag im Gefängnis hinter mir. Inzwischen gibt es auch schöne Momente für mich: ein Lächeln unter Freundinnen oder das Possenspiel der Hunde, die ich für die Hundeschule des Gefängnisses trainiere. Das Personal hat mir den Spitznamen »Die Postfrau« gegeben, weil ich nach wie vor viele Briefe und Karten von treuen Unterstützern erhalte. Zu meinem zweiundfünfzigsten Geburtstag hat mich meine beste Freundin Elle mit einem Video überrascht, an dem sie wochenlang gearbeitet hat. Das Band enthält eine »Tour« durch meine Heimatstadt und die besten Wünsche von dreißig Freunden und Familienmitgliedern, die sich vor Elles Kamera gestellt haben, um mir ihre Liebe zu schicken. Es ist eines der schönsten Geschenke, das ich je erhalten habe.

Wenn das Leben ein Stapel Puzzleteile ist, dann befindet sich das kostbarste Teil weiterhin außerhalb meiner Reichweite. Abgesehen von Telefongesprächen und Besuchen hier im Gefängnis hatte ich an diesen vergangenen zweitausend Tagen am Leben meiner Kinder und Enkelkinder keinen Anteil.

Andrea unternimmt die Reise nach Connecticut zwei Mal im Jahr. Wenn sie mich besucht, sprechen wir weder von Mark noch von der Tat, die mich hierher gebracht noch von oder den vorausgegangenen Ereignissen und Enthüllungen.

Arthur schafft es, mich einmal im Monat zu besuchen, es sei denn, er steckt bis zum Hals in Arbeit. Obwohl er sich nie beklagt, fallen ihm diese Reisen schwer. Sämtliche Beziehungen meines Sohnes mit wunderbaren jungen Frauen sind in die Brüche gegangen. »Wie kommt es, dass du dich nicht binden kannst?«, habe ich ihn einmal gefragt. Weil er nicht das Gleiche durchmachen wolle wie ich, war seine Antwort. So habe ich erfahren, wie tief sein Leben durch meines verletzt worden ist.

Für Adams Witwe, Laura, ist das Leben weitergegangen. In den letzten Jahren habe ich meine Enkelinnen Ashley und Ann immer seltener gesehen. Ich hoffe und bete, dass ich meine Beziehung zu Adams Kindern nach meiner Entlassung wieder aufnehmen kann.

Amanda besucht mich in unregelmäßigen Abständen. Inzwischen weint sie nicht mehr die gesamte Besuchszeit hindurch, aber sie lächelt nur selten. Sie ist Kettenraucherin und macht das Rauchverbot innerhalb des Gefängnisses dafür verantwortlich, nicht die vollen uns zustehenden zwei Stunden bleiben zu können. Mein jüngstes Kind stolpert durchs Leben, jagt den falschen Zielen nach, und ich kann nichts anderes tun, als Gott um Gnade anzuflehen. Ich bete auch um seine Vergebung. Für meine Unfähigkeit, einer von Gewalttätigkeiten geprägten Beziehung zu entfliehen, für mein Verbrechen und meine Inhaftierung – für all das zahle ich mit der Schuld, meine Jüngste im Stich gelassen zu haben.

Mitten in meiner Arbeit an diesem Text bat ich meine verbliebenen drei Kinder, aus ihrer eigenen Perspektive über das »damals und heute« meines Verbrechens und meiner Bestrafung zu schreiben.

Amanda schrieb:

Ich spürte schon Stunden, bevor ich die Nachricht erhielt, einen Schmerz in meinem Herzen. Wie konnte meine Mutter nur alles vergessen, was sie mir je beigebracht hat? ... Arthur und ich waren auf der Beerdigung. Es tat weh, mit Marks Familie und Freunden in einem Raum zu stehen. Ich hatte das Gefühl, dass alle mich anstarrten – als wäre ich schuld am Verbrechen meiner Mutter. Mark sah friedlich aus, fast glücklich. Vielleicht dachte er nicht an seinen Tod, sondern an das, was uns als Familie ausgemacht hat. ... Eigentlich bin ich seitdem nicht mehr die Gleiche. Es hat Todesdrohungen gegen meine Mutter gegeben. Aus diesem Grund fürchte ich mich vor Fenstern. Ich habe Angst, man könnte mich sehen und erschießen. Nachts kann ich häufig nicht einschlafen. Ich starre an die Decke, lausche auf die nächtlichen Geräusche und habe Angst vor dem Unbekannten. Aber es ist schwer zu sagen, ob die Tat meiner Mutter auch für die anderen Ereignisse verantwortlich ist – den Tod meines Bruders, mein Alkoholproblem, die Autos, die ich ramponiert habe, und selbst die schönen Dinge, wie die Geburt meiner Tochter. Solche Dinge passieren einfach, oder?

Andrea schrieb:

Wir waren damals gerade nach Georgia gezogen und Mom kam uns im Oktober besuchen. Sie dachte nur an Mark, fragte sich, was er gerade machte, und rief ständig zu Hause an, um nachzufragen. Sie war nicht wiederzuerkennen ... Zwei Wochen nach ihrem Besuch rief Tante Joanne an, um mir die Nachricht zu überbringen. Ich wusste nicht, wie ich reagieren sollte. Wie konnte in unserer Familie so etwas passieren? Meine erste Reaktion war Wut. ›Ich bringe sie um‹, habe ich gesagt ... Als ich Mom das erste Mal im

Gefängnis besuchte, streckte ich über dem Tisch die Arme aus und nahm ihre Hände. Sie fühlten sich klein und kalt an. Sie war durstig, durfte aber nicht den Wasserspender benutzen. Sie hatte keinen Wintermantel, aber wir durften ihr keinen mitbringen. Ich hatte keine Möglichkeit, irgendetwas für sie zu tun. Das hat mich innerlich ganz krank gemacht ... Wenn ich auf diese sechs Jahre zurückschaue, kann ich nicht sagen, wie sich das alles auf mich ausgewirkt hat. Ich bin härter geworden, glaube ich. Wer mich zum ersten Mal sieht, denkt vielleicht:»Sie ist eine Zicke.« Ich lächele nicht mehr häufig. Vor einer Weile habe ich bei einem Linedance-Wettbewerb mitgemacht. Wir wurden aufgefordert, das Publikum mit einzubeziehen – den Leuten in die Augen zu sehen und so viel wie möglich zu lächeln. Ich war richtig zufrieden mit mir, hatte viel gelächelt, Blickkontakt hergestellt und mir wie immer große Mühe gegeben hatte, zu gefallen. Nach dem Wettbewerb fragte mich mein Mann, warum ich nicht gelächelt hatte. Innerlich hatte ich aus Leibeskräften gelächelt und draußen konnte es niemand sehen.

Arthur schrieb:

Ich hatte mich damals gerade nach fünfeinhalb Jahren von meiner Freundin getrennt. Ich besuchte das Abendcollege, hatte mich aber entschlossen, es mit Vollzeit zu versuchen. Ich bewarb mich am Rochester Institute of Technology und an der Universität von Connecticut mit dem Ziel, einen Abschluss in Maschinenbau zu machen, und wurde von beiden angenommen. Mit fünfundzwanzig Jahren wollte ich endlich meinen Traum wahr machen. Mom schlug vor, dass ich wieder zu ihr und Mark ziehen sollte, um Geld für die Studiengebühren und andere Kosten zu sparen ... Mir war sofort klar, dass sie ernsthafte Probleme hatten. Sie waren hoch verschuldet. Mark betrog meine Mutter und behandelte sie wie ein Stück Dreck. Gegen drei Uhr früh am Morgen des 4. November weckte mich ein lauter Streit. Dann hörte ich einen Knall. War das ein Schuss? War ich der Nächste? Mom stürzte in mein Zimmer

273

und hatte ein Glühen in den Augen, das ich noch nie gesehen hatte. Sie wollte, dass ich mich anzog und zum Ende unserer Auffahrt ging, denn sie hatte auf Mark geschossen und den Notarzt gerufen. Ein Krankenwagen war unterwegs. Sobald die Polizei eintraf, gestand meine Mutter. Trotzdem nahmen sie mich neun Stunden lang ins Verhör ... Das folgende Jahr verging für mich in einem Nebel aus Alkohol. Ich habe früher nie viel getrunken, aber der Alkohol schien den Schmerz zu betäuben. Da ich nicht wusste, wo ich leben sollte, fuhr ich mit meinen Habseligkeiten im Auto durch die Gegend und schlief überall. Familie und Freunde versuchten mir zu helfen, aber wir waren alle durcheinander ... Die psychologischen Nachwirkungen verflogen nicht. Selbst die kleinste Aufgabe erschien mir wie eine riesige Verpflichtung. Ich verkroch mich in meiner Arbeit, um mich vor der Gesellschaft und mir selbst zu verstecken. Ich dachte ständig darüber nach, was die Leute wohl redeten, dachte an meine Mutter und an mich ... Bis heute und bis das alles überstanden ist, wird jeder Besuch bei Mom, jeder Anruf von ihr mich schmerzhaft an das Geschehene erinnern. Sie ist nicht mehr der wunderbare, fürsorgliche und großzügige Mensch, der sie vor ihrem Martyrium war. Sie wird es nie mehr sein. Dafür hat das »System« gesorgt.

Im Herbst 2000 machte Barbara Lane am Three Rivers Community–Technical College ihren Associate of Science-Abschluss, den sie mit Auszeichnung bestand. Als geprüfte Tutorin der Literacy Volunteers of America unterstützt sie Mathematikschüler dabei, sich auf ihren Highschoolabschluss vorzubereiten. Auch während ihrer eigenen Ausbildung blieb Barbara Lane ein aktives Mitglied von Hilfsgruppen wie den »Survivors of Abuse and Struggles«, einer auf der Basis von Lesen und Schreiben arbeitenden Gruppe für die Opfer häuslicher Gewalt. Zur Zeit beschäftigt sie sich mit Microcomputern, Journalismus, Meditation und Yoga. Außerdem ist sie mit Leib und Seele im PUP Partnership Programm des Hochsicherheitsgefängnisses aktiv, in dem Gefängnisinsassinnen Labrador Retriever zu Helfern von behinderten Erwachsenen und Kindern abrichten. Lane ist »Mutter« von zwei Hunden, Webster und Durham, die sie auf Schritt und Tritt begleiten.

Schnappschüsse aus meinem früheren Leben

Diane Bartholomew

Geboren: 1946

Straftat: Mord

Strafmaß: 25 Jahre

Beginn der Strafe: 1990

Status: Verstorben

1. Abendessen

Mutter macht sich ständig Sorgen, dass ich nicht genug esse.»Du bist zu dürr, Diane«, sagt sie. Der Löffel schwebt auf mich zu und die tägliche Vitamindosis Geritol rinnt mir durch die Kehle. Dann hastet sie zur Arbeit. Mom arbeitet in der Spätschicht der Reifenfirma U.S. Rubber, und wenn sie nicht zu Hause ist, hat Daddy das Sagen. Ich höre oft, wie Mutter anderen Leuten meine Blutergüsse erklärt.»Ach, Diane hat einfach Gummigelenke und fällt häufig hin.« Aber meine Blutergüsse stammen nicht von Unfällen, wie sie gerne glauben möchte. Sie kommen vom Abendessen.

»Essen!«, ruft Grammy.»Kommt zu Tisch! Das Abendessen ist fertig!« Großmutter bindet ihre blaue Rüschenschürze auf, zieht sie über den Kopf und legt sie ordentlich auf die Anrichte. Sie drückt ein paar lose Strähnen ihres kastanienbraunen Haars, das langsam grau wird, an den straff gedrehten Haarknoten. Während sie uns Milch einschenkt, ruft sie über die Schulter: Habt ihr Mädchen euch die Hände gewaschen?«

»Ja, Grammy, haben wir«, erwidert Katie.

Wir klettern auf die uns zugewiesenen Stühle, ich hocke mich auf die Knie, damit ich sehen kann, was ich heute hinunterwürgen darf. Dabei muss ich sorgsam aufpassen, dass die Metallschnallen meiner roten Buster-Brown-Sandalen nicht das grau gesprenkelte Lederimitat der Stuhlbezüge durchlöchern. Wenn das passiert, werde ich vertrimmt, noch ehe das Essen auf dem Tisch ist.

Bitte, lieber Gott, bete ich, lass es etwas sein, das ich mag.

Ich hasse Gemüse, und Grammy kocht ständig irgendwelche Gerichte aus Gartengemüse. Manchmal frage ich mich, ob sie es absichtlich tut. Ich weiß, dass sie Katie lieber mag als mich. Und ich weiß auch, dass Daddy mich noch vor dem Ende der Mahlzeit verprügeln wird, weil ich ein böses Mädchen bin und meinen Teller nicht leer gegessen habe. O Gott, es gibt Auberginen. »Igitt«, protestiere ich. »Das esse ich nicht.«

»Du bist viel zu pingelig, mein Fräulein!«

Unser allabendliches Ritual hat begonnen.

Ich sitze da und hoffe, das Essen möge durch Zauberei von meinem Teller verschwinden, aber ich weiß, dass das nicht geschehen wird. Manchmal habe ich Glück und kann Queeny, unserer schwarz gelockten Promenadenmischung, ein oder zwei Hände voll von dem Ekelzeug zustecken. Queeny ist selbst ziemlich wählerisch, aber sie hilft mir, wo sie kann. Sie frisst sogar das Gemüse, von dem ich weiß, dass sie es selbst nicht mag. Ich bin überzeugt, sie weiß, dass sie mir damit das Leben rettet. Aber heute Abend ist sie draußen und nicht unter dem Tisch, also bin ich verloren.

Eine Stunde später herrscht immer noch Waffenstillstand zwischen Daddy und mir »Du stehst nicht auf, ehe du gegessen hast, was vor dir steht!«, warnt er mich. Ich richte mich darauf ein, die ganze Nacht hier zu sitzen, wenn es sein muss – und nicht eher schlafen zu gehen, als Mutter nach Hause kommt. Doch kaum habe ich daran gedacht, döse ich ein. Daddy rüttelt mich wach. Er packt mich am Arm, zerrt mich vom Küchenstuhl und zieht seinen Gürtel heraus. *Zack! Zack!* Nach einer Weile spielt es eigentlich keine Rolle mehr, wo der Gürtel landet. Es ist so normal geworden, dass keiner mehr hinsieht. Grammy wischt um mich herum und räumt auf, so gut es geht, ohne mich zu stören. Katie hat sich schon lange verabschiedet. Sie ist die Brave und darf im Wohnzimmer sitzen und fernsehen.

Ich wünschte, Grammy würde Daddy dafür anschreien, dass er mich schlägt. Sie ist seine Mutter, vielleicht könnte sie ihn aufhalten. Sieht sie denn nicht, dass er mir wirklich schlimm wehtut? Auch wenn sie Katie lieber mag als mich, sollte sie mir trotzdem helfen. Mit der Zeit lerne ich, die Brocken unzerkaut hinunterzuschlucken. Ich halte mir mit der linken Hand die Nase zu und stopfe mir mit der rechten das Essen in den Mund. Ich habe die Wahl zwischen Essen und Prügeln.

Wenn es noch nicht allzu spät ist, nachdem ich endlich mit dem Essen fertig bin, fährt Daddy mit uns zum Carvel-Eisladen. Das cremige Schokoladeneis ist kalt und glatt auf meiner Zunge und in der Kehle. Es rutscht ganz leicht hinab, nicht wie das selbst gemachte Zeug mit all den Eisklümpchen darin. Ich überlege, ob es Daddy vielleicht Leid tut, mich so verdroschen zu haben, und ob das Eis vielleicht seine Art ist, sich dafür zu entschuldigen, dass er mich windelweich geprügelt hat. Während ich den letzten Bissen meiner durchweichten Waffel hinunterschlucke, frage ich mich, welches Ekelgemüse Grammy morgen Abend kochen wird und welchen Ärger wir dann wieder bei Tisch haben werden.

2. Wildwood

Es ist ein seltsamer Tag – der Tag der Arbeit, 1953, der letzte Tag unserer Ferien am Meer, in Wildwood, New Jersey. Die Luft ist heiß und stickig, der Himmel bedeckt. Im Nebenzimmer unserer beengten Ferienwohnung geraten sich Mutter und Katie in die Haare.

»Ich will, dass du das weiße Baumwollkleid mit den rosa Blümchen anziehst, Katie«, sagt Mutter. »Und denk daran, dass du heute nicht ins Wasser kannst.«

»Aber Ma! Nur alte Frauen wie Grammy laufen am Strand mit Kleidern und diesen grauenhaften Rollsöckchen herum.«

»Kein Wort über Grammy. Du kannst nicht erwarten, dass sie in ihrem Alter im Badeanzug herumläuft. Das schickt sich nicht.«

»Aber für *mich* schickt es sich, Ma! Ich will nicht im Kleid an den Strand!«

»Nun, es wird dir nichts anderes übrig bleiben!«, raunzt meine Mutter sie an, und ihr Ton macht meiner Schwester klar, wer von den beiden das Sagen hat.

Ich wundere mich, dass Mutter Katie zwingt, ein Kleid anzuziehen. Liegt es an der blassen Haut meiner Schwester? Mutter hat ständig Angst, Katie könnte sich einen Sonnenbrand holen. Ganz im Gegensatz zu mir. »Diane bekommt nie Sonnenbrand«, prahlt sie. »Das muss an dem vielen Öl liegen, mit dem ich sie als Baby eingerieben habe.«

»Quatsch, es ist das fremde Blut, das sie in sich hat und sie vor der Sonne schützt«, frotzelt Daddy. Ich komme einfach nicht dahinter, was es mit meinem fremden Blut auf sich hat, das Daddy nicht leiden kann, aber ich weiß, dass seine Sprüche beleidigend gemeint sind. Vermutlich hält er mich für defekt und nicht ganz und gar von seinem Fleisch und Blut, weil Mom vor meiner Geburt eine Bluttransfusion erhielt, obwohl in der Nachkriegszeit gerade Mangel an Blutkonserven herrschte. Sie hat eine ungewöhnliche Blutgruppe; und der einzige Mensch, dessen Blut mit ihrem übereinstimmte, war ein italienischer Schuster aus New Haven. Dads Frotzeleien machten mich jedes Mal wütend – als wäre ich nicht so rein wie meine Brüder und

Schwestern. Aber wenn das »fremde Blut« meiner Mutter das Leben gerettet hat und mich vor Sonnenbrand bewahrt, kann ich damit leben, anders zu sein.

Katie und ich haben ein Ritual beim Einpacken der Strandsachen. Obwohl sie schon elf und damit vier Jahre älter ist als ich, liefern wir uns, wenn es zum Strand geht, jedes Mal ein Wettrennen zum Sandspielzeug, das draußen bei der Außendusche ordentlich aufgestapelt liegt. Dann rennen wir zum Auto, wo Daddy gerade den Kofferraum voll packt. Katie schlägt mich fast immer, aber heute gewinne ich. Katie versucht es nicht einmal. Sie seufzt, als wir Daddy die Sachen übergeben, damit er sie in den Kofferraum stopft.

»Was ist los mit dir?«, frage ich sie.

»Ach, nichts«, sagt sie. »Ich dachte nur gerade an den armen Marvin – dass er zu Hause bleiben und arbeiten muss und alles verpasst hat.« Katie macht sich ständig Sorgen um unsere älteren Brüder.

»Marvin wollte doch gar nicht mit uns in die Ferien fahren«, erinnere ich sie.

Daddy verstaut unsere Eimer und Schaufeln im Kofferraum. »Mach dir über Marvin keine Gedanken«, knurrt er. »Er ist nicht zum Arbeiten zu Hause geblieben, sondern weil er mit seinem neuen Flittchen zusammen sein wollte. Ihr zwei seid die Einzigen, die auf ihn reingefallen sind.«

Er stopft den Strandschirm in den Kofferraum. Carl Jr. kommt mit den Strandstühlen heraus und Dora, seine Verlobte, legt die Decken und Handtücher in Carls 1946-er Chevy. Mom und Grammy schließen sich der Parade an. Wie eine Ameisenkolonne, die Futter zu ihrem Nest transportiert, marschiert die Familie zwischen Wagen und Haus hin und her und belädt die beiden Fahrzeuge. Dass der Rest von uns ungeduldig ist und endlich zum Strand will, scheinen Carl und Dora gar nicht zu bemerken. Sie werfen sich ununterbrochen schmachtende Blicke zu und führen sich auf wie berauscht. An der Art, wie sie sich an den Händen berühren, kann ich sehen, dass sie sich küssen möchten. Aber sie wissen, dass Mutter ein solches Verhalten in der Öffentlichkeit nicht gutheißt.

Vor unserer Reise habe ich ein Telefongespräch zwischen Mutter und Mrs. Gardner, Doras Mutter, belauscht. Es war nicht leicht für Mutter, Mrs. Gardner zu überreden, Dora mit uns in die Ferien fahren zu lassen. Sie musste ihr versprechen, Carl und Dora nicht aus den Augen zu lassen. »Sie können in Wildwood nichts tun, was sie nicht schon vorher hätten tun können«, machte Mutter ihr klar. Nachdem sie aufgelegt hatte, fragte ich sie: »Was können Carl und Dora denn nicht tun?«

Spitz wies meine Mutter mich darauf hin, dass sie nicht mit mir gesprochen habe, also hob ich mir dieses kleine Geheimnis auf und nahm mir vor, ihm später auf den Grund zu gehen. Während der gesamten Strandferien beobachtete ich Dora und Carl mit Argusaugen.

Dora ist immer nett zu mir, aber ich weiß, dass sie Carl Jr. von allen am liebsten hat. Sie kann mir nichts vormachen. Und ich kann es ihr nicht verübeln. Carl Jr. ist hübsch und groß, außerdem hat er blonde Haare und haselnussbraune Augen. Ich weiß, dass er Dora ebenfalls sehr gern hat, aber es macht mir nichts aus, ihn zu teilen, weil ich sicher bin, dass er mich noch lieber hat. Außerdem habe ich noch Daddy.

Daddy stopft die letzten Sachen ins Auto und knallt den Kofferraumdeckel zu. »Diane«, sagt er, »geh und sag deiner Mutter und Grammy, sie sollen sich beeilen.«

Als ich die Veranda erreiche, höre ich die beiden mit Mommy Cannon tuscheln, der alten Dame, der das Haus mit unserer Ferienwohnung gehört. Daddy hat mir erzählt, dass Mommy Cannon und ihr verstorbener Mann Vaudeville-Tänzer gewesen sind, aber ich schwöre, dass die alte Dame nur noch mit Mühe und Not aus ihrem Lehnstuhl hochkommt. Wenn meine Mutter und Großmutter die Köpfe zusammenstecken, bedeutet das für gewöhnlich, dass Geheimnisse ausgeplaudert werden, also schleiche ich näher und lausche. »Bei Katie war es heute Nacht so weit«, berichtet meine Mutter. »Diane weiß natürlich von nichts. Sie –«

»Na, na, na«, wird sie von Mommy Cannon unterbrochen, als diese mich bemerkt. »Da macht aber jemand lange Ohren.«

Diane weiß *was* nicht?, frage ich mich. Und was ist mit Katie los? Für mich sieht sie völlig normal aus. Aber das werde ich herausfinden, sobald wir da sind, nehme ich mir vor – irgendjemanden werde ich schon ausquetschen.

Am Strand ist es heute heiß und dunstig und ein grauer Schleier liegt vor der Sonne. Das Meer ist unruhiger als sonst.

»Es ist schrecklich heiß, Ma«, beklagt sich Katie, als wir vom Holzsteg zum Strand abbiegen.

»Au!«, schreie ich auf. »Der Sand verbrennt mir die Füße!«

Da sie uns zu Beginn der Ferien gelbe Schaufeln, rote Eimer und blaue Förmchen gekauft hat, ist Mutter nicht unbedingt erpicht darauf, uns am letzten Tag noch weitere Ausrüstung kaufen zu müssen. Aber Katie und ich tun ihr Leid, deshalb geht sie mit uns zu einem kleinen Verkaufsstand auf dem Holzsteg und kauft uns Frotteebadeschuhe mit Gummisohlen.

Sobald Daddy den Sonnenschirm aufgebaut hat und die Stühle und Handtücher in Position gebracht sind, beginne ich meine Mutter zu löchern. »Was weiß ich nicht von Katie, Mutter?«

»Das erkläre ich dir, wenn du älter bist.«

»Ich bin aber jetzt schon alt genug.«

»Später, Diane. Geh und spiel am Wasser.«

Stattdessen flitze ich hinüber zu Carl Jr., der Dora gerade den Rücken mit Sonnencreme einreibt. »He, Carl, was weiß ich nicht von Katie?«, frage ich.

Dora errötet, sie kichert und wirft Carl Jr. einen wissenden Blick zu. Er erwidert ihr Lächeln und gafft sie an. Schließlich wendet er sich zu mir. »Also, Diane«, sagt er. »Welchen Gutelauneschleck wolltest du noch mal?«

Aber der Versuch meines großen Bruders, mich mit einem Eis abzulenken, funktioniert nicht. So leicht gebe ich nicht auf. Ich bin fest entschlossen, von irgendjemandem etwas zu erfahren oder sie alle mit meinen Fragen wahnsinnig zu machen.

»Gib mir Antwort, Carl«, sage ich. »Komm schon!«

»Wohin?«, witzelt Carl.

»Hör auf.«

»Auf wen soll ich hören?«

»Ich meine es ernst, Carl. Was weiß ich nicht von Katie?«

Grammy kommt ihm zu Hilfe geeilt und wedelt mit der Hand, um mich zu verscheuchen. »Los jetzt, Diane. Lass Carl und Dora in Ruhe. Geh spielen.« Mein Bruder Carl Jr. und meine Schwester Katie sind Grammys Lieblinge. Ich bin mir nicht sicher, welchen von beiden sie gerade in Schutz nimmt. Ich beschließe, das Geheimnis für ein paar Minuten ruhen zu lassen, aber aufgeben werde ich nicht.

Katie steht am Rand des Wassers und lässt ihre Füße von kleinen Wellen umspülen. Ich renne zu ihr. »Hast du Lust, eine Burg zu bauen?«, frage ich sie. Normalerweise baut Katie gerne Sandburgen mit mir, aber heute hat sie keine Lust. »Mach du, ich schaue dir zu«, sagt sie.

»Katie, was zum Teufel ist –«

»Diane!«, ruft Mutter.

Ich schaue zu ihrem Handtuch hinüber. »Was?«

»Lass deine Schwester in Ruhe.«

Ich falle auf die Knie, fange an zu graben und murmele vor mich hin. Jedes Mal, wenn ich zu Katie aufschaue, starrt sie in die Gegend, statt mir wie versprochen zuzusehen. Ich bin halb fertig mit Schneewittchens Schloss, als ich aus den Augenwinkeln ein paar braune Badehosen bemerke, die sich Richtung Wasser bewegen.

»Daddy!«, rufe ich. »Warte auf mich!«

Aber er läuft weiter. *Platsch!*

Ich kicke meine neuen Strandschuhe in die Luft und renne hinterher.

Das Wasser ist so eisig, dass ich eine Gänsehaut bekomme. Ich wate hinein, springe über die kleinen Wellen und versuche Daddy einzuholen. Etwas weiter draußen drücken mich die größeren Wellen zurück zum Strand. Das wirbelnde Wasser spült unter meinen Füßen den Sand weg.

Mutter schreit vom Strand: »Carl! Behalte Diane im Auge!«

Daddy bleibt kurz stehen und wendet sich halb um. »Komm her«, sagt er und streckt den Arm aus. Er nimmt meine beiden Hände und zieht mich zu sich. »Dreh dich zur Seite, wenn du eine große Welle auf dich zukommen siehst«, sagt er. »Dann kannst du sie leichter durchbrechen.« Langsam bringt er uns in tieferes Wasser. Die Wellen reichen Daddy bis unters Kinn und ich kann schon lange nicht mehr stehen. »Hast du Angst?«, fragt er.

»Nein.« Und das stimmt. Ich weiß, dass Daddy auf mich aufpassen wird. Ich klammere mich an seinen Nacken und schlinge die Beine um seinen Bauch.

Wir gehen noch weiter hinaus – so weit, dass auch Daddy nicht mehr stehen kann. Wir treiben auf den Wellen, warten und warten auf die stärkste von allen, um auf ihr zum Strand zurückzureiten.»Die nicht«, sagt Daddy immer wieder.»Noch nicht.«

Während wir warten, schmiege ich mich an ihn und flüstere ihm ins Ohr.»Daddy?«

»Hmm?«

»Was weiß ich nicht von Katie?«

Ein winzige Welle rollt auf uns zu. Wir haben schon doppelt so große durchgelassen.»Okay, die ist es«, erklärt Daddy.»Mach dich bereit!« Und schon wirft er mich in die Gischt. Ich strecke die Arme vor, wie er es mir gezeigt hat, und mache mich steif wie ein Brett. Bis zur Hälfte der Strecke klappt alles wunderbar. Dann drückt mich die Welle unter Wasser, ihre Kraft wirbelt mich herum, als hätte ich keine Knochen. Als ich das Ufer erreiche, spucke ich Wasser, ringe nach Luft und bin zu Tode erschrocken. Trotzdem lasse ich mir nichts anmerken. Daddy hasst Heulsusen. Wenn er meine Angst sieht, wird er aus dem Wasser gehen und böse auf mich sein.

Ich wate zu ihm zurück. Wir warten nicht länger auf die besten Wellen, sondern nehmen jede, die auf uns zu rollt. Immer und immer wieder reiten wir auf den Wellen, Daddy und ich. Schließlich sagt er:»Das war's. Ich bin erledigt«, und wir stapfen aus dem Wasser zurück an den Strand.

Als es Abend wird und wir ins Apartment zurückkehren, geht es allen, außer mir, miserabel. Doras Augen sind fast zugeschwollen. Carl Jr.s und Daddys Rücken sind rot wie Roastbeef. Mutter muss Katie das Kleid vom Leib pellen.»Seht euch das an!«, brummt Grammy.»Meine Beine sind selbst unter den Baumwollsocken verbrannt.«

Ich dagegen bin braun. Wenigstens einmal hat sich das »fremde Blut« bewährt. All die anderen Schlaumeier haben

Sonnenbrand, nur ich nicht. Im Spiegel fahre ich den weißen Rand nach, wo meine Badekappe aufgehört hat. Mein
Gesicht ist eine braune Maske. Ich bin so fasziniert, dass
ich das Geheimnis, das Katie widerfahren ist, fast vergesse.
Doch dann fällt es mir wieder ein und ich fange wieder
an, gehe von einem rot verbrannten Familienmitglied zum
nächsten, stolziere mit meinem braunen Körper durch die
Wohnung. »Alles, was ich wissen will«, verkünde ich, »ist,
was mit Katie passiert ist!«

Es ist meine Mutter, die sich erbarmt. Sie packt mich am
Handgelenk und zieht mich ins Badezimmer. »Bitte Diane,
hör endlich auf, allen auf die Nerven zu gehen«, fleht sie.
»Wir sind alle krank und verdrossen und nicht in der Stim-
mung, uns piesacken zu lassen. Heute war ein besonderer
Tag für Katie, mehr nicht.«

»Besonders? Warum?«

»Weil sie ihre Geschichte bekommen hat.«

»Hä?«

»Welche Geschichte?«, frage ich. »Ich hab nichts gehört.«

Mutter erklärt mir die schauerlichen Details. »Man blu-
tet und manchmal hat man Krämpfe. Man muss einige
Tage lang eine Binde und einen Gürtel tragen, damit das
Blut nicht durchdringt. Wenn man seine Geschichte ein-
mal bekommen hat, kommt sie jeden Monat erneut zu
Besuch.«

»Igitt!«, sage ich. »Aber ich kriege diese Geschichte doch
nicht, oder?«

»Nein, im Moment noch nicht«, antwortet Mutter.

Ich verstehe immer noch nicht ganz, beschließe aber,
dass ich genug gehört habe. Es klingt mir nicht nach einer
guten Geschichte. Soll Katie sie für sich behalten und sich
besonders fühlen. Ich verzichte lieber darauf und gehe mit
Daddy Wellen reiten und lasse mich bis an mein Lebens-
ende herumwirbeln und bräunen.

3. Kaffeesatz

»Er ist wunderschön«, sage ich zu Carl Jr. Ich halte den Rubinring zwischen Daumen und Zeigefinger und bewege die Hand hin und her, damit sich das Sonnenlicht in dem roten Stein verfängt. »Hast du ihn für eine deiner Freundinnen gekauft?«

»Nein«, sagt er. »Hab ihn überhaupt nicht gekauft, sondern gefunden.«

Ich sehe zweifelnd zu ihm hoch. »Wo denn?«

»Auf dem Parkplatz an der Arbeit. Das ist kein billiger Blechring, den man leicht verbiegen kann. Der ist echt.«

Ich nicke, die Augen immer noch auf den Ring gerichtet. »Wem willst du ihn schenken?«, frage ich Carl. »Dora?«

»Hm«, sagt er. »Das hier ist ein Monatsstein und sie hat nicht im Juli Geburtstag. Kennst du zufällig jemanden, der in diesem Monat geboren ist?«

Ich weiß, dass Carl mich auf den Arm nimmt. »Juli ist doch *mein* Geburtsmonat«, erinnere ich ihn.

Mit einem einfältigen Grinsen sagt er: »Ach, stimmt ja. Dann probierst du ihn besser mal an. Es bringt Glück, wenn ein Mädchen einen Ring mit seinem Monatsstein trägt.«

Ich schiebe mir den Ring auf den Finger. Er passt wie angegossen.

Zu dieser Zeit kann ich etwas Glück gut gebrauchen. Wir alle können das. Daddy trifft seit Monaten Vorbereitungen, mit unserer Familie nach Pennsylvania zu ziehen – er will das große Geld machen, sobald er und Mutter die Kombination aus Schnellimbiss und Tankstelle übernehmen, die er gepachtet hat. Kurz vor dem Umzug geht es Grammy plötzlich schlechter. Sie hustet schon seit Wochen und Mutter hat endlich Zeit, sie ins Krankenhaus zu bringen. Dort erklären sie nach einigen Tests, Grammy habe Tuberkulose, also kommt sie vom Krankenhaus direkt in ein Sanatorium, aber man kann uns nicht sagen, wie lange sie dort bleiben muss. Das bringt uns mächtig in die Bredouille. Mutter arbeitet bei U.S. Rubber in der Spätschicht und Grammy war seither unsere Familienköchin. Jetzt ist Katie an der Reihe, und ich muss ihr helfen. Zudem bewegen wir uns im Moment ohnehin wie auf rohen Eiern. Die TB seiner Mutter hat Daddys Pläne vom großen Reichtum in Pennsylvania komplett ausgebremst. Er ist frustriert, und wenn Dad frustriert ist, sollte man auf der Hut sein. Also halte ich den Mund, benehme mich ausnahmsweise gut und trage meinen Monatsstein so oft es geht.

»Katie, du machst heute Abend Hackbraten für deinen Vater«, sagt Mutter und schlüpft in ihren Mantel. Wenn sie in der Reifenfirma die Stechuhr zu spät sticht, kürzen sie ihr den Lohn. »Diane, du hörst auf deine Schwester und hilfst ihr beim Abwaschen. Und vergiss nicht, deinen schönen Ring auszuziehen, wenn du am Spülbecken arbeitest.« Ich nicke und winke ihr zum Abschied. Sie stürzt zur Tür hinaus. Sekunden später kommt sie wieder herein. »Und bitte, Mädchen«, fleht Mutter, »ich muss mich darauf verlassen, dass ihr ganz, ganz brav seid, während ich weg bin.«

Katie und ich spielen ein bisschen und holen dann unsere Fahrräder heraus, um die Zeitungen auszufahren. Wir teilen uns den Job. Katie übernimmt die Zeitungen für die Buckley Lane, und ich lade mir den Packen für unsere Straße auf. So schnell ich kann, rase ich die Rek Lane hinunter und schleudere Zeitungen auf die Veranden unserer Kunden, um noch ein wenig Zeit zum Spielen herauszuholen, ehe Katie ihre Tour beendet und mit dem Abendessen anfängt. Sobald der Küchendienst beginnt, habe ich mir vorgenommen, will ich ganz, ganz brav sein.

Katie hat noch nie einen Hackbraten gemacht, aber sie werkelt herum, als wisse sie genau Bescheid. Sie lässt das Hackfleisch, das Mutter aufgetaut hat, in Grammys salbeifarbene Lieblingsschüssel plumpsen und gibt Semmelbrösel, Ketchup, Zwiebeln und Ei hinein. Dann steckt sie beide Hände in die Pampe und beginnt alles zu vermengen. Igitt, denke ich insgeheim. *Das* soll ich essen? Aber ich weiß, dass Daddy mich umbringt, wenn ich es nicht tue. Außerdem habe ich es Mutter versprochen.

Ich bin unsagbar brav beim Abendessen. Ich kneife die Nase zu und vertilge eine komplette Portion von Katies salzigem Hackbraten. Ich bin enttäuscht, dass Daddy es nicht einmal bemerkt. Himmel noch mal, ich weiß, dass beim Abendessen nicht gesprochen werden darf, aber ich dachte, es würde ihn so freuen, dass ich zur Abwechslung einmal alles aufgegessen habe, dass er wenigstens *irgendetwas* sagen würde.

Jetzt ist es Zeit für uns, die Küche aufzuräumen. Ich ziehe den Ring ab, wie Mutter es mir aufgetragen hat, und lege ihn auf den Fenstersims über dem Spülbecken. Katie säubert die Teller und wäscht die Gläser ab. Dann greift sie nach der Kaffeekanne.

»Mach die Kanne sauber, Diane«, befiehlt sie mir. »Schütte den Kaffeesatz aus.« Das hat mir gerade noch gefehlt, denke ich bei mir: noch jemand im Haus, der mich herumkommandiert. Außerdem denke ich nicht daran, das schleimige Zeug anzufassen.

»Nein!«, sage ich. »Das mache ich nicht.«

»Dann sage ich's Daddy«, warnt sie mich. Mit einem Ruck zieht sie ihre schaumigen Hände aus dem Spülwasser und geht in Richtung Wohnzimmer.

»Ach, komm, Katie«, bettle ich. »Ich mache alles andere. Ich will nur diesen ekligen, schleimigen Kaffeesatz nicht anfassen.«

»He, Dad!«, ruft Katie. »Diane will den Kaffeesatz nicht ausleeren!«

»Zwing mich nicht, in die Küche zu kommen, Diane!«, brüllt er aus dem Wohnzimmer. Wenn er so schreit – wenn sich eine unserer Kraftproben ankündigt –, kann ich förmlich spüren, wie die Gefahr meinen Körper erzittern lässt. »Warum denn?«, brülle ich zurück. »Wenn sie es nicht macht, warum soll –«

Ich habe den Satz noch nicht beendet, als er wie ein wild gewordener Stier um die Ecke biegt, den Gürtel in der Hand. Er versetzt mir ein paar Hiebe auf die Beine. Schnauft, als wäre er außer Atem. Schlägt mich wieder.

Ich sehe Dad in die Augen, was ihn, wie ich weiß, nur noch rasender macht. »Was glotzt du so?«, schreit er. *Peng! Peng!* Der Gürtel schneidet mir ins Fleisch, der Schmerz ist fast unerträglich. In puncto Blickkontakt hat man bei Dad in solchen Momenten keine Chance. Wenn ich wegschaue, schreit er mich an, weil ich ihm nicht zuhöre, und schlägt mich weiter. Und wenn ich ihn anschaue, deutet er das als Aufsässigkeit.

Dad hebt mich hoch und lässt mich dann auf den Küchenboden fallen. Er schlägt weiter mit dem Gürtel auf mich ein. Ich spüre das Blut an die Oberfläche kommen, die Striemen auf Beinen, Rücken und Po anschwellen. Um das Stechen der einzelnen Schläge abzumildern, rolle ich mich auf den neuen schwarzweißen Gummifliesen unseres Küchenbodens hin und her.

Dad hält ein, um zu verschnaufen. Er steht über mir, starrt mich wütend an, und ich schaue auf, schaue weg und schaue wieder zu ihm auf. »Hast du jetzt genug?«, brüllt er.

Aber ich kann genauso halsstarrig sein wie er gemein. »Nein.«

Das macht ihn wütender als je zuvor. Als er mir die

nächste Tracht Prügel verabreicht, kann ich meine Knochen klappern hören. »Jetzt genug?«, fragt er wieder.

»Nein.«

Wir behalten unsere Positionen bei, ich auf dem Boden, Dad über mir. Die Schläge dauern weitere fünfzehn bis zwanzig Minuten. Hin und wieder hält Dad inne, um mir die gleiche Frage zu stellen und weiterzumachen, wenn ich ihm die gleiche Antwort gebe. Schließlich lässt er sich auf Hände und Knie fallen und flüstert mir ins Gesicht: »Zum letzten Mal, hast ... du ... genug?«

Mir tut alles weh. Ich kann keine Schmerzen mehr ertragen. Er hat gewonnen. »Ja«, sage ich.

»Ja, *was?* Sag es.«

Ich schreie heraus, was er hören will. »Ja! Ja! Ich habe genug!«

Die Schreie entfachen seine Wut aufs Neue. Er kann einfach nicht mehr aufhören. Er ist außer Kontrolle. Ich rolle über den Boden, versuche so vielen Hieben wie möglich auszuweichen, bis er müde genug ist, um aufzuhören. Als es kein Ende nimmt, schaffe ich es, auf die Füße zu kommen und ins Badezimmer zu rennen.

»Mach die verdammte Tür auf!«, schreit er und hämmert von der anderen Seite dagegen. Aufmachen? Am liebsten würde ich sie so fest zuknallen, dass sie aus den Angeln fällt.

»Okay, Diane«, schreit Dad zu mir herein. »Du legst es also wirklich darauf an? Dann mach dich auf etwas gefasst.«

Später, als ich mich wieder hinauswagen kann, entdecke ich meinen kostbaren Ring mit dem Monatsstein zertrümmert auf dem Küchenfußboden. Ich hebe ihn auf, gehe in mein Zimmer und weine bitterlich.

Ich kann Daddy sämtliche Schläge verzeihen, die er mir verabreicht, aber ihm zu vergeben, dass er den Ring kaputtgemacht hat, den ich von Carl Jr. bekommen habe, dauert sehr, sehr lange. Aber schließlich gelingt es mir. Mutter hat uns beigebracht, alles zu tun, um anderen Menschen zu verzeihen, weil es immer das Richtige ist.

4. Trout Run

Mutter ist mit dem Auspacken und Verstauen unserer Habseligkeiten im neuen Haus fertig. Der Märzwind fegt durch das Tal. Es ist kälter in Pennsylvania als in Connecticut. Dies wird mein erster Tag in der neuen Schule und ich zittere innerlich vor Kälte und Angst. Die Bushaltestelle liegt gleich hinter der kleinen Gulf-Tankstelle mit der angeschlossenen Imbissstube, die Dad entdeckt hat und mit unserer Familie betreiben wird. Ich höre den Bus, das Tuckern des Motors, noch ehe ich ihn sehe. Dann taucht er am Horizont auf und überquert die Brücke.

Ummpf! Die Bremsen ächzen, der Bus hält und die Türen gehen auf. Beim Einsteigen sehe ich, dass er fast leer ist, abgesehen von einigen Kindern, die ganz hinten herumtollen. Ich setze mich nach vorn. Wie gern wäre ich jetzt in meinem alten Schulbus, mit Kindern, die ich kenne, unterwegs zu meiner alten Schule in Prospect.

Der Bus fährt an. Ich starre auf die kleinen Cottages und Häuser, die wir passieren. Die Gegend hier sieht anders aus als in Connecticut. Berge umgeben grüne Felder, und überall gibt es kleine Bäche und Flüsse. Plötzlich taucht wie aus dem Nichts eine kleine Stadt auf. Sie hat nicht viel zu bieten: einen alten heruntergewirtschafteten Kaufladen, eine Tankstelle, ein paar zweistöckige Häuser. In der Ferne steht, mitten in einem Eichenhain, eine alte Getreidemühle an einem Bach. Das muss Trout Run sein.

Vorsichtig schaukelt der Bus über die Bahngleise. Gleich dahinter kauert einsam auf einem Feld der Backsteinbau einer aus zwei Räumen bestehenden Schule. Sie erinnert mich an die Hinterwäldlerschulen in alten Fernsehwestern. Ich habe Angst, als ich die Eingangstreppe hinaufgehe und den Flur betrete. Drinnen kann ich den Grundriss der gesamten Schule überblicken. Rechts von mir führt eine Treppe hinunter zur Mädchentoilette, links befindet sich eine weitere Treppe und die Toilette für die Jungen. Ich gehe die fünf breiten Stufen in die große Eingangshalle hinauf. Ein dickes, abgenutztes Seil hängt wie ein Strick von der Decke herab. Meine Augen wandern an ihm hinauf zu der großen, mattschwarzen Glocke hoch über meinem Kopf. Sie hängt dort oben einsam in ihrem quadratischen Spitzturm. Ich glaube, ich werde diese Schule hassen.

Direkt gegenüber, am anderen Ende der Eingangshalle, ist der Garderobenraum: Mäntel, Hüte und Schals hängen an aufgereihten Metallhaken. Ich spähe in das Klassenzimmer links von mir. Es ist voller kleiner Kinder – Erst-, Zweit- und Drittklässler. Also gehe ich zur Tür des anderen Klassenraums. Darin sind die Kinder meines Alters: Viert-, Fünft- und Sechstklässler. Ich stehe auf der Schwelle. Ich bin in der Fünften.

Das Klassenzimmer hat rußig gelbe Wände, und über der Tafel hängt ein schäbiges Bild von George Washington. Das Lehrerpult steht in der vorderen linken Ecke. Die klapprigen Schulbänke der Kinder sind am Boden festgeschraubt. Durch große, zugige Fenster dringt jede Menge Sonnenlicht und Luft. Selbst von hier kann ich die kalte Zugluft an meinen nackten Beinen spüren. Der Fußboden ist schmutzig und riecht nach Öl. Was für eine lausige, ekelhafte Schule, denke ich mir.

Ich betrete das Klassenzimmer und gehe zum Lehrerpult. Ich trage mein fliederfarbenes Blümchenkleid, Rüschensöckchen und schwarze Schuhe. Ich kann förmlich spüren, wie sie mich alle anstarren. Obwohl ich niemanden direkt anschaue, sehe ich, dass alle, Mädchen wie Jungen, Bluejeans tragen. »Ich bin Mr. Peterson«, sagt der Lehrer. »Und wen haben wir hier?«

»Meine Name ist Diane Hiller«, sage ich schüchtern und leise.

»Dann Guten Tag, Diane Hiller«, sagt er und erhebt sich. Er ist fast einen Meter neunzig groß und von wuchtiger Gestalt. Sein Haar ist mit Pomade zurückgekämmt. Trotz seiner sanften Stimme erinnert er mich an die Abbildung des Furcht erregenden Riesen Jack-in-the-Beanstalk in Mutters Buch, aus dem sie mir und Katie immer vorgelesen hat – der Menschenknochen zermahlt, um sich daraus Brot zu backen. Ich soll mich auf den zweiten Platz am Fenster setzen, sagt er zu mir.

Mein Pultdeckel ist schmuddelig und übersät mit den eingeritzten Namen und schlauen Sprüchen sämtlicher Kinder, die vor mir hier saßen. Ein dunkles, schmutziges Loch gähnt in der rechten oberen Ecke. Wahrscheinlich hat es früher einmal ein Tintenfaß enthalten, aber jetzt erinnert es mich an einen offenen Mund, der schreit. Ich wäre froh, wenn diese dämlichen Kinder aus Trout Run sich nicht ständig nach mir umsehen würden.

Den ganzen Tag höre ich mir den näselnden Akzent von Mr. Peterson und meinen Klassenkameraden an. Obwohl ich die Einzige bin, die richtig spricht, behaupten sie, *ich* würde merkwürdig reden. Sie lachen, wenn ich »Fenster« sage und nicht »Fensder« oder »Mutter« statt »Mom«. Ich spüre, dass sie mich nicht mögen, weil sie mich für hochnäsig halten.

Den Rest dieses Schuljahres verbringe ich mit dem vergeblichen Versuch, mich einzufügen. Nichts von dem, was ich tue, gefällt ihnen. Mr. Peterson findet, meine Handschrift sei inakzeptabel und ich müsse das Schreiben völlig neu lernen. Die anderen Kinder schreiben, als ginge es darum, die Unabhängigkeitserklärung zu verfassen – mit unzähligen Bögen, Schwüngen und Schnörkeln in jedem Satz. Mir wird ganz schwindelig, wenn ich versuche, so zu schreiben, und ich bekomme Krämpfe in der Hand. Sie können auch besser lesen als ich. Sie lernen Naturwissenschaft, Geschichte, Geografie und andere Fächer, von denen ich noch nie gehört habe, aus Schulbüchern, die viel dicker sind als die an meiner alten Schule. Ich komme mir vor wie ein blödes Vorschulkind aus Connecticut an der Universität von Trout Run. Und so bleibe ich natürlich hinter den anderen zurück.

Es ist ein langer, heißer und langweiliger Sommer. Katie und ich helfen im Schnellimbiss mit, doch es gibt nicht viel zu tun, weil wir nur wenig Kundschaft haben. Im nächsten Schuljahr wird es ein wenig besser. Den ganzen Sommer über habe ich Mutter bekniet, mir ein Paar Bluejeans zu kaufen, und sie hat schließlich eingewilligt. Daher fühle ich mich am ersten Schultag nicht mehr ganz so fremd.

Die Jungen lassen mich beim Baseball mitspielen; Sandra Campbell und ich sind die einzigen Mädchen, die sie in ihre Mannschaft aufnehmen. Also gebe ich mich als wildes Raubein, um gemocht zu werden. Eines Tages trifft mich ein Baseball am Auge. Er fegt mich von den Füßen, und mein linkes Auge ist nur noch ein Schlitz. Eine Woche lang laufe ich mit einem Veilchen herum, aber das hält mich nicht davon ab, weiter Ball zu spielen.

Nachdem ich mich mit den Jungen angefreundet habe, lassen sich auch ein paar Mädchen auf mich ein. Sharon

Shea ist die Erste, die sich mit mir anfreundet. Sie ist wild und verrückt, und es macht Spaß, mit ihr zusammen zu sein. Eines Tages hat sie die brillante Idee, sich von Kopf bis Fuß mit giftigem Efeu einzureiben, um nicht zur Schule gehen zu müssen. Es funktioniert auch. Das Gift gelangt in ihren Blutkreislauf, und sie muss stattdessen ins Krankenhaus.

Ein andermal sagt Sharon etwas, was Mr. Peterson missfällt. Er geht zum Schrank und holt seinen Waschbleuel heraus. Er ist etwa sieben Zentimeter breit und fast einen Meter lang und hat einen schön geschnitzten Griff. Mr. Peterson geht zu Sharon hinüber. Es ist das erste Mal, dass ich ihn wütend erlebe. Durch seine Größe ist er auch so beängstigend genug, aber mit dem Bleuel wirkt er noch schrecklicher. Mit der einen Hand packt er Sharon am Oberarm, mit der anderen versetzt er ihr kräftige Hiebe auf das Hinterteil. Sharon bäumt sich bei jedem Schlag auf und versucht, dem nächsten auszuweichen. Es sieht aus, als führe sie einen seltsamen Kriegstanz auf. Als Sharons Eltern später die Prellungen auf ihrem Hintern und an den Händen entdecken, kommen sie in die Schule und schreien Mr. Peterson an. Sharon hat die Hände auf den Rücken gehalten, um ihren Hintern zu schützen, deshalb wurden ihre Finger grün und blau.

Dad ist jetzt nicht mehr so oft zu Hause wie in Connecticut. Das Geschäft mit der Tankstelle und dem Schnellimbiss läuft schlecht, die anfallende Arbeit erledigt Mutter allein. Dad hat Orte und Betätigungen entdeckt, die mit uns nichts zu tun haben. In gewisser Hinsicht ist das gut. Wenn Dad nicht da ist, kann er mich beim Abendessen auch nicht »überwachen«. Außerdem ist Mutter immer in der Nähe, um einzugreifen, wenn es notwendig ist. Aber das Restaurant nimmt einen Großteil ihrer Zeit in Anspruch. Und da es kein Geld abwirft, ist sie auch dann gereizt und geistesabwesend, wenn sie bei uns im Hause ist. Also bin ich einsam – unsichtbar in gewisser Weise. Wenn Dad mich schlug, wurde wenigstens kurzzeitig Notiz von mir genommen. In der Schule werbe ich um Mr. Petersons Aufmerksamkeit. Ich gebe mir mehr Mühe mit meinen Aufsätzen. Ich erledige freiwillig Klassendienste, die keiner sonst übernehmen will. Ich hebe die Hand, auch wenn ich die Antwort nicht weiß, nur damit er mich bemerkt und meinen Namen sagt. Aber nichts funktioniert. Mr. Peterson nimmt mich nur selten richtig wahr. Doch dann habe ich eine Idee. Wen Mr. Peterson garantiert bemerkt, sind die unartigen Kinder wie Sharon und Ace Hodges oder Leon Combs. Wenn ich etwas täte, was ich nicht tun darf, würde ich vielleicht nicht mehr unsichtbar sein, mich nicht mehr hohl und leer fühlen. Bei Dad hat es immer funktioniert, und bei Mr. Peterson würde es das auch.

An diesem Nachmittag fordere ich in der Pause den schlimmsten Rabauken unserer Klasse zu einem Ringkampf heraus. Wir schlagen uns, rollen über den Boden und versuchen, uns gegenseitig nach unten zu drücken. Als die Glocke läutet, gehen wir wieder hinein. Unsere Kleidung ist schmutzig, und meine blauweiß gestreifte Bluse ist an der Naht aufgerissen.

Ich hatte Recht. Mr. Peterson wird auf uns aufmerksam und er ist wütend.

»Ich stelle euch vier vor die Wahl«, sagt er zu Ace, Leon, Freddie Grissom und mir. Der Rest der Klasse ist bereits nach Hause gegangen, nur wir Raufbolde müssen nachsitzen. »Entweder ihr schreibt tausend Mal den Satz – *Ich werde mich in der Schule nicht auf dem Boden raufen* – oder ich verpasse euch hier und jetzt eins mit dem Waschbleuel. Was ist euch lieber?«

»Die Sätze schreiben«, antworten die Jungen wie aus einem Mund.

Mr. Peterson sieht mich an, und die anderen tun es ihm nach. Ich mag es, wenn alle Aufmerksamkeit auf mich gerichtet ist. Ich lasse sie zappeln.

»Diane?«, sagt Mr. Peterson.

»Ich schreibe die Sätze.«

Am nächsten Tag reichen die Jungen ihre dreitausend Sätze ein. »Hast du deine Sätze geschrieben?«, erkundigt sich Mr. Peterson.

»Nein, Sir«, antworte ich ihm. »Ich bin noch nicht fertig damit. Ich gebe sie morgen ab.« In Wirklichkeit habe ich nicht die leiseste Absicht, sie fertig zu schreiben. Er wird mich am nächsten Tag wieder fragen, und wenn ich ihm sage, dass ich sie nicht fertig habe, muss er mich verprügeln.

Aber das geschieht nicht. Es vergehen mehrere Tage. Mr. Peterson verprügelt mich weder, noch fragt er nach den Sätzen. Warum nicht? Bin ich ihm nicht wichtig genug, um mir eine Lektion zu erteilen? Bin ich die Mühe nicht wert? Bin ich unsichtbar?

Die Wochen vergehen. Es wird wärmer. Zuerst kommt die Baseballsaison, dann der erste Mai, und schließlich sind die Sommerferien nur noch eine Woche entfernt. Ich habe meine Enttäuschung darüber, nicht wichtig genug zu sein, um von Mr. Peterson bestraft zu werden, schon lange hinuntergeschluckt. Inzwischen habe ich andere Sorgen. Doch am vorletzten Schultag geht Mr. Peterson durch meine Reihe und bleibt vor meinem Pult stehen. »Hast du die Sätze jetzt, Diane?«, fragt er.

Ich sitze erstarrt in meiner Bank, zitternd und begeistert. Ich weiche seinem Blick aus. Er hat es doch nicht vergessen. »Ich bringe sie morgen mit«, verspreche ich.

In diesem Moment beabsichtige ich wirklich, mein Versprechen zu halten, doch am nächsten Tag habe ich die Sätze trotzdem nicht. Ich warte den ganzen Tag, doch Mr. Peterson fragt nicht danach. Um drei Uhr läutete die Glocke, die Kinder jubeln, und wir werden in den langen Sommer entlassen.

Mr. Peterson hat mich nicht verprügelt. Er liebt mich nicht – er legt nicht den geringsten Wert darauf, mir eine Lektion zu erteilen.

Ich habe ihm das ganze Jahr über nichts bedeutet.

5. Ich lerne Jagen

Während ich den letzten Knopf einer alten, geerbten Jagdweste schließe, trotte ich benommen in die Küche, wo Dad sitzt. Er nimmt den letzten Schluck aus seinem allmorgendlichen Becher Kaffee und einen letzten langen Zug an seiner Winston.

»Fertig?«, fragt er. Ich nicke zur Antwort. Jetzt, wo ich zehn bin, das legale Alter erreicht habe, gehen wir auf die Jagd.

Dad nimmt die 16-er Schrotflinte für sich selbst und trägt mir auf, die 22-er zu nehmen. »Damit haben es deine Brüder auch gelernt«, meint er. »Sie ist leicht. Du wirst damit gut zurechtkommen.«

Wir überqueren den viel befahrenen Highway und kommen zum Fuß des Berges, dann machen wir uns an den Aufstieg. Es ist steil und schwer Tritt zu fassen auf dem schlüpfrigen Schiefergeröll, das überall lose herumliegt, manches davon von frisch gefallenem Laub verdeckt. Jetzt verstehe ich, warum Daddy wollte, dass ich das leichtere Gewehr nehme; unser Jagdausflug ist noch keine zehn Minuten alt und schon schmerzen meine dünnen Arme vom Gewicht des Gewehrs. Ich gehe vorsichtig, versuche das Gleichgewicht zu halten und nicht zu stürzen und dabei mit Dad Schritt zu halten. Ich stolpere, rutsche und schaffe es gerade so, die blöde 22-er nicht fallen zu lassen.

Wir erreichen das erste Felsplateau und steigen auf der anderen Bergseite wieder hinab. Als wir tief genug im Wald sind, überqueren wir den Fluss. Jetzt befinden wir uns auf Mrs. McIntyres Land und wollen zu einem großen Kieferngehölz in der Nähe des Talgrundes, wo Daddy Rotwild gesehen hat. Bisher haben wir noch keinerlei Wild entdeckt, aber ich weiß, dass wir hier nicht weggehen werden, ohne dass ich etwas getötet habe. Es ist Dad viel wichtiger als mir, dass ich mit einer selbst erlegten Beute nach Hause komme.

Als wir das Gehölz erreichen, werden unsere Schritte leiser, leichter, weil die mit Regenwasser voll gesogenen Kiefernnadeln unsere knirschenden Schritte dämpfen. Die dichten Bäume schließen auch das letzte bisschen Sonnenlicht aus. Der leichte Nieselregel fällt wie ein Schleier. Im Wäldchen selbst ist es dunkel wie in einer Höhle und tropfnass. Dann höre ich in der Dunkelheit, wie sich etwas hoch oben in den Bäumen bewegt.

Ich weiß, was ich zu tun habe, denn ich habe meinem Bruder, Carl Jr., zugesehen, wenn er im Wald hinter unserem Haus an der Rek Lane auf die Jagd ging. Ich hebe meine Waffe, ziele in die Richtung des Geräusches und warte auf die nächste Bewegung.

»Da!«, flüstert Dad und deutet auf eine Stelle links von der, die ich anstarre. Ich warte. Dann ist es da, ein klatschnasses graues Eichhörnchen.

Es springt auf einen anderen Ast. Ich löse den Sicherungshahn. Ziele. Das Tier verschmilzt mit dem dunklen Hintergrund aus nassen schwarzen Nadeln und Ästen und ich kann es kaum noch erkennen. Ich ziele mit dem

Gewehr nach oben. Mein Arm tut weh. Das Jagdfieber glüht in meinen Adern.

»Erschieß es!«, flüstert Dad aufgeregt. »Schieß!«

Ich ziele, drücke den Abzug. Das Eichhörnchen bewegt sich weiter.

Ich greife nach dem Bolzen, werfe die Hülse aus und bringe ihn zurück in Position für den nächsten Schuss. Sekunden später schieße ich wieder. Ich wiederhole das Ganze, bis das kleine Eichhörnchen wie Chicken Little vom Himmel fällt.

Natürlich ist das arme Ding tot. Es hat so viel Blei im Leib, dass man mit ihm ein Loch stopfen und ein sinkendes Kriegsschiff vor dem Untergang retten könnte. Dad und ich gehen näher heran und betrachten es. Ich habe ihm den Schwanz weggeschossen, außerdem ein Vorder- und ein Hinterbein, bevor ich ihm den tödlichen Schuss verpasste.

»Du hast es erwischt, Diane!«, jubelt Dad. »Du hast es erwischt!«

Natürlich habe ich das. Welche Kreatur könnte einen Kugelhagel, wie ich ihn gerade losgelassen hatte, schon überleben? Das arme kleine Ding hatte nicht den Hauch einer Chance. Aber ich freue mich über Dads Begeisterung. Ich bin stolz, dass er stolz auf mich ist.

Das Eichhörnchen zu essen kommt nicht in Frage, wegen des vielen Metalls, mit dem ich das Tier voll gepumpt habe, aber Dad besteht darauf, dass wir es trotzdem ausnehmen. Nach allem, was ich ihm angetan habe, bringe ich es nicht fertig, auch noch ein Messer in das Tier zu stecken, also macht Dad es. »Du weißt, dass du früher oder später lernen musst, sie auszuweiden«, sagt er. Er sticht die Spitze seines Jagdmessers in den cremig grauen Bauch des Eichhörnchens. Blut streichelt die Schneide des Messers, als es nach oben gleitet und die Haut durchtrennt.

Als er die Brust erreicht, zieht Dad die Wunde weit auseinander und beugt das Eichhörnchen nach vorn, sodass seine Innereien herausfallen.

Dad überreicht mir das blutige Tier, und ich stopfe es in meine Jagdweste, wie er es mir gesagt hat. Dann machen wir uns auf den langen Rückweg.

Ich bin nicht glücklich darüber, das Eichhörnchen getötet zu haben, aber ich bin auch nicht unglücklich. Ich bin einfach froh, den Tag mit Dad zu verbringen. Zuerst fühlt sich das Eichhörnchen an meiner Brust warm an, doch schon nach wenigen Minuten wird es kalt und steif.

Heute habe ich meinen Vater durch Töten erfreut.

6. Landstreicher

Mutter weint. »Es ist doch nicht meine Schuld, dass die Geschäfte so schlecht laufen. Ich arbeite jeden Tag bis zum Umfallen. Es ist einfach nicht genug Geld da, um die Hypothek abzuzahlen.«

»Wessen Schuld ist es dann?«, schnauzte Dad zurück. »Meine vielleicht?«

»Na ja, schließlich war es deine Idee, nach Pennsylvania zu ziehen«, erinnert ihn Mutter. »Wenn du *nicht* wieder in die Fabrik gehst und ein bisschen Geld nach Hause bringst, verlieren wir alles, wofür wir ein Leben lang geschuftet haben.«

»Nein! Vergiss es!«, brüllt Dad. »Du weißt, wie sehr mir das zuwider ist.«

Es sei doch nur vorübergehend, erklärte ihm Mom – nur so lange, bis das Geschäft besser laufe und sie wieder auf die Füße kämen. Dad könnte die Woche über zu Hause in Connecticut in der Fabrik arbeiten, bei meinem Bruder Carl übernachten und am Wochenende nach Pennsylvania zurückkommen. Dad widersetzt sich diesem Vorschlag einige Zeit, doch schließlich gibt er nach, weil er weiß, dass Mom Recht hat. Es gibt einfach keinen anderen Ausweg.

Gegen Abend, als Dad zum Arbeiten oben im Norden und meine Mutter den Tag über unterwegs ist, entdecken Grammy, Katie und ich durch das Fenster einen Landstreicher. Er steht direkt vor der Tankstelle und streckt bei jedem herankommenden Auto den Daumen heraus. Seine Kleidung ist schmutzig und zerlumpt, und seine schäbigen Schuhe sind so dreckverkrustet, dass man ihre Farbe nicht mehr erkennen kann. Den ganzen Nachmittag hatte er versucht, eine Mitfahrgelegenheit zu finden, aber es hielt niemand an.

»Er sieht zum Fürchten aus«, meint Katie. Grammy und ich nicken. »Wer ist schon so verrückt, *den* mitzunehmen?«, füge ich hinzu.

Kurz darauf wenden wir uns für einen Augenblick etwas anderem zu und im nächsten Moment ist der Landstreicher verschwunden. Jetzt haben wir wirklich Angst. Was ist, wenn er sich unter die Brücke geschlichen hat? Wenn er vorhat, zurückzukommen und uns zu berauben, sobald es dunkel ist?

An diesem Abend verabscheuen Katie und ich die Aufgabe, die Tankstelle und die Vorratsschuppen abzuschließen, mehr denn je. Katie umklammert den Schlüsselring und die verchromte Taschenlampe, und ich lade die 16-er Schrotflinte. »Seid vorsichtig, Mädchen«, warnt uns Grammy. Keine von uns geht freiwillig hinaus in die Dunkelheit, aber es muss sein. Wenn nur Dad in Connecticut nicht so weit weg wäre.

Nachdem wir alles andere abgeschlossen haben, schleichen wir zum Rand des Kiefernwäldchens, wo die Tankstelle an den Picknickplatz angrenzt. Dort steht der entlegendste Schuppen, jenseits des Strahls der Taschenlampe, draußen in der tiefschwarzen ländlichen Nacht.

Mein Herz klopft wie wild. Ich zittere am ganzen Körper und hoffe nur, dass ich dieses Gewehr nicht abfeuern muss. Ich habe Angst um den Landstreicher, falls er versuchen sollte, uns etwas anzutun, aber auch vor dem, was Dads Gewehr mit mir anstellen wird, sollte ich gezwungen sein, davon Gebrauch zu machen. Es ist eine viel zu gewaltige Waffe für eine Elfjährige, aber ich weiß, was ich zu tun habe. Mein großer Bruder Marvin hat sich als Sechzehnjähriger an diesem Gewehr versucht, und der Rückstoß schleuderte ihn rückwärts auf den Boden. Seine Schulter war wochenlang grün und blau.

Deshalb habe ich Angst um uns alle.

Bitte, lieber Landstreicher, sei nicht dort draußen.

7. Ballerina

Es ist Sommer. Ich bin vierzehn. Dad ist wieder bei uns in Pennsylvania. Er hat bei der Nashua Trailer Company in Montoursville Arbeit gefunden, für die er Wohnwagen ausliefert. Mom geht es besser, weil dieser neue Job mehr Geld einbringt. Ich genieße es, Dad auf seinen Auslieferungsfahrten zu begleiten und mit ihm von Staat zu Staat zu reisen. Häufig sind es lange Fahrten, und Dad hat dabei gern Gesellschaft.

Es ist später Nachmittag an einem heißen Junitag. Wir haben Dads Gehaltsscheck abgeholt und auf dem Firmenhof vorbeigesehen, um den Wohnwagen vorzubereiten, den wir am nächsten Tag ausliefern wollen. Dad will früh aufbrechen, weil der Verkehr frühmorgens am besten fließt. Wir haben überprüft, ob alle Küchen- und Schrankschubladen zugeklebt sind, und alles abgesichert, was während der Fahrt verrutschen und beschädigt werden könnte. Nun sind wir für die morgendliche Fahrt gerüstet, und Dad braust mit dem Gehaltsscheck in der Brusttasche nach Hause. Wir kommen gut voran, denn es herrscht nur leichter Verkehr und es ist keine Straßenpolizei in Sicht, die uns aufhalten könnte.

Kurz bevor wir in unsere Auffahrt einbiegen, passieren wir Mavis, unsere Nachbarin, die in ihrem Vorgarten Schwertlilien anpflanzt. Dad bremst, setzt zurück und lächelt. Ich mag Mavis nicht besonders. Sie ist hochnäsig, ohne dass ich einen Grund dafür erkennen kann. Sie trägt ihr übliches trägerloses Elastiktop, das ihren Busen platt drückt und ihren vorstehenden Bauch betont. Ihr gelbgräuliches Haar ist krauser als bei einem Pudel, und sie trägt wie immer die Nase hoch. Zieht ihr ein Ballettröckchen an, denke ich, und sie sieht aus wie Henrietta, das Nilpferd.

»Scheint, als müsstest du dich mächtig plagen mit den Blumen«, sagt Dad.

»Ach, nein, das ist nicht schwer. Und sie vermehren sich auch rasch.«

»Wir kommen gerade aus Montoursville zurück«, erklärt ihr Dad. »Musste meinen Wohnwagen für den Transport morgen vorbereiten. Ich verdiene wirklich gutes Geld mit diesen Riesencaravans."

»Das ist ja toll«, staunt Mavis. Wenn sie in den Schnellimbiss kommt, um Milch oder einen Laib Brot zu kaufen, führt sie sich auf wie die Königin von Saba, die es in Gegenwart ihrer niederen Untertanen kaum aushält. Aber bei Dad ist sie zuckersüß.

»Schau mal, hier«, sagt Dad. Er zieht seinen Gehaltsscheck heraus und hält ihn ihr hin. Mavis kommt zu unserem Pickup und kneift die Augen zusammen.

»Fünfhundertfünfzig Piepen«, gurrt sie. »Wow.«

Dad nickt und grinst einfältig. »So viel Geld verdient keiner hier in der Gegend«, protzt er.

Ganz unvermittelt verändert Mavis ihre Körperhaltung, als habe sie einen Krampf im Bein oder etwas Ähnliches. Sie streckt die Fußzehe aus wie eine Balletttänzerin. Da geht mir plötzlich auf, dass sie versucht, sexy auszusehen, was ihr allerdings gründlich misslungen ist.

Mavis klimpert mit den Augenlidern und fährt sich mit den Fingern durch ihr hässliches Pudelhaar. Und Dad führt sich auf wie verhext.

»Los komm, Dad«, drängele ich. »Ich hab Hunger und muss aufs Klo. Lass uns fahren!«

8. Was Dad getan hat

Die Spätnachmittagssonne knallt auf Dads stupsnasige, himmelblau-weiße Zugmaschine, als wir die Mason-Dixon-Linie überqueren und in Richtung Chattanooga fahren. Dad manövriert den Wohnwagen durch den dichten Ferienverkehr. In der Fahrerkabine wabert der Gestank von Asphalt und Abgasen, aber es ist die Schwüle, die mir am meisten zu schaffen macht. Den ganzen Sommer über haben uns die Auslieferungen der Wohnwagen die Küste hinaufgeführt, aber jetzt, in dieser letzten Juliwoche, fahren wir mitten in einer Hitzewelle nach Süden.

Auf der Suche nach einer bequemen Position lege ich den Kopf auf Dads Schoß, strecke mich auf dem Sitz aus und lasse die Füße aus dem Beifahrerfenster baumeln. Dad streichelt mir beim Fahren über das Haar. »Du hast schöne Haare«, sagt er. »So weich und glänzend.« Die Luft, die durch das Fenster hereinkommt, ist heiß und drückend. Ich finde weder Abkühlung noch eine bequeme Position.

Zum Tanken und Essen halten wir an einer kleinen Tankstelle mit Restaurant, wo noch andere Sattelschlepper stehen. Als wir eintreten und zu einer Sitzgruppe gehen, folgen uns die Blicke der anderen Fernfahrer. Wir setzen uns. Einer der Männer lächelt mich an. Ein anderer zwinkert. Dad ist mit der Speisekarte beschäftigt und bemerkt es nicht.

In der Sitzgruppe gegenüber hockt ein stämmiger Kerl mit weißem T-Shirt und hält einen Cheeseburger in beiden Händen. Er mustert mich von Kopf bis Fuß und wendet sich dann an Dad.»Woher kommt ihr?«, fragt er.

»Von Norden«, sagt Dad.»Wir sind auf dem Weg nach Chattanooga.«

»Wie sieht es auf den Straßen aus weiter oben? Irgendwelche Baustellen?«

»Nein. Es läuft ziemlich ruhig.«

Der Kerl sieht auf mich und lächelt.»Und wer ist deine hübsche Begleiterin?«

Ich finde das peinlich, aber auch ein bisschen schön.

»Sie ist meine Tochter«, sagt Dad.

Ich bin gerade fünfzehn geworden, aber alle halten mich für wesentlich älter. Den ganzen Sommer über haben mich die Männer in den Straßenrestaurants so angesehen und gelächelt. Ihr Grinsen verrät mir, dass manche von ihnen mich für Dads Freundin halten. Mir gefällt die Aufmerksamkeit und die Tatsache, dass sie Unrecht haben. Es macht Spaß. Es ist wie ein Spiel. Ich verstehe einfach nicht, warum sich die Männer in meiner Gegenwart so lächerlich und dumm verhalten.

Als wir getankt haben und wieder auf die Autobahn auffahren, lachen Dad und ich über den Tankwart, der in seiner gedehnten Sprechweise zu Dad gesagt hatte:»Mächtich stickich heut, was?«

Dad ahmt ihn mir zuliebe nach.»Könnt mich glatt aufs Ohr haun, so heiß isses.«

»Mmh, is wirklich *mächtich stickich* heut«, erwidere ich. Wir lachen noch ein bisschen und singen eine genäselte Hillybilly-Version des Songs von Hank Williams *Your Cheatin' Heart*. Die Minuten vergehen, die Meilen ziehen sich und der Verkehr fließt langsamer, als wir erwartet haben. Bei diesem Tempo werden wir vermutlich nicht vor zehn Uhr abends in Chattanooga ankommen.

Ich bin halb eingeschlafen, als Dad sagt: »Was meinst du? Sollen wir für heute einfach Schluss machen und die Tour morgen beenden? Wir können im Wohnwagen schlafen und gleich bei Sonnenaufgang aufstehen.«

»Okay«, gebe ich zur Antwort. »Das klingt gut.«

Wir suchen lange nach dem richtigen Standort, um Zugmaschine und Wohnanhänger abzustellen. Die wenigen Stellen, die ich vorschlage, sind Dad nicht gut genug. »Das ist es«, sagt er schließlich. »Genau dort, unter den Bäumen.« Mir kommt es vor, als wären die anderen Plätze, die ihm zu klein waren, größer gewesen als dieser hier, aber Dad ist hocherfreut über seine Entdeckung.

»Bist du sicher, dass du da reinkommst?«, frage ich ihn.

»Ganz sicher«, sagt er. »Zur Not *mache* ich es passend.«

Als Dad die Wohnwagentür aufschließt und öffnet, schlägt uns die Hitze wie aus einem Ofen entgegen. Wir betreten den Wohnraum. Das ganze Gefährt riecht steril und ungenutzt. Plastikhüllen schützen das billige neue Mobiliar. Aber neu oder nicht, es ist Schund – genauso billig wie der Rest unseres Lebens in Pennsylvania. Und das Schlimmste daran ist, dass dieses Zeug hier immer noch besser ist als das, was uns gehört. Wenn wir noch in Connecticut leben würden, denke ich im Stillen, hätten wir schönere Möbel und überhaupt ein schöneres Leben. Aber ich habe gelernt, lieber den Mund zu halten, als in Dads Gegenwart solche Vergleiche anzustellen.

Etwas ist merkwürdig. Als wir den Wohnwagen heute früh für die Fahrt vorbereitet haben, lag die Doppelmatratze auf dem Bett, wo sie hingehört. Jetzt liegt sie auf dem Boden im Wohnraum. Wie ist das passiert?

»Hier ist es wie in einem Backofen«, klage ich.

»Dann mach ein Fenster auf«, raunzt Dad mich an. Ich reiße den avocadogrünen Vorhang mit der gummierten Rückseite zur Seite und kurbele das Jalousettenfenster auf.

»Lass den Vorhang zu«, meckert Dad.

Ich will mich in dieser sonderbaren Stimmung nicht mit ihm streiten, aber ich frage mich, wie wir bei zugezogenem Vorhang frische Luft hereinbekommen sollen. Ich öffne auch das gegenüberliegende Fenster und achte darauf, den Vorhang an seinem Platz zu lassen. Trotz der Bärenhitze hier drinnen ist mit Durchzug wohl nicht zu rechnen.

Die Sonne geht unter, und es wird schnell dunkel. »Am besten schlafen wir hier auf der Matratze«, sagt Dad. »Machen wir es uns gemütlich. Warum ziehst du nicht deinen BH aus?«

Wie? Ich bin fassungslos, dass Dad überhaupt von meinen Brüsten weiß, geschweige denn, dass ich einen Halter trage. »Ach, nein«, murmele ich. »Es geht schon.« Die dunkle Ahnung eines herannahenden Verhängnisses beschleicht mich, ich spüre die unangenehme Stille vor einem von Dads Ausbrüchen. Aber etwas ist anders dieses Mal.

»Ich habe gesagt, du sollst deinen BH ausziehen.« Das ist ein Befehl, kein Vorschlag. Dann wird seine Stimme wieder weich. »Was zierst du dich so? Du hast doch sowieso nichts vorzuzeigen.«

Auch wenn ich nicht will, weiß ich, dass ich besser gehorchen sollte. Etwas wird passieren. Ich weiß nicht genau, was, aber es wird nichts Gutes sein, und es ist niemand hier, der ihn aufhalten könnte.

Ich fasse unter mein kurzärmeliges T-Shirt und beginne meinen BH aufzuhaken. Dads Hände kriechen unter mein Shirt und meinen Rücken hinauf. Ich zucke zur Seite, öffne den Verschluss, streife mir die Träger ab, ohne das T-Shirt auszuziehen. Mit aller Macht kämpfe ich gegen die Tränen. »Ach, verdammt noch mal«, schimpft Dad. »Sei doch nicht so kindisch.« Er lässt sich fallen und klopft auf die Matratze. »Komm«, sagt er. »Leg dich hin.« Ich knie mich hin und lege mich auf das provisorische Bett. Ich drehe mich zur Seite, wende ihm den Rücken zu und schaue zur Wand. Alles ist still, aber ich spüre seine erdrückende Gegenwart. Ich bin völlig durcheinander. Dad hat meine Gefühle verletzt. Ich bin nicht kindisch, aber ich habe Angst. Ununterbrochen starre ich auf die hellen Wandpaneele vor mir, warte darauf, dass Daddy sich entschuldigt oder mir Gute Nacht sagt oder etwas Ähnliches. Stattdessen fühle ich ihn hinter mir näher rücken. Ich rücke weg. Er rückt näher.

»Wenn du so weitermachst, fällst du gleich von der Matratze.« Seine Stimme ist jetzt sanft. Irgendetwas streicht mir über den Nacken. Ich zucke zusammen, drehe mich um, um nachzusehen, was es ist. Dad kitzelt mich mit einer Strähne meiner eigenen Haare. Er bedeutet mir, mich auf den Rücken zu legen. »Leg dich neben mich«, sagt er. »Mach's dir bequem.«

Ich spüre seinen Arm über meine Brust gleiten, seine Finger am obersten Knopf meines T-Shirts. Ich starre auf die kleinen weißen Blumenverzierungen rund um eine der Schrauben, mit der die Decke befestigt ist. Ich zähle die sechs kleinen modellierten Blütenblätter wieder und wieder. Ich mache die Augen zu und hoffe, dass er aufhört. Aber er tut es nicht. Ich spüre seine Fingerspitzen auf meiner Brustwarze. Die Berührung lähmt mich. Ich liege regungslos da, zu verängstigt, um mich zu bewegen. Ich spüre meine Brustwarze hart werden, als habe ein kalter Luftzug sie berührt. Ich habe schreckliche Angst.

»Bitte nicht, Daddy«, flehe ich leise und hoffe, dass meine klägliche Stimme bei ihm Mitleid erweckt. Vergebens. Ich fühle seinen nassen Mund auf meiner Brust. Mir wird schwindelig. Die Blumenverzierungen werden grau. Es wird immer dunkler und dunkler, und dann wird alles schwarz.

Als ich am Morgen erwache, ist Dad draußen und überprüft den Wohnwagen. Meine Kleider sind zerknittert. Mein Reißverschluss ist offen. Ich bin ganz klebrig. Ich möchte glauben, dass alles nur ein böser Traum war, aber ich weiß, dass es wahr ist. Ich kann Dads Schweiß auf mir riechen, vermischt mit meinem eigenen. Ich fühle mich schmutzig und schäme mich so. Am liebsten würde ich mich sauber schrubben, aber es gibt kein Wasser. Ich will nicht, dass Dad in meine Nähe kommt.

»Hallo, da drinnen«, sagt er und steckt den Kopf durch die Tür. »Machst du dich fertig und kommst frühstücken? Ich bin am Verhungern.« Er gibt sich freundlich, tut, als wäre alles normal. Als wäre nichts von all dem passiert. Vielleicht habe ich *wirklich* geträumt. Ich bin mir plötzlich nicht mehr sicher.

»Also, was denkst du? Hast du Hunger?«

Ich kann ihn weder ansehen noch antworten.

Gegen zehn kommen wir nach Chattanooga. Der Händler begutachtet den Wohnwagen, unterzeichnet die Papiere. Dann sind wir auf dem Rückweg.

Unsere Rückfahrten gehen normalerweise zügig vonstatten. Wir machen nur kurze Pausen, bestellen Sandwiches, damit Dad unterwegs essen kann und wir Zeit sparen. Aber diese Rückfahrt dauert ewig. Die Minuten ziehen sich wie Stunden. Wir reden kaum miteinander. »Is wieder *mächtich stickich* heut«, witzelt Dad, aber ich kann weder lächeln noch antworten, und er legt es nicht darauf an. Vermutlich ahnt er, dass er mich lieber in Ruhe lassen sollte, weil ich sonst anfange zu weinen. Ich will nicht kindisch sein, aber es tut unglaublich weh in mir drin. Meine ganze Kindheit hindurch ist es mir gelungen, Dad die Stirn zu bieten, ihn zu zwingen, Farbe zu bekennen, seinen Schlägen Stand zu halten. Aber das hier ist etwas anderes. Ich versuche mir immer wieder einzureden, dass es nur ein böser Traum ist – dass Dad mir niemals so wehtun würde. Ich kann einfach das Gefühl nicht abschütteln, schmutzig zu sein, mir die Haut sauber schrubben zu wollen. Ich frage mich immer wieder, warum er mir so etwas Schreckliches angetan hat. Ich frage mich immer wieder, ob es meine Schuld ist.

Als wir endlich zu Hause sind, mache ich das Badewasser so heiß es eben geht und schrubbe, bis meine Haut wund und rot ist. Außerhalb des Badezimmers flüchte ich mich immer in das Zimmer, das am weitesten von Dad entfernt ist. Sobald er sich bewegt, bewege ich mich auch.

Es war die letzte Fahrt, die ich mit Dad unternommen habe. Für den Rest des Sommers erfand ich jedes Mal eine andere Ausrede, wenn er mich fragte, ob ich mit ihm einen Wohnwagen ausliefern wolle. Er legte es nicht darauf an. Kurz danach heuerte er Katie an, um das Vorausfahrzeug für Anhänger mit Überbreite zu fahren. Dann verließ er uns.

9. Auf der Hut vor Dad!

»Seid auf der Hut vor Dad!«, warnte Mutter Katie und mich immer wieder. »Man weiß nie, was er uns vielleicht antut. Ihr wisst, wie gemein er sein kann.«

Katie stöhnt und versucht es noch einmal. »Mutter, zum letzten Mal. Dad ist weder nebenan bei Mavis noch sonst irgendwo in Trout Run. Er ist *weg*.«

Mutter schüttelt den Kopf: »Er ist nebenan.«

Arme Mutter. Seit Dads Verschwinden blicken ihre sonst so freundlichen braunen Augen unruhig und unstet und sind von dunklen Ringen umgeben. Krähenfüße ziehen sich bis tief in ihre Schläfen. Ihr Haar ist schlaff und ungekämmt, seine Tintenschwärze erschreckend stumpf. Mom hat seit Jahren graue Haare, die sie sich vor einer Weile, als verzweifelte Reaktion auf Dads neues Aussehen, schwarz gefärbt hat. Dad hatte seit Urzeiten dieselbe Frisur: zurückgekämmte Haare, mit einem altmodischen Scheitel in der Mitte. Dann kam er eines Tages mit einem Bürstenschnitt und passendem nassforschen Lächeln in die Küche. Er sah toll aus, um Jahre jünger, Mutters Färbeversuch dagegen schlug gnadenlos fehl. Rabenschwarze Haare umrahmen ihr altes, müdes Gesicht und betonen den Preis, den ihr die Jahre mit Dad abverlangt haben. »Ich weiß genau, dass er dort drüben ist«, beharrt sie. »Er versteckt sich bei ihr.«

»Ihr« ist Mavis, die Schlampe, die auf der anderen Straßenseite wohnt und immer mit Dad geflirtet hat. Mutters Verdacht, Dads Verschwinden könne mit Mavis zusammenhängen, geht auf einen seltenen Besuch zurück, den sie unserem Lokal vor einiger Zeit abgestattet hat.

»Ratet mal, wer heute in den Imbiss gekommen ist?«, sagte Mom eines Abends beim Abwasch.

»Wer schon?«, erwiderte ich. »Präsident Kennedy? Elvis?«

Sie lächelte nicht.»Mavis«, sagte sie.

»Was, diese alte Hexe? Was hat *die* denn gewollt?«

»Sie kam vorbei, um einen Laib Brot zu kaufen. Wollte mir ihren neuen grasgrünen Mantel mit Nerzkragen vorführen. Hat mich sogar gefragt, ob mir ihr neuer Mantel gefällt. Ich habe ihr gesagt, ja, er gefällt mir sehr gut. Ist es nicht merkwürdig, dass Mavis sich dafür extra über die Straße bemüht? Sonst schickt sie doch auch immer ihren Sohn Charlie, wenn sie etwas braucht. Und warum macht sie einen solchen Aufstand wegen des Mantels? Meint ihr nicht, dass euer Vater ihn ihr vielleicht gekauft hat?« Ich verneinte, aber Mom gab keine Ruhe. Immer wieder hörten wir sie von der »alten Hexe« reden, die unbedingt vor ihrer Nase mit diesem Mantel herumstolzieren musste. Und als Dad seine Taschen packte, beharrte sie trotz aller gegenteiligen Anzeichen darauf, dass er sie gleich auf der anderen Straßenseite wieder abgestellt habe.

»Dad ist aus Trout Run weggezogen, Mutter«, hält Katie ihr wieder vor Augen.»Er lebt in diesem Apartment drüben in Williamsport.« Mutters Augen füllen sich mit Tränen. Sie schüttelt den Kopf.»Er ist drüben auf der anderen Seite«, sagt sie.»Seid auf der Hut.«

Sind ihre Warnungen, Dad liege ganz in der Nähe auf der Lauer, Anzeichen dafür, dass sie seinen Weggang einfach nicht akzeptieren kann? Geht Mutter seelisch vor die Hunde? Ich mache mir Sorgen um sie und bin wütender denn je auf Dad, dass er ihr so etwas angetan hat.»Bitte, Mom, du musst damit aufhören«, sage ich zu ihr.»Du machst uns noch alle verrückt.« Aber die Appelle an ihre Vernunft können ihre bizarren Verdächtigungen nicht aus dem Weg räumen, also versuchen Katie und ich, sie stattdessen zu ignorieren. Auch Grammy hält den Mund. Sie weiß, dass ihr Sohn uns schnöde im Stich gelassen hat, und wenn Mutter, die nicht einmal mit ihr verwandt ist, jemals auf den

Gedanken käme, sie vor die Tür zu setzen, wüsste sie nicht, wohin.

An einem Freitagnachmittag hören wir Lärm, der aus Mavis' Haus auf der anderen Straßenseite zu kommen scheint. Es wird gegen Wände geklopft, Nägel werden eingeschlagen und eine Säge kreischt. Natürlich weckt der Krach unsere Neugierde. Ich spähe aus dem Fenster, um zu sehen, was es zu sehen gibt. Unsere Häuser stehen dicht beieinander, zwischen ihnen liegt lediglich unsere Auffahrt und die alte Straße. »Was ist los bei dir da drüben, du alte Hexe?«, sage ich laut. Mutter, Grammy und Katie ducken sich hinter mir und spähen hinaus. Auch sie wundern sich.

Welche »Verbesserungsmaßnahmen« in Mavis' Heim auch vor sich gehen mögen, sie finden in ihrer Garage statt. Zuerst können wir nicht erkennen, was sich dort tut, doch als das Garagentor aufgeht, wird mir klar, dass sie eine Tür einbaut. Warum braucht diese alte Hexe nach all den Jahren plötzlich einen uneinsehbaren Zugang zur Küche? Mom schwört, das sei ein Beweis, und fängt von Neuem an. »Seht ihr! Er ist *doch* dort drüben. Wir müssen auf der Hut sein.«

Das ganze Wochenende redet sie von nichts anderem. Am Sonntagabend verkündet sie uns dann ihren Plan. »Morgen früh stehen wir um halb fünf auf, wenn es noch dunkel ist«, erklärt sie. »Wenn Mavis zur Arbeit will, muss sie das Garagentor öffnen und rausfahren. Und wenn sie das tut, werden wir sehen, wer herauskommt und mit ihr fährt.«

»Ach, komm schon, Mom«, stöhne ich. »Hör endlich auf. Er ist nicht drüben!«

Katie streichelt Mutters gefurchte Wange, ihr gefärbtes Haar. »Bitte, Mutter«, sagt sie, »du musst endlich aufhören, an Dad zu denken und dein eigenes Leben leben. Du wirst sonst noch krank.« Aber Mutter verschränkt die Arme vor der Brust und schaut weg.

Und tatsächlich rüttelt sie Katie und mich vor der Morgendämmerung wach. »Seid mucksmäuschenstill«, flüstert sie. »Macht kein Licht.«

Wir ziehen uns im Dunkeln an. Als ich ins Badezimmer will, um zu pinkeln, krallt sich eine Hand in meine Schulter. Es ist Mom. »Nicht spülen«, warnt sie mich in verschwörerischem Ton. »Sonst hören sie uns.«

Leise wie die Einbrecher öffnen wir das Kettenschloss, den Riegel und das normale Türschloss. Wir ziehen die Hintertür einen Spalt auf und legen uns auf die Lauer. Eine Viertelstunde später geht das Garagentor auf und Mavis' Wagen springt an.

Die alte Hexe wird kaum mehr als eine Minute brauchen, um ihren winzigen Nash aus der Garage zu fahren und das Tor wieder zuzumachen. Mom drückt mir die große verchromte Taschenlampe in die Hand. Ich bin die Schnellste und Flinkste von uns dreien und am ehesten in der Lage, mich selbst zu schützen, falls es Ärger geben sollte. Mom weiß, dass ich im Notfall auch sie, Katie und Grammy beschützen würde. Es spielt keine Rolle, dass ich die Jüngste bin. Wenn Dad wirklich dort drüben wäre – was ich ganz und gar nicht glaube –, müsste er mich umbringen, ehe ich zulasse, dass er den anderen etwas antut.

Ich schlüpfe zur Hintertür hinaus. Gebückt und lautlos laufe ich über unsere Auffahrt. Es ist Vollmond. Ich stecke mir die große, wuchtige Taschenlampe unter die Sportjacke und renne über die Straße zu Mavis' Hauseinfahrt hinüber. Sie ist ausgestiegen. Gleich wird sie das Garagentor geschlossen haben und zu ihrem tuckernden Nash zurückkommen. Ich muss mich beeilen und mich vergewissern, dass der Wagen leer ist, sonst müssen wir uns den ganzen Tag Mutters Gejammer anhören. Ich renne zur Beifahrerseite hinüber, hebe die schwere Taschenlampe hoch und ziele auf das hintere Fenster. Der Einschaltknopf klemmt. Ich drücke so fest dagegen, dass ich das blöde Ding fast abreiße. Er gibt nach.

Der Strahl leuchtet direkt in Dads Gesicht.

Ich zittere am ganzen Körper. Ich kann nicht sprechen. Die alte Ratte kauert auf Mavis' Rücksitz, als habe man sie dort in die Enge getrieben – samt neuem, jugendlichem Bürstenschnitt. Das Licht der Taschenlampe wird von seinen Brillengläsern zurückgeworfen, aber dahinter sehe ich seine glänzenden schwarzen Knopfaugen. Zuerst sieht Dad überrascht aus, sogar ein wenig erschrocken, aber dann legt er die Hände auf den Rücken und setzt ein dreistes Grinsen auf. Die pure Bösartigkeit sitzt in seinen nach oben verzogenen Mundwinkeln. Plötzlich begreife ich, wer er wirklich ist. Ich will das Schwein umbringen, so sehr hasse ich ihn.

Aber gleichzeitig liebe ich ihn auch.

Warum tut er uns das an? Ist es meine Schuld? Wäre er bei uns geblieben, wenn ich weiter mit ihm gefahren wäre? Vielleicht hätte ich Mom, Katie und Grammy zuliebe lernen können, ihm zu Gefallen zu sein. Trotz allem lieben wir ihn – wir alle.

Im Bruchteil einer Sekunde ist Mavis wieder da. »Hau sofort ab von hier!«, schreit sie. Sie geht auf mich los, und ich laufe davon.

Auf halber Strecke zwischen den Häusern bleibe ich plötzlich wie angewurzelt stehen. Meine Angst ist wie weggeflogen, und ich weiß nicht einmal warum. Ich stehe mitten auf der alten Landstraße und sehe ihr direkt in die Augen.

»Wenn ich dich erwische, dann ...« Mavis kommt ein paar Schritte auf mich zu, dann bleibt sie stehen. Ihr Drohung hängt leer und unvollendet in der Luft.

Dann tust du *was*, denke ich. Ich wünsche mir, dass die alte Hexe auf mich losgeht, denn ich bin bereit. Wenn sie mich schlägt, werde ich zurückschlagen, mit all dem Hass, den ich in mir trage, dafür, dass Dad mich geschlagen hat und dass er mich und die anderen betrogen hat. Versuch es nur, Mavis, denke ich. Diesen Kampf wirst du nicht gewinnen, denn *dich* liebe ich nicht.

Sie macht auf dem Absatz kehrt und läuft zum Auto zurück. Ihr Glück, denke ich. Ich stehe da, wütend, außer Atem und mit einem unerträglichen Schmerz, der in mir aufsteigt. Dad hat keine Anstalten gemacht, mir zu helfen, mich zu retten, als seine Freundin auf mich losging. Es war ihm gleichgültig, ob sie mir wehtut oder nicht. Wir sind ihm scheißegal.

Ich renne unsere Auffahrt hinauf und ins Haus. Wir verriegeln die Tür, dann starren wir durch das Fenster zu den beiden hinaus. Dad geht zur Beifahrertür und zündet sich eine Zigarette an. Mavis klemmt sich hinter das Lenkrad und setzt den Wagen rückwärts auf die Straße. Bevor sie losfahren, zögern sie für einen Moment und starren zu uns herüber. Ich sehe Dads Zigarettenspitze aufglühen, als er inhaliert. Jetzt, wo sein kleines Geheimnis keines mehr ist, reibt er es uns direkt unter die Nase.

Nachdem sie fort sind, beginne ich so stark zu zittern, dass ich mich hinsetzen muss. Urin sickert aus mir heraus und durchnässt meine Strumpfhose, aber ich kann mich nicht bewegen. In schweren, trockenen Spasmen hebt sich mir der Magen.

Dieses Dreckschwein! Er hat sich drüben versteckt gehalten, genau wie meine arme Mutter es gesagt hat. Und wir haben sie die ganze Zeit für verrückt erklärt!

10. Ich lerne Auto fahren

An manchen Tagen prahlt Dad vor aller Augen mit seinem neuen Leben bei Mavis, an anderen geht er einfach seinen Beschäftigungen nach. Ich muss mit allen möglichen emotionalen Problemen fertig werden, das verwirrendste davon ist, dass Dad aus unserem Leben verschwunden ist, obwohl er direkt auf der anderen Straßenseite lebt. Sein Betrug hat auch ganz praktische Nachteile für mich. Jetzt, wo ich sicher bin, dass er nicht wieder zu uns zurückkommt, habe ich niemanden, der mir das Autofahren beibringen kann.

Niemand, außer Katie.

Sie ist vermutlich meine einzige Chance. Grammy kann nicht Auto fahren, und Mutter ist zu beschäftigt. Katie hat an der Highschool in Williamsport Fahrstunden belegt, und Dad hat sie mehrere Male mitgenommen, damit sie sich an unser Auto und an die Straße gewöhnt. Sie hat die Prüfung bestanden und den Führerschein gemacht, also muss sie wenigstens etwas Ahnung haben. Wir haben jetzt Mai. Noch zwei kurze Monate bis zu meinem sechzehnten Geburtstag. Jetzt bin ich an der Reihe.

Katie einfach zu bitten, funktioniert nicht. Also verlege ich mich aufs Quengeln. Das ist ebenso erfolglos. Ich versuche es mit einer Kombination aus Betteln und Quengeln, und sie gibt schließlich nach und fährt mit mir zur Kraftfahrzeugstelle, damit ich mir eine Fahrschüler-Lizenz abholen kann.

Da ich ihre Freizeit beschneide, ist Katie nicht unbedingt erpicht darauf, mir das Fahren beizubringen. Am ersten Tag schlurft sie über die Auffahrt und öffnet die Fahrertür unseres panzergroßen 49-er Fords, eine alte Klapperkiste, die Dad zusammen mit Frau und Kindern zurückgelassen hat. Katie klopft das lila Kissen auf und hievt sich darauf. Ich hüpfe auf den Beifahrersitz.

»Und jetzt hör gut zu«, sagt sie, als habe sie eine ganze Klasse mit Fahrschülern neben sich und nicht nur mich. »Als Erstes musst du die Spiegel so einstellen, dass du beide Seiten des Autos und das überblicken kannst, was sich hinter dir abspielt.« Sie demonstriert es mir, indem sie den Spiegel nach ihren Bedürfnissen einstellt. Dann tauschen wir auf ihre Anweisung hin die Plätze.

Katie rutscht zur Seite, und ich steige aus, gehe um den Wagen herum und setze mich auf den Fahrersitz. Jetzt wird mir klar, wofür das lila Kissen gebraucht wird. Selbst damit kann ich kaum über die Motorhaube bis auf die Straße sehen. Und sie erwartet allen Ernstes von mir, dass ich den Wagen auch noch zur Seite und nach hinten überblicke. Das muss ein Scherz sein.

»Als Erstes musst du dir den Schaltweg einprägen«, erklärt sie mir. Ihr allwissender Ton geht mir jetzt schon ein wenig auf die Nerven.

»Als Zweites«, verbessere ich sie.

»Wie?«

»Als Erstes muss ich die Spiegel einstellen. Der Schaltweg kommt als *Zweites*.«

Katie wirft mir einen bösen Blick zu und fährt fort. »Die H-Schaltung musst du im Schlaf beherrschen. Der erste Gang liegt hier unten, der zweite hier oben, zur Seite und nach unten ist der dritte und zur Seite und nach oben der vierte Gang. Kapiert? Wenn du alle nacheinander schaltest, entsteht der Buchstabe H. Und jetzt versuche es selbst.«

Der Schaltknüppel ist steif und widerspenstig, und ich habe meine liebe Müh und Not mit der blöden H-Schaltung. Ich kriege diese Schalterei nicht hin, erkläre ich Katie. »Das solltest du aber«, warnt sie mich. »Wenn du in einem Auto mit Automatikgetriebe lernst, schreiben sie dir »Nur für Automatik« in den Führerschein. Außerdem sind Autos mit Schaltautomatik teurer. Du wirst vermutlich oft zu Hause hocken, wenn du die Knüppelschaltung nicht lernst.« Sie lächelt mich altklug an und fährt fort. »Okay, jetzt gib Gas und lass die Kupplung *vorsichtig* kommen.« Wie soll ich nur jemals gleichzeitig schalten, kuppeln und Gas geben, frage ich mich. Ich versuche es und würge den Wagen ab. Ich versuche es noch einmal, und wir hoppeln über die Auffahrt, bis Katie »Stop! Stop!« schreit, also, würde uns ein Feuerwehrauto oder irgendein anderer gravierender Notfall den Weg versperren. Bei jedem Versuch bleibt der Wagen entweder stehen oder er macht Bocksprünge oder Katie schreit mich an. Nach etwa einer Viertelstunde glaube ich ziemlich genau zu wissen, wie sich ein Ritt auf einem bockenden Bronco beim Rodeo anfühlen muss, aber wir haben die Auffahrt sprung- und stoßweise hinter uns gebracht. »Okay«, sagt Katie und wischt sich den Schweiß von der Stirn. »Das hier war deine erste Fahrstunde.«

»Wie war ich?«, frage ich sie.

»Kein Kommentar.«

Meine Hartnäckigkeit macht sich bezahlt. Eine Woche später kann ich den Ford ohne Bocksprünge durch die Auffahrt manövrieren. »Gott sei Dank, dass du es endlich kapiert hast«, stöhnt Katie. »Wenn ich morgen von der Arbeit nach Hause komme, üben wir auf der Landstraße.«

Jetzt geht's los!, jubiliere ich innerlich. Diane hat ihren Auffahrtsführerschein gemacht und fährt in die große weite Welt hinaus. Der nächste Tag scheint eine Ewigkeit weit weg zu sein.

Am folgenden Tag warte ich eine geschlagene Stunde an der Tür auf Katie. Sobald sie hereinkommt, spreche ich sie an. »Ich bin bereit, wenn du es bist, Katie.«

»Himmel«, faucht sie. »Ich bin gerade erst nach Hause gekommen. Kannst du vielleicht einen Moment warten?«

Sie lässt sich viel Zeit im Badezimmer. Dann muss sie

sich eine Weile ausruhen. Dann fällt ihr ein, dass sie Hunger hat und etwas essen muss. Ich würde sie am liebsten anschreien. Beeil dich! Die Straße ruft nach mir.

Ich laufe in der Küche auf und ab, während ich warte, und versuche sie nicht zu reizen. Wenn es so läuft wie immer, wird sie mich ohnehin anbrüllen, sobald ich am Steuer sitze. In der Zwischenzeit trödelt Katie mal hier und mal dort herum. Sie blättert im Sears-Katalog, befindet, dass sie ihre Nägel feilen muss, und beschließt dann, sich ein Sandwich zu machen. Sie kippt etwa einen Liter Mayonnaise auf zwei Scheiben Brot. Belegt sie in Zeitlupentempo mit Salat, Tomaten und zwei Scheiben Schinken. Sie verwendet solche Mühe auf das Sandwich, dass man meinen könnte, sie arbeite an einem Kunstprojekt. Dann knabbert sie an dem Ding herum, statt es zu verzehren, kaut langsamer, als eine Kuh wiederkäut. Katie hat alle Zeit der Welt. Endlich nimmt sie auch von mir Notiz und bemerkt meine Anwesenheit.

»Bist du fertig?«, fragt sie mich.

»Ob ich fertig bin?« »Katie«, erwidere ich, »wenn ich noch fertiger wäre, wäre ich zu alt zum Fahren.« Für die freche Bemerkung werde ich wahrscheinlich büßen müssen, wenn wir erst auf der Straße sind.

Ich setze mich hinters Lenkrad, begierig darauf, endlich loszufahren, aber Katie zwingt mich zu einem Auffahrtswiederholungskurs. Ich übe die H-Schaltung und das Kuppeln. Mit dem gleichzeitigen Kuppeln und Gasgeben will ich lieber noch warten, sage ich zu ihr, weil ich den Motor nicht abwürgen will, solange wir uns noch nicht vom Fleck bewegt haben. Wir hoppeln einige Male über die Auffahrt, dann erklärt mich Katie für landstraßentauglich.

Nervös drücke ich aufs Gaspedal und wir schießen aus der Einfahrt auf die Straße hinaus. »Langsam!«, brüllt Katie. »Du fährst viel zu schnell!« Ich werfe ihr einen Blick zu. Der Wind fegt durch das Seitenfenster und wirbelt durch ihr kurz geschnittenes schwarzes Haar. Sie macht das gleiche Gesicht wie damals auf dem Jahrmarkt im Drehscooter-Karussell. Ich trete auf die Bremse. »Jetzt fährst du zu langsam«, schimpft sie. »Du musst schalten!«

»Jetzt?«

»Ja, jetzt!« Meine Hand legt sich auf den Schaltknüppel. »Nein! Noch nicht!« Ich frage mich, ob Autofahren diesen ganzen Ärger wirklich wert ist. Ja!, antwortet ein anderer Teil von mir. Und ob es das wert ist!

Mein erster Tag auf der Straße verläuft nicht viel besser als mein erster Tag in der Auffahrt. »Es wundert mich, dass es überhaupt jemand schafft, mit einer Knüppelschaltung umzugehen«, schimpfe ich, als ich am Ende der Fahrstunde aussteige.

»Vielleicht sollte ich das nächste Mal einem Schimpansen das Autofahren beibringen«, murmelt Katie.

Ein paar Übungstage später fühle ich mich reif für den Großen Preis von Indianapolis. Ich brause über die alte Landstraße wie ein Profi, schalte so elegant, dass sogar Katie stolz auf mich ist. Sie sitzt jetzt dichter an der Beifahrertür, wahrscheinlich fürchtet sie nicht mehr, mir notfalls ins Lenkrad greifen zu müssen. Sie hat den rechten Ellenbogen aus dem Fenster gelehnt. Ihr ganzer Körper wirkt entspannt.

Eine Woche später fahren wir am Bach entlang, nicht weit von der Hängebrücke für Fußgänger. Mein Selbstbewusstsein ist inzwischen so groß, dass ich mit Nachnamen Andretti heißen könnte. »Fahr dort links rein«, sagt Katie.

»Warum da?«, frage ich. Dieser Feldweg führt über den Berg zu einigen Farmen.

»Weil du lernen sollst, am Berg anzufahren, ohne rückwärts zu rollen.« Okay, denke ich, sie ist der Boss. Was kann schon so schwierig daran sein, an einem Berg anzufahren? Ich werde langsamer, blinke und biege ab. Auf halber Strecke den Berg hinauf ruft Katie absichtlich dramatisch: »Bleib stehen!« Ich verdrehe die Augen und gehorche. Die Fahrstunden sind ihr wirklich zu Kopf gestiegen. »Und jetzt gib Gas und lass die Kupplung langsam kommen«, befiehlt sie mir.

Staub und Kies fliegen durch die Gegend. Ich rolle zurück. Drei Versuche später hat sich mein Andretti-Status endgültig verabschiedet. Katie brüllt immer noch, aber inzwischen muss sie lachen. »Himmel noch mal, Diane! Gib nicht so viel Gas!« An diesem Nachmittag fräse ich knietiefe Furchen in den hügeligen Feldweg. Doch am Ende kann ich anhalten und anfahren, ohne rückwärts zu rollen. Ich bin siegreich aus der Schlacht hervorgegangen!

»Okay«, sagt Katie auf dem Rückweg. »Jetzt bist du reif für die Führerscheinprüfung.«

Am nächsten Morgen rufe ich als Erstes bei der Straßenpolizei von Pennsylvania an, um einen Termin auszumachen, und überraschenderweise ist gleich am nächsten Tag einer frei!

Auf dem Weg zur Prüfung läuft mein innerer Motor auf Hochtouren und ich bin ein einziges Nervenbündel. »Mensch, du schwitzt ja wie ein Stier«, stellt Katie fest. »Als *ich* die Prüfung gemacht habe, war ich nicht halb so nervös. Hör auf, an den Nägeln zu kauen.«

Der Polizist ist ein großer, finsterer Kerl – fast zwei Meter groß und mit einem Brustkorb, der aussieht wie der Brustpanzer einer Rüstung. Ich bin zu eingeschüchtert, um ihm in die Augen zu sehen. Er stellt mir acht Fragen und ich gebe ihm acht richtige Antworten. »Okay«, sagt er, »gehen wir raus in die Arena und bringen die Prüfung zu Ende.«

Ich steige auf der Fahrerseite ein, King Kong setzt sich auf Katies Platz. Ich denke daran, das Kissen aufzuschütteln, stelle die Spiegel ein und löse die Handbremse. So weit, so gut. Auf der Teststrecke bleibe ich stehen, wo ich stehen bleiben soll, beachte die Vorfahrt an den richtigen Stellen, halte die Geschwindigkeitsbegrenzung ein und schalte an dem kleinen, künstlichen Hügel so weich wie Butter. Alles läuft bestens. Ich werde hier mit einem Führerschein rausgehen.

»Okay, dann wollen wir dich mal einparken lassen«, sagt King Kong. »Fahr dort vorne ran und parke zwischen den beiden weißen Linien rückwärts ein. Wenn du bestehen willst, darfst du das Lenkrad beim Einparken nicht mehr als drei Mal drehen.«

Wie bitte? Das habe ich mit Katie nie geübt. Er muss verrückt sein.

Ich nicke, lächele freundlich, fahre vor. Ich drehe das Lenkrad ein Mal, zwei Mal, drei Mal. Die winzige Lücke habe ich um etwa eineinhalb Meter verpasst.

»Versuch es noch einmal«, sagt er.

Ich gehorche. Drehe Millionen Mal am Lenkrad, bis mir die Arme wehtun. Die Tränen stehen mir in den Augen. Am liebsten würde ich dem Polizisten sagen, er soll die blöde Karre selbst einparken, und aussteigen. Ich kann es kaum erwarten, diesen Esel von einer Schwester in die Finger zu kriegen. Wie konnte sie nur vergessen, mit mir das Rückwärtseinparken zu üben?

Natürlich falle ich durch.

Aber ich gebe nicht auf, und als ich die Prüfung wiederhole, bestehe ich. Drei Mal eingeschlagen und ich stehe in der Parklücke. Bingo!

11. Dad schlägt zu

An einem Spätnachmittag kommen Katie und ich vom Acme-Supermarkt aus Garden View zurück. Wir stellen den Wagen wie üblich in der Einfahrt ab, um die Einkäufe auszuladen. Nur dass ich dieses Mal vergesse, die Motorhaube aufzumachen und den Verteilerfinger aus dem Zündverteiler zu nehmen, damit Dad das Auto nicht stehlen kann. Ich kenne ihn gut genug, um ihm nicht mehr über den Weg zu trauen. Allerdings ist der Scheidungskrieg noch nicht richtig auf Touren gekommen, daher weiß ich noch nicht, was uns noch alles bevorsteht. Damals hegte ich noch die Illusion, ich könnte hin und wieder etwas unvorsichtig sein.

Katie und ich bugsieren in jedem Arm eine der schweren Einkaufstüten auf die Anrichte in der Küche und gehen wieder zurück, um den Rest zu holen. Als wir auf halbem Weg zwischen Haus und Auto sind, taucht wie aus dem Nichts Dad auf. Er springt in den Wagen und lässt ihn an.

»He, das ist unser Auto!«, schreit Katie. »Raus da!«

»Jawohl, lass die Finger von den Auto!«, brülle ich.

Er nimmt keine Notiz von uns, legt den Gang ein und fährt rückwärts aus der Einfahrt. Katie rennt ihm nach. Der Kofferraum steht noch offen wegen der Einkäufe und sie greift hinein und schnappt sich den vierzackigen Schraubenschlüssel. Sie hebt ihn hoch und will ihn auf Dad schleudern. Ich bin fassungslos. Ich habe Katie noch nie so mutig gesehen. Sie ist tatsächlich bereit, Dad etwas anzutun, um unser Eigentum zu schützen.

Als Dad sieht, wie Katie den Schraubenschlüssel hebt, ändert er die Fahrtrichtung und hält mit dem Wagen direkt auf uns zu. Er nimmt uns ins Visier. Er wird uns beide umbringen.

»Wirf ihn, Katie!«, schreie ich. »Halt ihn auf!«

Aber sie tut es nicht. Ihr Arm fällt herab, wir springen zur Seite und der Wagen braust nur Zentimeter an uns vorbei. Dieser Idiot hätte uns um ein Haar umgebracht! Unser eigener Vater. Erstarrt vor Angst und nicht einmal fähig zu weinen sehen wir hilflos mit an, wie er unser Auto in Mavis Einfahrt abstellt und aussteigt. Er geht nicht, er schlendert förmlich zur Haustür und grinst zu uns herüber. Er weiß genau, dass wir nicht einfach ihr Grundstück betreten und unser Auto zurückholen können. Er hat gerade versucht, uns auf *unserem eigenen* Grundstück zu überfahren. Wer weiß, was er erst *dort drüben* mit uns anstellen würde?

Wütend drehe ich mich zu Katie um. »Verdammt noch mal«, herrsche ich sie an. »Warum hast du das blöde Ding nicht geworfen, als du die Gelegenheit hattest?« Doch in Wirklichkeit bin ich wütender auf mich selbst als auf Katie. Ich bin es, die unvorsichtig geworden ist und nicht mehr auf der Hut war. Es ist meine Aufgabe, auf die anderen aufzupassen. Die arme Katie steht einfach da und ist kreidebleich. Ihr Augen irren umher, als stehe sie unter Schock, und sie hält immer noch den Schraubenschlüssel fest. Ich greife nach dem blöden Ding, schüttele ihn und sie lässt los. Es vergehen noch weitere Sekunden, in denen sie nichts mitzubekommen scheint. Dann blinzelt sie – und erkennt mich. Sie ist wieder da.

Zitternd wie Espenlaub gehen wir beide ins Haus. Moms Schicht in der Bänderfabrik ist gleich zu Ende und sie wird nach Hause kommen. Was wird sie tun, wenn sie hört, was passiert ist? Kann sie unser Auto zurückholen?

Dieser verfluchte Dad! Es sind fünfundzwanzig Meilen bis Williamsport, der nächstgelegenen Stadt. Ohne Auto sitzen wir hier fest. Kurz bevor Dad sich entschloss, uns wegen Mavis zu verlassen, hat er Mutter dazu überredet, den 1960-er Fairlane zu kaufen, mit dem er jetzt durch die

Gegend fährt. Warum musste er auch noch unsere alte Klapperkiste entführen? Aus reiner Bosheit, das ist der Grund – einfach weil es ihm Spaß macht.

Als wir kurz darauf ein Auto in der Einfahrt hören, stürzen wir ans Fenster. Es ist Mom; der Mann, mit dem sie immer fährt, hat sie nach Hause gebracht. Wir warten erst gar nicht, bis sie die Haustür aufmacht. »Mom! Mom!«, schreien wir beide los. »Dad hat unser Auto geklaut! Er hat versucht, uns zu überfahren!«

Mom sieht erschrocken, aber keineswegs überrascht aus, als sie die Einzelheiten erfährt. Und ganz gegen ihre übliche Art ist sie wütend genug, um zu handeln. Sie geht zum Telefon und ruft die Polizei an. Während sie erklärt, was vorgefallen ist, klingt ihre Stimme fest und bestimmt. »Nein, das hat nicht Zeit bis morgen«, sagt sie. »Wir brauchen jemanden, der heute Abend noch herkommt.«

Wir warten fast eine Stunde lang auf unseren »Retter«. Mutter versichert uns immer wieder, dass sie für unsere Sicherheit sorgen wird. Es ist schön, sie zur Abwechslung einmal Rückgrat zeigen zu sehen, aber wie sollen wir sicher sein, solange Dad auf der anderen Straßenseite lebt? In einem Show-down mit Dad hätte Mom nicht die geringste Chance.

Der Streifenwagen wird langsamer und sucht nach unserem Haus. Wir laufen hinaus und winken, damit er sieht, dass er die richtige Adresse gefunden hat. Als er in die Einfahrt einbiegt, schiebe ich mich an Katie und Mom vorbei. »Unser Dad hat versucht, uns zu überfahren«, platze ich heraus. »Er hat uns um *so viel* verpasst!« Ich halte dem Polizisten die Hand vor das Gesicht und zeige ihm mit Daumen und Zeigefinger, wie knapp wir unserem Schicksal entronnen sind.

»Diane, bitte«, sagt Mutter, und ich verstumme. Mutter schildert dem Polizisten alles, was wir ihr erzählt haben.

Katie und ich stehen neben dem Streifenwagen, hören Mutters Version zu, nicken und verbessern sie hier und da. Die ganze Zeit über schielen wir immer wieder nervös zur anderen Straßenseite hinüber.

Der Polizist hört einfach nur zu. Müsste er sich nicht Notizen machen? Fragen stellen? Als wir fertig sind, hat er nur eine einzige Frage: »Auf welchen Namen ist der Wagen zugelassen?«

Mom hat sich wirklich Mühe gegeben, aber jetzt kann ich sehen, wie sich die Niederlage in ihr Gesicht und ihre Körperhaltung schleicht. »Auf seinen«, sagt sie.

Der Cop zuckt mit den Achseln und hält ergeben die Hände hoch.

»Aber Officer«, wendet Mutter ein, »er hat versucht, mit dem Wagen seine eigenen Töchter zu überfahren. Können Sie dagegen auch nichts machen?«

»Es tut mir Leid, aber Sie werden warten müssen, bis er etwas anderes tut. Wenn es noch einen Vorfall gibt, können wir vielleicht einen Unterlassungsbescheid gegen ihn erwirken.«

Während er erklärt, wie eine Unterlassungsklage funktioniert, suche ich angestrengt nach einer Spur des Mitleids oder der Beruhigung in seiner Stimme, aber ich kann nichts davon bemerken. Mein ganzes Leben lang hat man mir versichert, wenn jemand in Gefahr sei, werde die Polizei helfen. Aber dieser Cop sagt, er kann oder will uns nicht beschützen. Auf welchen weiteren »Vorfall« mit Dad sollen wir warten: dass er eine von uns umbringt? Und wie will die Polizei uns dann helfen? Indem sie für uns die Nummer des Leichenbeschauers wählt? Oder hinübergeht und Dad fortschafft, nachdem es zu spät ist?

Als der Polizist gegangen ist, ist Mom erst recht wütend – und außer sich vor Sorge. »Ein Unterlassungsbescheid ist nicht mehr als ein Fetzen Papier«, sagt sie. »Das lässt ihn nur *noch* brutaler werden.« Sie fängt an zu weinen. »Seine eigenen Töchter. Wie konnte er das nur tun?« »Vielleicht ist er verrückt geworden«, vermutet Katie. In Mutters Gesicht leuchtet etwas auf. »Vielleicht ist es gar nicht seine Schuld«, sagt sie. »Vielleicht setzt ihn die alte Hexe unter Drogen.«

12. Süßholzgeraspel und Überwachung

Dads Versuch, Katie und mich zu überfahren, raubt Mom den letzten Nerv. Schlimmer als ein zu häufig gespieltes Stück im Radio spult sie pausenlos ihren unheimlichen Refrain ab: »Seid auf der Hut! Haltet die Augen offen! Wenn sie ihn dort drüben unter Drogen setzt, weiß niemand, was er als Nächstes tut!«

Mom verlässt die Bänderfabrik und nimmt einen Job als Köchin in der Summit Lodge an, weil sie von dort im Notfall schneller nach Hause kommen kann. Eine Woche später wird auch Katie in der Lodge angestellt. Nun sind nur noch Grammy und ich zu Hause. Wir haben die Aufgabe, uns bei der Beobachtung von Mavis' Haus abzuwechseln, damit wir Mutter alles Verdächtige melden können. Mom ist fest davon überzeugt, dass es für uns alle sicherer ist, Dad immer einen Schritt voraus zu sein. Sicherer ist es auch, die 16-er Schrotflinte zu laden, die Dad dagelassen hat und mit der ich umzugehen weiß. Sie steht für den Fall der Fälle in einer Ecke des mittleren Schlafzimmers.

Auch wenn ich den ganzen Tag über in Angst lebe, ist es langweilig, das Haus der alten Hexe zu überwachen. Immer wieder verlasse ich meinen Platz am Fenster und lege immer längere Pausen ein. Grammy dagegen betreibt ihre täglichen Wachdienste weiterhin mit großem Ernst. Dads Treiben hat bei ihr Spuren hinterlassen und sie weiter geschwächt. Grammy und ich haben uns nie besonders nahe gestanden – es ist kein Geheimnis, dass sie mir Katie vorzieht –, aber in letzter Zeit tut sie mir Leid. Sie sitzt den ganzen Tag da und spioniert ihrem Sohn hinterher. In der Zwischenzeit setzt Mutter ihre Kampagnen fort, die sich noch steigern, wenn sie in der Lodge Spätdienst hat. »Unterhaltet euch nicht laut oder in der Nähe der Fenster«, warnt sie Grammy und mich, bevor sie zur Summit Lodge aufbricht. »Er und die alte Hexe schleichen sich bestimmt herüber, wenn es dunkel ist, und lauschen.« Unsere Tage sind beherrscht von Angst und Nervosität und die Nächte von reinem Grauen. Wir haben Angst, einzuschlafen, Angst, umgebracht zu werden, sobald wir aufhören, auf der Hut zu sein.

Eines Nachmittags höre ich draußen plötzlich eine zuckersüße Stimme.

»Mutter? ... Mutter?«

Ich habe den ganzen Sommer über nach Dad Ausschau gehalten, dennoch begreife ich zunächst gar nicht, dass diese seltsame Stimme zu ihm gehört. Zum einen hat sich Dad noch nie im Leben süß angehört. Zum anderen habe ich noch nie erlebt, dass er Grammy mit »Mutter« anspricht. Er nennt sie Grammy, wie alle anderen auch. Doch dann wird mir plötzlich klar, dass Dad wirklich dort draußen ist.

»Mutter? Bist du da drinnen?«

Wen glaubt Mr. Süßholzraspler damit an der Nase herumführen zu können? Mich bestimmt nicht. Und falls er angenommen haben sollte, dass ich nicht zu Hause bin, habe ich eine kleine Überraschung für ihn parat.

Ich laufe ins mittlere Schlafzimmer und hole das Gewehr. Ich habe Angst, aber ich bin bereit, es zu benutzen, wenn es sein muss. Egal, was Dad vorhat, mit diesem

Gewehr sind Grammy und ich hinter den verschlossenen Türen sicher.

»Mutter? Bist du zu Hause?« Er ist an der Hintertür. Ich entriegele zwei der Sicherheitsschlösser, lasse die Kette aber vorgelegt. Überraschung, Dad, denke ich. Ich ziehe die Tür einen Spalt weit auf. Im gemeinsten, bösartigsten Ton, den ich zu Stande bringe, knurre ich:»Was hast du hier zu suchen?«

Er ist wirklich überrascht. Der Mund steht ihm offen vor Staunen, dass nicht seine schwache, verängstigte Mutter die Tür aufmacht – sondern ich, und das mit seinem Gewehr in den Händen. Er weiß, dass ich damit umgehen kann. Wo ist dein Grinsen jetzt, Dad?

Ohne ein einziges Wort macht er auf dem Absatz kehrt und schleicht zurück über die Straße. Er dreht sich nicht um. Als er wieder in Mavis' Haus verschwunden ist, mache ich die Tür zu und verriegle die Sicherheitsschlösser.

Auch wenn ich mich sicher fühle, schaudert mich bei dem Gedanken, was er wohl mit Grammy angestellt hätte, wenn ich nicht zu Hause gewesen wäre. Und da ich gerade an sie denke, wo ist Grammy eigentlich? Sein Rufen kann ihr nicht entgangen sein. Sie muss sich vor ihm versteckt und so getan haben, als sei sie nicht zu Hause.

Ihre Tür geht quietschend auf und sie kommt in die Küche. Selbst von der gegenüberliegenden Zimmerseite kann ich sehen, dass sie am ganzen Körper zittert. In diesem Moment wird mir klar, dass Grammy sich vor ihrem eigenen Sohn genauso fürchtet wie wir.

13. Letzte Ehre

Etwa sechs Monate, nachdem sich Dad klammheimlich zu uns herübergeschlichen hat, um Grammy um den Bart zu gehen, nehme ich einen Teilzeitjob als Kellnerin in der Summit Lodge an, wo Mom und Katie als Köchinnen arbeiten. Doch an dem Abend, als Mutter fast hysterisch von der Arbeit nach Hause kommt, bin ich ebenfalls zu Hause. Grammy und ich setzen sie an den Küchentisch. »Was ist los, Mom?«, frage ich sie. »Sag uns, was passiert ist.«

»Es ist eurer Vater«, antwortet sie. »Er hatte oben in New York einen schweren Unfall und ist ziemlich schwer verletzt.« Grammys Augen füllen sich mit Tränen und sie muss sich ebenfalls setzen. Wie üblich hört sie zu, ohne eine Wort zu sagen. »Diese hergelaufene alte Hexe ist daran schuld! Glaubt es mir!«, schluchzt Mom. »Sie hat ihn so unter Drogen gesetzt, dass er sich auf der Straße fast totgefahren hat. Ich habe sie durchschaut. Sie ist hinter seiner Lebensversicherung her!«

Mir wird immer klarer, dass Mom trotz allem nie aufgehört hat, Dad zu lieben. Egal, was er tut, es ist nie seine Schuld. Als ich noch klein war, stammten die Blutergüsse von meinen Gummigelenken, nicht von Dad, der mir den Verstand aus dem Leib prügelte. Als er Mutter mit Mavis betrog, war es Mutters Schuld, die sich hatte gehen lassen, und Mavis', die ihn mit ihren Hurentricks hypnotisierte. Und als Dad uns mit dem Auto umbringen wollte, hatte ihn Mavis mit Drogen verrückt gemacht. Mit aller Macht klammert sich Mutter an ihre »Drogentheorie«, weil sie ihn einfach nicht als das sehen will, was er in Wirklichkeit ist, eine miese Ratte.

Grammy zieht sich zurück, um zu beten. Als ich später zu Bett gehe, höre ich sie in ihrem Zimmer weinen. Mitten in der Nacht wache ich auf und höre sie immer noch leise weinen.

Am nächsten Tag ruft Mom meinen Bruder Marvin an, um herauszufinden, was wir für Dad tun können. »Ist das *alles*, was dir einfällt?«, sagt sie ins Telefon. Was immer er vorgeschlagen hat, hat sie offensichtlich enttäuscht. Als sie auflegt, erklärt sie: »Marvin wird ihm von uns allen Blumen schicken.«

In den darauf folgenden Tagen versucht Mom, Informationen über Dads Zustand zu erhalten, doch sie hat keinen Erfolg. »Ich wette, er hat nicht einmal unsere Blumen bekommen«, erklärt sie schnippisch. »Entweder das oder die alte Hexe hat die Karte weggeworfen und behauptet, sie wären von ihr selbst.« Marvin ist für ein Familientreffen zu Besuch gekommen. Er versucht, vernünftig mit ihr zu reden.

»Ach, Mom, ich glaube nicht, dass sie –«

»Wir müssen ihn besuchen, Marvin«, unterbricht ihn Mutter. »Solange wir ihn nicht gesehen haben, werden wir nicht wissen, wie es ihm geht. Außerdem braucht ein Mann in solchen Zeiten seine Familie.« Sie steigert sich richtig hinein.

Marvin versucht sie zu beruhigen und schlägt vor, in Ruhe abzuwarten.

»Wir haben lange genug gewartet!«, erklärt Mom. »Am kommenden Wochenende fahren wir hoch zu diesem Krankenhaus in New York und vergewissern uns, dass mit Dad alles in Ordnung ist. Versucht erst gar nicht, mich davon abzubringen; ich bin fest entschlossen.«

Grammy hatte eigentlich vorgehabt mitzufahren, aber im Laufe der Woche wird sie richtig krank und muss zu Hause bleiben. Die Fahrt von Pennsylvania in den Norden von New York State dauert viel länger, als wir angenommen haben. Niemand im Wagen ist zum Reden aufgelegt, denn wir alle haben bei dieser Mission gemischte Gefühle. Nachdem wir zigmal falsch abgebogen sind, finden wir endlich das Krankenhaus.

»Haben Sie einen Carl Hiller im Haus?«, fragt Marvin die Rezeptionistin.

Sie blättert ihre Unterlagen durch. »Äh, ja, haben wir. Sind Sie mit ihm verwandt?«

Mein Bruder nickt. »Ich bin sein Sohn. Marvin Hiller.«

Sie blättert weiter. »Es tut mir Leid, aber Sie sind hier nicht aufgeführt, ich kann Sie nicht –«

»Aber er ist mein Vater«, insistiert Marvin.

»Ich bedaure, aber ich darf nur Besuche von Familienmitgliedern gestatten, die auf der Liste stehen.«

»Und wer hat diese Liste aufgestellt?«, fragt Marvin sie.

»Mutter wendet sich ab und geht zum Ausgang. »Was glaubst du wohl?«, sagt sie.

Es bleibt uns nicht anderes übrig, als wieder zu gehen. Die Rückfahrt kommt uns sogar noch länger vor als die Hinfahrt. Mom ist die meiste Zeit über still und verdrossen. Nur ab und zu durchschneidet sie die Stille mit einer Bemerkung über die alte Hexe.

Auf halber Strecke zurück nach Trout Run machen wir Rast in einem Straßencafé. Mom trinkt nur zu besonderen Gelegenheiten Alkohol, und selbst dann schüttet sie meist die Hälfte in den Ausguss. Daher bin ich schockiert, als die Kellnerin unsere Bestellung entgegennimmt und meine Mutter ein Bier bestellt. Marvin nimmt das Gleiche. Die Bedienung wendet sich an mich. »Und was ist mit dir?«, fragt sie.

Es war ein langer und schwieriger Tag. Seit Jahren erzählen mir die Leute, dass ich viel älter aussehe, als ich in Wirklichkeit bin. Ich beschließe, ausnahmsweise einmal Gebrauch davon zu machen.

»Ich nehme auch eins«, sage ich zu ihr.

Die Kellnerin lächelt nachsichtig. »Kann ich dann einen Ausweis sehen?«

»Ach ja, stimmt«, sage ich. »Ich nehme eine Cola.«

Einige Monate später wird Dad aus dem Krankenhaus entlassen und kehrt ins Haus der alten Hexe zurück, um dort zu genesen. Ich bin nicht begeistert von der Vorstellung, ihn wieder in der Nähe zu haben, aber jetzt, da er verletzt ist, habe ich weniger Angst davor, dass er uns etwas antun könnte. Grammy ist sehr gebrechlich geworden. Sie scheint vor unseren Augen dahinzuschwinden. Doch trotz ihrer Krankheit vergeht kaum ein Tag, an dem sie nicht am Fenster sitzt.

Eines Abends kommt Mutter von der Arbeit nach Hause. »Grammy«, ruft sie. »Dad liegt in Williamsport im Krankenhaus. Einer der Kunden im Restaurant hat es mir gerade erzählt.«

Grammy macht sich Sorgen um Dad. Sie würde es nicht riskieren, zu Mavis hinüberzugehen, aber das Krankenhaus in Williamsport ist neutraler Boden. Jeden Tag stellt sie mir die gleiche Frage. »Diane, würdest du mich zum Krankenhaus fahren, damit ich deinen Dad besuchen kann?«

Zu diesem Zeitpunkt ist jede Liebe, die ich für meinen Vater empfunden habe, mehr oder weniger verflogen, zurückgeblieben ist nur der Hass. Grammy kennt meine Meinung über Dad – und dass mir nach nichts weniger der Sinn steht, als diesen Bastard in seinem Krankenhausbett liegen zu sehen. Aber sie ist seine Mutter. Es macht mir ein schlechtes Gewissen, Nein zu sagen. Und ich bin ihre ständigen Fragen leid. Daher gebe ich eines Abends nach. »Okay, mach dich fertig«, sage ich zu ihr. »Ich fahre dich hin.«

Ich sehe die Überraschung in ihren Augen. Durch ihre offene Zimmertür kann ich mit ansehen, wie sie sich in ein sauberes Kleid zwängt und sich die Haare kämmt. Als sie fertig ist, helfe ich ihr die Treppe hinab und in den Wagen.

Grammy muss ihre ganze Kraft aufbieten, um den Weg vom Parkplatz zum Krankenhaus zu bewältigen, den langen Korridor entlang und in den Besucheraufzug hinein. Dad liegt ganz am Ende des Ostflügels, im dritten Stock. Den ganzen Weg über muss ich Grammys Arm halten und sie bei ihren Trippelschritten unterstützen. Wir sind noch nicht einmal angelangt, und doch scheint das Unternehmen sie bereits zu überanstrengen.

Die Tür zu Dads Zimmer steht weit offen. Die alte Hexe ist da, hockt auf einem Stuhl und streckt ihren fetten Bauch von sich. Dad sieht uns als Erster. Verachtung überzieht sein Gesicht, und ehe Grammy oder ich ein Wort sagen können, knurrt er:»Was wollt ihr denn hier?«

Wie kann er nur so mit seiner Mutter reden! Ich schäume vor Wut. Hasse ihn mehr denn je.»Es war meine Idee, zu kommen«, erwidere ich.»Damit ich dir sagen kann, dass du genau das bekommen hast, was du verdienst.«

In meiner Wut zerre ich Grammy schneller herum, als ich sollte, und bringe sie fast zu Fall. Sie fängt sich wieder und ich halte sie ein wenig fester. Wir gehen.

Die Fahrt mit dem Aufzug, der Gang durch den Korridor und der Weg zurück über den Parkplatz dauern ewig. Grammy wirft mir immer wieder scheue Blicke zu und sieht ebenso schnell wieder weg. Sie weiß, dass sie sich jedes weitere Wort sparen kann, nichts auf der Welt könnte meine Meinung über diesen Scheißkerl von einem Sohn ändern. Aber die tiefe Traurigkeit und der Schmerz in ihren Augen bleiben mir nicht verborgen.

Auf der Heimfahrt sind wir beide stumm wie die Fische, jede ist mit ihren eigenen Gedanken und Gefühlen beschäftigt, und ich muss mit aller Kraft das Lenkrad umklammern, um meine zitternden Hände unter Kontrolle zu halten. Zu Hause erzähle ich Mom mit zitternder Stimme, wie Dad uns behandelt hat.

»Er *musste* sich euch gegenüber schlecht benehmen, weil die alte Hexe bei ihm war«, meint Mom. »Er hat Angst vor ihr, Diane. Sieh doch nur, was sie ihm angetan hat. Wenn sie nicht da gewesen wäre, wäre er nie so mit euch umgesprungen.« Aber das kaufe ich ihr nicht ab. Ich habe mich schon lange damit abgefunden, dass Dad so ist, wie er ist.

Einige Tage später sitzt Grammy wieder auf ihrem Posten am Fenster und schaut zu, wie die alte Hexe Dad ins Haus hilft. Die Begegnung im Krankenhaus hat ihr sehr zugesetzt. Sie ist gebrechlicher geworden, trauriger. Ihr Lebenswille scheint immer schwächer zu werden, doch ich will das nicht wahrhaben. Sie hat eben gute und schlechte Tage, sage ich mir. Das ist alles. Ich habe, auch ohne mich um Grammy zu sorgen, genug anderes im Kopf.

Als ich eines Nachmittags nach Hause komme, ist Grammy nicht da. Katie weint. »Wo ist sie?«, frage ich.

»Mom musste sie ins Krankenhaus nach Williamsport bringen. Es geht ihr sehr schlecht, Diane.«

Aber ich habe keine Angst. Ich bin es leid, mir von jeder Kleinigkeit Angst einjagen zu lassen. Nehmen wir nur Dad. Vor ihm habe ich beispielsweise überhaupt keine Angst mehr.

Katie will Grammy besuchen, also fahren wir zusammen ins Krankenhaus. Körperlich bin ich in den Krankenhausgängen zwar anwesend, aber meine Gedanken sind anderswo. Ich mache mir mehr Sorgen um Katie als um Grammy. Warum regt sie sich so auf? Weichherzig und überempfindlich wie sie ist, nimmt sie sich jede Kleinigkeit sehr zu Herzen.

Trotzdem bin ich erschrocken darüber, wie schlecht Grammy aussieht. Ich will sie so nicht sehen. Ihr Gesicht ist aschfahl, ihr Körper wirkt fast blutleer. Es ist, als wäre sie bereits gestorben. Sie verschläft den größten Teil unseres Besuchs, und meine Schwester weint. »Bist du so weit?«, frage ich sie immer wieder. »Komm schon. Lass uns gehen. Bist du so weit?«

Die Hiobsbotschaft kommt wenige Tage später, in der Woche nach Ostern des Jahres 1962. Grammys Tod erscheint mir unwirklich – er dringt nicht richtig zu mir durch. Ich habe ein schlechtes Gewissen, denn Katie weint und weint, während ich betäubt und mit trockenen Augen dasitze. Na ja, überlege ich, Grammy war eben immer gut zu Katie, während sie mich nie so nett behandelt hat. Sie hat mir nicht einmal beigestanden, wenn Dad mir allabendlich Prügel verabreichte. Vermutlich ist das der Grund, warum ich den tiefen Schmerz nicht empfinden kann, den Katie fühlt. Trotzdem habe ich sie geliebt, mehr denn je in den letzten beiden Jahren, als sie sich mit uns gegen die alte Hexe und Dad verbündete. Mom ist stark; sie weint zwar ein wenig über Grammys Tod, aber nicht wie Katie. Vielleicht bin ich auch stark. Vielleicht ist das der Grund, warum ich nicht weinen kann.

Der Bestattungsunternehmer ist sauber und gut gekleidet, aber er riecht nach Tod. Ich bin nicht gerne hier, um Mom bei den Vorbereitungen zu helfen, aber sie hat mich darum gebeten, also tue ich es. »Vergessen Sie nicht, dass ihr zweiter Mann ein Kriegsveteran war«, meint der Bestatter. »Deshalb steht Ihnen von der Veteranenorganisation ein Beerdigungszuschuss von fünfundsiebzig Dollar zu.« Grammys zweiter Mann, Dads Stiefvater, war derjenige, der ihn früher windelweich geschlagen hat. Dads leiblicher Vater ist gestorben, als er zehn Tage alt war.

»Ich habe ihr einen metallenen Schmucksarg versprochen«, sagt Mom. »Der Innensarg muss nicht teuer sein, aber ich muss dafür sorgen, dass genug Geld für einen Schmucksarg übrig bleibt. Das war ihr größter Wunsch.«

Der Bestattungsunternehmer führt uns in den Ausstellungsraum. Die schönsten Särge stehen auf Ständern unter kleinen Deckenspots. Die Billigen befinden sich ganz hinten im Dunkeln auf dem Boden. »Wenn Sie einen Schmucksarg haben wollen, werden Sie sich als Innensarg kaum mehr leisten können als diese hier«, meint der Bestatter. Mom entscheidet sich für den billigsten, der auch am schäbigsten aussieht: eine Art aufgemotzte Pappe, die mit grauem Samtverschnitt beklebt ist. Ich habe keine Ahnung, woher der Bestatter so viel über Grammys Familiengeschichte und unsere Finanzen weiß. Grammy hat uns gegenüber keinen ihrer Ehemänner häufiger erwähnt. Es war Mom, die mir einmal von der vielen Prügel erzählte, die Dad bekommen hat.

Zurück im Büro werden die Kondolenzstunden festgelegt und Mom unterzeichnet die Papiere. »Haben Sie daran gedacht, das Beerdigungskleid mitzubringen?«, fragt der Bestattungsunternehmer. Mom nickt und zieht Grammys schönstes schwarzes Kleid aus ihrer Tasche. Der Bestatter hängt es auf einen Kleiderbügel. Als nächstes holt Mutter Grammys Bibel heraus. Es war Katies und meine Idee, Grammy mit ihrer Bibel zu bestatten. Sie hat jeden Tag darin gelesen, manchmal verfolgte sie mich durchs ganze Haus und las dabei aus der Offenbarung, wenn sie der Meinung war, dass ich eine Predigt nötig hätte. Am besten gefielen ihr die Passagen, in denen Huren bestraft und die Kinder und Kindeskinder von Huren aus dem Himmel verbannt wurden. In Grammys Vorstellung gab es nichts Schlimmeres auf der Welt als Huren. Huren kamen geradewegs in die Hölle.

Am Tag der Beerdigung bin ich wie betäubt. Als die Familie angekleidet und bereit ist für die Fahrt zum Beerdigungsinstitut, spricht Mutter das aus, was allen in den letzten Tagen immer wieder durch den Kopf gegangen ist. »Ich frage mich, ob euer Vater kommen wird, um von seiner Mutter Abschied zu nehmen.« Sie flüstert es nur.

Der Gedanke an Dads Erscheinen beunruhigt mich schon seit einiger Zeit. Marvin ist im Umgang mit Dad weich wie Butter, aber nicht Carl Jr. Bis gestern fürchtete ich einen Show-down zwischen ihm und Dad. Aber nun hat Carl angerufen und gesagt, er könne wegen der Meningitis seiner Tochter nicht kommen. Es wird also vermutlich keine Schlägerei geben, selbst wenn Dad tatsächlich auftauchen sollte. Sein Glück. Wenn Carl Jr. Dad zu Gesicht bekommen hätte, wäre er wahrscheinlich an die Decke gegangen.

Es kommen nur wenige Leute zu Grammys Beerdigung. Auch Dad lässt sich nicht blicken. Ich hasse ihn dafür noch mehr, obwohl ich das kaum noch für möglich gehalten habe. Wenn es *meine* Mutter gewesen wäre, hätte ich mich hingeschleppt, ganz egal, wie krank ich bin.

Katie ist untröstlich über Grammys Tod. Ich stehe neben ihr und versuche, ihr Halt zu geben, etwas, das ich für meine ältere Schwester getan habe, seit ich ein kleines Mädchen war. Die Familie wird zur Limousine geführt. Auf der langen Fahrt zu unserer Baptisten-Kirche an der Beauty's Run Road weinen wir leise vor uns hin. Keiner sagt etwas. Ich denke darüber nach, dass Grammy mir in den letzten Jahren all ihre Ringe und Schmuckstücke vermacht hat. Warum mir?, frage ich mich. Warum nicht Katie, die sie doch so viel lieber gehabt hat? Ich bete zu Gott, dass Grammy mir die vielen Male vergeben hat, bei denen ich ihr über den Mund gefahren bin, und die Begebenheit im Krankenhaus von Williamsport, als ich sie in meinem Zorn von ihrer Begegnung mit Dad weggezerrt habe. Sie war niemals eingeschritten oder hatte gegen die unzähligen Prügel protestiert, die er mir verabreicht hat, aber auch ich hatte sie im Stich gelassen.

Grammys Grab liegt oben auf dem Hügel. Der Wind peitscht über den Friedhof, und wir zittern selbst in unseren Wintermänteln. Nach der Zeremonie kann Katie sich nicht vom Grab lösen. Die Totengräber sind zunächst respektvoll, doch nach einer Weile werden sie ungeduldig und fangen an, das Grab aufzufüllen. »Können wir jetzt bitte gehen?«, erkundigt sich der Bestatter ungeduldig. Aber Katie steht wie festgefroren da, hypnotisiert von dem Loch, das Grammy verschluckt. Zuerst prasselt die hineingeschaufelte Erde auf den Metallsarg. Doch je mehr sich das Grab füllt, desto weicher wird das Geräusch. Auf dem Rückweg sagt Mutter: »Ich verspreche euch Mädchen, dass ich so schnell wie möglich Geld für einen Grabstein zusammenspare.« Nach diesem Tag sprechen wir kaum noch von Grammy. Wir sind zu beschäftigt mit unserer Alltagsroutine, dem Kampf, finanziell über die Runden und im Leben ein wenig vorwärts zu kommen.

14. Skyline Drive

Drüben im brandneuen Howard Johnson's Hotel in Williamsport werden Leute eingestellt, also beschließt Katie, ihre Kochstelle in der Summit Lodge an den Nagel zu hängen und im HoJo's zu bedienen. Etwa eine Woche lang höre ich mir Katies Geschichten darüber an, wie modern und effizient das Howard Johnson's ist, und dass die Kunden dort viel mehr Trinkgeld geben als die Leute, die in die Lodge kommen. Und ehe ich mich versehe, arbeite ich ebenfalls dort. Mutter entscheidet sich, zu bleiben, wo sie ist, doch die weiblichen Angestellten der Summit Lodge sind neugierig geworden und beschließen, sich den neuen Laden anzusehen. Arbeitszeiten werden verglichen und ein »Frauenabend« im HoJo's arrangiert.

Als der große Abend anbricht, ziehe ich meinen leuchtend roten Zweiteiler mit dem falschen Nerz-Mandarinkragen an, die acht Zentimeter hohen Lederpumps mit der passenden Handtasche und dazu weiße Handschuhe. Ich fahre mit meinem neuen 1964-er VW-Käfer nach Williamsport, den ich mir von meinem Gehalt und den Trinkgeldern zusammengespart habe. Mom und die restliche Belegschaft der Summit Lodge warten mit großen Augen im Foyer des Howard Johnson's. Eileen und Charlotte behaupten, dass ich in meinem Outfit aussehe wie Jackie Kennedy. Es ist als Kompliment gemeint, aber ich bin nicht sehr begeistert. Vermutlich bin ich der einzige Mensch in Amerika, der Jackie für hausbacken hält.

Die Hostess, Mrs. Mock, ist äußerst zuvorkommend. Sie kommt hinter dem Kassenbereich hervor und führt unsere große Gruppe zu einem langen Tisch, der in der Mitte des Restaurants für uns gedeckt wurde. Wir nehmen Platz und machen es uns bequem. Alle außer Mutter fangen an, die Speisekarte zu studieren.

»Diane, du weißt doch, was gut schmeckt. Bestelle du für mich«, flüstert Mom mir zu. Immer wenn meine Familie im Sommerurlaub in Wildwood ein Restaurant besuchte, ließ Mom ihre Speisekarte ungeöffnet und bestellte das einfachste Gericht: Toast. Als Kind hatte ich vermutet, sie wolle dadurch Geld sparen. Aber hier im Howard Johnson's wird mir plötzlich klar, dass Speisekarten sie überfordern. Sie ist fast Analphabetin, kann nur lesen, was sie unbedingt lesen muss. Die Förmlichkeit eines Restaurants und die Entscheidung zwischen Dutzenden von Möglichkeiten wirkt einschüchternd auf eine Frau mit bescheidenen Mitteln und begrenzter Erfahrung. »Kein Problem, Mutter«, sage ich zu ihr. »Überlass das ruhig mir.«

Unsere Kellnerin kommt. Es ist die fröhliche Mrs. Bartholomew mit ihrem wippenden Blondschopf. »Hallo, meine Damen. Darf ich Ihre Bestellungen entgegennehmen? Diane, warum fangen wir nicht mit dir an?«

»Ich nehme den Burgunderbraten und eine große HoJo-Cola«, trage ich ihr auf. »Und für meine Mutter den *Summer Delight*-Salat und eine Tasse Kaffee.«

»Sehr gut«, sagt Mrs. Bartholomew und wendet sich den anderen zu.

Ich habe den Salat für Mutter ausgesucht, weil ich möchte, dass sie etwas Buntes und Kreatives bekommt – ein kulinarisches Kunstwerk, das sich von den eintönigen Gerichten unterscheidet, die sie in der Summit Lodge auftischen. Der *Summer Delight*-Salat besteht aus drei verschiedenen Sorten Sorbet und einem Turm aus Hüttenkäse in der Mitte. Zwischen den Sorbetkugeln befindet sich ein kunstvolles Arrangement aus Pfirsich-, Birnen- und Pflaumenscheiben. Es ist ein ausgefallenes, vornehmes Entree – etwas, das Jackie Kennedy mit ihrer weichen Flüsterstimme für sich bestellen könnte. Die meisten anderen aus unserer Gruppe nehmen Burger und Muscheln.

Mrs. Bartholomew gibt unsere Bestellungen weiter und kommt mit unseren Getränken, Brötchen und Gewürzen zurück. Die Frauen aus der Summit Lodge sind beeindruckt, sowohl vom Restaurant als auch von meinem Status als Insiderin. Dieser Ausflug war eine gute Idee.

Als unser Essen kommt, stellt Mrs. Bartholomew den festlichen *Summer Delight*-Salat vor meine Mutter. Mit entrüstetem Gesicht dreht Mom sich zu mir um. »Diane, warum musstest du mir ausgerechnet *das* bestellen?«

Die anderen Frauen essen, reden und lachen. Ich picke ein bisschen an meinem Burgunderbraten herum, aber mir ist der Appetit vergangen. Ich schäme mich, dass meine Wahl für Mom so fehlgeschlagen ist. Als Mrs. Bartholomew ihren Teller abräumt, wage ich nicht nachzusehen, ob Mom von ihrem Salat überhaupt etwas gegessen hat.

Später, als Mrs. Bartholomew unseren Nachtisch bringt, fragt sie mich unvermittelt:»Diane, du kennst doch meinen Sonn Buzz, oder?«

Buzz Bartholomew hat vor einigen Wochen im HoJo's als Bedienungshilfe angefangen. Er ist gebaut wie ein Stier: breite Schultern, breite Brust, blond gelockte Haare. Aber meiner Meinung nach steckt in diesem Männerkörper immer noch ein kleiner dummer Junge. Letzte Woche alberte Buzz während der Dienstzeit mit Jim Sleigh herum, einem anderen Gehilfen. Dabei riss er ihm die Brusttasche von seiner Kellneruniform und zog ihm die Hose bis zu den Knöcheln runter. Ich kenne Buzz zwar, aber sonderlich beeindruckt hat er mich nicht.

»Ja, ich kenne ihn«, sage ich zu seiner Mutter.

»Und warum gehst du dann nicht mit ihm aus?«

Weil er kleiner ist als ich, denke ich, obwohl ich selbst nur einsdreiundsechzig groß bin. Und weil ich einen gestandenen Mann suche und keinen kindischen Jungen.

»Er hat mich noch nie gefragt, Mrs. Bartholomew«, antworte ich stattdessen.

Zwei Wochen später fragt mich Buzz, und ich willige ein.

Am Abend unserer Verabredung fährt Buzz mit mir den Skyline Drive hinauf und fängt an, mich zu küssen. Meinem Körper gefällt es recht gut, aber mittendrin bekomme ich plötzlich Angst, ohne zu wissen, warum. Ich bitte ihn, aufzuhören, und er tut es.

Bei der zweiten Verabredung passiert genau das Gleiche. Bei der dritten wieder. Ganz egal, wohin Buzz mit mir fährt, immer landen wir am Ende oben am Skyline Drive. Sex ist zwischen mir und Mutter oder Katie nie ein Thema gewesen, und den Vorfall im Wohnwagen mit Dad habe ich tief in meinem Inneren vergraben – die Reise nach Chattanooga schon vor langer Zeit mit Verwirrung und Verleugnung verdeckt. Daher bin ich völlig unwissend. Mir ist beispielsweise nicht klar, dass Küssen den Körper stimuliert. Ihn auf andere Dinge vorbereitet. Aber jedes Mal, wenn wir oben auf dem Berg miteinander knutschen, überwältigt mich diese Angst, und wenn ich Buzz bitte, aufzuhören, tut er es.

Bei unserer vierten Verabredung ist er nicht bereit, aufzuhören. Er hält mich an den Handgelenken fest, als ich ihn von mir stoßen will, und setzt sein Körpergewicht ein, um zu verhindern, dass ich mich von ihm befreie. Er zerrt mir die Nylonstrümpfe herunter, zerreißt meine Unterhose und dringt gewaltsam in mich ein. Er ist grob. Fast außer sich. Mein Gesicht ist zwischen dem Sitz und der Seitentür eingeklemmt. Ich spüre, wie mein Fleisch einreißt, Schleim und Blut aus mir heraussickern. Da ich nicht weiß, was ich sonst tun soll, starre ich aus dem Fenster und warte. Buzz fährt in mich hinein und hinaus, als reite er einen Stier beim Rodeo. Zunächst scheint es, als merke er gar nicht, dass er mir wehtut, als wäre ich gar nicht richtig anwesend. Doch dann beginne ich mich zu fragen, ob meine Schmerzen nicht Teil seines Genusses sind. Eine Minute später sackt er mit einem Grunzen auf mir zusammen.

Er steigt von mir herab und beginnt seine Kleidung zu ordnen. »Verdammt«, stöhnt er. »Ich habe den Reißverschluss meiner besten Hosen ruiniert. Meine Mutter dreht durch.«

Die stechenden Schmerzen haben aufgehört, aber ich bin vollkommen wund, meine Unterhose ist durchweicht und klebt mir zwischen den Beinen. Buzz lässt den Wagen an und fährt den Berg hinunter. Er liebt mich, halte ich mir vor Augen. Er sagt es mir jedes Mal, wenn er mich küsst und befummelt. Und wenn er mich liebt, tut er mir auch nicht weh, also tut mir nichts weh. Trotzdem fühle ich mich schmutzig, beschämt und traurig. Doch mehr als alles andere bin ich verwirrt. Ich habe Buzz vertraut. Ich hatte geglaubt, er würde aufhören, und er hat es nicht getan.

Später, nachdem ich einige Zeit mit Buzz zusammen war, begann ich zu vermuten, dass er von unserer ersten Verabredung an gewusst hatte, worauf er hinauswollte, und sich genau ausgerechnet hatte, wie er es bekommen würde. Meine Vermutungen bestätigten sich, als ich herausfand, dass er mit Mr. Lugan, dem stellvertretenden Geschäftsführer des Howard Jonhson's, gewettet hatte, er würde Diane Hiller »flachlegen«. Doch als wir in dieser Nacht den Berg hinunterfahren, bin ich nicht mehr als eine dumme Sechzehnjährige, die nicht begreift, dass sie gerade vergewaltigt worden ist – die nicht einmal weiß, was »Vergewaltigung« bedeutet. Da ich mir sicher war, Buzz klar und deutlich »Nein« gesagt zu haben, hielt ich mich nach wie vor für eine Jungfrau. Schließlich hatte ich weder ihn noch einen anderen Mann jemals nackt gesehen. Und welches Mädchen, das seine Jungfräulichkeit verloren hat, kann *das* schon von sich behaupten?

Als wir bei Buzz' Elternhaus ankommen, fühle ich mich zu elend, um mit meinem eigenen Auto nach Hause zu fahren. Ich rufe meine Schwester an, und sie holt mich ab. Ich erzähle ihr nicht, was geschehen ist. Ich will nicht, dass sie mich anschreit oder ins Haus stürmt und Mom alles erzählt. Trotzdem hätte ich es ihr gern gesagt. Ich fühle mich so schmutzig und beschämt. Es muss meine Schuld gewesen sein. Katie wirft mir einen kurzen Blick zu. »Was ist mit dir passiert?«, fragt sie.

»Nichts«, erwidere ich. »Ich fühle mich einfach hundeelend.«

Als wir nach Hause kommen, muss ich mich als Erstes waschen. Schleim und Blut haben meinen Rock befleckt, und ich hoffe inständig, dass Katie annimmt, ich hätte meine Tage bekommen, sollte sie die Flecken gesehen haben.

15. Fliehkraft

Buzz gibt mir seinen Siegelring, damit ich ihn um den Hals trage. Die Intimität zwischen uns beweist, dass er mich liebt, und dieser Ring zeigt allen in der Schule und bei der Arbeit, dass wir ein festes Paar sind. Wir schlafen jetzt regelmäßig miteinander auf dem Rücksitz seines Autos oben am Skyline Drive. Normalerweise tut es nicht so weh wie am Anfang und wenn, macht es mir nichts aus, weil der Schmerz ein Teil der Liebe ist.

Eines Samstagabends fährt Buzz mit mir über die Brücke ins Zentrum von Williamsport. »Wohin fahren wir?«, frage ich, aber er antwortet nicht. Er fährt zum Busbahnhof, bleibt stehen, lässt aber den Motor laufen. Steigen wir in einen Bus? Machen wir einen geheimnisvollen romantischen Ausflug?

»Rutsch rüber und setz dich ans Steuer«, sagt Buzz.

»Warum, wo gehst du hin?«

»Aufs Männerklo. Dort hängt ein Automat für Gummis.«

Ich übernehme das Lenkrad und fahre einmal um den Block. Ich weiß nicht, warum er ständig diese Dinger braucht. Ich weiß nicht einmal, wofür sie gut sind, aber es ist mir zu peinlich, ihn danach zu fragen. Ich kann es nicht ausstehen, wenn Buzz sich darüber lustig macht, dass ich etwas nicht weiß.

Als ich wieder vorfahre, wartet er vor dem Bahnhof. »Scheiße«, sagt er und lässt sich auf den Beifahrersitz fallen. »Habe erst drinnen gemerkt, dass ich überhaupt kein Kleingeld dabeihabe.«

Es macht Spaß, mit Buzz zusammen zu sein. Früher gingen mir seine Scherze auf die Nerven, aber jetzt gefallen sie mir. In meinem Elternhaus wurde Buzz' Art von Verspieltheit nicht geduldet. »Sei nicht so übermütig, Diane!«, befahl mir meine Mutter, wenn ich aus irgendeinem Grund herumalberte. Das machte mich still und schüchtern in Gegenwart anderer Leute. Ich war mir nie sicher, welches Verhalten angemessen war und welches nicht. Aber es gefällt mir, mit anzusehen, wie Buzz alle möglichen Dummheiten anstellt, die ich selbst nie tun würde. Seine Verspieltheit ist eine Art Freiheit. Ich habe in meinem ganzen Leben noch nie so viel gelacht.

Eines Abends schlägt Buzz bei Dienstschluss vor: »Komm mit zu mir nach Hause, Diane. Du kannst mir hinterherfahren.« Er grinst über das ganze Gesicht, als er über den Parkplatz schlendert und in sein '58-er rotweißes Pontiac-Kabriolett klettert. Ich steige in meinen Käfer und weiß, das etwas in der Luft liegt. Buzz fährt neben mich und lässt den Motor aufheulen. »Wenn du und ich uns ein Rennen liefern«, ruft er herüber, »was glaubst du wohl, wer von uns beiden zuerst bei mir ankommt?«

»Ich will es mal so sagen«, antworte ich, »du sagst mir, welche Limo du trinken willst, und ich warte damit auf dich, wenn du ankommst.«

Wir verlassen den Parkplatz des HoJo's, rasen über die zweispurige Straße und halten Ausschau nach Polizisten, während wir uns im Zickzack durch den Verkehr schlängeln. Als wir die Market Street Bridge überqueren, hänge ich Buzz an der Stoßstange. Ich ziehe den Wagen nach rechts und drücke das Gaspedal durch. Eines weiß ich genau: Wenn Buzz glaubt, ich würde ihn gewinnen lassen, hat er sich getäuscht.

Kopf an Kopf, Seite an Seite donnern wir durch das Zentrum des südlichen Williamsport. Dann übernehme ich die

Führung. Alles läuft prima, bis wir an eine Haarnadelkurve kommen, mit der ich nicht gerechnet habe. Mit über fünfzig Sachen beginne ich auf der inneren Spur die Kontrolle über den Wagen zu verlieren. Die Fliehkraft hebt die äußeren Reifen vom Boden, und ich rutsche wie beim Autorennen auf zwei Rädern weiter. Der Wagen berührt das Straßenbankett, dreht sich und schlittert in den Dreck, wobei ich nur knapp eine Notrufsäule verfehle. Als ich vom Gas gehe, kippen die Reifen zurück auf den Boden, und ich lenke den Wagen wieder auf die Straße. Wie immer Buzz mit dieser Kurve fertig geworden sein mag, er ist wie durch ein Wunder immer noch hinter mir.

Ich schlage das Lenkrad ein und biege nach links in Buzz' Straße. Vor seinem Haus steige ich auf die Bremse und schlittere in die Einfahrt hinein. Der Käfer ist kaum zum Stehen gekommen, als ich auch schon auf wackeligen Beinen herausspringe. Sekunden später hält Buzz mit quietschenden Reifen hinter mir. Er sitzt mit ausdruckslosem Gesicht in seinem Pontiac, als habe er einen Schock erlitten. »Warum hast du so lange gebraucht?«, frage ich ihn. Ich glaube nicht, dass ihm im HoJo's der Gedanke gekommen ist, ich könnte seine Herausforderung annehmen und dann auch noch den Mut und das Fahrkönnen aufbringen, um ihn zu schlagen.

Wir sitzen eine Weile bei ihm herum, aber es macht keinen Spaß. Er ist mürrisch und schlecht gelaunt. Das bessert sich später, am Skyline Drive, aber er ist grober als sonst.

Als Buzz und ich einige Monate zusammen sind, erklärt Mrs. Bartholomew plötzlich, dass ihr Sohn nicht mehr zu meinem Haus hinauskommen dürfe. Wenn ich ihn sehen wolle, meint sie, müsse ich zu ihr ins Haus kommen und ihn dort besuchen. Buzz' jüngerer Bruder Frank dagegen darf doppelt so weit fahren und seine Freundin besuchen, wann immer er will. Ich habe das Gefühl, dass Frank der Liebling seiner Mutter ist und Buzz nicht.

Mary Bartholomew ist mir ein Rätsel. Im einen Moment ist sie freundlich und liebenswert, im nächsten kühl und distanziert. Es tut weh, mitzuerleben, wie sie Frank ihrem Ältesten vorzieht. Auch wenn Buzz so tut, als mache es ihm nichts aus, weiß ich genau, dass das nicht stimmt. Ich ärgere mich über Mrs. Bartholomew, aber ich bewundere sie auch und möchte gern ihre Sympathie gewinnen. Vielleicht liegt es daran, dass ich ihre sarkastische Seite gesehen habe und nicht gern in diesen Genuss kommen möchte. Oder daran, dass sie das genaue Gegenteil meiner Mutter ist. Meine Mutter würde in einem Raum voller Menschen am liebsten unbemerkt mit der Tapete verschmelzen. Mary Bartholomew dagegen würde nach Trommelwirbel und Scheinwerfern verlangen. Mit ihrem gebleichten blonden Haar und ihrem Porzellanpuppengesicht, ihrem lauten Lachen und dem extrovertierten Auftreten verkörpert sie für mich das sprühende Leben.

Nachdem Mrs. Bartholomew die Order ausgegeben hat, dass Buzz mich nicht mehr zu Hause besuchen darf, fange ich an, einen Großteil meiner Freizeit bei ihm zu verbringen. Mutter und Katie arbeiten Doppelschichten, und ich hasse es, in ein leeres, verlassenes Haus zu kommen. Bei Buzz ist immer eine Menge los, und häufig steht Mary im Mittelpunkt. Aus Angst, Buzz' Mutter könnte mich für eine »Schmarotzerin« halten, lehne ich ihre Einladungen zum Abendessen stets höflich ab. Mutter hat uns dazu erzogen, auf andere Rücksicht zu nehmen und niemanden auszunutzen. Außerdem möchte ich nicht Mrs. Bartholomews Essenseinladung annehmen und mir anschließend sarkastische Bemerkungen über ein weiteres hungriges Maul anhören müssen, das es zu füttern gilt. Also erfinde ich jeden Abend eine neue Ausrede und gehe, sobald sie den

Tisch zu decken beginnt. Ich fahre durch die Gegend, schlage die Zeit tot und rechne mir aus, wann sie mit dem Abendessen fertig sein könnten. Dann fahre ich wieder zurück. Es gibt keinen anderen Ort, wo ich hingehen könnte, außer nach Hause.

In Bezug auf Buzz und mich reagiert seine Mutter ausgesprochen sprunghaft. Mal erklärt sie mir, »Mrs. Bartholomew« sei viel zu formell und ich solle sie bitte Mary zu nennen. Und ich bin begeistert, weil ich möchte, dass sie mich mag, und sie beim Vornamen zu nennen bedeutet schon fast, dass wir Freundinnen sind. Dann wieder ist sie kritisch und gemein. Bei Mary heißt es ständig, zwei Schritte vorwärts – und drei zurückgehen und dabei möglichst nicht das Gleichgewicht verlieren.

Als ich eines Nachmittags zu Besuch bin, schickt Mary Buzz und Frank ins Kaufhaus nach New Berry, weil Frank neue Turnschuhe braucht. Ich stehe auf, um mitzufahren, aber Mary sagt: »Diane, du kannst gern hier bei mir bleiben, bis die Jungen zurückkommen.«

»Äh, ja, Mary«, sage ich. »Sicher.« Ich nehme an, dass sie etwas mit mir besprechen will, doch das ist nicht der Fall. Über eine Stunde lang sitze ich herum und langweile mich bei irgendeinem öden Fernsehprogramm zu Tode. Als das Telefon klingelt, nimmt Mary den Hörer ab. »Aha«, sagt sie immer wieder. »Ja, ich verstehe.« Ihrem puterrot anlaufenden Gesicht kann ich ansehen, dass etwas nicht stimmt. Als sie auflegt, fragt sie mich, ob meine beiden Brüder meiner Mutter jemals Kummer gemacht haben.

Ich zucke mit den Achseln. »Sie haben ab und zu die Schule geschwänzt. Mehr nicht.«

Ein Polizeiauto biegt in die Einfahrt der Bartholomews, und Mary läuft hinaus zu den Polizisten. Was auch passiert sein mag, ich halte es für das Beste, im Wohnzimmer zu bleiben. Kurz darauf kommen Buzz und Frank mit betretenen Mienen ins Haus.»Was ist los?«, frage ich sie, doch sie marschieren an mir vorbei, als wäre ich ein Geist, gehen auf ihr Zimmer und knallen die Tür hinter sich zu.

Als die Bullen fort sind, kommt Mary wieder herein und fängt vor der Zimmertür der Jungen an zu schreien.»Ich habe euch doch Geld gegeben für die Turnschuhe! Es gab keinen Grund, sie zu stehlen!« Als Buzz herauskommt, holt Mary aus und schlägt ihm auf den Arm.

»Warum schlägst du *mich?*«, protestiert Buzz.»Ich war es nicht. Er war es.«

»Haben euch die Nachbarn gesehen, als ihr im Polizeiauto vorgefahren seid? Du hättest es besser wissen müssen! Wie konntest du nur so dumm sein?«

»Ich habe dir doch gesagt, dass ich es gar nicht war. Ich habe die Turnschuhe nicht geklaut. Ich war draußen im Auto.«

»Du hast Hausarrest!«

»Ich war doch gar nicht im Laden!«

»Du bist der Ältere. Du hättest ihn daran hindern müssen.«

Stöhnend geht Buzz auf sein Zimmer zurück und wirft die Tür hinter sich zu. Man muss kein Genie sein, um zu erkennen, dass dieser Besuch gelaufen ist.»Richte Buzz aus, dass wir uns morgen sehen«, sage ich und mache mich schleunigst aus dem Staub.

Auf der Rückfahrt werde ich wütend auf Mary. Warum musste sie Buzz schlagen? Wie sollte *er* wohl ihren kleinen Engel vom Stehlen abhalten? Frank ist nur ein Jahr jünger als Buzz und er ist alt genug, um zu wissen, was richtig und was falsch ist.

Buzz sehe ich erst einige Tage später bei der Arbeit wieder. Er hat immer noch Hausarrest.»Mach dir keine Sorgen«, beruhigt er mich.»Ich werde Frank überreden, Mom die Schlüssel abzuschwatzen.« Buzz scheint es nicht einmal zu stören, dass seine Mutter so parteiisch ist. Aber mich stört es.

Irgendetwas stimmt nicht mit mir. Mir wird ständig übel, und ich kann weder etwas im Magen behalten noch mag ich dort überhaupt etwas hineintun. Wie eine Erkältung fühlt es sich nicht an. Und müde bin ich auch. Vielleicht bin ich einfach nur erschöpft von den vielen langen Nächten mit Buzz. Was es auch sein mag, ich werde es nicht mehr los. »Hol dir einen Termin beim Arzt«, sagt meine Mutter schließlich. Sie bekommt bald »Zustände«, weil ich so häufig die Schule versäume.

Ich schleppe mich weiter zur Arbeit, doch ich kann den Geruch des Essens und den Anblick der Kunden im HoJo's, die permanent die Kiefer bewegen und Essen in sich hineinstopfen, kaum ertragen. Und die alberne Uniform, die wir dort tragen müssen, würde ich am liebsten verbrennen: blauweiß gemustertes Kleid, Rüschenschürze, Nahtstrümpfe und ein Haarnetz auf dem Kopf, als wäre ich eine alte Frau. Die Nylonstrümpfe werden von Strapsen gehalten, die ich an meinem Hüftgürtel einhaken kann, und genau das ist mir zurzeit am meisten zuwider: der dämliche Hüfthalter, in den ich mich vor jeder Schicht hineinzwängen muss.

Ich folge Mutters Rat und hole mir einen Termin. Der Arzt, den ich mir aus dem Telefonbuch herausgesucht habe, praktiziert in New Derry. Das Wartezimmer ist leer, als ich dort ankomme. Sechs oder sieben Holzstühle mit kerzengeraden Lehnen stehen aufgereiht an der Wand, und auf einem ramponierten Tischchen liegt ein Stapel abgegriffener Zeitschriften. In der Ecke steht ein Beistelltischchen mit einer hässlichen orangefarbenen Lampe in der Form eines Tropfens. Der Lampenschirm sieht aus, als wäre er seit Jahrzehnten nicht mehr abgestaubt worden. Es gibt ein kleines Glasfenster für die Anmeldung, doch auch dort ist niemand.

Eine Viertelstunde lang sitze ich herum. Ich habe Besseres zu tun, als hier den ganzen Tag Däumchen zu drehen. Doch gerade als ich gehen will, wird eine Tür geöffnet. »Miss Hiller?«, fragt mich eine kleine ältere Frau in einem weißen Kittel.

»Ja«. Wen hat sie denn noch erwartet? Rebecca von der Sunnybrook-Farm?

»Kommen Sie herein. Der Doktor wird Sie gleich untersuchen.«

Wer hat etwas von *untersuchen* gesagt? Ich habe lediglich eine seltsame Erkältung oder so etwas. Die Schwester führt mich in einen kleinen Raum, in dem zwei weitere Stühle mit hohen Lehnen stehen, etwas medizinische Ausrüstung und ein Tisch, der aussieht, als käme er aus dem Leichenschauhaus. Die Schwester überzieht den Tisch mit einem langen Stück Papier und der Arzt kommt herein. Er ist genauso alt wie sie. Was ist das hier: ein Eheunternehmen? Dr. und Mrs. Frankenstein?

Er stellt die Fragen; sie notiert meine Antworten. »Hatten Sie Fieber oder war Ihnen fröstelig?«

»Nein.«

»Magenkrämpfe?«

»Hm-hm.«

»Kopfschmerzen?«

»Nein.«

»Hatten Sie sexuelle Beziehungen, Miss Hiller?«

Ich fühle, wie mein Gesicht heiß wird. Ich kann ihn natürlich nicht ansehen, und als ich zu ihr hinübersehe, wartet sie, ohne den Kopf zu heben, mit dem Stift in der Hand auf meine Antwort.

»Ja«, sage ich so leise, dass ich mir nicht sicher bin, ob ich es laut ausgesprochen habe.

»Tja, dann«, sagt der Arzt und steht auf. »Du misst ihr besser die Temperatur, Mildred, und lässt sie in einen Untersuchungskittel schlüpfen. Ich bin gleich wieder da.«

Ich bekomme einen abgetragenen grünen Kittel gereicht, der nach Bleichmittel riecht und aussieht, als hätten ihn Tausende von Patienten vor mir getragen. Sie komme gleich zurück, erklärt mir die Schwester. An der Tür bleibt sie stehen, die Hand auf dem Türgriff. »Geht es Ihnen gut?«, fragt sie mich.

»Ja.«

Ich ziehe mich aus, streife den Kittel über und setze mich auf den Tisch, wobei ich das weiße Papiertuch zerknittere. Plötzlich weiß ich ohne jeden Zweifel, dass dies weder eine Erkältung ist noch reine Müdigkeit von zu vielen mit Buzz verbrachten Nächten. Ich bin schwanger.

Als die Schwester zurückkommt, lächelt sie nachsichtig. »Liebes«, sagt sie, »der Kittel wird mit der Öffnung nach hinten angezogen.«

»Ach, ja.« Ich versuche ihn mit der Schlinge um den Hals nach hinten zu drehen, aber ich bin so nervös, dass ich mich fast erdrossele. Die Schwester muss mir helfen, ihn wieder aufzubinden und richtig anzuziehen. Ich war als kleines Kind einmal im Krankenhaus. Ich hätte wissen müssen, wie diese Kittel getragen werden. Ich komme mir so dumm vor.

»Also dann«, sagt sie. »Legen Sie sich zurück, und die Füße kommen hier oben in die Halterungen.«

Wie bitte? Wenn ich das mache, kann dieser Arzt praktisch alles sehen. Aber vermutlich ist das der springende Punkt. Meine Füße berühren die Halterungen. Sie sind eiskalt, und ich zucke zurück. Noch einmal. Dieser verdammte Arzt soll gefälligst wieder reinkommen, denn diese Position geht mir gewaltig gegen den Strich.

Die Tür geht auf. »Sind wir fertig?«, fragt er.

Klar sind *wir* fertig, hätte ich am liebsten gesagt. Ich wusste gar nicht, dass er *seine* Füße auch in den Halterungen liegen hat. Ich schlucke, nicke und versuche zu lächeln.

In dieser Haltung bleibt mir nichts anderes übrig, als an die Decke zu starren. Tränen stehlen sich aus meinen Augenwinkeln und ich kann nicht aufhören zu zittern. Ich versuche mir klar zu machen, dass er dort unten weder herumstochert noch mich begrabscht – dass er gar nicht im Zimmer ist. Ich weiß, was er denkt: Er hält mich für schmutzig und verdorben, weil ich schwanger und nicht verheiratet bin – eine der Huren, über die Grammy immer wieder aus ihrer Bibel vorgelesen hat.

»Es wird ein wenig kalt«, sagt der Arzt. »Versuchen Sie, nicht zusammenzuzucken.«

Allein das Wort *zusammenzucken* macht mich nervös und ich rutsche automatisch weg, als er das kalte Metall in mich einführt. »Ganz ruhig«, sagt er. Als es ganz drinnen ist, dehnt es sich aus. Es tut weh, aber Buzz hat mir beim ersten Mal viel mehr wehgetan. Ich spüre die Finger des Arztes in mir herumstochern. Du bist nicht hier, sage ich mir immer wieder. Du bist woanders. Das ist alles nicht wahr.

»Scheint, als könnten Sie schwanger sein«, sagt er. Ich sehe ihn an und wende die Augen ab. »Sicher können wir aber erst sein, wenn der Urintest zurückkommt. Kommen Sie in mein Büro, wenn Sie sich wieder angezogen haben, dann unterhalten wir uns.«

Wenig später stehe ich in der Tür seines dunklen, mit Nussbaumholz getäfelten Büros und warte darauf, dass er Notiz von mir nimmt. Er sitzt am Schreibtisch über eine Schreibarbeit gebeugt. Als er den Kopf hebt, bittet er mich hereinzukommen und Platz zu nehmen.

Er sei sich zu fünfundneunzig Prozent sicher, dass ich schwanger bin, ich solle in einer Woche wiederkommen und die Testergebnisse abholen, erklärt er mir. Aber das ist nicht nötig. Ich bin mir hundertprozentig sicher, dass diese Ausflüge hinauf zum Skyline Drive mir Buzz' Baby eingebracht haben.

Als ich das Büro verlasse, bin ich benommen vom hellen Sonnenlicht und der Neuigkeit, die ich gerade erfahren habe. Ich konzentriere mich auf meinen VW-Käfer, den ich an der Ecke geparkt habe. Schwindelig und von Übelkeit gepackt setze ich erst den einen Fuß vor, dann den anderen. Geh weiter, rede ich mir zu. Geh einfach immer weiter und weiter ...

Auf der Rückfahrt frage ich mich, wohin ich jetzt gehen und was ich tun soll. Mutter ist Huren gegenüber kaum toleranter, als Grammy es war. Im schlimmsten Fall wird sie mich umbringen, im besten aus dem Haus werfen, so dass ich meine Familie nie wiedersehen werde.

Ich warte den ganzen Nachmittag, wünsche mir meine Mutter herbei und fürchte mich gleichzeitig davor. Als sie am Abend von der Arbeit nach Hause kommt, will ich gerade den Mund aufmachen, um ihr zu sagen, dass wir reden müssen, doch sie huscht an mir vorbei ins Badezimmer. Als sie wieder herauskommt, habe ich allen Mut verloren. Ich sitze da und sehe zu, wie sie Kaffeewasser aufsetzt. »Diane«, sagt sie, »du bist weiß wie ein Bettlaken. Bist du wieder krank?«

»Nein, alles okay«, sage ich ihr. Sie hat keine Ahnung, dass ich ihrem Rat gefolgt bin und beim Arzt war, und ich bringe es nicht über mich, es ihr zu sagen. Ich gehe zum Kühlschrank und sehe hinein. Er ist leer, bis auf eine Pepsi. Ich packe die Dose mit zitternden Fingern und durchstöbere die Schublade nach einem Öffner. Meine Hände zittern so sehr, dass die Spitze des Büchsenöffners immer wieder auf der Oberfläche abgleitet. Tränen laufen mir über das Gesicht. Ich würde ihr diese Neuigkeit so gerne ersparen.

»Mom?« Sie dreht sich um und sieht mich an. »Ich bin schwanger.«

Sie schreit nicht los, wie ich es erwartet habe. Sie setzt sich wortlos auf einen unserer alten grauen Lederimitatstühle, die wir vor Jahren aus Connecticut hierher geschafft haben, als sie noch Dads Frau war und beide ihren Traum vom großen Geld in Pennsylvania verfolgten. Mom greift nach ihrer Handtasche, holt ihre Winstons heraus und zündet sich eine an. Der Schwefelgeruch des Zündhölzchens zieht bis zu mir herüber. Ich warte. Mom raucht minutenlang und starrt durch das große Fenster in die Nacht hinaus. Draußen auf der Landstraße sausen die Autos vorbei, das Licht ihrer Scheinwerfer huscht über das Fenster.

Ich betrachte meine Mutter. Ihre weiße Küchentracht aus Popeline spannt an den Verschlüssen und ist voller Fettflecken vom Grill. Ihr welliges schwarzes Haar ist platt gedrückt von dem Haarnetz, das sie bei der Arbeit tragen muss und immer noch nicht ausgezogen hat. Einige graue Strähnen lugen unter dem Netz hervor. Wenn sie es schwarz färbt, vergisst sie regelmäßig die Haare an den Schläfen.

Sie wendet sich zu mir um und sieht mich an. »Bist du sicher?«

Ich nicke. »Ich war heute beim Arzt.«

Sie nickt ebenfalls und schenkt mir ein trauriges Lächeln. In ihren warmen, braunen Augen sehe ich nicht den erwarteten Zorn, sondern Traurigkeit und Enttäuschung. Ihre unerwartete Freundlichkeit verstärkt meine Scham.

»Du musst ihn nicht heiraten, wenn du nicht willst. Ich helfe dir, das Baby aufzuziehen. Was willst du tun, Diane?«

Mutter hat Katie und mich zu echten Damen erzogen. Warum sagt sie so etwas? Natürlich muss ich Buzz heiraten.

Ich bekomme sein Kind. Außerdem *will* ich ihn heiraten. Und wenn Buzz davon erfährt, wird er mich auch heiraten wollen. Nachts im Bett bin ich erschöpft, aber zu nervös, um zu schlafen. Ein neues Leben wächst in mir heran. Am Ende dieses Jahres werde ich eine verheiratete Frau sein. Ich liege im Dunkeln und betrachte den Strudel von Ereignissen, der mich an den Rand dieser unklaren Zukunft getrieben hat: diese erste, peinliche Verabredung mit Buzz, zu Stande gekommen auf Drängen seiner Mutter; seine unaufhörlichen rauen Stöße, wenn wir miteinander schlafen; der Spaß, den er in mein eintöniges Leben gebracht hat. Ich schlafe ein mit dem Gedanken an das verrückte Wettrennen, das Buzz und ich uns vor einer Weile geliefert haben – die angstvolle Spannung bei der Einfahrt in die unerwartete Kurve, das Gefühl, als sich die Räder vom Boden abhoben, die beängstigende Schlitterpartie meines Wagens auf zwei Rädern. Diese Schwangerschaft entwickelt schon jetzt ihre eigene Fliehkraft, und ich liege da und schlittere einer Zukunft entgegen, die ich weder vorhersehen noch kontrollieren kann.

16. Die Hochzeit

»Ich muss dir etwas sagen, Buzz«, beginne ich. Er gibt keine Antwort. Das Radio plärrt so laut, dass er mich wahrscheinlich gar nicht gehört hat.

Wir sitzen in meinem VW, kommen zurück vom Skyline Drive und fahren den Berg hinab. Buzz schweigt wie üblich, wenn er dort oben bekommen hat, was er will. Manchmal würde ich mich gern mit ihm unterhalten, nachdem wir miteinander geschlafen haben, aber Buzz hört lieber Radio, je lauter, desto besser.

Ich strecke die Hand aus und mache die Musik aus.

»He!«, protestiert er.

»Buzz, ich muss dir etwas Wichtiges sagen.«

»Ach ja, wirklich?« Er stellt das Radio wieder an.

Als ich erneut nach dem Knopf greifen will, schlägt er meine Hand weg. Also muss ich die Musik übertönen. »Ich bin schwanger, Buzz.«

Jetzt ist *er* es, der das Radio abstellt. »Warst du beim … bist du sicher?«

»Ja, ich war, und ja, ich bin sicher.«

Keiner von uns sagt mehr etwas, bis wir sein Elternhaus erreichen. Als ich in der Einfahrt der Bartholomews stehen bleibe und den Motor abstelle, sehe ich ihn an. Er lächelt. »Vielleicht wirst du es wieder los, wenn du von Dads Garagendach springst«, sagt er.

Ich bin nicht begeistert von seinem Humor, aber ich lächle trotzdem.

»Und?«, sagt er. »Was meinst du?«

Ist das sein Ernst? Hat er den Verstand verloren? »Du liebst mich doch, Buzz, oder?«, frage ich ihn. Als er nicht antwortet, wird mir schwindelig – als verlöre ich den Boden unter den Füßen.

»Dann müssen wir wohl heiraten, oder?«, sagt er und lacht wie Menschen lachen, wenn sie etwas ganz und gar nicht komisch finden. »Und du bist sicher, dass du nicht von der Garage springen willst? Ich könnte dich auch hinunter stoßen.«

»Du bist verrückt, wenn du glaubst, dass ich springe oder mich stoßen lasse«, fauche ich ihn an.

»O Mann«, stöhnt er. »Meine Mutter bringt mich um.« Er steigt aus und knallt die Tür zu. Ohne sich noch einmal umzudrehen, ruft er mir über die Schulter zu, dass wir uns im HoJo's wiedersehen. Auf der Fahrt nach Hause denke ich an Moms Versprechen, mir zu helfen.

Selbst wenn Buzz mich im Stich lässt, Mom wird es nicht tun.

Am nächsten Tag im Restaurant macht Buzz erst den Mund auf, als wir zusammen Pause haben. »Hast du es ihr gesagt?«, frage ich.

Er nickt.

»Und?«

»Sie ist fast durchgedreht.«

So viel hatte ich mir selbst schon gedacht. »Was hat sie gesagt?«

»Dass sie nicht gerade begeistert davon ist, dich zur Schwiegertochter zu bekommen, aber sie hätte wohl keine Wahl.«

Nun, auch ich habe keine Wahl, was Mary angeht, denn ich *brauche* ihre Unterstützung. Mutters Leben war auch so schon jammervoll genug. Sie hat zwar versprochen, Buzz und mir zu helfen, aber ich bringe es nicht übers Herz, ihr die ganze Last dieser unerwarteten Schwangerschaft aufzubürden. Das Beste ist, ich fahre auch weiterhin regelmäßig zu Buzz und hoffe darauf, dass Mary sich wieder für mich erwärmt und mich vielleicht sogar lieb gewinnt.

Stattdessen nutzt Mary die Situation aus. Sie versucht seit Monaten, Buzz im Howard Johnson's eine Vollzeitstelle zu verschaffen. »Wenn Buzz nicht mehr Arbeit bekommt, dann kann er dich auch nicht heiraten«, teilt sie mir eines Nachmittags seufzend mit. Ich weiß, worauf sie hinauswill. Sie spekuliert darauf, dass ich nach Hause renne und Katie erzähle, was sie gesagt hat. Seit sie Katie eine leitende Stellung gegeben haben, hat sie einen guten Draht zum großen Boss. Doch auch wenn ein dickerer Gehaltsscheck von Buzz nicht zu verachten wäre, stört mich Marys Versuch, mich dafür einzuspannen, meine Schwester herumzuschubsen. Als ich an diesem Abend nach Hause komme, erzähle ich Katie von Marys Bemerkung, nicht, um sie unter Druck zu setzen, sondern um sie vor Marys Absichten zu warnen.

»Mach dir keine Gedanken«, sagt Katie. »Ich habe Mary schon lange durchschaut.«

Als die neuen Arbeitspläne herauskommen und Mary sieht, dass sie ihren Kopf nicht hat durchsetzen können, bestraft sie mich mit Verachtung. Wenn ich anrufe, reicht sie den Hörer weiter, ohne Hallo zu sagen. Wenn ich zu Besuch komme, geht sie in ihr Zimmer und macht die Tür zu.

»Wenn sie nicht bekommt, was sie will, führt sich deine Mutter auf wie ein kleines Kind«, beklage ich mich bei Buzz.

Doch er winkt ab. »Sie ist eben in den Wechseljahren.«

»Na, hör mal. Meine Mutter war auch in den Wechseljahren, aber ich kann mich nicht erinnern, dass sie sich wie eine verwöhnte kleine Göre aufgeführt hat!«

Mom zeigt kein Interesse an meiner näher rückenden Hochzeit. Sie schlägt immer wieder vor, Buzz und ich sollten in der Kapelle heiraten – mit einer kleinen, bescheidenen Trauung wie sie und Dad, ohne Firlefanz. Sie hat Angst vor den Kosten, nehme ich an. Selbst mit ihren zwei Jobs hat sie es schwer, über die Runden zu kommen. Außerdem weckt das Hochzeitsgerede nur ihre Erinnerungen an Dad. Seit seinem Auszug sind zwei Jahre vergangen, aber Mom ist über seinen abrupten Abgang und über die Art und Weise, wie er ihr seine neue »Beziehung« unter die Nase gerieben hatte, nie wirklich hinweggekommen. Und sie ist natürlich enttäuscht darüber, dass ich heiraten *muss*. Eine große Hochzeit ist das Letzte, für das sich meine Mutter begeistern mag.

Eines Abends gehe ich bei den Bartholomews vorbei, um Buzz zu besuchen. »Er ist nicht zu Hause«, teilt Mary mir mit. »Aber komm doch rein! Komm rein! Ich will dir zeigen, was ich dir gekauft habe, um vor den Altar zu treten.« Sie hat ihre Schmollphase überwunden und ist bester Laune. Marys Launen sollte man sich eben nie ohne Sicherheitsgurt aussetzen, denn die Fahrt wird garantiert unberechenbar.

In ihrem Schlafzimmer hält sie das eleganteste weiße Etuikleid in die Höhe, das ich je gesehen habe. Es ist aus wunderschönem Brokatstoff gearbeitet und hat einen weißen Pelzbesatz. Ich schlage die Hände vor den Mund. »Oh, mein Gott!«, quietsche ich.

»Und schau mal!« Aus der Hutschachtel auf ihrem Bett holt Mary ein paillettenbesetztes Hütchen mit kurzem Schleier, das perfekt zum Kleid passt. »Dazu leihe ich dir meinen langen, elfenbeinfarbenen Mantel, die beigen Pumps und ein Paar Ohrringe«, sagt sie. »Du wirst eine wunderschöne Braut.«

Ich bin erschlagen von ihrer Freundlichkeit. Doch gleichzeitig mache ich mir Sorgen. Ich habe es bisher aufgeschoben, Vorbereitungen für eine Trauungszeremonie zu treffen, denn ich gehöre keiner Kirche an. Und jetzt habe ich eine Brautausstattung, aber keinen Ort, wo ich Braut sein könnte. Als ich Mary meine Sorgen anvertraue, schlägt sie vor, ihren eigenen Pastor anzurufen und einen Termin für mich und Buzz auszumachen. Und das tue ich.

Drei Tage später überqueren Buzz und ich die Market Street Bridge über den Susquehanna und sind auf dem Weg zur Faith-Tabernacle-Kirche mitten in Williamsport. Wir hätten Glück, teilt uns der Pastor mit: Mitten in seinem voll gestopften Feiertagskalender hat er noch eine kleine Lücke. Er kann uns am Nachmittag des 22. Dezember trauen. »Was für eine wunderbare Bescherung, dass ihr euch einander zu Weihnachten zum Geschenk macht«, sagt er. Ich nicke und starre auf meine im Schoß liegenden Hände, statt diesem Pastor in die Augen zu sehen, der mich für rein hält.

Auf dem Rückweg kichert Buzz im Auto darüber, dass wir uns einander am Zweiundzwanzigsten endlich »zum Geschenk« machen können. Er sieht zu mir herüber. »Und was ist mit dir, dass dir das Wasser in den Augen steht?«, fragt er.

»Nichts«, antworte ich ihm. In Wirklichkeit bin ich mit meinen Gedanken bei einem Streit mit Grammy kurz vor ihrem Tod – es ist eine verdrängte, quälende Erinnerung, die gerade unwiderruflich zur Oberfläche vorgestoßen ist. Sie hatte am Tisch gesessen, laut aus ihrer Bibel vorgelesen und wie üblich über die Schlechtigkeit der Huren salbadert. Ich war Grammys ständige Warnungen vor Verderbtheit und auch ihre Scheinheiligkeit leid. Denn ich hatte kurz zuvor ein Geheimnis über sie erfahren: dass sie als unverheiratetes Mädchen eine Tochter zur Welt gebracht und ihren Eltern überlassen hatte, damit diese sie als ihre eigene Tochter aufzogen. Also ging ich auf sie los und hoffte, sie so zu verletzen, dass sie den Mund halten würde: »Wem willst du hier eigentlich einen Bären aufbinden?«, schrie ich sie an. »Du bist doch selbst eine Hure!«

Grammy verstand genau, was ich meinte. Und sie hielt tatsächlich augenblicklich den Mund. Sie schluckte ihre Tränen herunter und stand auf, um aus dem Zimmer zu gehen. »Das wird dir irgendwann Leid tun«, murmelte sie. Natürlich tat es mir auf der Stelle Leid. Ich fühlte mich so schuldig wie nur was. Doch heute tut es mir umso mehr Leid, denn ich bin beides, eine Hure und eine Scheinheilige – eine zukünftige Braut mit einem Trautermin, einem hübschen weißen Kleid und einem Baby im Bauch.

Carl Jr. kann nicht zur Hochzeit kommen, und Dad wurde natürlich nicht eingeladen. Mein Bruder Marvin führt mich zum Traualtar. Er ist ebenfalls nervös und besteht darauf, vor der Trauung mit mir zu üben, wie man den Kirchengang entlangschreitet, als wäre es ein wirklich großes Ereignis und wir müssten alles richtig machen.

Die Musik setzt ein. An der Seite meines Bruders gehe ich in meinem weißen Kleid den Gang hinab und trage die Blumen, die die Bartholomews für die Trauung besorgt haben. Auf der Seite des Bräutigams steht Buzz' Vater, der in seinem naturweißen Anzug sehr gut aussieht. Mary steht neben ihm, klein und robust, schick gekleidet in zwei verschiedenen Beigetönen, die ihre blonden Haare und ihren Porzellanteint gut zur Geltung bringen. Mom sitzt auf der gegenüberliegenden Seite des Gangs. Sie trägt ihr marineblaues Matrosenkleid, das sie auch bei ihrer Scheidung vor Gericht getragen hat. Eigentlich ist es nicht mehr als ein Hauskleid. Katie dagegen sieht totschick aus in ihrem royalblauen Brautjungfernkleid aus Satin, das sie auch bei Marvins Hochzeit anhatte. Buzz wartet am Altar auf mich, er lächelt nervös und zieht immer wieder die Hand aus der Anzughose. Es ist die Hose mit dem reparierten Reißverschluss, die er getragen hat, als er sich mir das erste Mal aufzwang.

Ich muss weinen, als ich das Eheversprechen gebe, denn unsere Hochzeit ist wunderschön, aber befleckt von unserer Sünde. »Ja«, sage ich, und Buzz sagt es auch. Dann ist es geschehen.

Nach der Trauung fahren wir zu meiner Mutter nach Hause. Einen Empfang hat niemand geplant. Ich hatte geglaubt, es sei genau das, was ich will – die Trauung hinter mich bringen und dann einfach weitermachen –, aber jetzt stimmt es mich traurig, so gar keine Feier zu haben.

Mutter überlässt uns das mittlere Schlafzimmer, und Buzz verfrachtet seine Sachen hinein. Das Einzige, was er in unsere Ehe einbringt, ist ein türkisfarbener, ovaler Wäschekorb, angefüllt mit seinen Socken, Unterhosen, Hosen und Hemden. Wir setzen uns an den Abendbrottisch – Mutter, Katie, Buzz und ich. Es wird kaum gesprochen, und das Essen ist so nüchtern wie immer. Weil es mein großer Tag ist, erlässt Mutter mir den Abwasch.

Zur Schlafenszeit gehe ich ins Badezimmer, um mich ein wenig frisch zu machen und mein neues weißes Negligee anzuziehen. Ich betrachte sie scheu: die Frau im Spiegel, die heute ihre Hochzeitsnacht verbringt. Ich tue so, als wären Buzz und ich das Paar, für das der Pfarrer uns gehalten hat, und als würde ich gleich hinausgehen, damit wir die Ehe vollziehen können.

Buzz liegt nackt im Bett unter der Decke, sein Ding ragt zwischen seinen Beinen auf. Ich gleite neben ihn und er küsst mich hart auf den Mund. Mir fällt auf, dass ich vergessen habe, das Licht auszumachen. »Kannst du es ausmachen?«, bitte ich ihn. Buzz rührt sich nicht.

Mit zuckersüßer Stimme versuche ich es noch einmal. »Bitte, Buzz?«

»Na gut«, sagt er. Er wirft die Decke von sich und klettert über mich, wobei er mich mit seinem Ding anstößt. Schwangerschaft hin oder her, ich habe bis zu diesem Moment weder Buzz noch einen anderen Mann jemals nackt gesehen, und während Buzz zum Lichtschalter hüpft, muss ich tief Luft holen. *So* sieht es also aus? Dieses rosafarbene harte Ding, mit seiner glatten, glänzenden Spitze und den herunterhängenden Geflügelinnereien ist das Monstrum, das mir beim ersten Mal so wehgetan hat? Es sieht so lächerlich aus, dass ich am liebsten gelacht hätte, aber Gott bewahre mich davor.

»Was ist denn mit *dir* los?«, fragt Buzz. Er hat eine Hand

auf dem Lichtschalter und ist mit der anderen dabei, sich zu kratzen. Buzz Jr. in Habachtstellung.

»Nichts«, antworte ich. »Gar nichts. Komm zurück ins Bett.«

Er presst mir im Dunkeln die Lippen auf den Mund und besteigt mich dann wie einen wilden Bronko, der eingeritten werden muss. Der Sex ist das übliche Rodeo, nur dass wir uns diesmal nicht auf dem Rücksitz des Wagens befinden, sondern im Bett.

Und er ist mehr als wild. Das Bett schaukelt und quietscht, das Kopfende hämmert gegen die Wand. Ich bin für Buzz immer noch mehr oder weniger unsichtbar, doch auf dem Weg dort hin, wo er hinwill, bricht das Bettgestell zusammen und wir stürzen auf den Boden. Buzz schafft es irgendwie, auf der Matratze zu bleiben, ich dagegen werde hochgeschleudert und rolle über den Boden. Dennoch bin ich es, die *ihn* fragt, ob ihm etwas fehlt.

Er reagiert mit einem Lachen. »Scheiße«, sagt er. »Wie sollen wir das deiner Mutter erklären?« Er fragt weder, ob mit mir alles in Ordnung ist, noch hilft er mir auf. Dass ich im zweiten Monat schwanger bin, scheint ihm entfallen zu sein.

Am zweiten Abend unseres Ehelebens kann ich es kaum erwarten, dass Buzz nach Hause kommt. Er hat die Tagesschicht im Restaurant gearbeitet, daher erwarte ich ihn gegen Spätnachmittag zurück. Mutter und Katie haben heute Abend beide Dienst. Das bedeutet, dass Buzz und ich das Haus für uns allein haben.

Ich warte und schaue auf die Uhr. Es wird immer später. Um acht Uhr abends fange ich an zu telefonieren, aber niemand hat Buzz gesehen. Erst nach elf Uhr taucht er auf. Und sobald ich sehe, dass ihm nichts zugestoßen ist, werde ich fuchsteufelswild.

»Wo warst du?«, herrsche ich ihn an.

»Das geht dich nichts an«, erklärt er mir.

»Und ob mich das etwas angeht!«, schreie ich. »Ich bin deine *Frau*, falls du das vergessen hast! Sagst du mir jetzt, wo du gewesen bist, oder bin ich ...«

»Schon gut, schon gut«, platzt er heraus. »Ich war bei Penny.«

Das lässt mich verstummen, aber nur für eine Sekunde. »*Penny?* Wer zum Teufel ist Penny?«

»Meine andere Freundin. Ich musste ihr doch sagen, dass ich geheiratet habe.«

»Und das konntest du ihr nicht am Telefon sagen? Dafür hast du einen ganzen Abend gebraucht?«

Ich stürme in unser Schlafzimmer und suche sein Zeug zusammen – fünf Paar Socken, fünf Sets Unterwäsche, fünf T-Shirts, fünf Paar Hosen – und knalle jedes einzelne Teil so fest ich kann in seinen doofen Wäschekorb. »Hier ist dein Krempel!«, schreie ich und drücke ihm den Korb in den Arm. »Und jetzt verschwinde!« Und er marschiert hinaus und wirft die Tür hinter sich zu.

Als Katie und Mutter von der Arbeit kommen, bleibe ich im Schlafzimmer, um ihnen nicht begegnen – und nicht erklären zu müssen, dass meine Ehe bereits fehlgeschlagen ist. Doch als die beiden schlafen, stehe ich wieder auf. Ich laufe von Zimmer zu Zimmer, weine, übergebe mich und wälze mich in unserem kaputten Bett herum. Ich möchte so sehr, dass Buzz mich liebt. Ich bekomme sein Kind. Wie soll ich allein ein Kind aufziehen?

Irgendwann im Laufe der Nacht verwandelt sich meine Wut in nackte Angst. Ich bin so einsam, seit Grammy gestorben ist und Mom und Katie angefangen haben, so viele Überstunden zu machen. Und jetzt, am Tag nach meiner Hochzeit, bin ich schon wieder allein. Ich hätte zu Buzz nicht so hart sein sollen. Er mag nicht perfekt sein, aber er

371

ist wenigstens da. Er ist jemand, der meine Einsamkeit vertreiben kann.

Am nächsten Morgen fahre ich zu den Bartholomews, um zu hören, was Buzz zu sagen hat. Mary, meine frisch gebackene Schwiegermutter, öffnet mir die Tür.

»Was ist denn los mit euch beiden?«, fragt sie mich.

Ich bin froh über die Gelegenheit, ihr von Buzz' später Heimkehr und seiner Freundin Penny erzählen zu können.

»Lass mich mit ihm reden«, sagt sie.

Sie lässt mich in ihrer rosa Küche sitzen und geht zu Buzz ins Zimmer. Ich höre ihre Stimmen hinter der verschlossenen Tür, kann aber kein Wort verstehen. Minuten später kommen sie beide heraus, Buzz zuerst und Mary direkt dahinter. Buzz sieht gleichzeitig wütend und schuldbewusst aus.

»Komm mit«, sagt er zu mir und verlässt das Haus durch die Hintertür. Ich springe auf und folge ihm wie ein treues, kleines Hündchen.

Das Einzige, was er auf der Rückfahrt von sich gibt, ist, dass es ihm nicht gefällt, dass ich die Sache mit Penny bei seiner Mutter verpfiffen habe. Statt noch einmal von vorn anzufangen, halte ich lieber den Mund. Kapiert er es einfach nicht? Er ist jetzt verheiratet. Wir bekommen ein Kind. Die restliche Fahrt vergeht schweigend.

Ehe wir aussteigen, berühre ich seinen Ärmel, und er dreht sich um und sieht mich an. »Tut mir Leid, dass ich dich angeschrieen haben«, sage ich.

Was immer Buzz fühlen mag, ich kann es seinem Gesicht nicht ansehen. Er steigt wortlos aus.

Es stellt sich heraus, dass unser Streit die erste von vielen weiteren Auseinandersetzungen ist. Wir geraten aneinander, weil Buzz morgens nicht aufsteht, um zur Arbeit zu gehen, und weil er verschwindet, ohne mir zu sagen, wo er hingeht oder wo er gewesen ist. Wir streiten uns über die Frage, ob wir unser Geld lieber sparen oder ausgeben sollen. Meine Mutter lässt uns kostenlos bei ihr wohnen, damit wir uns etwas ansparen und eine eigene Wohnung zulegen können und vielleicht ein paar der unzähligen Dinge, die wir brauchen werden, sobald das Baby da ist. Aber Buzz versucht ständig, unser Gespartes für etwas anzubrechen, was er *will*, und nicht für das, was wir *brauchen*.

Und natürlich ist da noch Penny. Buzz behauptet steif und fest, er habe mit ihr Schluss gemacht, aber wenn es stimmt, warum verschwindet er dann immer wieder? Wie sieht sie überhaupt aus, diese Penny? Ist sie ein schmächtiges kleines Ding? Ein Nilpferd mit einem fetten Schwabbelbauch wie Dads Freundin Mavis? Heißt sie überhaupt Penny? Und gibt es nur eine oder mehrere? Jetzt, wo ich von Penny weiß, kann ich Buzz einfach nicht mehr vertrauen.

Und als wären all diese Dinge noch nicht Zündstoff genug für unsere junge Ehe, werden Buzz und ich auch noch pausenlos von meiner Schwiegermutter manipuliert, kritisiert und zu Mitspielern der Bartholomew'schen Seifenoper gemacht. Buzz' Bruder Frank steckt wieder in Schwierigkeiten. Seine Schwester Jolene wurde gerade zum dritten Mal von ihrem lausigen Ehemann Roy verlassen. Sie braucht Geld, um von Roy loszukommen. Und Roy braucht jemanden, der ihm ein wenig Verstand eintrichtert. In fünfzig Prozent aller Fälle, in denen das Telefon klingelt, ist es Mary, die wieder irgendetwas aufrührt.

Und wie üblich schwankt meine Schwiegermutter zwischen süß und sauer. Jedes Mal, wenn ich die Nase voll habe und endlich auf den Tisch hauen will, wird sie besonders großzügig und nett und ich verliere den Schneid. Außerdem *brauche* ich ihre Hilfe. Wenn Buzz mich schlecht behandelt, bleibt der einzige Trumpf in meiner Hand seine

Angst vor seiner Mutter. Also statte ich Buzz' Elternhaus regelmäßig Besuch ab, in der Hoffnung, dass Mary gute Laune hat und ich nicht in der Schusslinie stehe, dass Mary weiterhin meine Verbündete und nicht meine Feindin ist.

Eines Nachmittags legt Buzz nach einem Gespräch mit seiner Mutter den Hörer auf und stöhnt. »Komm, Diane«, sagt er, »Mutter will, dass wir rüberkommen.«

»Tja, dann hat sie Pech gehabt«, fauche ich ihn an. »Ich gehe nirgendwo hin, ehe ich mit dem Putzen fertig bin.« Wie an den meisten Tagen bin ich erschöpft und fühle mich hundeelend. Ich bin jetzt im dritten Monat, und es geht mir schlecht. Sobald sich diese Frau etwas in den Kopf setzt, erwartet sie, dass die Familie alles stehen und liegen lässt und angerannt kommt.

»Du solltest dich lieber fertig machen«, warnt mich Buzz wenige Minuten später. »Sie klang, als sei es ihr ernst.« Also werfe ich den Putzlumpen ins Spülbecken und wasche mir Hände und Gesicht. »Mach schon, mach schon«, drängelt Buzz und schiebt mich zur Tür, sodass ich die Idee, mich umzuziehen, fallen lasse.

Sobald ich Marys Küche betrete, schreien alle: »Überraschung!« Sämtliche Onkel und Tanten von Buzz sind da und auch ein paar seiner Cousins. Alle stehen da und starren mich an, und ich sehe aus wie eine Ratte, die gerade aus dem Kanal gekrochen ist. Ich trage die zerrissene weiße Bluse und die schmuddeligen schwarzen Caprihosen, die ich beim Saubermachen immer anhabe, und mein Haar steht nach allen Seiten ab. Ich könnte Buzz umbringen. Ich gehe von einem Gesicht zum nächsten und lächele, so fest ich kann. Zwischen den Zähnen zische ich: »Das wirst du mir büßen, Buzz.«

Als ich mich einigermaßen gefasst habe, bemerke ich den großen, rechteckigen Kuchen auf dem Tisch. Ein kleines Brautpaar steht darauf, in einem Feld aus glasierter Schlagsahne, und in den Ecken kleben Hochzeitsglocken. Neben dem Kuchen steht eine mattierte Karaffe mit Punsch und Erdbeeren. »Kommt alle ins Wohnzimmer«, kommandiert Mary.

Jemand hat eine große weiße Papierglocke an der Decke befestigt und von ihr aus gedrehte Kreppbänder in sämtliche Ecken des kleinen Wohnzimmers geführt. Ich bin glücklich über die Umstände, die sie sich gemacht haben, aber mein schäbiger Aufzug ist mir immer noch peinlich. »Komm, Diane«, sagt Mary. »Setz dich neben Buzz und packt eure Geschenke aus.«

Wir haben uns zu Hause nie große Geschenke gemacht; die Extraausgaben konnten wir uns einfach nicht leisten. Daher gehe ich außerordentlich vorsichtig zu Werke, als ich das erste Geschenk auspacke, löse bedächtig die Schleife und achte darauf, das Papier nicht zu zerreißen. Es ist ein Satz Trinkgläser, mit einem Dekor aus orangefarbenen und gelben Ringen. Sie haben vermutlich nicht mehr als neunundneunzig Cent gekostet, aber ich freue mich trotzdem darüber. Ich staune und bewundere sie, als wären sie aus echtem Bleikristall. Ich mache das nächste Geschenk auf und überlege, dass ich das Geschenkpapier später wiederverwenden kann, wenn ich sehr vorsichtig bin. Da ruft jemand: »Reiß doch das Papier einfach auf!«, und alle anderen stimmen lauthals zu. Also reiße ich das Päckchen einfach auf, und eine struppige beige Bademette kommt zum Vorschein. »Die können wir wirklich gut gebrauchen!«, erkläre ich.

Beim dritten Geschenk, einem meergrünen Babypulli, überkommt mich die Scham. Ungläubig starre ich in die lächelnden Gesichter. Hat Mary der ganzen Welt erzählt, dass ich schwanger bin? Die Betroffenheit muss mir im Gesicht stehen, denn eine von Buzz' Tanten versucht den

Moment zu retten. »Es ist eine Hochzeits- *und* eine Babyge-schenkparty!«, erklärt sie mir fröhlich. »Zwei Fliegen mit einer Klappe.«

Jedes Mal, wenn ich ein weiteres Babygeschenk auspacke, verberge ich meine Scham hinter einem dankbaren Lächeln. Selbst wenn ich mich dabei geniere, bin ich gleichzeitig auch erleichtert, denn wir brauchen eine Babyausstattung, und ich habe mich schon gefragt, wie wir uns das leisten sollen.

Am Ende dieses Abends bin ich voller Liebe und Dankbarkeit für Mary, weil sie diese Überraschungsparty für uns gegeben hat. Buzz und sein Vater beladen das Auto mit den Geschenken für das Baby und unser Zuhause. Ich umarme Mary und flüstere ihr meinen Dank ins Ohr. Ich bin mir nicht sicher, ob mir nach Lachen oder Weinen zumute ist.

Mary hat keine Ahnung, und ich kann mich nicht überwinden, es ihr zu sagen, aber dies ist die erste Party, die ich je hatte.

17. Dads Tod

Ich bin im Wohnzimmer bei den Bartholomews, als das Telefon läutet. Von meinem Platz aus kann ich durch den Türbogen in die Küche sehen. Mary greift nach dem rosa Wandtelefon. Sie sagt kaum etwas, hört meistens zu. Ihr Gesicht wird blass und ernst. Immer wieder sieht sie zu mir herüber.

Nachdem sie aufgelegt hat, kommt sie ins Wohnzimmer und setzt sich neben mich. »Diane, das war deine Mutter. Ich habe schlechte Neuigkeiten. Dein Vater ist gestorben.«

Mein erster Gedanke ist: Gut, dann hat dieses nichtsnutzige Schwein endlich bekommen, was es verdient. Aber natürlich spreche ich das nicht laut aus.

Aus irgendeinem Grund fange ich an zu schluchzen. Ich hasse Dad dafür, dass er mich geschlagen und missbraucht hat – dass er mich und Katie um ein Haar mit dem Auto überfahren hätte. Und mehr als für alles andere hasse ich ihn für das, was er Mom angetan hat – sie nach zweiunddreißig Jahren einfach wegzuwerfen wie einen alten Schuh. Und *wofür?* Für dieses miese, fette Nilpferd von nebenan. Er hat wirklich bekommen, was er verdient: den Unfall und ein Leben, in dem er langsam dahinsiecht. Warum bin ich dann traurig? Warum singe und jauchze ich nicht?

Wieder ist mir übel. Das liegt sicher auch an der Schwangerschaft, vermute ich. Mir wird in letzter Zeit ständig schlecht. Aber auch diese Neuigkeit schlägt mir gehörig auf den Magen. Mary weiß ein wenig über die Geschichte mit Dad Bescheid, aber nicht viel. Ich habe gelernt, ihr gegenüber mit meinen Familiengeheimnissen vorsichtig zu sein, weil sie dazu neigt, das ihr entgegengebrachte Vertrauen zu missbrauchen.

»Ich gehe besser, Mary«, sage ich.

»Bist du sicher, dass du klarkommst? Du kannst auch auf Buzz warten, damit er dich nach Hause fährt. Oder jemand anderes bringt dich zurück.« In ihrem Gesicht steht aufrichtige Besorgnis, um das Baby *und* um mich. Sie muss annehmen, dass ich meinen Vater liebe.

»Nein, es geht schon«, sage ich ihr. »Ich komme klar.« Ich muss mich übergeben, wenn ich nicht von hier verschwinde.

Mom macht mir die Tür auf. »Die alte Hexe richtet die Beerdigungsfeier drüben bei sich aus«, sagt sie. »Sie glaubt wohl, wir würden nicht kommen, aber wir werden hingehen.« Ihr Gesicht ist entschlossen. Wenn es sein muss, wird sie kämpfen, für ihr eigenes und für das Recht ihrer Familie, Dad noch einmal zu sehen.

Am Nachmittag der Beerdigung versammeln wir uns in der Küche: Mutter, Marvin, seine Frau Judy, Katie und ich. »Also, Mom, du darfst ihr keine Vorwürfe machen, wenn du hinkommst«, warnt Marvin sie. »Denk daran, dass es ihr Haus ist.«

»Ja, ja, ich weiß«, zischt Mutter. »Ich muss mir von meinen Kindern nicht sagen lassen, wie ich mich zu benehmen habe. Das kannst du mir glauben.« Und damit öffnen wir die Tür und überqueren zusammen die Straße.

Marvin klopft. Als die alte Hexe die Eingangstür aufmacht, wirkt sie überrascht, aber nicht erschrocken. In ihren Augen steht weder Schuld noch Scham.

Sie sagt kein Wort, aber sie tritt zurück und lässt uns herein. Schweigend führt sie uns durch ihr Kiefernholz-Esszimmer. Steppy und einige andere Freunde meines Vaters sitzen am Tisch und trinken Kaffee. Wir grüßen mit einem kurzem Nicken und folgen Mavis ins Wohnzimmer.

Der Sarg steht vor dem großen Fenster mit Blick auf unser Haus. Die anderen gehen zu Dad hinüber, aber ich bleibe für einen kurzen Moment an Ort und Stelle stehen und frage mich, ob er je an diesem Fenster gestanden und unser Kommen und Gehen beobachtet hat – frage mich, ob er sich, nachdem er gegangen ist, je gewünscht hat, sich nicht zum Außenseiter gemacht zu haben, zum Zuschauer – frage mich, ob dieser Hurensohn auch nur ein einziges Mal Bedauern empfunden hat.

Ich gehe zum ihm hinüber. Er ist nur noch ein Skelett mit schlaffer, kalkweißer Haut. Von dem Tyrannen, der beim Abendbrot jene kräftigen Prügel zu verabreichen pflegte, dem Vater, der sich in Wildwood mit mir in die Wellen stürzte und mir das Jagen beibrachte, ist nichts mehr übrig. Wer ist dieser kalte, stille Leichnam?

Hallo, Dad, und Auf Wiedersehen. Gut, dass wir ihn los sind. Die anderen sind traurig und schluchzen. Warum?

378

Haben sie alles vergessen, was er uns angetan hat? Ich stehe da und empfinde gar nichts, wenn man die Erleichterung nicht mitzählt.

Plötzlich und ohne Vorwarnung laufen auch mir die Tränen. Aber verstehe das nicht falsch, Dad. Ich weine nicht aus Trauer, sondern aus Erleichterung. Du Bastard, Dad. Ich wünschte, ich hätte eine Hutnadel mitgebracht, um dich damit zu stechen – und festzustellen, dass du auch wirklich richtig tot bist.

Dann werde ich wissen, dass du uns nicht mehr wehtun kannst, Dad.

Dann werde ich wissen, dass ich in Sicherheit bin.

Diane Bartholomew stammt aus Waterbury in Connecticut und war das jüngste von vier Kindern. Nach der großen Überschwemmung im Jahr 1955 zog ihre Familie nach Trout Run, Pennsylvania, um der Fabrikarbeit zu entkommen und eine Tankstelle mit Schnellimbiss zu eröffnen. Zehn Jahre später kehrte Bartholomew nach Connecticut zurück, ließ sich mit ihrem Mann in Naugatuck nieder und nahm eine Arbeit in der Peter Paul-Süßwarenfabrik an, wo sie zweiundzwanzig Jahre lang beschäftigt war. Die Mutter von drei Töchtern wurde von ihrem Mann in der vierundzwanzig Jahre währenden Ehe immer wieder körperlich, seelisch und sexuell misshandelt. Die ständige Verleugnung ihrer Situation führte schließlich zu einem psychotischen Zusammenbruch, bei dem sie ihren Mann erschoss. Nach dem vergeblichen Versuch, ihre vorübergehende Unzurechnungsfähigkeit zu beweisen, wurde sie im Juni 1990 in das Hochsicherheitsgefängnis Niantic überstellt.

Während ihrer Inhaftierung überwand Bartholomew eine Brustkrebserkrankung und unterzog sich mit Hilfe von Therapien und Selbsthilfegruppen einem rigorosen Selbsterkennungsprozess. Die ehemalige Schulabbrecherin erlangte einen Associate-Abschluss und strebte anschließend einen Bachelor-Abschluss in Sozialarbeit an. Ihr Ziel war es, Beraterin für Opfer häuslicher Gewalt zu werden.

»Ich kam völlig verwirrt ins Gefängnis«, erklärte Bartholomew. »Wie konnte ich nur etwas getan haben, was so gänzlich meiner Art widersprach? Ich konnte mein Verbrechen nicht rückgängig machen, aber der unerträgliche Schmerz und meine Schuldgefühle trieben mich an herauszufinden, was in meinem Kopf passiert war, und wie ich gesunde Verhaltensweisen erlernen könnte. Heute kann ich die Kette der Ereignisse, die zur Ermordung meines Mannes führte, bewältigen und sie in meinen Texten verarbeiten. Ich gehe mit meiner Geschichte an die Öffentlichkeit – stelle mich meiner aufs Papier gebrachten Vergangenheit –, in der Hoffnung, auf häusliche Gewalt aufmerksam zu machen und Veränderungen in einem amerikanischen Justizsystem zu bewirken, das mit seinem Verständnis der mit Misshandlung und Missbrauch verbundenen Umstände noch ganz am Anfang steht. Unabhängig davon, ob ich meine persönlichen und beruflichen Ziele erreiche oder nicht, sollten sie auf keinen Fall als Triumphgeschichte aufgefasst werden. Mein Mann hat sein Leben verloren, und ich meine Freiheit. Wenn meine Kinder mich besuchen, schreiben ihnen die Regeln vor, mich nur mit einem einszwanzig breiten Tisch zwischen uns zu umarmen. Es gibt keine Gewinner in Situationen von häuslicher Gewalt.«

Nachdem sie die Hälfte ihrer fünfundzwanzigjährigen Haftstrafe verbüßt hatte, erkrankte Bartholomew erneut an Krebs. Mehrere Monate lang wurde sie falsch diagnostiziert. Dann folgte eine unerwartete Freilassung. Bartholomew starb im November 2001, fünf Monate, nachdem sie die Freiheit wiedererlangt hatte.

Danksagung

Der Herausgeber und die Autorinnen möchten sich bei folgenden Personen für ihre Zeit, ihre Fähigkeiten und die Hilfe bei der Entstehung dieses Buches bedanken: George Allen, William Barber, Aaron Bremyer, Paul Brown, Angelica Canales, Lynn Castelli, Debbie Cauley, Linda Chester, Bruce Cohen, Marge Cohen, Evva Donn, Kassie Evashevski, James Fox, Dorthula Green, Brenden Hitt, Kelly Hitt, Doris Janhsen, Leslie Johnson, Terese Karmel, Ann Koletsky, Christine Lamb, Pam Lewis, Ethel Mantzaris, Kay Miller, Kenneth Norwick, Paul Olsewski, Pam Pfeifer, Carl Raymond, Warden Pam Richards, Rick Roselle, Barbara Sanders, Beth Neelman Silfin, Dan Taylor, Pedro Valentin, Robert Youdelman, Ellen Zahl und Gale Zucker.

Besonderer Dank gilt der Verlegerin Judith Regan, der Mitherausgeberin Aliza Fogelson und dem literarischen Agenten Leigh Feldman sowie dem Wachpersonal und den Mitarbeiterinnen und Mitarbeitern der Bereiche Verwaltung und Bildung im Hochsicherheitsgefängnis York.

Quellenverzeichnis

»Die Hölle und wie ich dort hinkam« von Brenda Medina.
   © Brenda Medina, 2003.
»Im Orbit von Izzy« von Nancy Whiteley.
   © Nancy Whiteley, 2003.
»Frisurenchronik« von Tabatha Rowley.
   © Tabatha Rowley, 2003.
»Dreimal den Affen gehabt« von Nancy Birkla.
   © Nancy Birkla, 2003.
»Weihnachten im Gefängnis« von Robin Cullen.
   © Robin Cullen, 2003.
»Glaube, Macht und Bluejeans« von Bonnie Foreshaw.
   © Bonnie Foreshaw, 2003.
»Puzzleteile« von Barbara Parsons Lane.
   © Barbara Parsons Lane, 2003.
»Schnappschüsse aus meinem früheren Leben« von Diane
   Bartholomew.
   © Kathryn Miller, 2003.